사지자료집 寺誌資料集 9
역주 만덕사지

동국대학교 불교학술원 불교기록문화유산아카이브(ABC) 사업단
이 도서는 문화체육관광부의 지원으로 동국대학교 불교학술원에서 간행하였습니다.

자료 수집 : ABC사업단 집성팀
번역 : 김종진(동국대학교 불교학술원 교수)
증의 : 오경후(동국대학교 불교학술원 교수)
해제 : 오경후(동국대학교 불교학술원 교수)
교감 및 편찬 : 이대형(동국대학교 불교학술원 교수)

사지자료집 9
역주 만덕사지

2021년 10월 20일 초판 1쇄 인쇄
2021년 10월 25일 초판 1쇄 발행

옮긴이 김종진
발행인 박기련
발행처 동국대학교출판부

출판등록 제2020-000110호(2020. 7. 9)
주   소 04626 서울시 중구 퇴계로36길2 신관1층 105호
전   화 02) 2264-4714
팩   스 02) 2268-7851
Homepage http://dgpress.dongguk.edu
E-mail abook@jeongjincorp.com

편집디자인 나라연
인쇄처 네오프린텍(주)

ⓒ 2021, 동국대학교(불교학술원)

ISBN 978-89-7801-005-4 94220

값 40,000원

이 책의 무단 전재나 복제 행위는 저작권법 제98조에 따라 처벌받게 됩니다.

사지자료집 寺誌資料集 9

역주 만덕사지
萬德寺志

동국대학교 불교학술원 불교기록문화유산아카이브 사업단 편

동국대학교출판부

일러두기

1. 사지자료집 9 『역주 만덕사지』는 담양 용흥사龍興寺에서 소장하고 있는 『만덕사지萬德寺志』(上·下, 필사본, 1915)를 저본으로 하여 번역하였다.
2. 번역문을 앞에 제시하고 동국대학교 불교학술원 불교기록문화유산아카이브 사업단에서 촬영한 원본을 뒤에 합본하였다.
3. 용흥사본 『만덕사지』의 저본은 미상이나, 규장각본 『만덕사지』(필사본, 古1740-2)가 선행본으로 추정된다. 원문은 두 이본을 대조하고 교감하여 제시한다. 『동문선』 등 다른 저본이 있을 경우 함께 대교하였다.
4. 원문의 난외나 행 옆에 도치, 누락 글자 보입의 표시가 있는 경우는 반영하여 입력하였다.
5. 〈연표〉는 규장각본을 기준으로 입력하고 번역하였다.
6. 원문의 협주, 미주는 【 】로 표시하였다.
7. 번역자의 원문 교감 내용은 ㉭으로 표시하였다.
8. 본문 번역에서 괄호( )는 번역어와 한자음이 다른 경우나 역자의 간단한 설명, 번역에 추가한 내용 등이다.
9. 해제나 번역문에서 한자는 병기하였다.
10. 인명정보는 '한국민족문화대백과사전'(한국학중앙연구원) 사이트, '한국역대인물종합정보시스템' 사이트 및 임종욱 편, 『한국역대인명사전』(이회, 2009)을 주로 참고하였다.

【발간사】

사지자료집을 펴내며

불영 자광 | 동국대학교 불교학술원장

　동국대학교 불교학술원 불교기록문화유산아카이브(ABC) 사업단에서는 2013년도부터 전국 사찰에 산재한 불교기록문화유산을 조사하고, 번역하며, 아카이브로 구축하는 문화 사업을 성공리에 진행하고 있습니다. (https://kabc.dongguk.edu)
　ABC 아카이브에는 1960년대부터 동국대학교가 축적한 한국 불교문화 현대화의 소중한 성과가 담겨 있습니다. 예를 들어 고려대장경 영인본과 이를 번역한 한글대장경을 하나의 화면에 배치하여 검색할 수 있는 시스템을 갖추었습니다. 또한 『한국불교전서』를 번역한 100여 권의 역주서를 한문 원문과 함께 같은 화면에서 비교 검색할 수 있도록 하는 작업도 계속하고 있습니다.

　ABC 아카이브의 첫 화면에는 '통합대장경', '한국불교전서'와 함께 '신집성문헌' 사이트가 자리하고 있습니다. 신집성문헌 사이트는 ABC 사업단에서 지난 10년간 전국 사찰에서 발굴한 다양한 자료 사진을 서비스하는 공간입니다.
　전국 각지의 사찰에서는 지금도 다양한 문헌과 문서가 꾸준히 발굴되고 있습니다. 난해한 초서로 기록된 문헌, 한두 장의 낙질로 전해지는 문서, 근대불교사 자료 등은 그동안 제대로 활용되지 못한 경우가 많았습니다.
　ABC 사업단에서는 각 사찰 소장 자료를 촬영하고 원문을 입력하여 누구나 인터넷상에서 확인할 수 있도록 가공하는 작업을 진행하여 소기의 성과를 거두고 있습니다. 개별 사찰 역사의 총합이 한국불교의 역사가 된다는 의미에서 사지자료집 시리즈가 한국불교의 전통과 가치를 되새기는 계기가 되기를 희망합니다.

이번에 출판하는 두 권의 책(『역주 대둔사지』, 『역주 만덕사지』)은 본 사업단에서 직접 촬영한 사진 자료와 함께 번역문을 실어 일반 독자들도 쉽게 읽을 수 있도록 제작하였습니다. 이들은 조선 후기에 대둔사(현 대흥사)와 만덕사(현 백련사)에 주석했던 스님들이 자료를 수집 정리하고, 대표적인 실학자 다산 선생이 감수한, 자료적 가치가 높은 문헌입니다. 이러한 역사적 의의가 있는 사지를 본 사업단 촬영 자료를 대본으로 하여 현대어로 번역하고 출판하는 것은 자료의 가치에 비해 만시지탄이 있지만 매우 다행으로 생각합니다.

이 큰 불사를 위해 소중한 자료의 촬영을 허락해 주신 사찰 관계자 여러분께 감사드립니다. 그리고 ABC 사업이 원활히 진행되도록 적극 지원해 주신 문화체육관광부와 동국대학교에 감사의 말씀을 드립니다. 아울러 촬영과 역주 및 아카이브 사업을 성실하게 진행하고 성과를 꾸준히 학계에 회향하는 불교학술원 소속 교수진과 연구원 여러분에게도 심심한 감사의 마음을 보냅니다.

2021. 10.

동국대학교 불교학술원장 불영 자광 합장

차례

- 일러두기 _ 4
- 발간사 _ 5
- 해제 _ 8
- 연표 _ 22

만덕사지萬德寺志 상

만덕사지 제1권 ……………………………………………………………… 34

만덕사지 제2권 ……………………………………………………………… 66

만덕사지 제3권 ……………………………………………………………… 98

만덕사지萬德寺志 하

만덕사지 제4권 ……………………………………………………………… 136

만덕사지 제5권 ……………………………………………………………… 168

만덕사지 제6권 ……………………………………………………………… 197

- 찾아보기 _ 229

萬德寺志 영인본

【해제】

만덕사지 해제

오경후 | 동국대학교 불교학술원 교수

1. 개요

『만덕사지』는 6권 2책으로 구성되었다. 만덕사는 전라남도 강진군에 위치한 전통사찰이다. 고려시대에는 백련사白蓮寺로, 조선시대에는 만덕사萬德寺로 불렸다. 1800년대 초반 찬술된 『만덕사지萬德寺志』는 만덕사의 역사와 인물, 전각殿閣 등의 변화를 기록한 사지로 동시대에 찬술된 사지류寺誌類와는 확연한 차이를 지니고 있다. 대흥사의 사지인 『대둔지』와 거의 같은 시기에 찬술되었으며, 그 체재나 찬술 방법, 참여 인물들이 중복되고 있어 주목할 만하다.

2. 지자

『만덕사지』의 각권 서두에는 찬술에 참여한 인물들을 밝혀 놓았다. 이를 표로 나타내면 다음과 같다.

(표) 『만덕사지』 참여자와 역할

	감정鑒定	편/집	편/교
권1	다산茶山 감정	학림 이청鶴林李晴 집집輯	기어 자굉騎魚慈宏 편編
권2	다산茶山 감정	학림 이청鶴林李晴 집집輯	기어 자굉騎魚慈宏 편編
권3	다산茶山 감정	학림 이청鶴林李晴 집집輯	기어 자굉騎魚慈宏 편編
권4	다산茶山 감정	기어 자굉騎魚慈宏 집集	철경 응언掣鯨應彦 교校

| 권5 | 다산茶山 감정 | 백하 근학白下謹學 편편 | 오악 승찬鰲岳勝粲 교교 |
| 권6 | 다산茶山 감정 | 기어 자굉騎魚慈宏 집집 | 철경 응언掣鯨應彦 교교 |

『만덕사지』는 다산 정약용이 전권全卷의 감정을 맡았고, 아암 혜장兒菴惠藏의 제지인 만덕사 승려들이 편집과 교정을 맡았다. 다산의 제자인 학림 이청鶴林李晴이 속인俗人으로서는 유일하게 찬술에 참여하였다. 다산을 중심으로 한 찬자들은 이미 해남 대흥사의 『대둔사지』 찬술에 참여한 인물들로 구성되어 있다. 예컨대 수룡 색성袖龍賾性과 기어 자굉騎魚慈宏(기어 자홍騎魚慈弘) 등은 아암의 제자로 『대둔사지』 찬술에 적극적으로 참여하였다. 때문에 두 사지의 체재나 찬술 방식, 불교사 인식의 경향이 매우 유사함을 살필 수 있다.

한편 다산이 사지 찬술에 주도적으로 참여하게 된 것은 1801년 황사영黃嗣永 백서사건帛書事件으로 강진으로 유배 간 이후 아암 혜장을 비롯한 만덕사와 대흥사 승려들과의 교유에서 비롯되었다. 아암은 『만덕사지』 찬자들의 스승이기도 하다.

『만덕사지』 찬술에 주도적으로 참여한 기어 자굉·철경 응언 등은 모두 아암의 제자이다. 아암의 제자는 수룡 색성袖龍賾性·기어 자굉騎魚慈宏·철경 응언掣鯨應彦·침교 법훈枕蛟法訓 등이 있는데, 수룡 색성과 기어 자굉은 『대둔사지』 편찬에도 적극적으로 참여했다. 수룡 색성은 해남 색금현塞琴縣 사람으로 현해 모윤懸解慕閏에게 출가했지만, 내·외전을 두루 섭렵하고 아암의 문하에서 수행했다. 정약용 또한 수룡과는 막역한 사이로 수룡을 아암의 많은 제자 가운데 가장 기걸奇傑하다고 했으며, 『화엄경』의 교리를 터득하고 두보의 시까지 배운다고 칭송했다. 더욱이 차도 잘 만들어서 평소 아암의 심부름으로 차와 서신을 다산에게 전해 준 듯하다.

기어 자굉은 그 생몰년과 행적이 자세하지 않다. 다만 『다산시문집』에 기어에 대한 글이 단편적으로 실려 있을 뿐이다. 아암이 입적한 1811년 9월 다산이 지은 아암 혜장의 제문에 의하면 기어 자굉에게 "곡하며 아암의 영전에 산과山果와 술 한 사발을 올리게 했다."라고 하였다. 또한 수정사水精寺에 살았던 자굉이 능주에 밥을 구하러 왔기에 "군자는 도를 걱정하지 가난을 걱정하지 않는다."라며 수행 가운데 빈곤함을 걱정하지 말라고 경책했다. 정약용이 아암 입적 후 그 제자들에게 보인 이러한 면모는 단순한 교유의 관계를 벗어나 사제지간의 면모로 볼 수 있다. 요컨대 이들 사이의 관계는 아암이 입적한 이후에도 지속되어 정약용에게서 유교경전을 중심으로 한 여러 학문에 대해 많은 가르침을 받은 것으로 생각된다.

고래보다 더 큰 생물은 없으리

이빨은 설산雪山 같고 지느러미는 금성金城 같네

코를 들어 숨 내쉬니 바다가 들끓고

지느러미 펄떡이매 벼락 소리 나누나

우주에 가득한 소리, 바다도 놀란 듯

산 같은 파도에 땅도 기우는 듯

수척한 대장부, 모습 청수한데

언덕 위에 홀로 서서 수심에 잠기네

머리칼 같은 눈썹을 얼레에 감아

바람결에 부니 살갗이 나르네

고래 꼬리에 붙어도 얽어매진 않았으나

고래는 아이처럼 묶여 끌려오네

용을 사로잡고 호랑이 묶는 것이 비교될 것인가

호파弧巴와 장경長庚에 손색이 없네

위 인용문은 다산이 아암의 제자 철경掣鯨을 장하게 여겨 지어 준 게송이다. 철경이 아암의 의발과 가통을 전해 받은 이후 그에게 배우고자 한 학인이 많았다고 한다. 그는 대중들에게 "우리 스승께서는 고래 같은 미혹의 속성을 바로잡을 수 있는 비결이 있었다. 내가 그 비법을 전수받았으므로 나는 그것을 이끌어 올 수 있다."라고 하였다. 대중들은 이때부터 그를 고래를 이끌어 되돌아올 수 있다는 뜻을 가진 '철경'이란 법호로 불렀다. 그는 권4와 권6의 교정을 맡았으며, 사지 찬술의 과정에서 10여 차례 자신의 입장을 피력했고, 오류를 교정하였다. 학림 이청鶴林李晴은 권1·3까지의 편집을 맡았는데, 다산의 강진 유배 시 그에게 글을 배우고 함께 글을 읽었던 다신계茶信契의 일원이기도 하다. 이청은 『만덕사지』를 찬술하는 과정에서 광범위한 자료를 수집하는 데도 기여하였는데, 특히 『동문선』에 실려 있는 무외 국사의 글을 고험考驗하여 유관有關한 것들을 수록하였다. 이 밖에 백하 근학白下謹學과 별악 승찬鼈岳勝粲은 그 생애와 『만덕사지』 찬술을 중심으로 한 활동을 알기 어렵다.

요컨대 『만덕사지』는 다산이 강진으로 유배 간 이후 그와 사제의 인연을 맺은 아암과 그 제자들이 중심이 되어 찬술되었다. 이들은 이미 『대둔사지』 찬술에도 적극적으로 참여하여 자료 수집과 교감 작업 등의 경험을 토대로 체계적인 찬술과 주체적인 불교사 인식을 시도할 수 있었다.

3. 서지사항

『만덕사지』는 모두 6권 2책으로 구성되었다. 맨 앞에는 연표를 수록했는데, 송 고종高宗 소흥紹興 14년(1144, 고려 인종 22)부터 원 지정至正 원년(1341, 고려 충혜왕 1)까지로, 고려가 멸망한 1392년까지 표기되었다. 이 기간은 고려의 중후기에 해당된다. 찬자들이 이 시기를 연표화한 것은 만덕사의 역사에서 고려 후기 백련결사白蓮結社를 강조하기 위한 의도로 보인다. 예컨대 연표는 요세了世부터 무외無畏의 생몰과 행적을 언급하였다. 백련결사는 1216년(고종 3) 천태종의 승려인 요세가 중심이 되어 무인란 이후 변화한 사회와 불교에 대한 자각과 반성을 촉구한 신앙결사다. 그러므로 만덕사 입장에서는 고려시대 백련결사가 우리나라 불교사에서 그 역사적 위상을 지니고 있으며, 만덕사의 불교사적 가치를 강조하기에 충분한 것이었다.

상권인 권1부터 권3은 고려시대 백련결사를 결성한 원묘 요세부터 목암 무외 국사까지 백련결사를 계승했던 8국사의 생애를 중심으로 기술하였다.

권1은 먼저 백두산에서 시작하여 강진 만덕사에 이르기까지의 지형과 산세를 정리하였고, 만덕사의 창건을 고증을 통해 바로잡기도 하였다. 아울러 8국사 가운데 제1 원묘 국사圓妙國師, 제2 정명 국사靜明國師, 제3 원환 국사圓晥國師의 생애를 비문의 내용을 중심으로 기술하였는데, 찬자들은 『신증동국여지승람新增東國輿地勝覽』, 『동문선東文選』이나 교서敎書 등을 기초로 면밀한 고증을 통해 자신의 견해를 밝히고 있다.

권2는 제4 진정 국사眞靜國師, 제5 원조 국사圓照國師, 제6 원혜 국사圓慧國師, 제7 진감 국사眞鑑國師, 제8 목암 국사牧菴國師의 생애를 기술하였다. 이 가운데 진정 국사와 진감·무외 국사에 대해서는 상세하게 묘사하였다. 찬자들은 진정 국사의 탁월한 학문과 저술에 대해 언급하였는데, 『동해전홍록東海傳弘錄』과 『실부록室簿錄』 등 천책의 저술이 전하지 않음을 지적하였다. 이울러 『동문선』 등에 수록되어 전하고 있는 천책의 시문詩文을 발견하여 사지에 수록하여 그 흔적이나마 보존하고자 하였다. 또한 찬자들은 진감과 목암 국사가 '무외無畏'라는 법호를 공통으로 사용하고 있음을 지적하고 그 진위 여부를 가리고자 하였다. 『불조원류』는 "무외 국사無畏國師는 휘諱가 혼기混其, 자字는 진구珎丘, 호號는 목암牧菴이며, 성姓은 조씨趙氏이고 숙공肅公 덕유德裕의 백부伯父이며, 원묘圓妙의 11세손이다."라고 하였지만 다산은 『호산록』의 발문이나 『동문선』·『고려사』 등을 전거로 진감 국사를 무외로 주장하였다.

권3은 『동문선』에 수록되어 오는 천인天因, 천책天頙, 무외無畏의 제문祭文·소疏 등의 유문遺文을 소개하였고, 임계일林桂一, 이장용李藏用, 유경柳璥 등 고려 문인들이 만덕사와 8국사에 대해서 지은 시문들이 수록되어 있다. 이것은 광범위한 자료 수집의 면모를 엿볼 수 있는 대목이지만, 산일散逸된 만덕사의 자료를 수집하여 보존하고자 한 의도 역시 지니고 있음을 살펴볼 수 있다.

권4에서 권6까지는 하권으로 묶였는데, 권4는 조선 전기 행호行乎의 중건 사실과 함께 조선 후기 만덕사의 대표적인 승려 8대사大師와 '주석자산자住錫玆山者' 6인의 생애와 활동을 중심으로 소개하였다. 8대사는 청허 휴정의 제자로 편양 언기鞭羊彦機와 함께 한 계파를 형성한 소요 태능逍遙太能과 그 법손들이다. 이들 가운데 취여 삼우醉如三愚, 화악 문신華岳文信, 설봉 회정雪峰懷淨은 조선시대 대흥사를 선교禪敎의 종원宗院으로 격상시키는 데 공헌한 12종사이기도 하다. 연파 혜장蓮坡惠藏 역시 조선 후기 대흥사를 화엄학을 중심으로 한 교학敎學의 요람으로 만든 대표적인 경사經師이다. 이 밖에 벽하 대우碧霞大愚, 나암 승제懶菴勝濟, 운담 정일雲潭鼎馹, 금주 복혜錦洲福譓, 낭암 시연朗嚴示演 등 대흥사의 12종사와 경사는 만덕사계 승려들이기도 하다. 특히 12경사는 그 절반이 소요 태능의 후예인 만덕사의 승려들이다. 이것은 조선 후기 만덕사와 대흥사 승려들이 교류가 빈번했고, 만덕사의 승려일지라도 교학에 탁월하면 대흥사에 머물면서 강사가 되었으며, 마침내 대흥사가 교학의 종원으로 정착하는 데 기여한 12경사로 추대된 것이다.

권5는 만덕사의 동서東西 2원院을 중심으로 한 전우殿宇와 방료房寮, 누각樓閣과 승당僧堂, 산내암자와 고적古蹟 등을 기술하였다. 특히 찬자들이 높이 평가하고 있는 고려시대의 천인天因, 천책天頙, 정오丁午가 주석했던 용혈암龍穴菴에 대해서는 다산의 기문記文을 소개하여 그 가치를 부각시켰다. 이 밖에 완도와 청산도 등 섬의 부속암자와 가수嘉樹와 기목奇木까지 소개하였다. 또한 만덕사를 다녀간 문인들의 제영題詠을 소개하고 있는데, 약 20여 수 이상의 제영은 연담과 아암뿐만 아니라 다산과 그의 아버지 정재원鄭載遠, 김창흡金昌翕 등 여러 문인들이 만덕사의 풍광과 역사에 대해 읊기도 하였다.

권6은 무외의 15편의 유문遺文과 이미 폐허가 된 사찰에 남아 있는 비문, 그리고 천책의 시문을 모은 『호산록湖山錄』의 일부분을 수록하였다. 권6은 산일散逸된 채 『동문선』에만 수록되어 있는 무외의 유문을 재수록하였고, 일부분만 남아 있는 『호산록』 역시 수록하였다. 이것은 『만덕사지』 찬자들의 불교사 자료 보존에 대한 수준과 인식을 살펴볼 수 있는 대목이다. 그들은 사지 찬술을 통해 고려시대를 중심으로 한 만덕사의 위상을 강조하고 격상시키는 것에 일차적인 목적을 두고 있지만, 산일된 채 사라질 위기에 처한 소중한 불교사의 흔적들을 보존하기 위한 노력을 게을리하지 않은 것이다.

한편 『만덕사지』가 지닌 특징은 광범위한 자료 수집과 면밀한 고증을 통한 찬술이라는 점이다. 이전 자료에 대한 비판과 검증은 동시대 사지류에서는 쉽게 찾아볼 수 없는 객관적 면모이다. 때문에 『만덕사지』는 만덕사만을 소개하는 단편적인 사지의 역할을 초월하고 있다. 예컨대 조선 후기 유행했던 박학고거주의博學考據主義에 입각하여 자료 수집과 면밀한 검토를 통해 고려시대 불교를 중심으로 한 우리나라 불교사를 찬술하고 주체적으로 이해하는 계기를 마련케 한 것이다. 『만덕사지』는 『대둔사지』보다 많은 자료를 수집하고 인용하지는 못했지만, 부족한 고려시대 불교사 자료를 수집하고 그 내용을 복원하고자 진력한 흔적을 엿볼 수 있다. 『만덕사지』는 우선 승려들의 비문을 중심으로 한 각종 기문과 소疏·시詩, 『신증동국여지승람』과 『강진현지康津縣志』와 같은 지리지와 읍지, 그리고 먼저 찬술된 『대둔사지』도 인용하였다.

〈표〉 『만덕사지』의 인용 자료

	인 용 자 료
권1	신증동국여지승람(3), 碑銘(2), 동문선(1), 敎書(1), 疏(1), 序文(1), 불조원류(1)
권2	序文(2), 疏(1), 記文(2), 書(1), 詩卷(1), 跋文(1), 불조원류(2), 祭文(2), 고려사(1), 碑文(2), 신증동국여지승람(1), 康津縣志(1), 詩(1)
권3	祭文(3), 疏(7), 跋文(1), 詩(13), 其他(1, 說禪文)
권4	記文(1), 碑文(8), 康津縣志(1), 蓮社題名錄(2), 塔銘(1), 大芚志(1)
권5	康津縣志(3), 記文(4), 신증동국여지승람(3), 詩(26)
권6	疏(15), 碑文(2), 고려사(1)

( )는 인용 횟수 및 편수

표는 『만덕사지』 각 권별 인용 자료 목록이다. 인용 자료의 대체적인 경향은 우선 승려들의 비문碑文이 찬술의 기초를 이루고 있다. 사지는 권2의 고려시대 8국사와 권4의 조선시대 8대사를 중심으로 만덕사의 역사와 고려·조선의 불교사, 관련 인물들의 시문 등의 기록으로 전개되고 있다. 우선 비문을 통해 승려의 생애와 활동을 기술하였고, 비문이 남아 있지 않은 경우는 승려의 시문을 비롯한 찬자들의 보충설명을 수록하였다. 예컨대 권2이 진정 국사眞靜國師 천책天頙에 관한 인용 자료는 천책의 『선문보장록禪門寶藏錄』 자서自序·소疏·기記, 그리고 유자儒者와 오고간 서간, 천책의 시권詩卷에 대한 다산의 언급 등을 기초로 천책의 생애와 업적을 기술하였다.

『동문선』은 『만덕사지』 찬술 과정에서 인용한 자료 가운데 질적·양적 측면에서 중요한 의미를 지니고 있다. 『동문선』은 1478년(성종 9) 성종의 명으로 서거정 등이 중심이 되어 편찬한 우리나라 역대 시문선집이다. 『만덕사지』에는 약 36편의 『동문선』 소재 시문이 사지 전권에 걸쳐 인용되고 있으며, 특히 권3과 권6에는 천인, 천책, 무외無畏 등 고려 백련결사의 8국사와 관련된 글이 수록되어 있다. 찬자 가운데 한 사람인 자굉慈宏은 "천인의 시집이 전하지 않아 『동문선』 가운데 천인의 글을 채록했다."라고 하였다. 찬자들은 만덕사 관련 인물의 생애와 활동을 기술하는 데 비문을 적극적으로 활용하였지만, 비문을 비롯한 관련 자료가 소략할 경우『동문선』이 훌륭한 보조자료 역할을 한 것이다. 아울러 "천인의 글을 채록하여 잊어버리지 않으면 천인도 잊혀지지 않으리라."라는 자굉의 말은『만덕사지』 찬자들의 자료 수집과 취급의 수준을 알 수 있게 해 준다. 아울러 단편적인 시문의 기록을 기초로 역사적 사실에 대한 오류를 지적하고 복원을 시도하였다.

한편『불조원류』는 소략한 내용을 보충하고, 기록의 진위 여부를 분석하는 데 활용되었다. 『불조원류』는 채영의『서역중화해동불조원류西域中華海東佛祖源流』로, "불문佛門에서 전등傳燈한 계통이 분명하지 못함을 개탄하고, 1762년(영조 38) 봄부터 전국을 돌아다니면서 각 파의 고증될 만한 문헌을 모아 1764년(영조 40) 여름에 간행한 우리나라 불교의 전등 기록이다. 내용은 7불佛, 서천조사西天祖師, 중화조사中華祖師와 같이 인도와 중국의 조사를 정리했고, 우리나라 승려들의 계보인 '해동원류海東源流'는 조선 중기 저자의 계파를 중심으로 정리하였다.『불조원류』는 우리나라 불교자료로서는 가장 많은 고승이 실려 있고, 최초의 전반적인 불교사 정리로 주목되는 긍정적인 평가를 받고 있다. 그러나 우리나라 고대와 고려의 전등 기록은 조사의 기록이 멸실되어 산성散聖으로 취급하였다. 이 또한 오자와 오류가 많고, 삼국시대와 고려시대의 고승이 뒤바뀌어 자료 섭렵의 한계나 그 고증이 부실한 문제점을 안고 있다.

예를 들어, 목암 국사牧菴國師에 대해『불조원류佛祖源流』「고려조사高麗祖師」의 무외 국사 부분에서는 "무외 국사는 호가 목암으로 원묘 요세의 11세손"이라고 하였다. 이에 대해 다산은 제7 국사 정오丁午 역시 무외임을 그의 저술『호산록』을 언급하며 그 진위를 논하고 있다. 예컨대 다산은 두 번째 글에서 "무외가 사호賜號이고, 정오는 법명"이라고 해석하여『만덕사지』제7 무외 국사가 곧 정오임을 주장하였다.

이와 같이 찬자들은 천인과 의선義旋, 백련결사白蓮結社 주맹主盟의 차서次序 등 고려시대 만덕사를 중심으로 한 백련결사의 인물에 대한 많은 견해를 제시하였다. 왕조가 교체되고 불교가 쇠퇴하여 전 왕조의 불교사 자료는 거의 남아 있지 않은 상황에서 자료 수집과 고거주의에 입각해 사지를 찬술하고자 했던 조선 후기『만덕사지』찬자들은 오류투성이인『불조원류』를 비롯한 단편적인 기록을 기초로 망실된 고려불교를 복원하고자 했던 것이다.

이 밖에『만덕사지』는, 비교적 관련 자료가 풍부했던 조선시대 불교사를 중심으로 찬술한『대둔사지』와는 달리, 시문과 비문 등 비교적 단편적인 기록들을 기초로 사지 찬술에 진력했다. 『만덕사지』의 인용 자료를 통해 엿볼 수 있는 것은 첫째, 불교사에 대한 객관적인 인식과 복원을 위한 노력이다. 찬자들은 망실된 전 왕조의 불교사 기록을 수집하여 단편적인 수록과 인용에 그치지 않고, 고려시대 정혜결사와 함께 대표적인 신앙 결사였던 백련결사의 흔적을 고증을 기초로 복원하고자 하였다. 비록 찬자들이 주장했던 자료의 고증작업과 불교사적 사실의 진위 여부에 대한 분석은 모호하거나 잘못된 부분도 적지 않으나, 동시대에 찬술된 대부분의 사지류가 이전의 기록을 맹목적으로 수록하거나 창건주나 연대 등을 실제보다 이전의 시기로 상정하는 오류를 범한 것에 비하면, 『만덕사지』는 고기주의에 기초한 객관성을 중시하였으며, 불완전한 채로 전해 오는 고려시대 불교사를 온전히 복원하고자 했다.

둘째, 불교사 자료의 보존 인식이 강했다. 예를 들어, 만덕사가 위치한 강진의 무위사에 남아 있는 「선각대사편광탑비문先覺大師遍光塔碑文」을 『만덕사지』에 수록한 것이다. 찬자들은 폐허가 된 사찰에서 유일하게 남아 있는 형미 국사의 흔적을 수습하였다. 사라질 위기에 처한 명적名蹟을 보존하고자 한 의도가 분명한 것이다. 이러한 면모는 고려 중기에 창건된 월남사月南寺에 남아 있는 진각 국사 비문의 사례에서도 살펴볼 수 있다. 찬자들은 "진각 혜심의 비碑가 아직도 월남사의 유허遺墟에 있는데 돌은 깨지고 밭은 황폐해 행적이 장차 사라질 것 같다."라고 하면서 비문을 그대로 수록하였다. 찬자들은 자료 수집 과정에서 고려시대 만덕사를 중심으로 한 불교사 자료가 거의 남아 있지 않고, 남아 있는 자료조차도 이미 폐허가 되어 버린 사찰과 함께 사라질 위기에 처한 것을 안타까워했다. 찬자들은 이들 자료가 매우 귀중한 가치를 지니고 있음을 인식하고, 『만덕사지』와는 직접적인 관련성이 없지만, 자료 보존의 차원에서 수록한 것이다.

4. 내용과 성격

『만덕사지』는 다산과 아암의 제자들이 만덕사와 관련된 고려와 조선의 불교사 자료를 수집하여 고증을 거쳐 찬술하였다. 『만덕사지』의 핵심 내용은 고려와 조선조 만덕사의 대표적 인물들을 수록한 권2와 권4가 중심이다. 우선 찬자들은 각자 편집과 교정 등의 역할을 하고 있었지만, 모두가 전권의 찬술에 참여한 것이나 다름없다.

- ○자굉慈宏 안 : 옛말에 이 비는 임진왜란 때 훼손되었다고 한다. 오직 돌 받침대(石趺)만 훼손되지 않고 지금까지 남아 있다. 조종저趙宗著가 지은 비는 새로운 비석을 옛 돌 받침대에 세운 것이다.
- ○이청李晴 안 : 최자崔滋의 비명은 『동문선東文選』에 실려 있다. 아쉬운 것은 조종저의 비를

새로 세우면서 최자의 비문을 다시 새기지 않은 것이다. 가경嘉慶 계유년(1813) 겨울 내가 서울에 갔을 때 『동문선』에서 최자의 비문을 베껴 본사로 돌아왔다. 이로부터 사라지지 않기를 바란다.

○응언應彦 안 : 신번新繁은 지금 남평현南平縣에 속한다. 조계曹溪는 지금의 송광사松廣寺이다. 고려 때부터 지금까지 전라도를 두 개의 도로 나눌 때 담양潭陽 이남을 강남도江南道라 해왔다.

위의 글은 고려 때 최자가 지은 원묘 국사圓妙國師의 비명碑銘에 대한 찬자들의 견해이다. 이들은 최자의 비문을 수록하고 이에 대한 분석 작업을 시도하였다. 먼저 자굉이 찬술 당시까지 비문의 상태를 거론하였다면, 이청은 경성에 가서 『동문선』에 수록되어 있는 비문을 수집하여 백련사에 보냈음을 언급하였다. 그는 이때 천인과 정오의 실적實跡을 찾아서 돌아오기도 하였다. 아울러 응언은 비문에 보이는 원묘 요세圓妙了世의 출생지에 대해 세부적인 설명을 덧붙이고 있다. 세 사람의 비문에 대한 언급으로 보아 사지 찬술에 각자의 역할이 있었지만, 사실史實에 대한 면밀한 고증작업은 찬자 모두가 전권에 걸쳐 시도한 것으로 보인다.

(표) 『만덕사지』 찬자들의 안案, 운云 사례

찬자	이청 李晴	아암 兒菴	자굉 慈宏	응언 應彦	승찬 勝粲	다산 茶山	근학 謹學	한영 翰英	태삼 泰森	설옥 設玉	지일 智日
횟수	10	1	27	10	3	7	7	4	4	1	1

표는 찬자들이 사지를 찬술하는 과정에서 활용한 자료를 고증하여 그 진위나 보충설명을 한 흔적들이다. 이 가운데는 태삼, 한영, 지일, 설옥 등 찬자가 아닌 승려들의 '안案'도 엿볼 수 있다. 찬자들이 사지의 자료와 내용에 가장 많은 견해를 언급한 부분은 권2로 총 30회의 안과 운의 사례를 보인다. 권2는 고려시대 원묘 요세를 시작으로 한 백련결사의 대표적인 승려들의 생애와 업적을 찬술한 부분이다. 그러나 찬자들이 살았던 동시대가 아니었고, 자료 수집 역시 충분치 못했으므로 그 고증과 찬술 작업 역시 쉬운 것이 아니었다. 때문에 사실史實에 대한 명확한 해석과 내용의 재구성을 위해 다른 권수에 비해 많은 견해를 피력하였다.

다산은 만덕사에 무외가 두 사람임을 전제하고 무외 정오가 무외임을 주장하였다. 다산의 이러한 노력은 권2의 여러 곳을 통해 볼 수 있다. 『만덕사지』는 이 밖에도 제3 원환圓睆을 삼장三藏 의선義琁으로 규정하였는데, 찬자 자굉은 "의선은 필시 원환의 표덕表德이지 두 사람이 아니다."라고 하여 원환이 의선임을 강조하였다. 다산은 진정 국사 천책이 지은 『호산록』에 정오가 쓴 발문 끝에 명기된 "불일보조 정혜묘원 진감대선사 정오 발佛日普照靜慧妙圓眞鑑大禪師丁午跋"을 사례로 들어 당시 승려들의 법호와 법명이 혼란의 여지가 많음을 전제하고 무외가 원묘를 3, 4번째로 이은 정오임을 강조하였다. 다산은 박전지朴全之가 쓴 「영봉산용암사중창기靈鳳山龍巖寺重創記」와 『고려사高麗史』 그리고 『동문선』에 수록된 정오의 시문을 기초로, 인용한 기록에 명시된 무외 국사가 정오임을 명시하였다.

이 밖에 찬자들은 "형편없는 말류末流들이 무염 국사를 종조로 추대하니 그 오류는 쉽게 판별된다."라고 지적하였다. 이에 대해 다산은 "무염 국사의 한평생의 활동, 일동일정一動一靜이 백월탑白月塔에 상세히 기재되어 있다. 강진 만덕사에 영향이 있는가."라고 하여 만덕사와는 전연 인연이 없는 무염 국사를 이전의 기록에서 만덕사의 선조로 인식한 것을 비판하였다. 아울러 "본사의 동쪽 언덕에 보조탑普照塔이 있다. 예부터 전해지기를 이는 목우자牧牛子의 사리를 담은 것이라 하여, 마침내 목우자를 만덕사의 선조로 삼았다."라는 지적에 대해 보조 국사 지눌의 생애와 흔적을 기초로 비판하고, "동쪽 언덕에 있는 보조탑은 본사의 정오 국사의 탑으로 그 호 역시 불일보조라 하였다. 이것은 정오의 사리를 간직한 것이다."라고 하였다.

이와 같이 『만덕사지』는 수집한 자료를 기초로 그 진위를 바로잡고, 소략한 부분에 대해서는 자신들의 견해를 합리적으로 피력하였다. 흩어져 전해 오고 있는 단편적인 기록을 고증작업을 거쳐 만덕사의 역사뿐만 아니라 고려시대 불교사까지도 재구성하는 노력을 기울였다.

한편 찬자들이 찬술의 과정에서 보인 오류도 발견된다. 예컨대 자굉은 제3 원환에 대해 의선으로 이해하였지만, 의선은 조인규趙仁規의 넷째아들로 그 활동 시기가 원환이 백련사 제3세 주법主法을 맡았던 1248년과는 현격한 차이가 있다. 또한 찬자들은 원환을 만덕사의 8국사의 한 사람으로 지칭하고 있지만, 국사의 칭호는 『만덕사지』에서만 찾아볼 수 있으며, 찬자들이 제시한 원환에 대한 자료 역시 그가 국사임을 입증하기에는 미흡하다. 더욱이 찬자들이 설정한 8국사가 국사를 역임한 인물들을 기준한 것인지는 확신하지 않다. 이 밖에도 찬자들은 제7 진감 무외 국사眞鑑無畏國師와 제8 목암 무외 국사牧菴無畏國師가 모두 '무외無畏'로 표기되어 있어 그 진위를 밝히고 있다. 다산은 제7 무외 국사인 정오는 원묘를 3, 4번째로 이었고, 제8 무외 국사인 혼기는 원묘의 11세라고 하였으며, 무외가 두 명인 것은 의심할 것이 못 된다고 하였다. 1313년 6월 충숙왕이 즉위한 지 몇 달 후인 11월에 부왕의 명을 계승하여 무외 국통無畏國統으로 책봉한 인물이 『만덕사지』에서 언급한 제7 진감 무외 국사인 정오丁午다. 반면 제8 목암 무외 국사인 혼기混其는 조인규 가문의 출신인데, 대선사大禪師로서 사호賜號만 받았을 뿐 국사나 국통에 책봉된 적이 없는 인물이다. 아울러 다산이 무외가 두 명이라고 주장한 것은 "무외 국사는 휘가 혼기, 자가 진구, 호가 목암"이라는 『불조원류』의 내용 역시 철저한 고증의 과정을 거치지 않고 수용한 결과이기 때문이다. 『불조원류』에는 혼기가 조덕유趙德裕의 백부伯父, 즉 조인규의 장자로 기록되어 있다. 그러나 이곡이 찬한 「조정숙공사당기趙貞肅公祠堂記」뿐만 아니라 「조인규사당기趙仁規祠堂記」나 고려시대의 묘지墓誌나 사당기祠堂記에도 형제간의 기록이 없는 것으로 보아 『불조원류』의 기록은 믿을 수 없다. 이 밖에 찬자 응언應彦은 요세의 출생지 신번현新繁縣이 현재의 합천군인데, 전라도 남평현에 속해 있는 것으로 잘못 이해하고 있다.

5. 가치

『만덕사지』 찬술의 일차적인 목적은 망실된 만덕사의 역사를 고거주의考據主義를 기초로 온전히 복원하는 것이었다. 아울러 고려시대의 백련결사를 위시하여 조선 후기 선·교학을 통해 만덕사가 지닌 불교사적 위상과 조선 후기 불교계에서 차지하는 가치를 천명하는 것이었다. 이를 위해 찬자들은 고려 후기 백련결사의 역대 주맹主盟들의 생애와 활동을 광범위한 자료 수집과 고증을 통해 재구성하였다. 이것은 조선 후기 역사 서술과 역사 인식의 영향하에서 이루어져 주목된다.

우선 『만덕사지』는 각 권에 실린 중요사항을 체계적으로 1자씩 대두시키고 그에 대한 세부사항과 자료를 1자씩 낮춰 전재轉載하였다. 또한 이설異說과 해설解說은 '모안某案', '모운某云'으로 표시하여 관련자를 밝히고 있다. 그것은 한 주제를 제시한 뒤 그에 대한 관련 자료를 망라하여 자신의 논지를 증명하는 방식이다. 이와 같은 체재는 다산이 1811년 찬한 『아방강역고我邦疆域考』에서도 살필 수 있다. 대체로 찬자의 결론을 앞에다 제시하고 그다음에 그 결론을 뒷받침하는 국내의 자료를 넓게 망라하면서 그 자료에 대한 자신의 의견을 '안설按說'이라 하여 비판하고 검증하는 형식을 취하고 있다. 이른바 강목체 역사 서술이다. 강목체는 '강綱'에 해당하는 본문과 세부 서술의 '목目'으로 구성된다. 당시의 강목체 서술은 의리론과 역사를 새로이 인식하고, 현재의 위치를 명확히 하고자 하는 목적에서 비롯되었다. 불교계에서는 중관 해안中觀海眼의 금산사(1636)·화엄사(1636)·대둔사 사적기(竹迷記, 1636)를 비롯해 『대둔사지』가 강목 체제하에 찬술되었다. 불교가 비록 탄압과 소외의 상황 속에 놓여 있었지만, 자국사에 대한 자주적 인식이 강조되고 있었던 상황에서 불교사 역시 일반사 차원에서 찬술되고 인식되었다.

본조(조선)의 승보는 만력萬曆 이래로 두 종파로 나뉜다. 하나는 청허淸虛 종파, 다른 하나는 부휴浮休 종파이다. 청허의 종파는 수십으로 나뉘어 퍼졌으나 큰 줄기는 둘이다. 하나는 소요 태능逍遙太能 종파이고, 다른 하나는 편양 언기鞭羊彦機 종파이다. 우리 취여 선사醉如先師는 곧 소요逍遙의 적손嫡孫이고 백련사의 맹주이다. 위의 소요로부터 아래의 아암兒菴에 이르기까지 마침 8대가 된다. 고려에 8국사가 있었고 본조에도 8대사가 있으니 그 수가 맞아떨어진다. 특히나 본조에서는 불교를 숭상하지 않은 고로 호를 내리거나 관직을 내리는 영광이 없었으니 이는 예진 같지 못한 점이나.

인용문은 만덕사의 8대사가 조선불교의 중흥자인 청허 휴정의 제자들로 당시 불교계를 대표할 만한 인물들이었으며, 이들은 고려 백련결사의 8국사를 계승하고 있음을 강조하고 있다. 만덕사의 걸출한 승려들이 고려시대뿐만 아니라 불교가 혹독한 탄압을 받고 있었던 조선시대에도 그 계통을 이어 가고 있음을 언급한 것으로, 만덕사가 한국불교사에서 차지하는 위상을 천명하였다. 찬자들은 조선시대 만덕사의 8대사를 소요逍遙·해운海運·취여醉如·화악華岳·설봉雪峰·송파松坡·정암晶巖·연파蓮坡 대사로 설정하였다.

이들은 조선 후기의 대표적인 강사들로 취여·화악·설봉은 대흥사의 12종사이며, 연파 대사蓮坡大師는 대흥사의 12경사經師 가운데 한 사람이기도 하다. 대흥사의 12종사는 청허 휴정의 문도로 대흥사가 조선 후기 불교계에서 선교학禪敎學의 종원으로 부상할 수 있는 기틀을 마련하였다. 이들은 모두 『화엄경』을 수학하고, 그 강회講會를 개최하여 전국의 치림緇林이 대흥사를 선교학의 종원宗院으로 받드는 데 기여한 인물이다. 12종사가 대흥사를 선교의 근기根基로 마련하였다면, 12강사는 화엄학을 중심으로 한 강회를 통해 대흥사를 더욱 발전시켰다. 소요 태능은 남쪽 지방을 두루 유력하며 제방諸方의 선지식善知識을 역방歷訪한 끝에 부휴 선수浮休善修에게서 대장경을 배웠으며, 다시 휴정休靜을 찾아가 물어 비로소 무생無生의 실상을 깨달았다. 소요의 제자 해운 경열海運敬悅은 스승 소요보다 나이가 많았지만, 수백 명이나 되는 소요의 문두 가운데 오지 해운만이 종통宗統을 이었다고 한다. 때문에 그의 호 '해운'은 붕노鵬徙로 "붕새가 남쪽 바다로 옮겨 감"을 뜻하는 것이고, 붕새가 날아가는 것은 자유로이 노닌다는 '소요'를 의미하는 것으로 소요가 해운에게 법을 전한 것이 당연하다고 할 정도였다. 일찍이 소요는 해운에게 주는 전법게傳法揭에서 "선강禪綱의 교골敎骨을 누가 대적하며, 화월華月의 이 풍夷風을 누구에게 전할까."라고 읊기도 하였다.

만덕사는 고려 중·후기 결사운동結社運動으로 불교의 본분과 중흥의 면모를 일신시켰지만, 고려 말 조선 초 불교의 탄압정책과 사찰의 소실로 겨우 명맥만을 유지할 정도였다. 그러나 전란 이후 소요 태능으로부터 시작된 만덕사의 종풍宗風은 당시 불교계에서 유행한 선교학과 함께 부활하였다. 예컨대 취여 삼우가 "원묘圓妙의 도량을 중흥시키고, 소요의 과업課業을 세운 것이다." 취여는 유년시절 출가하여 제방의 선지식에게 불교경전을 두루 섭렵하고, 해운 경열의 법을 이어 받았다. 그는 대흥사 12종사 가운데 한 사람으로, 교학에 탁월하여 대흥사 상원루上院樓에서 화엄종지를 강의할 때는 수백 명의 대중이 청강하였다고 한다. 그의 의발은 화악 문신에게 전해졌다. 화악은 글을 몰라 출가 후에도 농기구를 시장에 내다 파는 소임을 맡고 있었는데, 취여의 화엄종지를 듣고 개오開悟하여 교학에 몰두했다고 한다. 취여에게 인가 증명을 받은 이후 대흥사에서 수백 명의 대중에게 강의를 했는데, 북방에서 온 월저 선사月渚禪師가 선문禪門의 종지를 논하는 것을 보고 그에게 후학들을 가르치게 하니 월저가 "내가 남방에 와서 육신보살을 보았다."고 할 정도로 학덕이 깊었다. 설봉 역시 화악에게 법을 물려받았는데, "제경諸經을 참호參互하여 증오證悟하되 정미하게 변석辨析하니 남방의 여러 비구들이 선림禪林의 종주라고 불렀다."라고 하였다. 송파 각원은 삼장三藏과 경교經敎 외에 자사子史도 방통旁通하여 거의 40여 년 동안 대중을 제접했다고 한다. 그리고 정암 즉원은 스승 송파에게 사집四集과 사교四敎를 배우고, 대교大敎와 화엄현담華嚴玄談은 연담 유일蓮潭有一에게 받았다. 그는 대중들에게 경전을 강의할 때 마음은 오로지 자비를 임무로 삼고, 사시舍施를 본업으로 삼았다. 연파 혜장은 정암의 제자이자 만덕사 8대사 가운데 마지막 인물이다. 그는 30세의 나이에 대흥사 청풍료淸風寮에서『화엄경』대법회를 열어 주관하였는데 100여 명의 대중이 참석하였다고 한다. 다산 정약용은 아암의 학덕에 스승 연담 유일이 12종사 가운데 순서로는 가장 끝이고, 제자 아암 역시 12강사 가운데 가장 끝이었지만, 마지막이 아니라 정화라고 하였으며, "연로대련야蓮老大蓮也 파공 소련야坡公小蓮也"라고 하여 그를 칭송하였다. 아암의 이름은 중국에도 알려져 1812년 옹방강翁方綱의 시집『담계옹시집覃溪翁詩集』6책이 연경燕京에서 대흥사로 전해지기도 하였다. 이 밖에『만덕사지』찬자들은 조선 후기 8대사 외에 취여의 제자 가운데 대중들에게 경전을 강의한 인물을 언급하기도 하였다.

『만덕사지』의 찬자들은 이상 만덕사에서 배출한 8명의 승려가 조선 후기 불교계에 유행했던 화엄학을 중심으로 한 강경講經에 걸출한 인물들이었음을 강조하였다. 비록 조선 후기 역시 불교 탄압이 지속되었지만, 선교학을 중심으로 한 출가자의 본분은 고려의 백련결사를 주도했던 선조先祖들의 정신을 계승하려는 노력과 함께 이어졌다. 결국 이러한 면모는 만덕사가 왜란과 호란 이후 휴정의 의발衣鉢이 전해진 것을 계기로 선교의 종원으로 자리매김했던 대흥사와 함께 불교사적 위상이 강화되었음을 의미하는 것이다.

6. 참고문헌

『만덕사지』

범해 각안梵海覺岸 저, 김두재 역, 『동사열전』, 동국대학교출판부, 2015.

오경후, 『寺誌와 僧傳으로 본 조선후기 불교사학사』, 문현, 2018.

● 연표年表[1]

(연표 1면)

*1144년 : 송宋 고종高宗 소흥紹興 14년. 갑자甲子.
*1147년 : 고려 의종毅宗 원년元年.
*1149년 : 금金 임금 량亮(완안량完顔亮. 해릉양왕海陵煬王), 천덕天德 원년元年. 기사己巳.
*1153년 : 금金 (해릉양왕海陵煬王) 정원貞元 원년元年.
*1154년 : 갑술甲戌.
*1156년 : 금金 (해릉양왕海陵煬王) 정륭正隆 원년元年.
*1159년 : 기묘己卯.
*1161년 : 금金 세종世宗 대정大定 원년元年.
*1163년 : 송宋 효종孝宗 융흥隆興 원년元年.
　　　　 : 겨울 10월, 원묘圓妙 출생.
*1164년 : 갑신甲申.
*1165년 : 송宋 (효종孝宗) 건도乾道 원년元年.
*1169년 : 기축己丑.
*1171년 : 고려 명종明宗 원년元年.
*1174년 : 원묘圓妙 출가出家, 갑오甲午.
*1175년[2] : 송宋 (효종孝宗) 순희淳熙 원년元年.
*1179년 : 기해己亥.
*1184년 : 갑진甲辰.
*1185년 : 원묘圓妙 승과에 급제.
*1189년 : 기유己酉.
*1190년 : 송宋 광종光宗 소희紹熙 원년元年.

1　규장각본의 연표는 4면이며, 면마다 세로 10칸, 가로 5칸으로 정제되어 있다. 용흥사본의 연표는 6면으로, 같은 내용을 세로 10칸, 가로 12칸의 괘선지에 옮기다 보니 가독성과 정확도가 떨어진다. 용흥사본의 연표는 규장각본 내용 가운데 중복해서 기입한 부분이 있다. 예를 들면, 1234·1244년 란에 "秋天頙至尙州白蓮社"가 중복되었고, 1314·1324년 란에 "元主泰定元年"이 중복되었다. 또 누락된 부분(1245년 란)도 있다. 이에 따라 〈연표〉는 규장각본을 기준으로 기록하고 번역하였다.

2　송 순희 원년은 1174년인데 연표에는 1175년 란에 기입되어 있다. (용흥사본·규장각본)

(연표 2면)
* 1194년 : 갑인甲寅.
* 1195년 : 송宋 영종寧宗 경원慶元 원년元年.
* 1196년 : 금金 장종章宗 승안承安 원년元年.
* 1198년 : 고려 신종神宗 원년元年.
  : 원묘圓妙, 상경上京하여 고봉사高峰寺에 주석하다.
  : 목우자牧牛子, 팔공산(公山)에 주석하다.
* 1199년 : 기미己未.
* 1200년 : 목우자牧牛子, 강남江南(순천)으로 이주하다.
* 1201년 : 송宋 (영종寧宗) 가태嘉泰 원년元年.
  : 금金 (장종章宗) 태화泰和 원년元年.
* 1202년 : 목우자牧牛子, 조계산曹溪山에서 수선사修禪社를 개설하다.
* 1204년 : 갑자甲子.
* 1205년 : 송宋 (영종寧宗) 개희開禧 원년元年.
  : 고려 희종熙宗 원년元年.
  : 목우자牧牛子, 억보산億寶山에 주석하다.
* 1208년 : 송宋 (영종寧宗) 가정嘉定 원년元年.
  : 원묘圓妙, 월출산月出山에 주석하다.
  : 목우자牧牛子, 규봉圭峰에 주석하다.
* 1209년 : 금金 영제永濟 대안大安 원년元年. 기사己巳.
* 1210년 : 목우자牧牛子, 시적示寂하다.
* 1211년 : 원묘圓妙, 만덕사萬德寺를 짓다(營).
* 1212년 : 금金 (위소왕衛紹王) 숭경崇慶 원년元年.
  : 고려 강종康宗 원년元年.
* 1213년 : 금金 선종宣宗 정우貞祐 원년元年.
* 1214년 : 고려 고종高宗 원년元年. 갑술甲戌.
* 1216년 : (원묘), 만덕사萬德寺를 낙성(告成)하다.
* 1217년 : 금金 (선종宣宗) 흥정興定 원년元年.
* 1219년 : 무의자無衣子, 단속사斷俗寺에 주석하다. 기묘己卯.
* 1221년 : 원묘圓妙, 대방帶方(남원)으로 가다.

*1222년 : 금金 (선종宣宗) 원광元光 원년元年.
*1223년 : 원묘圓妙, 최표崔彪의 서신 받고 만덕사萬德寺로 돌아오다.
*1224년 : 금金 애종哀宗 정대正大 원년元年. 갑신甲申.
*1225년 : 송宋 이종理宗 보경寶慶 원년元年.
*1228년 : 송宋 소정紹定 원년元年.
　　　　 : 여름, 유자儒者 몇 명이 원묘圓妙에게 머리를 깎다.
*1229년 : 기축己丑.
*1232년 : 금金 (애종哀宗) 천흥天興 원년元年.
　　　　 : 원묘圓妙, 보현도량普賢道場 결사를 시작하다.
　　　　 : 천책天頙, 도량소道場疏를 짓다.
*1233년 : 무의자無衣子, 진주晉州에 머물다.
*1234년 : 송宋 (이종理宗) 단평端平 원년元年.
　　　　 : 무의자無衣子, 월등사月燈寺로 옮기고, 여름에 시적示寂하다.
*1236년 : 원묘圓妙, 천책天頙에게 백련결사문白蓮結社文을 짓게 하다.
*1237년 : 송宗 (이종理宗) 가희嘉熙 원년元年.
　　　　 : 원묘圓妙에게 선사禪師의 호를 내리다.
　　　　 : 천책天頙, 조조祖 국사國師를 대신하여 김경손金景孫에게 답서하다.
*1239년 : 기해己亥.
*1241년 : 송宗 (이종理宗) 순우淳祐 원년元年.
　　　　 : 최자崔滋, 상주尙州 목사가 되다.
　　　　 : 천책天頙, 상주尙州 사불산四佛山을 유람하다.
*1243년 : 천책天頙에게 상주尙州 백련사白蓮社를 주맹主盟하도록 하다.

(연표 3면)

*1244년 : 가을. 천책天頙, 상주尙州 백련사白蓮社에 도착하다. 갑진甲辰.
*1245년 : 원묘圓妙, 불사佛事를 천인天因에게 맡기고 별원別院으로 물리나다.
         : 7월. 원묘圓妙, 시적示寂하다.
*1247년 : 천인天因, 왜구를 피해 상왕산象王山으로 들어가다.
*1248년 : 가을. 천인天因, 원환圓睆에게 법을 부촉하다.
         : 8월. 천인天因, 시적示寂하다.
*1249년 : 기유己酉.
*1253년 : 송宋 (이종理宗) 보우寶祐 원년元年.
*1254년 : 갑인甲寅.
*1258년 : 탁연卓然, 송宋나라 조사祖師의 찬(『법화수품찬法華隨品讚』)을 천책天頙에게 보이다.
*1259년 : 송宋 (이종理宗) 개경開慶 원년元年. 기미己未.
*1260년 : 송宋 (이종理宗) 경정景定 원년元年.
         : 원元 세조世祖 중통中統 원년元年.
         : 고려 원종元宗 원년元年.
*1262년 : 천책天頙, 법화수품찬法華隨品讚을 짓다.
*1264년 : 송宋 이종理宗 경정景定 5년.
         : 원元 세조世祖 지원至元 원년元年.
*1266년3 : 송宋 도종度宗 함순咸淳 원년元年.
         : 천책天頙, 임계일林桂一의 시에 화답하다.
*1268년 : 천책天頙, 김승제金承制에게 보낸 편지에서 『법화전홍록法華傳弘錄』을 논하다.
*1269년 : 기사己巳.
*1272년 : 고려 태자太子 심諶, 원나라에 조회하다.(朝元)
*1274년 : 갑술甲戌.
*1275년 : 송제宋帝 현㬎(조현趙㬎, 공종恭宗) 덕우德祐 원년元年.
         : 고려 충렬왕忠烈王 원년元年.
*1276년 : 송宋 단종端宗 경염景炎 원년元年.
*1278년 : 송宋 임금 병昺(조병趙昺, 위왕衛王) 상흥祥興 원년元年.

---

3 함순 원년은 1265년이다. 연표에는 1266년 란에 기입되어 있다.(용흥사본·규장각본)

: 무외無畏, 용혈암龍穴菴에 우거를 시작하다.
* 1279년 : 기묘己卯.
* 1280년 : 무외無畏, 상주尙州로 돌아가다.
* 1284년 : 갑신甲申.
* 1289년 : 기축己丑.
* 1290년 : 무외無畏, 다시 괘탑암掛搭菴에 이르다.
* 1293년 : 천책天頙, 『선문보장록禪門寶藏錄』에 서문을 쓰다.

(연표 4면)

*1294년 : 이혼李混, 『선문보장록禪門寶藏錄』에 발문을 쓰다.
      : 무외無畏, 괘탑암掛搭菴을 개축(改構)하다.
*1295년 : 원元 성종成宗 원정元貞 원년元年.
      : 무외無畏, 능허대凌虛臺를 축조하다.
*1297년 : 원元 (성종成宗) 대덕大德 원년元年.
      : 무외無畏, 초은정招隱亭을 세우다.
*1299년 : 기해己亥.
*1301년 : 무외無畏, 이듬해(1302)에 월출산月出山 백운암白雲菴으로 이주하다.
*1302년 : 왕이 중사中使를 월출산月出山 백운암白雲菴으로 보내 무외無畏를 영접하다.
*1304년 : 갑진甲辰.
*1306년 : 무외無畏에게 백월대선사白月大禪師라는 법호法號를 내리다.
*1307년 : 무외無畏를 왕사王師로 책봉하다.
      : 무외無畏, 진정眞靜국사의 『호산록湖山錄』에 발문을 쓰다.
*1308년 : 원元 무종武宗 지대至大 원년元年.
*1309년 : 충선왕忠宣王 원년元年.
      : 무외無畏에게 국청사國淸寺에 머물도록 명하다. 기유己酉.
*1310년 : 무외無畏, 영원사瑩原寺로 이주移住하다.
*1312년 : 원元 인종仁宗 황경皇慶 원년元年.
*1313년 : 무외無畏, 국통國統이 되다.
      : 왕이 묘련사妙蓮寺로 무외無畏를 방문하다.
*1314년 : 원元 인종仁宗 연우延祐 원년元年.
      : 충숙왕忠肅王 원년元年.
      : 무외無畏, 용암사龍巖寺로 이주하다.
*1315년 : 전년(1314)에 순창淳昌이 무외無畏의 고향이므로 군郡으로 승격시키다.
*1319년 : 기미己未.
*1321년 : 원元 영종英宗 지치至治 원년元年.
*1324년 : 원元 임금 (진종眞宗) 태정泰定 원년元年 갑자甲子.
*1328년 : 원元 임금 (진종眞宗) 치화致和 원년元年.
      : 원元 문종文宗 천력天曆 원년元年.

*1329년 : 기사己巳.
*1330년 : 원元 문종文宗 치순致順 원년元年.
*1331년 : 충혜왕忠惠王 원년元年.
*1332년 : 충숙왕忠肅王 복위 후 원년元年.
*1333년 : 원元 순제順帝(혜종惠宗) 원통元統 원년元年.
*1334년 : 갑술甲戌.
*1335년 : 원元 지원至元 원년元年.
*1339년 : 기묘己卯.
*1340년 : 충혜왕忠惠王 복위 후 원년元年.
*1341년 : 원元 (혜종惠宗) 지정至正 원년元年.
*25년 후(1368년) 무신戊申, 원나라가 망하다.
 49년 후(1392년) 임신壬申, 고려가 망하다.

● 원문 연표年表

(연표 1면)

甲辰	圓妙出家 甲午	甲申	甲戌	宋高宗紹興十四年 甲子
圓妙中僧選	宋淳熙元年	宋乾道元年		
			金正隆元年	
				麗毅宗元年
己酉	己亥	己丑	己卯	金主亮天德元年 己巳
宋光宗紹熙元年				
		麗明宗元年	金世宗大定元年	
			宋孝宗隆興元年 ○冬十月圓妙生	金貞元元年

(연표 2면)

宋端平元年 ○無衣子徙月燈寺夏示寂	金哀宗正大元年 甲申	麗高宗元年 甲戌	甲子	甲寅
	宋理宗寶慶元年		宋開禧元年 ○麗熙宗元年 ○牧牛子在億寶山	宋寧宗慶元元年
圓妙命天頙撰白蓮結社文		萬德寺告成		金章宗承安元年
宗嘉熙元年 ○圓妙賜號禪師 ○天頙代祖國師答金景孫書		金興定元年		
	宋紹定元年 ○夏儒者數人受剃于圓妙		宋嘉定元年 ○圓妙居月出山 ○牧牛子居圭峰	麗神宗元年 ○圓妙上京住高峰寺 ○牧牛子在公山
己亥	己丑	無衣子住斷俗寺 己卯	金永濟大安元年 己巳	己未
			牧牛子示寂	牧牛子移住江南
宗淳祐元年 ○崔滋守尙州 ○天頙游尙州四佛山		圓妙往帶方	圓妙營萬德寺	宋嘉泰元年 ○金泰和元年
	金天興元年 ○圓妙結普賢道場 ○天頙作道場疏	金元光元年	金崇慶元年 ○麗康宗元年	牧牛子於曹溪山開修禪社
命天頙主盟于尙州白蓮社	無衣子在晉州	圓妙因崔彪奉書還萬德寺	金宣宗貞祐元年	

(연표 3면)

甲申	甲戌	宋理宗景定五年 ○元世祖至元元年	甲寅	秋天頙至尙州白蓮社 甲辰
		宋帝㬎德祐元年 ○麗忠烈王元年		圓妙以佛事付天因退居別院 ○七月圓妙示寂
	宋端宗景炎元年	宋度宗咸淳元年 ○天頙和林桂一詩		
				天因避寇入象王山
	宋帝昺祥興元年 ○無畏始寓龍穴菴	天頙寄金承制書論法華傳弘錄	卓然以大宋祖師讚示天頙	秋天因以法付圓睆 ○八月天因示寂
己丑	己卯	己巳	宋開慶元年 己未	己酉
無畏復至掛搭菴	無畏還向尙州		宋景定元年 ○元世祖中統元年 ○麗元宗元年	
		麗太子諶朝元	天頙作法華受品讚	
天頙序禪門寶藏錄				宋寶祐元年

(연표 4면)

甲戌	元主泰定元年 甲子	元仁宗延祐元年 ○忠肅王元年 ○無畏移龍巖寺	甲辰	李混跋禪門寶藏錄 ○無畏改構掛搭菴
元至元元年		前年陞淳昌爲郡 以無畏鄕也		元成宗元貞元年 ○無畏築凌虛臺
			無畏法號曰白月 大禪師	
			無畏封爲王師 ○無畏跋眞靜湖 山錄	元大德元年 ○無畏立招隱亭
	元主致和元年 ○元文宗天曆元 年		元武宗至大元年	
己卯	己巳	己未	忠宣王元年 ○命無畏住國淸 寺 己酉	己亥
忠惠王後元年	元文宗致順元年		無畏移住瑩原寺	
元至正元年	忠惠工元年	元英宗至治元年		無畏以明年移月出 山白雲菴
	忠肅王後元年		元仁宗皇慶元年	王遣中使迎無畏于 月出山白雲菴
後二十五年戊 申元亡 ○後四十九年 壬申高麗亡	元順帝元統元年		無畏爲國統 ○王訪無畏于妙 蓮寺	

만덕사지

⟨상⟩

萬德寺志 上

만덕사지 제1권
萬德寺志 卷之一

다산茶山[1] 감정

학림 이청鶴林李晴 모음

기어 자굉[2]騎魚慈宏 엮음

茶山 鑑定

鶴林李晴 輯

騎魚慈宏 編

---

1 다산茶山 : 정약용丁若鏞(1762~1836). 조선 후기의 실학자. 자호는 다산茶山·자하산인紫霞山人. 당호는 여유당與猶堂이다. 유형원·이익의 학문과 사상을 계승하여 조선 후기 실학을 집대성한 인물이다. 출중한 학식과 재능을 바탕으로 정조의 총애를 받았으나 1801년 신유사옥 후 전라남도 강진으로 유배되었다. 이곳에서 독서와 저술에 힘을 기울여 학문을 완성한 것으로 평가받는다. 저서에 『경세유표經世遺表』, 『목민심서牧民心書』, 『흠흠신서欽欽新書』 등이 있다. 특히 강진 유배기(1801(2?)~1818)에 인근 백련사와 대둔사의 승려들과 교유하여 영향을 주고받았던 점이 주목된다. 유배지에서 다산은 독서와 저술에 힘을 써 학문 체계를 완성했고, 다산초당은 바로 다산학의 산실이 되었다. 해남 대흥사의 여러 승려들과 교유하며 상호 영향을 주고받았는데, 특히 아암 혜장兒庵惠藏(1772~1811)과 가깝게 지내며 아암에게 주역을 가르치고, 그로부터는 다도를 익혔다. 다산은 아암의 탑비명을 지었고, 10여 편의 시를 남겼다. 아울러 본서 권1~6 전체 내용을 감정하는 역할을 담당하였다.

2 기어 자굉騎魚慈宏 : 만덕사의 승려. 아암 혜장兒庵惠藏의 제자이다. 다산 정약용이 지은 「연파대사비명蓮坡大師碑銘」에 "제자로서 스님의 법을 얻은 사람이 5명이 있으니, 수룡 색성袖龍賾性·기어 자굉騎魚慈宏·철경 응언掣鯨應彦·침교 법훈枕蛟法訓·일규 요운逸虬擾雲이다. 이미 의발衣鉢을 전해 받자 아암이 노쇠해지니, 그때 나이가 35세였다."라고 하였다.(『아암유집兒菴遺集』, 『한불전』 10책, p.709) 이들 제자를 중심으로 『만덕사지』의 실제 편찬이 이루어졌다. 『만덕사지』 중에서 권1~3과 권6은 편찬(編)을, 권4는 자료수집(輯)의 역할을 맡았다.

만덕사萬德寺는 고려高麗 8국사國師의 도량으로 당시 이름은 백련사白蓮社[3]이다. 만덕산萬德山은 강진현康津縣 남쪽 20리에 있다. 절 이름은 산 이름에서 유래하였다.

○이청李晴의 안案 : 백두白頭의 지맥이 남으로 치달려 갑산甲山의 설령雪嶺이 되었고, 다음으로 안변安邊의 철령鐵嶺, 회양淮陽의 금강산金剛山, 강릉江陵의 오대산五臺山, 삼척三陟의 태백산太白山, 순흥順興의 죽령竹嶺, 문경聞慶의 조령鳥嶺, 보은報恩의 속리산俗離山, 무주茂朱의 적상산赤裳山, 진안鎭安의 마이산馬耳山, 장성長城의 노령蘆嶺, 담양潭陽의 추월산秋月山, 광주光州의 무등산無等山으로 이어지다 영암靈巖 월출산月出山이 되었다. 월출산에서 다시 서남쪽으로 4, 50리를 달리면 산맥이 낮아지고 평평해진 곳이 나오는데 강진康津 남쪽의 휴우령休牛嶺이고, (지맥이) 갑자기 우뚝 솟구쳐 하늘을 찌르니 이곳 이름이 만덕산萬德山이다. 그 산 좌우로 두 줄기 지맥이 (남으로) 감돌아들어 하나의 형국을 이룬 채 바다 어귀를 향해 있으니, 백련사白蓮寺는 그 안에 있다.

萬德寺者, 高麗八國師之道場, 當時號曰白蓮社. 萬德山, 在康津縣南二十里. 寺以山名.

○晴案 : 白頭之脉, 南馳爲雪嶺【在甲山】, 爲鐵嶺【在安邊】, 爲金剛山【在淮陽】, 爲五臺山【在江陵】, 爲太白山【在三陟】, 爲竹嶺【在順興】, 爲鳥嶺【在聞慶】, 爲俗離山【在報恩】, 爲赤裳山【在茂朱】, 爲馬耳山【在鎭安】, 爲蘆嶺【在長城】, 爲秋月山【在潭陽】, 爲無等山【在光州】, 爲月出山【在靈巖】. 自月出山, 西南馳四五十里, 山脉低平, 爲休牛嶺【康津南】. 突然起峰, 嶒崒入天, 是名曰萬德山. 有左右二支, 回抱作局, 以臨海口. 白蓮寺在其中焉.

---

[3] 백련사白蓮社 : 전남 강진군의 도암면 만덕산萬德山에 위치해 있다. 신라 46대 문성왕 원년(839) 무염 대사無染大師(800~888)가 창건할 때의 이름은 만덕사이다. 고려 희종 7년(1211) 원묘 국사圓妙國師 요세了世(1163~1245) 스님이 중창하면서 백련사라고 고쳤는데, 이때 절 이름 사寺가 아닌 단체 사社로 한 것은 1208년 최씨 무신정권 이후 요세 스님이 문벌귀족 체제와 결탁한 기존 불교계에 대항하여 천태종天台宗을 주창하면서 사찰 개혁운동인 백련결사운동을 전개할 때 이곳을 중심지로 삼았기 때문이다.

초기에 황무지를 개간한 것은 대체로 신라 말이나, 자세한 연월은 알 수 없다.

『동국여지승람東國輿地勝覽』의 기록 : 백련사白蓮社는 만덕산萬德山에 있다. 신라 때 창건하였고 고려 승려 원묘圓妙⁴가 중수重修했으며 조선 세종世宗 때 승려 행호行乎⁵가 다시 중수하였다. 탑과 비碑와 부도浮屠 3기基가 있고, 이 외에 만경루萬景樓와 명원루明遠樓가 있다. 남쪽으로 큰 바다를 임하였는데, 골짜기 가득한 것은 모두 소나무와 잣나무, 크고 작은 대나무, 동백나무 등이다. 이들이 뒤섞여 푸름을 자랑하는데 사계절이 한결같으니 참으로 절경이다.
○이청李睛의 안 : 동백冬柏은 유다油茶의 토속어이다.

아암 선사兒菴禪師 혜장惠藏⁶이 말하였다 : 강진康津은 옛 백제의 남쪽 변방이다. 백제에서 절을 처음 세운 것은 침류왕枕流王 원년【진晉 효무孝武 대원大元 9년(384)】 인도 승려 마라난타摩羅難陀가 진晉나라에서 와서 한산漢山【지금의 광주廣州】에 세운 것인데, (이때는) 불법佛法이 그다지 널리 퍼지지 않았다. 백제 법왕法王 원년 【수隋 문제文帝 개황開皇 19년(599)】에 이르러 살생을 금하라는 명을 내리고 이듬해

---

4 원묘 요세元妙了世 : 1163~1245년. 12세에 경남 합천 천락사天樂寺에 출가하여 균정均定을 은사로 삼아 천태교관天台敎觀을 닦았다. 1185년 승과에 합격하였고, 그후 천태종지에 뜻을 두어 높은 덕망을 얻었다. 지눌의 돈오점수 사상은 근기가 높은 자를 대상으로 하는 것이고, 근기가 낮고 업장이 깊은 중생에게는 이론화된 천태선의 일심삼관一心三觀과 참회수행이 유효하다고 보았다. 69세(1232)에 만덕사에서 보현도량普賢道場을 결성하고 전통적인 법화삼매참회法華三昧懺悔를 닦았다. 결사운동은 보현도량의 개설을 계기로 하여 체계가 정비되었고, 백련사白蓮社라는 결사의 명칭도 이때부터 사용되었다. 1245년 4월 제자 천인天因에게 백련사를 맡기고, 같은 해 7월에 입적하였다. 시호는 원묘 국사圓妙國師, 탑명은 중진中眞. 저술로는 『삼대부절요三大部節要』가 있다.

5 행호行乎 : 생몰년 미상. 조선 태종·세종 대 천태종의 승려. 최충崔冲의 후손. 어려서 출가하여 계행이 뛰어났고 효행으로 이름이 높았다. 태종 대에 치악산 각림사覺林寺 창건대회를 주관하였고, 대자암大慈庵 주지를 지냈다. 세종이 즉위한 후 판천태종사判天台宗事에 임명되었으나 얼마 뒤 벼슬을 버리고 두류산에 금대사金臺寺·안국사安國寺를 창건하였고, 천관산에 수정사修淨寺를 지었다. 왜적의 침입으로 불타 버린 만덕산 백련사를 효령대군의 도움을 받아 중수하였다. 조선 초기 유생들의 강한 척불론 속에서도 효령대군 등의 귀의를 받아 왕실에 대한 불교 보급에 힘썼다는 평가가 있다.

6 아암 혜장兒庵惠藏 : 1772~1811년. 조선 후기 대흥사의 승려. 법명은 혜장, 호는 연파蓮坡 혹은 아암. 대둔사 12종사와 12강사 중 마지막 자리를 차지하였다. 연담 유일의 영향을 받았으며 30세에 두륜산 청풍료에서 화엄법회를 열었을 때 법회를 주맹主盟하였는데, 이때 모인 학인이 100여 명이었다. 『주역』과 『논어』에 천착하였고, 이외에도 율력, 율려, 법과 성리학 등 관심사가 넓었다. 불서로는 『수능엄경』과 『기신론』을 특히 애독한 것으로 알려져 있다. 다산 정약용이 1805년 가을 만덕사에 머물 때 만나 교류를 나누었다. 다산이 아암의 비문을 썼다. 저서로『아암집』이 전한다. 『동사열전』 「연파강사전」 참조.

왕흥사王興寺를 창건하였고, 당唐 정관貞觀 8년【백제 무왕武王 35년(634)】에 왕흥사가 완공되었다. 왕흥사는 사비하泗沘河【지금의 부여扶餘】에 있으며 한반도 남방 사찰의 비조鼻祖가 된다. 그러므로 우리 호남의 모든 사찰은 다 정관貞觀 8년(634) 이후에 지어진 것으로, 혹 양梁나라(蕭梁) 때 지었다고 하는 것은 모두 근거 없는 말이다. 백제가 망한 것은 당 고종高宗 현경顯慶 5년(660)으로, 고종 말에 이르면 백제의 군현郡縣이 점점 신라에 병합되어 갔으니, 백련사가 창건된 것은 분명 신라 말【당 중종中宗 이후】인 듯하다. 그러나 지금은 자세히 고찰할 수 없다.

原初開荒, 盖在新羅之末, 年月未詳.

輿地勝覽云：白蓮社, 在萬德山. 新羅刱建, 高麗僧圓妙重修, 我世宗時僧行乎又重修. 有塔有碑, 有三浮屠. 又有萬景樓明遠樓. 南臨大海, 滿洞, 皆松柏篠蕩冬柏樹, 交加蒼翠, 四時如一, 眞絕境也.
○晴案：冬柏者, 油茶之俗名.
兒菴禪師惠藏云：康津, 古百濟南徼也. 百濟之刱建佛寺, 在枕流王元年【晉孝武大元九年】胡僧摩羅難陀, 自晉至創寺漢山【今廣州】, 而佛法未甚流行. 至百濟法王元年【隋文帝開皇十九年】, 始有禁殺之令. 越明年創王興寺. 至唐貞觀八年【百濟武王三十五年】, 王興寺告成. 王興寺, 在泗沘河之上【今扶餘】, 而爲南土佛寺之鼻祖. 則凡我湖南諸寺, 皆貞觀八年以後之所建, 其或稱蕭梁時所建者, 皆不稽之言也. 百濟之亡, 在唐高宗顯慶五年. 至高宗之末, 百濟郡縣, 漸爲新羅所呑. 則白蓮寺之創建, 要在新羅之末【唐中宗以後】, 今不可考.

사옥寺屋이 도중에 허물어지자 금金의 폐위된 임금인 영제永濟 대안大安 3년 신미(1211)에 원묘 국사圓妙國師가 옛 터에 큰 사찰을 세웠고, 마침내 8국사國師를 배출하는 도량(祇林)이 되었다.

○이청의 안 : 대안大安 3년은 곧 송宋 영종寧宗 가정嘉定 4년, 고려 희종대왕熙宗大王 7년이다.

寺屋中毁, 至金廢帝【即永濟】大安三年辛未, 圓妙國師, 因其舊基, 翔建大刹. 遂爲八國師之祇林.

○晴案：大安三年, 即宋寧宗嘉定四年, 高麗熙宗大王七年也.

제1 원묘 국사圓妙國師[7]는 천태天台의 교법敎法을 근본으로 삼아 보현도량普賢道場을 처음 개설하였다.

고려 학사學士 최자崔滋[8]가 찬술한 「만덕산백련사원묘국사비명병서萬德山白蓮社圓妙國師碑銘並序」：

여래如來가 일대사인연一大事因緣으로 세상에 출현하시어 여러 경을 널리 연설하시었으나, 오히려 대大와 소小, 방편과 본질(權實)을 하나로 꿰뚫을 수 없었다. 종기가 곪아터지는 것처럼 기미(機)와 때(時)가 만나는 순간에 이르자 『묘법연화경妙法蓮華經』을 극력 창도唱導하여, 구계九界 삼승三乘을 포섭하여 일불승一佛乘으로 들어가니, 오랜 침묵으로 품은 회포가 이에 트이고 다시 남은 미진함이 없어졌다. (여래가) 쌍림雙林에서 열반하시고 불법(玄綱)이 해이해지자 오직 용수 대사龍樹大士가 이를 안타까이 여겨 종지(宗極)를 밝히시고 일체의 이론을 논파하여 삼관三觀의 묘문妙門을 열었다. 혜문惠文과 혜사惠思는 이를 조술祖述하여 계승하였고, 묘오妙悟를 타고난 지자 대사智者大師[9]가 다시 목탁을 드날렸다. 장

---

7 원묘 국사圓妙國師 : 앞의 각주 4번 참조.

8 최자崔滋(1188~1260) : 고려 중기의 문신. 본관은 해주, 자는 수덕樹德이며 시호는 문청文淸. 강종 때 문과에 급제, 문재를 인정받아 문한文翰을 맡았으며 고종 때 상주목사로 선정을 베풀었다. 그 후 전중소감, 보문각대제, 국자감대사성, 지어사대사, 한림학사, 추밀부사 등을 역임했다. 1256년 중서평장사가 되었고, 1259년 추밀사 김보정과 함께 몽고에게 항복하여 강화할 것을 주장했다. 문신이면서도 무인정권기에 대표적 문벌로 활동했다. 저서에 『최문충공가집崔文忠公家集』 10권, 『보한집補閑集』 3권이 있고, 서도西都·북경北京·강도江都를 읊은 「삼도부三都賦」가 유명하다.

9 지자 대사智者大師 : 천태 지의天台智顗(538~597)의 법호. 18세에 출가하여 23세에 남악 혜사南岳慧思(515~577)의 문하에서 법화삼매法華三昧를 배웠으며 스승에게 인정을 받았다. 38세에는 천태산에 은거하여 11년간 도를 닦았고, 진陳나라 황실의 간청으로 48세에 천태산에서 금릉으로 내려왔다. 이때부터 약 10년 동안 '천태삼대부天台三大部'라고 부르는 『법화문구』, 『법화현의』, 『마하지관』을 강의하였다. 그리고 진나라가 589년에 수나라에 의해 망하자 여산廬山에 은둔하였다.

안장安이 이를 결집함에 이르러 이위二威가 전수받고 우계尤溪가 계승하고 비릉毗陵이 기록하니, 규범(憲章)이 완전히 갖추어져 세상에 행해질 만하였다. 우리 고려에서는 현광玄光, 의통義通, 제관諦觀, 덕선德善, 지종智宗, 의천義天의 무리들이 바다 건너 도를 묻고 천태삼관天台三觀의 종지를 얻어 이 땅에 유전하여 나라의 복을 받든 것이 오랜 내력을 지니고 있다. 그러나 보현도량普賢道場을 개설하여 참선과 송경(禪誦)을 널리 권한 적은 없었다. 오직 대사가 종교가 쇠해지는 때를 당하여 크게 법당法幢을 세워 법을 들어보지 못한 속인들에게 뿌리 없는 신심을 일으키게 하고 조사의 도(祖道)를 중흥하여 무한히 베푸니, 본원력本願力을 받아 말세에 응하여 태어나 여래의 사자使者로서 여래의 일을 행하는 자가 아니라면 어찌 이와 같을 수 있겠는가?

대사의 휘는 요세了世, 자는 안빈安貧이며 속성은 서씨徐氏로 신번현新繁縣 사람이다. 부친은 필중必中으로 호장戶長이고 모친은 서씨徐氏로 동향인이다. 대정大定 계미년(1163) 겨울 10월에 탄생하였다. 태어나면서부터 총명하고 용모와 위의가 크고 씩씩해서 어릴 때부터 어른스러운 기운과 태도가 있었다. 12세에 강양江陽 천락사天樂寺 사문沙門 균정均定에게 출가한 후 사미沙彌로서 천태교관天台教觀을 배우기 시작하였다. 이때 학사學士 임종비林宗庇가 강양江陽 군수로서 한 번 보고 그릇으로 여겨 불법이 의지할 곳이 있다고 생각하였다.

23세에 승과에 급제하여 오로지 종승宗乘에 뜻을 두고 강석(講肆)에 두루 참여하였고, 몇 년 되지 않아 요지(指歸)에 훤히 밝아 이미 일가를 이룬 것으로 명망을 얻었다. 승안承安 3년 무오년(1198) 봄 개경에 올라가 고봉사高峰寺에서 법회를 개설하자 이름난 승려들이 운집하여 서로 다른 의견이 벌떼처럼 일어났으나, 대사가 자리에 올라 사자후獅子吼를 한 번 외치자 대중이 모두 두려워 감복하고 감히 맞서지 못하였다. 천성이 산수山水를 좋아하였는데, 비록 명교名敎에 자취를 남겼지만 그의 뜻은 아니었다. 이해 가을 동지同志 십여 명과 함께 이름난 산을 두루 돌아다녔다. 처음에 영동산靈洞山 장연사長淵寺에 머물러 개당開堂하여 법을 펼 때 매우 부지런히 권면하니 배우기를 청하는 자가 많아 길이 날 정도였다. 당시 팔공산(公山) 회불갑會佛岬에 있던 조계曹溪 목우자牧牛子[10]가 소문을 들

---

10 조계曹溪 목우자牧牛子 : 보조 국사普照國師(1158~1210). 고려 중기의 승려. 법명은 지눌知訥, 시호는 불일 보조 국사佛日普照國師, 탑호는 감로甘露이다. 1182년 승선僧選에 뽑혔고, 창평 청원사에서 『육조단경六祖壇經』을 보다가 스스로 깨달은 바가 있었다. 1185년 하가산 보문사에서 대장경을 열람하였고, 1198

고 은연중 뜻이 맞아 대사에게 게偈를 보내 선禪을 닦도록 권하였다.

물결 어지러우면 달이 드러나기 어렵고	波亂月難顯
방이 깊으면 등불 더욱 밝아라	室深燈更光
그대에 권하노니 마음 그릇[11] 바로 놓아	勸君整心器
감로수 기울지 않기를	勿傾甘露漿

대사가 이를 보고 마음으로 감복하여 곧바로 가서 대사를 따랐다. 법우法友로서 불도의 교화를 도운 지 몇 년 후 목우자牧牛子가 강남江南(순천)으로 절을 옮기자 대사도 따라서 남행南行하였다. 지리산 길을 걸어 남원 귀정사歸正寺를 지나는데 그 절 주지인 현각玄恪의 꿈에 어떤 사람이 말하기를,
"내일 삼생의 인연을 지닌 법화사法華師가 올 것이니 마땅히 정결하게 길을 쓸고 맞이하시오."
라고 했다. 주지는 시키는 대로 문 앞을 쓸고 음식을 갖추어 기다렸다. 대사가 과연 저물녘에 이르자 현각이 꾸었던 꿈을 자세히 이야기하였다. 또 대사는 꿈에 자주 지자智者 대사가 심오한 종지(妙宗)[12]를 여러 번 강의하고, 혹 화장암華長菴에서 선정에 들어 움직이지 않은 채 마침내 마귀를 항복시키며, 혹 산신이 절 터를 점지해 주고, 혹 용암사龍巖社 도인 희량希亮이 금빛 연화좌蓮花座에서 대사를 기다리는 꿈을 꾸는 등 신이한 꿈과 신령한 현상이 자못 많았다. 그러나 이는 마땅히 유자儒者가 말할 바가 아니므로 자세히 다 말하지 않는다. 태화泰和 8년 무진년(1208) 봄에 대사가 월생산月生山 약사난야藥師蘭若에 우거할 때 산과 시내는 맑고 아름다운데 절집이 무너진 것을 보고 바로 수리하였다. 일찍이 방에서

년 지리산 상무주암에 들어가 내관內觀에 힘썼고, 1200년 송광산 길상사로 옮겨 11년 동안 교화를 펼치며 총림을 이루었다. 정혜결사定慧結社를 조직해 불교의 개혁을 추진했으며, 돈오점수頓悟漸修와 정혜쌍수定慧雙修를 주장하며 선교일치禪敎一致를 추구하였다. 저서로 『정혜결사문定慧結社文』・『진심직설眞心直說』・『수심결修心訣』・『법집별행록절요병입사기法集別行錄節要幷入私記』・『원돈성불론圓頓成佛論』・『간화결의론看話決疑論』 등이 있다.

11 마음 그릇(心器) : 마음은 만법을 받아들이는 그릇이므로 심기라 한다. 『남산계소南山戒疏』에 "善識世人心器"라 하였다.

12 심오한 종지(妙宗) : 매우 오묘한 종지. 『법화문구기法華文句記』에 "今開妙敎, 須附妙宗"이라 하였다. 이는 또 『관무량수경』의 주석서인 『관무량수경묘종초觀無量壽經妙宗鈔』를 동시에 가리킨다.

편안하고 조용히 앉아 묘관妙觀¹³을 닦을 때 홀연히 생각하기를 '천태의 묘해妙解를 일으키지 못한다면 영명 연수(永明壽)가 말한 120가지 병에서 어떻게 빠져나올까?' 하고 크게 깨닫고는 묘종妙宗을 강설하다가¹⁴ '마음이 부처를 이루고, 마음 그대로가 곧 부처이다(是心作佛, 是心是佛)'¹⁵라는 대목에 이르러 모르는 사이에 파안대소하였다. 이후로 묘종妙宗을 즐겨 상설하니 변재辯才와 지혜가 막힘이 없었다. 대중에게 수참修懺하기를 권하였고, 간절하게 용맹 정진하여 매일 53불五十三佛께 12번씩 예경하기를 비록 매서운 추위와 혹독한 더위에도 일찍이 게을리한 적이 없어, 선류禪流들이 그를 '서참회徐懺悔'라고 불렀다.

탐진현耽津縣에 사는 신사信士 최표崔彪와 최홍崔弘, 이인천李仁闡 등이 대사를 찾아뵙고 말하기를,

"지금 법려法侶는 점점 많아지는데 산문은 매우 좁습니다. 우리 고을 남해의 산기슭에 만덕사 옛터가 있는데 위치가 맑고 빼어나 가람을 지을 만합니다. 어찌 가서 도모하지 않으시겠습니까?"

라고 하였다. 대사가 가서 보고는 그렇다고 여겨, 대안大安 3년 신미년(1211) 봄에 공사를 시작하였다. 문인門人 원형元瑩과 지담之湛, 법안法安 등에게 명하여 일을 감독하게 하고 장인을 모아 집을 지으니 대저 80여 칸이었다. 정우貞祐 4년(1216) 가을에 준공하고 법회를 열어 낙성식을 거행하였다. 9년(1221) 봄 대방帶方 군수 복장한卜章漢이 대사의 도운道韻을 듣고 관내 백련산白蓮山에 도량을 열어 달라고 요청하였다. 대사가 제자를 데리고 가서 보니 그 땅이 좁고 물이 없었다. 다시 돌아오려는 차에 우연히 돌 하나를 빼내자 맑은 샘물이 갑자기 솟아나와, 신기하게 여기고 몇 년을 머물렀다. 11년 계미년(1223)에 최표崔彪 등이 글을

---

13 묘관妙觀 : 천태종에서 별교別教의 격리되고 원만하지 못한 삼관三觀에 대하여 원교圓教의 원융圓融한 삼관을 가리켜 묘관이라 한다.

14 묘종妙宗을 강설하다가 : 여기서 말하는 '묘종'은 묘한 종지라는 표현 이외에 『묘종초妙宗鈔』라는 문헌을 포함한다. 최동순은 이 대목을 『묘종초』를 강설하는 것으로 풀이하였다. 즉 송宋 사명 지례四明知禮가 주석한 『관무량수경묘종초觀無量壽經疏妙宗鈔』(6권)를 가리킨다. 천태 지의天台智顗의 『관무량수경소』에 대해 지례는 산가묘산山家妙宗의 입장에서 주석했으며, 유심정토 사상의 입장을 분명히 하고 있다.(최동순, 『원묘 요세의 백련결사 연구』, 정우서적, 2014, p.259 참조)

15 마음이 부처를 이루고, 마음 그대로가 곧 부처이다(是心作佛, 是心是佛) : 이 문구는 『관무량수경』의 문구로서 지의의 『관무량수경소』에서 설명되고 있다. 이를 지례는 『묘종초』 제4권에서 종파적 입장에 의해 해석하고 있는데, 이 문구를 천태종 관심수행의 근거로서 중요하게 여겼다. 원묘 요세 또한 이 문구의 내용에 근거하여 결사를 시도했던 것으로 보인다. 최동순(2014), p.259 참조.

보내 청하기를,

"본사의 법연法筵이 오랫동안 폐해졌으니 운수 유람은 불가합니다."

라고 하였다. 정성어린 요청이 거듭되자 돌아와 도량을 크게 열었다. 무자년(1228) 여름 5월에 유생 몇 사람이 서울에서 내려와 참학參學하자, 대사가 허락하여 체발하고 『연화경蓮花經』을 가르쳐 통달하게 하였다. 이로부터 원근에서 귀의하여 신행하는 자가 줄줄이 찾아와 점점 큰 모임이 되었다. 임진년(1232) 여름 4월 8일 비로소 보현도량普賢道場[16]을 결성하여 법화삼매法華三昧[17]를 닦고 정토왕생을 희구하되 한결같이 천태삼매의天台三昧儀에 따라 행하였다. 여러 해 동안 법화참法華懺을 수행하고 그 앞뒤로 권하여 발심시켜 이 경을 외운 자가 천여 명이 되었다. 사부대중의 청을 받아 각지를 돌아다니며 교화(遊化)하고 (자연스레) 인연을 맺은 이가 거의 30묘수妙手이고, 득도 제자는 38인이며, 가람伽藍과 난야蘭若를 창건한 장소가 다섯 곳, 왕공王公 대인大人과 목백牧伯(관찰사) 현재縣宰(수령), 높고 낮은 사부대중으로 이름을 쓰고 사社에 들어온 자가 300여 인이고, 이리 저리 서로 전도하여 구절 하나 게송 하나를 듣고 멀리서 묘인妙因을 맺은 자는 이루 다 셀 수 없었다.

대사가 산림에 그림자를 감춘 지 50년 동안 일찍이 경화京華(서울)의 진토塵土를 밟지 않았고 향당과 친척의 일을 직접 관여한 적이 없었다. 성품은 겉으로 꾸밈이 적었고 순후하고 정직하며 눈으로는 사특한 것을 보지 않았고 말은 함부로 하지 않았다. 밤에는 등촉을 켜지 않았고 잘 때는 자리를 깔지 않았다. 시주받은 옷은 다 가난한 이들에게 나누어 주어 방장엔 오직 삼의三衣와 발우 하나뿐이었다. 매번 선관禪觀하고 송수誦授하는 여가에 『법화경法華經』 1부를 외우고 준제신주準提神呪를 천 번 염念했으며, 아미타불阿彌陀佛 명호를 만 번 소리 내는 것을

---

16 보현도량普賢道場 : 법화도량法華道場이라고도 하며, 천태 지자天台智者 대사의 『법화삼매참의法華三昧懺儀』에 의한 법화삼매를 닦으며 정토를 구하고 참선과 함께 『법화경』을 독송하고 준제주准提呪를 염송하는 것이다.

17 법화삼매法華三昧 : 불교 수행법 가운데 하나. 『법화경』에 의거하여 죄업을 참회하는 수행법. 먼저 육시오회六時五悔라 하여, 아침·낮·해질녘·초저녁·밤중·새벽의 여섯 때를 정하여 참회·권청勸請·수희隨喜·회향廻向·발원發願 등 5문門의 차례에 따라서 죄를 소멸시켜 가는 방법이다. 고려시대에 의천義天이 천태종을 세운 뒤에 이 종파를 중심으로 하여 법화삼매를 닦는 것이 크게 유행하였고, 고려 중기에는 요세了世가 세운 백련사결사白蓮社結社를 중심으로 이 삼매를 닦고 익혔으며, 고려 말에는 개경의 묘련사妙蓮寺와 보암사寶巖社, 연화원蓮華院, 수원의 만의사萬義寺 등지에서 이 삼매를 닦는 결사가 유행하였다. 그러나 그 뒤의 역사는 전하지 않고 있다.(한국민족문화대백과사전 '법화삼매'조)

일과로 삼았다. 일찍이 스스로 '일문一門의 교해教海가 호한浩汗하여 배우는 이들이 갈피를 잡지 못한다'고 생각하여 강요綱要를 발췌하여 『삼대부절요三大部節要』[18]를 만들어 판에 새겨 유행시키니 후진들이 의지하는 바가 많았다. 임금께서 이를 듣고 가상히 여겨 정유년(1237) 여름 선사禪師의 호를 내리고 그후 여러 차례 윤지綸旨를 내려 세시歲時마다 하사품을 내리도록 하니 공부公府에서도 또한 그리하였다. 대사는 을사년(1245) 여름 4월에 원문院門의 불사佛事를 상수제자上首弟子 천인天因[19]에게 부촉하고 별원別院으로 물러나 머물며 고요히 좌망坐忘하고 서방 왕생을 오로지 구하였다. 이 해 6월 그믐날 재를 올릴 때 감원監院을 불러 말하기를,

"노승이 오늘 더위에 시달리고 입맛을 잃어 멀리 떠날 기별이 있으니 빨리 나를 위해 대나무 선상禪床을 만들어 오시게."

라고 하였다. 선상이 만들어지자 여러 노숙老宿에게 말하기를

"이 선상은 쓰기에 가볍고 편하니 한 번 앉아 보시게. 시원한 곳이 있을 게야."

라고 하였다. 7월 3일이 되자 객실로 나아가 약간의 괴로움을 보이다 기대 앉아 게송을 불렀다.

제법의 실상은	諸法實相
청정하고 담연하여	淸淨湛然
말하면 이치 잃고	言之者失理
내보이면 종지 어기네	示之者乖宗
우리 종파 법화의 일대사인연	吾宗法華一大事
분수 따라 묘해하리니	隨分妙解

---

18 『삼대부절요三大部節要』: 고려 후기 불교계의 천태종과 그 수행을 진작시켰던 원묘 요세의 저술로서, 삼대부의 요점을 가려 묶은 책이다. 삼대부는 곧 『묘법연화경문구妙法蓮華經文句』·『묘법연화경현의妙法蓮華經玄義』·『마하지관摩訶止觀』 각 10권이다. 천태삼대부, 법화삼대부, 삼대장소三大章疏로도 부르며 모두 천태 지의天台智顗 대사가 지은 것으로 천태종의 근본 전적이 된다.

19 천인天因: 1205~1248. 17세에 진사과에 뽑혀 국자감에 들어갔으며, 그 해 겨울 고예시考藝試에서 1위로 합격하였다. 그러나 관로에 뜻을 두지 않고 1228년에 만덕산 백련사白蓮社 요세了世의 문하에 들었다. 이어 송광산 수선사修禪社의 혜심慧諶에게서 조계선을 배우고 만덕산으로 돌아와 『법화경』에 전념하였다. 1245년에 만덕산 백련사의 제2세 주법主法이 되었고, 1248년 7월 7일에 주법을 원완圓晥에게 물려주었다. 시호는 정명 국사靜明國師. 저서로 『정명국사시집靜明國師詩集』 3권, 『정명국사후집靜明國師後集』 1권 등이 있었으나, 전자는 전하지 않고 후집의 일부만 전한다.

오직 이것뿐이로다   唯此而已

또 원효의 〈징성가〉[20]를 불렀다.

법계의 형체는 헤아리기 어렵나니   法界身相難思議
고요하여 함도 없고 하지 않음도 없어라   寂然無爲無不爲

에서

저 부처님 몸과 마음 따르기만 해도   以順彼佛身心故
반드시 저 국토에 왕생하리라   必不獲已生彼國

까지다. 매일같이 앉으나 누우나 끊임없이 염불을 창하기를 그치지 않았다. 6일에 이르러 목욕하고 옷을 갈아입고 하루 종일 좌정하였다. 날이 저물자 천인天因을 불러 앞에 앉히고 불승佛乘의 대의大義를 부촉하고 난 뒤 말하기를 "가을철이 되었으니 내가 떠나도 걱정 없겠네."라고 하였다. 천인이 묻기를 "기식氣息이 어제와 좀 다른 듯한데 어떻습니까?"라고 하였다. 대답하기를 "내가 회향回向하고자 한 지 오래됐지만 한여름은 적당하지 않아 입추立秋를 기다리느라 지금까지 머물렀네."라고 하며 즉시 게송을 불러 보지寶誌에 쓰도록 하였다. 게송에 이르기를

축시에 닭이 우니   鷄鳴丑
한 낱의 둥근 구슬 밝기를 다했구나   一顆圓珠明已矣

에서

---

20 〈징성가澄性歌〉: 일명 증성가證性歌. 정토신앙을 노래하였다. 원효가 만년에 저잣거리에서 노래와 춤으로써 대중을 교화할 때 불렀던 노래로 전해진다. 지눌이 지은 『법집별행록병입사기法集別行錄幷入私記』와 최자崔滋가 지은 「만덕산백련사원묘국사비명萬德山白蓮社圓妙國師碑銘」(『동문선』 권117)에 일부 인용되어 전해진다. 7언으로 된 한시로, 사기私記에 8구, 비명碑銘에 4구가 전하는데 두 문헌의 가사는 동일하지 않다. 『법집별행록병입사기』의 8구는 "乃往過去久遠世 有一高士號法藏 初發無上菩提心 出俗入道破諸相 雖知一心無二相 而愍群生沒若海 起六人大超誓願 具修淨業離諸穢"이다.

| 깨닫지 못한 사람들아 한마디 말 들어보소 | 未了之人聽一言 |
| 다만 여기 지금 누가 입을 놀리는가 | 只這如今誰動口 |

까지다. 이를 선상禪牀 앞 기둥에 붙여 놓고 평상시처럼 음영吟詠하였다. 7일 축시丑時가 되자 시자에게 경쇠를 쳐 대중을 모이도록 하고는 물을 찾아 세수하고 법복을 입고 올라 가부좌하여 서쪽을 향하여 앉아 대중에게 말하였다.

"30년 산림에서 썩은 물건, 오늘 가는구나. 각자 노력하여 법을 위해 힘쓰시오."
천인이 묻기를
"임종할 때 정에 든 마음이 정토인데 다시 어디를 가시렵니까?"
하였다. 대사가 말하기를
"이 생각을 움직이지 않으면 바로 그 자리에 나타나리니, 나는 가지 않아도 가고, 저들은 오지 않아도 오는도다. 감응이 교감하니(感應道交),[21] 실상은 마음 밖에 있지 않도다(實非心外)."
라고 하였다. 말을 마치자 곧 생각을 거두고 묵인黙印하니 선정에 든 것 같았다. 가까이 가서 보니 이미 입적하였다. 향년 83세요 승랍은 70년이었다. 보통사람과 달리 안색이 선명하게 깨끗하였고, 손발은 부드럽고 정수리는 오랫동안 따뜻하였다. 이날 탐진耽津 군수가 서리胥吏 십여 인을 거느리고 원적圓寂하신 곳에 달려와 참예한 후 화수畵手 박보朴輔에게 유상遺像을 그리게 하였다. 또 인근 읍에 사는 사부대중 50여 인이 다투어 앞에 와서 우러러 예배할 때 눈물을 흘리며 슬퍼하지 않는 이가 없었다. 임금께서 부음을 들으시고 슬퍼하며 유사有司에게 명하여 국사國師로 책봉하도록 하고 시호를 원묘圓妙, 탑명을 중진中眞이라 하였다. 특별히 귀인貴人을 보내 교서敎書를 가지고 절에 가 추장追奬하도록 하고, 신 臣 자滋에게 명하여 비명을 찬술하라 하셨다.

신은 관직이 낮고 재주가 부족하여 이 소임을 담당하기 부족하나 임금의 명이 엄중하므로 굳게 사양하지 못하고, 삼가 행록行錄을 살펴 서序를 썼고 또 명銘을 쓴다. 명은 다음과 같다.

---

21 감응이 교감하니(感應道交) : 감응이 서로 통하는 것. 감응感應은 중생이 가지고 있는 선근 감동의 기연에 부처님이 응하여 오는 것을 말한다. 감感은 중생에게, 응應은 부처에게 속한다. 도교道交는 기기와 응應을 함께 말하는 것인데, 중생의 선근이 발동하는 것을 기기라 하고, 대비大悲로써 감동하는 것을 응이라 한다.

학림에서 시적하자	鶴林示寂
묘도는 점점 멀어져	妙道漸離
공이니 유니 쟁론하고	空有互諍
모순으로 대립했네	矛盾相持
각자 이해한 대로 저울질	各權所得
바른 믿음 없었다네	而無正信
용수가 사특함 물리쳐	龍樹排邪
정인(正宗)을 발휘하고	發輝正印
지자가 이어 일어나서	智者繼起
판석으로 거듭 밝히자	判釋申明
사람들 하나의 길을 알고	人知一路
그 길로 곧장 나아갔네	直進其行
대사는 그 적손으로	師其嫡孫
삼종관에 통달하여	達三種觀
보현의 도량을	普賢道場
이 땅에 처음 개창하고	祖開東韓
연화경 읽기 권장하니	勸誦蓮經
외운 이 날로 넘쳐났네	誦者日盛
아, 대사의 마음이여	噫師之心
확고하고 올곧아라	確乎剛正
명리에 끌리지 않으니	利名不誘
마귀 외도도 범치 못해	魔外難凌
나라 안에 홀로 서서	孤立海內
조사 등불 크게 밝혔네	光揚祖燈
깨달음 바야흐로 밝으니	悟解方明
참회 닦음 더욱 간절하고	修懺愈切
목숨 이어 죽을 때 기다림은	延死待時
속임수가 아니라네	非以詭譎
청정심은 축시에 있고	淸心在丑
다비식은 가을이 좋은 거라	喪事宜秋

신은 비록 붓이 무디어	臣雖筆鈍
수찬할 재주 부족하지만	未工撰修
대사의 한평생은	師之終始
돌에 새기기 부끄럼 없나니	無愧勒石
이 산이 무너질지언정	此山寧頹
이 이름은 바뀌지 않으리라	此名不易

○자굉慈宏 안 : 옛말에 이 비는 임진왜란 때 훼손되었다고 한다. 오직 돌 받침대(石趺)만 훼손되지 않고 지금까지 남아 있다. 조종저趙宗著[22]가 지은 비명은 새로운 비석을 옛 돌 받침대에 세운 것이다.

○이청 안 : 최자崔滋의 비명은 『동문선東文選』[23]에 실려 있다. 아쉬운 것은 조종저의 비를 새로 세우면서 최자의 비를 다시 새기지 않은 것이다. 가경嘉慶 계유년(1813) 겨울 내가 서울에 갔을 때 『동문선』에서 최자의 비문을 베껴 본사로 돌아왔다. 이로부터 사라지지 않기를 바라노라.

○응언應彥 안 : 신번新繁은 지금 남평현南平縣에 속한다. 조계曹溪는 지금의 송광사松廣寺이다. 강남江南은 고려 때부터 지금까지 전라도를 두 개의 도로 나눌 때 담양潭陽 이남을 강남도江南道라 해 왔다.

第一圓妙國師, 本以天台敎法, 首開普賢道場.

高麗學士崔滋撰, 萬德山白蓮社圓妙國師碑銘幷序[1)]曰, 如來爲一大事因緣, 出現於世, 廣演羣經. 然猶大小權實, 莫能一貫. 逮乎機與時會, 如癰欲潰, 然後極唱妙蓮, 攝九界三乘, 入一佛乘, 久默之懷乃暢, 而無復餘蘊. 泊雙林寂[2)]度, 玄綱解紐, 唯龍樹大士病之, 發明宗極, 破一切異論, 開三觀妙門. 惠文惠思, 祖述相

---

22 조종저趙宗著 : 1631~1690년. 조선 후기의 문신이자 학자. 1660년 성균관에 입학, 문명을 날렸으며, 그곳 유생들을 대표하여 이이李珥·성혼成渾을 문묘에 배향하자는 등의 상소문을 지었다. 사간원정언, 사헌부지평, 병조정랑, 성균관사성, 회양부사, 통정대부 등의 벼슬을 역임하였다. 문장에 뛰어났고, 역사, 천문, 역수, 의약에도 통달하였다. 저서로 『남악집南岳集』, 『간재신사艮齋新笥』 등이 있다.

23 『동문선東文選』: 1478년(성종 9) 성종의 명으로 서거정徐居正 등이 중심이 되어 편찬한 우리나라 역대 시문선집. 당시 대제학이던 서거정이 중심이 되어 노사신盧思愼, 강희맹姜希孟, 양성지梁誠之를 포함한 찬집관纂集官 23인이 작업에 참여하였다.

繼. 而智者大師, 天縱妙悟, 再敷木鐸. 至於章安結集之, 二威傳授之, 尤溪述之, 毗陵記之, 憲章大備, 可舉而行. 本朝有玄光義通諦觀德善智宗義天之徒, 航海問道, 得天台三觀之旨, 流傳此土, 奉福我國家, 其來尚矣. 至如開普賢道場, 廣勸禪誦, 蓋闕如也. 惟師當宗教寢夷之日, 立大法幢, 駭未聞之俗, 生無根之信, 使祖道中興, 施及無限.[3] 非承本願力, 應生季末, 爲如來所使, 行如來事者, 安能如是哉. 師諱了世字安貧, 俗姓徐氏, 新繁縣人也. 父必中爲戶長. 母徐氏, 同鄉人也. 以大定癸未冬十月誕生. 生而穎悟, 容儀魁偉, 自齠年有老成氣度. 十二出家依江陽天樂寺沙門均定, 爲沙彌, 始天台教觀. 時學士林宗庇, 知江陽, 一見而器之, 以爲佛法有賴矣. 二十三中僧選, 專志宗乘, 遍參講肆. 不數年間, 洞曉指歸, 已爲一家儁望. 承安三年戊午春, 上都設法會于高峰寺, 名緇雲集, 異論蜂起. 師登座一吼, 衆皆讋服, 莫敢枝梧. 以天性好山水, 雖跡名教, 非其志也. 是年秋, 與同志十餘輩, 游歷名山. 初止靈洞山長淵寺, 開堂演法, 丕勤誘進, 請益成蹊. 時曹溪牧牛子在公山會佛岬, 聞風暗契, 以偈寄師, 勸令修禪云. 波亂月難顯. 室深燈更光. 勸君整心器. 勿傾甘露漿. 師見而心愜, 徑往從之. 然爲法友, 助揚道化. 居數年, 牧牛子移社於江南, 師亦隨而南焉. 自智異山道過南原歸正寺, 其住持玄恪, 夢有人告曰, "明日三生持法華師來, 宜淨掃迎之." 主人如教掃門庭, 具殽饌以待. 師乘晚果至, 玄恪具說所夢. 又師屢夢智者衆講妙宗, 或在華長菴, 安禪不動, 竟服魔魅, 或山神指畫寺基, 或龍巖社道人希亮, 夢金蓮座待師等, 異夢靈恠頗多. 然此非儒者所宜言也, 故不悉云. 泰和八年戊辰春, 寓居月生山藥師蘭若, 見溪山淸絶, 堂宇頹圮, 迺事修茸. 嘗宴坐一室, 陶神妙觀, 忽自念言, '若不發天台妙解, 永明壽百二十病, 何由逃出', 因自警悟, 及講妙宗, 至 '是心作佛是心是佛', 不覺破顔. 自後樂說妙宗, 辯慧無礙.[4] 抑籲衆修懺, 懇至精猛, 日禮五十三佛十二遍, 雖祁[5]寒酷暑, 未嘗懈倦, 禪流號爲徐懺悔. 耽津縣有信士崔彪崔弘李仁闡等, 來謁師曰, "今法侶漸盛, 山居甚隘. 吾郡南海山側, 有故萬德寺基, 地位淸勝, 可創伽藍, 盍往圖之." 師往見而肯之, 以大安三年辛未春, 矢厥謨. 命門人元瑩之湛法安等, 幹事募工營構, 凡立屋八十餘間. 至貞祐四年秋告成, 設法會以落成. 九年春, 帶方守卜章漢, 聞師道韻, 請以管內白蓮山爲道場. 師率其徒往焉, 見其地阻且無水, 意欲徑還, 偶拔一石, 淸泉忽迸, 乃異之, 留數年. 十一年癸未, 崔彪等奉書請云, "本社法筵久廢, 不可雲游.[6]" 誠請再三, 故幡然取道而還, 大闢道場. 至戊子夏五月, 有業儒者數人, 自京師來參. 師許以剃度, 授與蓮經, 勸令通利. 自是遠近嚮風, 有信行者, 源源而來, 寖爲盛集. 以壬辰夏四月八日, 始結普賢道場, 修法華三昧, 求生淨土, 一依天台三昧儀. 長年修法華懺, 前後勸發, 誦是經者千餘指. 受四衆之請, 游[7]化然緣[8] 僅三十妙手, 度弟子三十有八人, 凡創伽藍並蘭若五所, 王公大人牧伯縣宰, 尊卑四衆, 題名入社者三百餘人. 至於展轉相教, 聞一句一偈, 遠結妙因者, 不可勝數. 師自遁影山林五十年, 未嘗踏京華塵土, 未嘗親導鄕黨親戚事. 性少緣飾, 純厚正直, 目不邪視, 言不妄發, 夜不炳燈燭, 寢無茵褥. 所爲檀襯, 悉頒施貧乏, 方丈中惟[9]三衣一鉢而已. 每禪觀誦授之餘, 誦法華一部, 念準提神呪一千遍, 彌陀佛號一萬聲, 以爲日課. 嘗自謂'一門教海浩汗, 學者迷津', 乃撮綱要, 出三大部節要, 鏤板流行, 後進多賴焉. 上聞而嘉之, 越丁酉夏, 賜號禪師, 厥後屢降綸旨, 歲時錫賜, 公府亦然.[10] 師於乙巳年夏四月, 以院門佛事, 付上首弟子天因, 退居別院, 蕭然坐忘, 專求西邁. 是年六月晦日齋時, 呼監院告言, "老僧今日, 困暑口爽, 小有遠行信, 速爲我造竹[11]禪床來." 床成謂諸老宿曰, "此床擧措輕便, 試坐須有快處." 至七月三日, 就客室示微疾, 倚臥唱云. "諸法實相, 清淨湛然. 言之者失理, 示之者乖宗. 吾宗法華一大事, 隨分妙解, 唯此而已." 又唱元曉澄性歌云, "法界身相難思議, 寂然無爲無不爲." 至"以順彼佛身心故, 必[12]不獲已生彼國." 每坐臥袞袞唱念不徹. 至六日, 澡浴更衣, 坐定彌日. 比暮呼天因使前, 囑佛乘大義已. 仍曰, "商行寄金, 吾去無患矣." 天因問云, "未審氣息小異昔如何." 答云, "吾欲回向久矣, 但盛暑非宜, 待立秋停留至今." 即口授令書實誌. 偈云, "鷄鳴丑, 一顆圓珠明已矣. 至未了之人, 聽一言. 只這如今誰動口." 帖在禪林前露柱, 吟咏[13]自若. 至七日丑時, 命侍者擊磬集衆, 索水盥漱, 著法服升坐跏趺, 面西而坐. 告衆云, "三[14]十年山林朽物, 今日行矣. 各自努力, 爲法勉旃." 天因問云, "【二字缺[15]】在定之心, 卽是[16]淨土, 更欲何之." 師云, "不動【缺[17]】念, 常[18]處現前, 我不去而去, 彼不來而來. 感應道【二字缺[19]】非心外." 言訖卽斂念默[20]印, 如入禪定. 就視之已化矣. 享年[21]八十三, 臘七十. 顏色鮮白異常, 手足柔軟, 頭頂久煖. 是日耽津守率胥吏十餘人, 馳詣圓寂所, 命畫手朴輔寫遺像. 又有近邑四衆五十餘人, 爭前瞻禮, 無不[22]墮淚哀敬焉. 上聞之悼, 命有司冊爲國師, 諡曰圓妙, 塔曰中眞. 特遣貴人, 賫敎書卽其社, 追獎. 申命臣滋, 撰辭于碑. 臣職卑才下, 固不足以當是任, 然上命嚴密, 未獲牢辭, 謹按行錄旣序之, 且銘曰.

鶴林示寂 妙道漸離 空有互諍 矛盾相持 各權所得 而無正信 龍樹排邪 發輝正印 智者継起 判釋申明 人知一路 直進其行 師其嫡孫 達三種觀 普賢道場 祖

開東韓 勸誦蓮經 誦者日盛 噫師之心 確乎剛正 利名不誘 魔外難凌 孤立海內 光揚祖燈 悟解方明 修懺愈切 延死[23]待時 非以詭譎 清心在丑 喪事宜秋 臣雖筆鈍 未工撰修 師之終始 無愧勒石 此山寧頹 此名不易.

○慈宏案：古稱, 此碑毀於倭亂. 惟石趺不毀今所存. 趙宗著所撰碑, 蓋插新碑於舊趺者也.

○晴案：崔滋碑銘載於東文選. 惜乎, 趙碑之新建而不能崔碑之重刻也. 嘉慶癸酉冬, 余游京城, 於東文選中鈔取崔碑, 歸之本寺. 自玆以往, 庶乎其不泯也.

○應彦案：新繁者, 今屬南平縣. 曹溪者, 今之松廣寺. 江南者, 高麗時今之全羅道分爲二道, 其潭陽以南, 謂之江南道也.

1) 역 『동문선』 권117, 「비명碑銘」편에 같은 제목으로 수록됨. 2) 교 寂은 滅(동문선) 3) 교 限은 垠(동문선) 4) 교 礙는 碍(동문선) 5) 교 祁는 祈(동문선) 6), 7) 교 游는 遊(동문선) 8) 교 '然緣'의 뜻은 명확하지 않다. 혹 '然'은 '因'인 듯하나 미상. 9) 교 惟는 唯(동문선) 10) 교 然은 所(동문선) 11) 교 竹는 보입함(동문선, 규장각본) 12) 교 必은 보입함(동문선, 규장각본) 13) 교 咏는 詠(동문선) 동일자이다. 14) 교 三은 五(동문선) 15) 교 결자 부분은 臨終(동문선) 16) 교 時(용흥사본)는 是(동문선, 규장각본)로 정정함 17) 교 결자 부분은 此(동문선) 18) 교 常은 當(동문선) 19) 교 결자 부분은 交, 實(동문선) 20) 교 黙은 然(동문선) 21) 교 年은 齡(동문선) 22) 교 不은 보입함(동문선, 규장각본) 23) 교 生(용흥사본)은 死(동문선, 규장각본)로 정정함

고려高麗 학사學士 민인균閔仁鈞[24]이 지은 「만덕산백련사주요세사시원묘국사교서萬德山白蓮社主了世賜諡圓妙國師教書」:

교敎하노라. 운운. 비상한 사람이 있은 연후에 비상한 증여가 있도다. 나라 개국 300여 년 이래 대화상大和尙을 추숭追崇하여 국사國師로 삼은 것은 오직 대각大覺, 무애지無礙智, 보조普照, 진각眞覺 등의 대덕大德이 있을 따름이다. 후에 비상한 덕으로 앞 사람들이 명예를 독차지하지 못하게 한 이가 있으니, 바로 우리 대사가 그러한 분이로다. 대사는 풍부한 자질과 높은 명망으로 시대에 응하여 우뚝 태어나 능히 법당法幢을 세우고 법고를 치니, 그 법을 넓히고 사람을 이롭게 한 공효가 찬란하여 해와 달과 밝음을 다투도다. 기리어 증여하는(褒贈) 명을 짐이 어찌 아끼리오. 이제 원묘 국사圓妙國師의 호를 내리노라. 운운.

○자굉慈宏 안 : 이 교서敎書는 국사國師의 호를 시적 이후에 추증追贈한 것이다. 살아 있을 때 주는 것은 왕사王師, 국통國統 등의 칭호에 국한될 뿐이다.

24) 민인균閔仁鈞 : 생몰년 미상. 1242년(고종 29) 대사성으로서 국자감시國子監試를 관장하였다. 1248년 태복경大僕卿으로 동지공거同知貢擧가 되어 과거를 주관하였고, 벼슬이 판삼사사判三司事·한림학사에 이르렀다. 재주와 학식이 풍부하였고, 벼슬이 올랐어도 배우고 익히는 것을 게을리하지 않았다는 평이 전한다.

高麗學士閔仁鈞撰萬德山白蓮社主了世賜諡圓妙國師敎書[1]曰, 敎云云. 有非常之人, 然後有非常之贈. 國家自三百餘年已來, 追崇大和尙爲國師者, 惟大覺無碍智普照眞覺等大德而已. 後之有非常之德, 而無專美于前人者, 吾[2]師其人也. 師以豐資偉望, 應時挺生, 能豎[3] 法幢擊法鼓. 其弘法利人之效, 炳炳與日月爭明. 褒贈之命, 朕何惜焉. 今賜圓妙國師云云.

○慈宏案：此敎書, 凡國師之號, 皆示寂後追贈也. 生時所授, 不過王師國統等稱號而已.

---

1) 『동문선』 권27, 「제고制誥」 편에 「萬德山白蓮社主了世贈諡圓妙國師敎書」라는 제목으로 수록됨. 2) ㉠ 吾 앞에 卽이 있다.(동문선) 3) ㉠ 豎는 堅(동문선). 다음도 같음.

관고官誥[25]는 다음과 같다：

문하門下. 고금에 드문 영광은 수여하기 어려우나, 비길 데 없는 식견은 전례에 따라 반드시 포상을 해야 하는 법이다. 미루어 생각건대 석원釋院의 종사宗師는 실로 동한東韓의 노덕老德으로 마땅히 책명冊命을 내려야 마땅하니, 살았을 때나 입적했을 때나 차이가 없어야 하리라. 만덕산萬德山 백련사주白蓮社主 요세了世는 일월이 영기를 기르고 바다와 산이 정수를 모았으니, 총명은 젖먹이 때부터 드러났고, 외모(姿表)는 어릴 때부터 의젓하였다. 어버이와의 인연을 끊고 어릴 적 스승을 뵙는 예를 행하였고, 성교聖敎를 탐구하고 드러내어 곧 선불장選佛場에 올랐다. 선관禪關을 차례로 두드리고 강사講肆를 두루 돌아 삼장三藏의 뜻을 궁구하고 백가百家의 언설을 포괄하였다. 반려자 몇 사람과 함께 오랜 겁에 윤회함을 아프게 여겨 곧바로 영동靈洞에 몸을 던졌다. 동안거·하안거를 지낸 후 팔공산(公山)에 그림자를 감춘 채 밤낮으로 참회를 닦았다. 만덕萬德의 옛 절터에 정려精廬(절)를 창건하고 보현도량普賢道場에서 법도(熏範)를 세웠다. 매번 참선의 여가에 일과日課를 잊지 않았으니, 준제주准提呪 1천 번은 몹시 추운 때도 폐하지 않았고, 미타염불 1만 번(聲)은 몹시 더운 날에도 오히려 부지런히 하였다. 혹은 극락(安養)왕생을 희구하여 늘 『법화경法華經』을 다 외웠으며 신분이 높으나 낮으나 두루 권하여 항상 강습講習하게 하였다. 마루에 올라 목윤沐潤하는 자들이 뒤따라 바람처럼 달려오고, 입실하여 영방聆芳한 젊은이들이 앞에서 그

---

25 관고官誥：교지敎旨의 별칭.

림자처럼 따랐다. 조정의 관리들이[26] 이름을 쓰고 결사를 할 뿐 아니라, 소 치는 아이나 말 끄는 더벅머리들도 목을 길게 빼어 귀심歸心하였다.

돌이켜보면 불법(竺法) 중에 천태종(台宗)을 근본으로 삼은 것이 많다. 당나라에서 돌아온 영순英純[27]은 신라 때에 강수講授하였고, 송나라 때도 그러하여 대각국사大覺國師[28]가 대를 이어 유전流傳하였다. 방편과 진실이 있으나 있는 것 같지 않았고, 닦음과 깨달음이 없으나 없는 것 같지 않았다. 삼승三乘을 독묘獨妙의 문에 모이게 하고 만법萬法을 순원純圓의 밖에 융통하였다. 베푼 공덕이 널리 퍼졌고, 음덕의 이익이 매우 많았다. 불성이 희미(堙微)해지고 사람의 근기가 천둔淺鈍해지자 도랑 물살(溝蕩)에 흘러들어 머물지 못하는 자도 있었으며, 문구에 얽매여 옮기지 못하는 자도 있었다. 마른 나무처럼 앉아 있는 것을 선禪이라 말하면서 삼관三觀을 질곡으로 보고, 규호竅號를 지혜라 하면서 팔계八戒를 쭉정이(粃糠)처럼 여겼다. 대사는 이때에 힘써 이러한 폐단에서 구하였으니, 무성한 잡초를 베어 바른 길을 열고, 제방을 쌓아 홍수를 막았다. 연후 지자智者 대사의 심묘한 말과 낭 공朗公의 극창極唱과 동양東陽[29]의 종취宗趣와 남악南岳[30]의 교관

---

26 조정의 관리들이 : 원문은 '鷺序鷺行'. 노서鷺序는 백로白鷺가 날 때 차례를 지키고 있음에서 유래하여 벼슬아치를 뜻하고, 중서성中書省을 난대鸞臺라 하여, 난행鸞行은 문관의 행열을 말한다.

27 영순英純 : 미상.

28 대각 국사大覺國師 : 1055~1101년. 속명은 왕후王煦. 호는 우세祐世. 법명은 의천. 경기도 개성 출신. 아버지는 고려 제11대 왕인 문종이며, 어머니는 인예왕후仁睿王后 이씨李氏이다. 송의 계성사啓聖寺에서 유성 법사有誠法師에게 화엄·천태 양종의 깊은 뜻을 깨우친 뒤 여러 절을 찾아다니며 불법을 공부하였다. 1086년 귀국하여 개경開京 흥왕사興王寺의 주지가 되어 그곳에 교장도감敎藏都監을 두고 송·요·일본 등에서 수집해 온 불경佛經 4,700여 권을 교정·간행했다. 고려불교가 교종과 선종으로 갈라져 대립하던 당시에 교선일치敎禪一致를 역설하였다. 천태종을 개창하였고 원효의 일불승一佛乘 회삼귀일會三歸一 원리에 입각하여 고려불교의 융합을 실현하고자 하였다. 저서에 『신편제종교장총록新編諸宗敎藏總錄』, 『석원사림釋苑詞林』, 『대각국사문집大覺國師文集』 등이 있다.

29 동양東陽 : 당나라 때의 승려 혜위慧威(惠威). 무주婺州 동양東陽 사람으로, 속성은 유留씨다. 젊은 나이에 축발祝髮하고 구족계를 받았다. 처음에 경도京都 천궁사天宮寺에 있어 세칭 천궁 존자天宮尊者로 불린다. 천태육조天台六祖 지위智威에게 천태학을 배우고, 삼관법문三觀法門을 익혔다. 나중에 고향으로 돌아가 산에 숨어서 세상과의 인연을 끊었지만, 찾아와 가르침을 청하는 사람이 부지기수였다. 나중에 천태 칠조天台七祖가 되었다. 오월왕吳越王이 전진 존자全眞尊者라 시호했다.

30 남악南岳 : 남북조 말기의 고승 혜사慧思. 천태종의 사실상의 개조이다. 568년 이후, 남악 형산南岳衡山(호남성)에 승단을 만들었으므로 남악 대사南岳大師라고 불린다. 북위 말, 남자주南子州 무진(하남성) 출신. 혜문慧文 등의 밑에서 선을 수행하고, 30세가 지나서 깨달음을 얻었다. 자성청정심自性淸淨心을 확신하는 깨달음 중심의 선관과 호법을 위한 대담한 보살계 등 그의 혁신적인 사상은 『법화경안락행의』 등의 저작에 보이며, 천태종 외에 선종에도 크게 영향을 미쳤다.

敎觀을 이에 들어 일으키고 이와 같이 휘날리었다. 그리하여 입으로는 마을(鄕閻)의 일을 말하지 않고, 발은 서울(京師)의 티끌을 밟지 않았으며, 앉을 때는 방석을 깔지 않고 거처함에 등불이 없었다. 『소초疏鈔』를 지어 대중들에게 반포하였고, 보시를 나누어 빈궁한 이들을 구제하였다.

백련산白蓮山에 머물 때는 우물물이 솟아나게 하는 은총이 있었고, 화장림華長林에 주석할 때는 책상 두드리는 마귀를 항복받았다. 혹 들리는 상서롭고 신이한 꿈 이야기, 기록할 만한 신묘하고 기이한 공적은 다생에 걸친 원력이 한결같이 정밀하고 미세하여 국가의 법을 받들고, 불조佛祖에게 은혜를 갚고자 서원한 이가 아니면 누가 이를 할 수 있었겠는가? 또한 지허至虛는 유물有物에 부치고 대화大化는 무형無形에 되돌아가나니, 문답이 끝나지 않았는데 가고 옴을 자재로이 하였다. 계절이 이미 바뀌었는데도 수림樹林은 아직도 처량하고, 원문院門이 오래 적막하니 마을이 함께 슬퍼하도다. 이미 시호로써 이름을 바꾸고 성의를 더하여 품계를 올려 특별히 원묘 국사圓妙國師라 제수하노라. 운운.

아, 대사가 살아서는 제도의 문을 크게 열어 진실한 풍속이 예전보다 더하였고, 대사가 죽은 뒤에는 법뢰法雷가 아직도 울려 퍼져 은택이 사람들에게 끼쳤도다. 잠시 묘도墓道에 은전을 내려 길이 빛을 드날리게 하리라. 윤음이 한번 내림에 천석泉石이 모두 알리라. 운운.

○자굉慈宏 안 : 이 또한 시적示寂 이후에 추증한 관고官誥이다.

其官誥曰, 門下. 罕古之榮, 難於所授, 絶倫之識, 例必有褒. 追惟釋院之宗師, 實是東韓之老德. 宜有加於冊命, 而無間[1]於存亡. 萬德山白蓮社主了世, 辰象毓靈, 海山鍾粹. 聰明發於乳育, 姿表偉於髫年. 割斷親緣, 幼執參師之禮, 探揚聖敎, 尋登選佛之場. 歷扣禪關, 周流講肆. 窮三藏之旨, 括百家之言. 與伴侶者數人, 痛輪廻於長劫. 卽投身於靈洞, 冬安夏安, 嘗息影於公山, 晝懺夜懺. 翔精廬於萬德古址, 立熏範於普賢道場. 每趁禪餘, 無忘日課. 準[2]提一千遍, 功不廢於祈寒, 彌陀一萬聲, 念猶勤於酷熱. 或求生於安養, 常了誦於法華. 普勸尊卑, 常令講習. 升堂沐潤者, 風馳於後. 入室聆芳者, 景附於前. 非唯[3]鷺序鵞行, 題名結社, 雖至牛童馬豎[4] 引領歸心. 顧惟竺法之中, 多以台宗爲本. 自唐而返, 英純講授於羅朝, 至宋亦然, 大覺流傳於祖代. 有權實而不有, 無修悟而不無. 會三乘於獨妙之門, 融萬法於純圓之表. 功施衍暢, 蔭益弘多. 及乎佛性堙微, 人根淺鈍, 有流於溝蕩而不住, 有滯於文句而不移. 謂枯坐是禪, 等三觀於桎梏, 以竅號爲慧, 齊八戒於粃糠. 師於是時, 力救此弊, 芟蕪穢而開正路, 作堤坊以障橫流. 然後智者之微言, 朗公之極唱, 東陽之宗趣, 南岳之教觀, 揭起于玆, 撞5)翻若是. 以至口不道6)鄕閭之事, 足不踏京師之塵, 坐無褥茵, 居無燈火. 撰疏要7)以頒徒衆, 散檀施以濟貧窮. 居白蓮山, 剩得迸泉之覕, 住華長林, 能降打案之魔. 殊祥異夢之或聞, 妙迹8)奇功之可述, 非夫多生願力, 一向精微,9) 規奉法於國家, 誓報恩於佛祖者, 疇克爾哉. 且至虛寓於有物, 大化復於無形. 問答未終, 去來自在. 霜炎已換而樹林猶愴, 門院久寂而邑落同悲. 既以諡而易名, 第加誠而進秩, 可特授圓妙國師云云. 於戲師之生, 度門宏闢而眞風邁古, 師之死, 法雷猶響而遺澤在人. 聊洒渥於幽扃, 俾揚光於永世. 絲綸一下, 泉石皆知云云.

○慈宏案：此亦示寂後追贈之誥也.

1) ㉢ 閒은 閑(동문선) 2) ㉢ 準은 准(동문선) 3) ㉢ 唯는 惟(동문선) 4) ㉢ 馬童牛豎(용흥사본)를 정정함(동문선) 5) ㉢ 撞은 幢으로 보고 해석하였다. 6) ㉢ 道는 導(동문선) 7) ㉢ 要는 鈔의 오자로 보고 번역하였다. 8) ㉢ 迹은 跡(동문선) 9) ㉢ 微는 勤(동문선)

진정 국사眞靜國師 천책天頙31)이 지은 「임진년보현도량기시소壬辰年普賢道場起始疏」32 :

무수한 대천大千세계의 경전 가운데 어떤 것이 요의了義 경전이겠는가? 오직 회삼순일會三純一33)의 가르침 외에는 그 미묘한 이름을 얻기 어려우니 불가사의한 공덕이로다. 과거 여래가 출현하실 때 옥호玉毫에서 1만 8천 국토에 빛을 발하

---

31 천책天頙 : 1206~?. 고려 고종 때의 승려. 고려 개국공신인 신염달申厭達의 11세손. 20세경 예무시에 합격하였으나 관로를 버리고, 1228년 23세에 만덕산 백련사白蓮社의 원묘 국사圓妙國師 요세了世에게 출가하였다. 1236년에는 「백련결사문」을 지었고, 1243년에는 왕명으로 상주의 동백련사東白蓮社에서 주지를 맡았다. 1250년대 후반에 백련사의 4세 주법이 되어 만덕사 또는 용혈암에 머물면서 결사를 주관하고 문사들과 교류하였다. 1270년대 말에 입적한 것으로 보인다. 저서에 『선문보장록禪門寶藏錄』, 『선문강요집禪門綱要集』이 있고, 문집으로는 『호산록湖山錄』이 있다.

32 「임진년보현도량기시소壬辰年普賢道場起始疏」: 이 글은 『만덕산백련사제사대진정국사호산록』(이하 『호산록』)에 수록됨. 일지암본이며 『한불전』 제12책에 수록되어 있음. 이영자, 『천책스님의 호산록』(해조음, 2009)의 부록에 일지암본의 영인본(pp.87~90)이 있어 참고함.

33 회삼순일會三純一 : 회삼귀일會三歸一과 같은 뜻. 『법화경』 「화택유火宅喩」에 양거羊車·녹거鹿車·우거牛車의 삼거三車와 대백우거大白牛車가 나온다. 천태종과 화엄종에서는 삼거를 성문승聲聞乘·연각승緣覺乘·보살승菩薩乘의 삼승三乘이라 하고 대백우거를 일승一乘이라 하여, 삼승은 모두 일승을 위한 방편 교설이라는 입장을 취하고 있다. 이를 회삼귀일이라 한다.

시고, 금구金口로 설법한 것이 49년이었으나 이근利根과 둔근鈍根이 같지 않으므로 복잡하게 뒤섞인 것이 얼마나 많았겠는가? 그러므로 만자滿字와 반자半字[34]의 가르침이 서로 달라 혼란함을 면치 못하였도다. 누가 능히 제호醍醐[35]를 맛볼 수 있는데 소락酥酪[36]을 마음으로 좋아하는 데 그치겠는가? 영산회상의 극창極唱[37]에 비하면 나머지 둘(이승)은 곧 진실이 아니나, 모두 항하사 중생으로 하여금 누구나 성불하지 않음이 없는 방편문을 열었도다. 진정으로 바른 길이 평탄해지자 온 세계가 그대로 드러나니 담장이나 기와 조각 같은 하찮은 것들도 불성佛性을 다 가지고 있지 않음이 없고, 말똥구리나 살무사 같은 우매한 것들도 법위法位를 떠나지 않고 항상 머물도다. 문자文字도 이를 벗어나지 않고 색향色香 또한 그 가운데 있으니, 기이하고 기이하며 이 같고 이 같도다. 이 일단의 소식은 서역에서는 용수龍樹가 계도하고, 사의四依[38]로 말미암아 유통하여 동쪽으로 계림鷄林에까지 알려지게 되었도다. 그러나 부처님이 교화하실(化行) 때도 오히려 원망과 질투가 많았는데, 하물며 마군이 강성하고 불법이 약해짐에 있어서랴. 수지할 수 있는데도 크게 행하지 못한다고 탄식하며 완고하게 그 작은 견해를 고치지 아니하도다. 단지 반딧불로 해와 달의 광명에 맞서려 하고, 당나귀 해(驢年)를 오인하여 헛되이 춘추의 윤달을 점치는도다.

다행히 지금은 만덕萬德 존숙尊宿이 계셔 사명 지례四明知禮[39]의 청규淸規를 흠모

---

34 만자滿字와 반자半字 : 만자는 범자의 모음과 자음이 합성되어 이루어진 온전한 글자. 반자는 범어 실담장에서 글자를 이루는 근본으로 반 글자를 말한다. 여기에서 파생하여 소승의 가르침을 반교半敎 혹은 반자교半字敎, 대승의 가르침을 만교滿敎 혹은 만자교滿字敎라 부른다.

35 제호醍醐 : 최고급 수준으로 정제하여 가공한 유제품. 불가佛家에서 정법正法을 비유할 때 곧잘 쓰는 용어.

36 소락酥酪 : 소나 양의 젖을 정제하여 만든 식품.

37 극창極唱 : 구경究竟의 언설言說. 혹은 극력 창도함.

38 사의四依 : 네 가지 의지하는 항목. 경론 가운데는 대체로 다섯 가지의 경우가 등장하는데, 법사의法四依, 행사의行四依, 인사의人四依, 설사의說四依, 신토사의身土四依 등이다. 이중 인사의는 부처님이 돌아가신 후에 중생의 의지가 되는 4인의 도사導師로서 사의대사四依大士, 사의보살四依菩薩이라 부르기도 하는데, 첫째는 출세한 범부(出世凡夫), 둘째는 수다원須陀洹과 사다함斯陀含, 셋째는 아나함阿那含, 넷째는 아라한阿羅漢이다.

39 사명 지례四明知禮(960~1028) : 북송의 승려 이름. 천태종 제17조. 사명산은 절강성 은현鄞縣의 서남쪽에 있다. 지례는 함평咸平 연간(998~1003)부터 이 산 산록에 있는 연경사에 주석하면서 천태의 교관을 크게 펼쳤다. 세상 사람들이 그를 존경하여 사명 존자 혹 사명 대사라 하였다. 15세에 구족계를 받은 이후 오로지 율부律部 연찬에 전념한 것으로 알려져 있다.

하여, 물러나고 게으른 이들을 인도하시니 이는 곧 정진精進의 깃발이요, 서원誓願을 채우시니(塡) 곧 자비의 뗏목입니다. 이미 뒤집힌 미친 파도를 되돌려 교관敎觀으로 발흥시키고, 가없는 세계에 감로를 뿌리니 청량淸涼 세계가 목연穆然히 몰록 나타납니다. 도리어 듣지 못하고 알지 못하고 깨닫지 못하는 얕은 식견으로 하여금 수지하고 독송하는 깊은 인연을 맺게 하였습니다. 대법의大法義를 연설하고 대법고大法鼓를 치며 대법우大法雨를 내리고 대법라大法螺를 부니 일음一音[40]이 두루 퍼지지 않은 곳이 없습니다. 여래의 방에 들어가 여래의 옷을 입고 여래의 자리에 앉아 여래의 일을 행하시니 오탁五濁인들 나를 어찌하겠습니까? 하물며 삼종의 관법(三觀)[41]으로 보현도량普賢道場을 세움에 있어서겠습니까. 일체를 인도하여 말하기를 아미타불의 정토세계를 기약한다 하니 오늘뿐만 아니라 다생多生에 있어서도 그러할 것입니다.

돌이켜보건대 위태로움(고달픔)을 바꾸는 바탕은 다만 (불법은) 만나기 어렵다는 생각과 (고통을) 나누어 짊어질 사람이 없다는 생각을 버리는 것입니다. 아, 사노蚰奴의 지극한 어리석음이 아니라면 공양에 인연이 있습니다. 묘장엄왕妙莊嚴王[42]의 본사本事를 간절히 본받고자, 한 달간 진실한 공덕을 갖추고, 육시六時에 정행淨行을 부지런히 합니다. 맑은 소리로 독송하니 맑은(命命) 소리가 절로 울려나고, 정향定香이 자욱하니 산뜻한 향이 비처럼 쏟아집니다. 금수귀신(獸鬼)은 눈물을 뿌리며 감격하여 모여들고, 용신龍神은 귀를 기울이며 즐거이 듣습니다. 팔부신중八部神衆이 광휘光輝를 의연히 발하는 가운데, 모임이 산회하기도 전에 육근六根이 반드시 청정해질 것입니다.

믿을지어다. 근과近果[43]가 멀지 않음이여, 어찌 이 마음을 경시하리오. 이는 작

---

40 일음一音 : 부처님 설법의 음성을 말한다. 부처님은 원만한 일음으로 설하셨으나 중생들의 지혜와 어리석음으로 인해 이해가 달라진다고 한다.(『유마경維摩經』「불국품佛國品」)

41 삼종의 관법(三觀) : 화엄종, 율종, 법상종 등에서 말하는 삼관이 있으나, 가장 대표적인 것은 천태 지자 대사가 세운 일심삼관一心三觀이다. 천태삼관은 관법의 내용을 3종으로 나누는 것으로 공관空觀 · 가관假觀 · 중관中觀을 말한다.

42 묘장엄왕妙莊嚴王 : 『법화경』「묘장엄왕본사품」에 등장하는 본생담이다. 과거 무량겁에 계신 운뢰음숙왕화여래雲雷音宿王華如來가 『법화경』을 설하였다. 이때 국왕 이름은 묘장엄, 부인 이름은 정덕淨德, 두 아들 이름은 정장淨藏, 정안淨眼이었다. 이때 묘장엄은 외도 바라문법을 믿고 있었는데, 부인과 두 아들이 갖가지 방편을 써서 왕의 마음을 되돌려 놓아 마침내 숙왕화 여래가 계신 곳으로 가서 뵙고 『법화경』을 들은 결과 다 함께 묘한 이익을 얻었다고 한다.

43 근과近果 : 원과遠果의 반대말. 인因의 과보에 접근한 것을 말하며, 정과正果라고도 한다. 업과業果의 종

은 일이 아니로다. 무릇 1구句를 듣는 이도 오히려 보리菩提를 얻으리라는 수기를 미리 받는데, 하물며 삼매三昧를 닦는다면 어찌 찰나에 몰록 성불할 것을 알겠는가? 마치 나무를 만난 외눈박이 거북이[44]처럼 묘법妙法을 다행히 500년 후에 만나면, 연꽃 장식 상아 여섯 가진 코끼리를 타고 대성大聖(보현보살)께서 삼칠일三七日 중에 오시리로나. 벌써 임하셨으니 번거로이 요설을 하지 않으리라. 이미 가까이 감통하셨으니 어찌 축원의 말을 스스로 펼치지 않으리오.

나라의 운(寶祚)이 멀리 창성하고 사해가 하나 되며 명산名山이 상서로운 기운을 드러내니 만세 세 번 부릅니다. 문무백관(文虎)은 보필의 충성을 부지런히 하고, 백성은 풍년의 경사를 얻기를. 천하가 천하를 편안케 하고, 백발노인은 전쟁을 보지 않기를. 세간과 출세간에 항상 범梵과 함께 주반主伴[45]이 되기를.

다음으로 바라나니 돌아가신 부모님은 내려 주신 지혜 넉넉히 받들어 애욕의 굴레에서 몰록 벗어나소서. 이어 자가自家에서 노닐며 타향他鄕에서 겪는 고통에서도 함께 구제하소서.

다시 바라노니 제자들은 칠흑 같은 무명을 타파함에 지금이 바로 그때이오니, 옷 속의 구슬을 받아 써서 바야흐로 과거의 깨닫지 못한 것을 깨닫게 하소서. 그런 연후 취하거나 버리거나 따르거나 거스르거나 모두 법화法華의 인연을 맺고 마침내 법화의 건져 올리는 가피(撈撻)를 입도록 하소서.

○자굉慈宏 안 : 금金나라 애종哀宗 천희天禧 원년 임진년(1232)에 원묘 국사圓妙國師가 보현도량普賢道場을 개설한 사실이 최자崔滋의 비명에 보인다. 이는 그때 시작(起始)하며 올린 글이다.

眞靜國師天頙撰, 壬辰年普賢道場起始疏[1]曰, 於無數大千經中, 孰爲了義. 唯會三純一教外, 剙得妙名, 不思議其功德. 昔如來之出現也, 玉毫放光於萬八千土, 金口說法者四十九年. 以利根鈍根之不同, 何多騧駁[2] 故滿字半字之各異, 未免

자種子로 말미암아 생겨나는 한때의 몸과 주검에 비유해 보면 전자는 근과, 후자는 원과가 된다. 외적으로 비유하면 싹은 종자에 대하여 근과이고, 마른 풀은 원과가 된다.

44 나무를 만난 외눈박이 거북이(遇木一眼龜) : 맹구우목盲龜遇木과 같은 비유. 『열반경』에 있는 이야기로 사람의 몸을 받아 세상에 나거나, 불법을 만나기가 아주 어렵다는 것을 비유한 말이다. 눈먼 거북이가 바다 가운데서 백 년마다 한 번씩 물 위에 나오고, 수면 위에는 구멍 뚫린 나무가 물결 따라 떠다니는데, 눈먼 거북이가 물 위에 올라왔을 때 마침 나무가 있어 구멍으로 나무 위에 올라앉는 것에 비유하였다.

45 주반主伴 : 주체와 주체에 종속된 것의 병칭.

紛紜.³⁾ 誰能染指於醍醐, 皆止甘心於酥酪. 比及靈山之極唱, 餘二卽非眞. 咸使恒沙之眾生, 無一不成佛. 方便門開也, 眞正路坦⁴⁾然, 所以塵塵自然露露. 然則牆壁瓦礫之穢惡, 無非佛性俱存, 蛣蜣⁵⁾蝦蟇⁶⁾之盲聾, 不離法位常住. 文字非外, 色香皆中. 奇哉奇哉, 如是如是. 此一段消息, 西焉龍樹啓之, 由四依流通, 東矣雞林聞也. 然佛出化行而猶多寃嫉, 況魔強⁷⁾法弱分. 其能受持, 嗟⁸⁾未得於大行, 頑不悛其小見. 以其但將螢火, 欲爭日月之光明. 誤認驢⁹⁾年, 虛卜春秋之餘閏. 幸今有萬德尊宿, 慕四明淸規, 引退億, 則是精進之幢. 塡誓願, 則作慈悲之筏. 回¹⁰⁾狂瀾於旣倒, 敎觀以之勃興, 洒甘露於無垠, 淸涼穆然頓在. 反令不聞不知不覺之淺識, 皆有若持若讀若誦之深因. 演大法義, 擊大法鼓, 雨大法雨, 吹大法螺, 一音無處不遍. 入如來室, 著¹¹⁾如來衣, 坐如來坐,¹²⁾ 行如來事, 五濁於我何如.¹³⁾ 況洞¹⁴⁾三觀分, 立普賢道場. 導一切日, 期彌陀淨刹, 非但今日, 蓋¹⁵⁾亦多生.¹⁶⁾ 眷言易德之資, 但竭¹⁷⁾難遭之想, 荷擔無分. 嗟不啻虵奴之至愚, 供養有緣. 切欲効嚴王之本事, 寔辦眞功於一月, 俾勤淨行於六時. 誦淸聲¹⁸⁾分, 命命聲之自風. 定香鬱分, 羅羅香之遍雨. 獸鬼迸淚而欣集, 龍神側耳而樂聞, 八部猶光輝依然, 會席之未散, 六根必淸淨. 信哉, 近果之非遙. 何輕此心, 不是小事. 凡聞一句者, 尙受菩提之預記, 況修三昧, 則焉知刹那之頓成. 如遇木一眼龜, 妙法幸五百年後, 駕承蓮六牙象, 大聖來三七日中. 早已臨頭, 不煩饒舌. 旣感通之伊邇, 盡祝願之自陳. 實祚遐昌, 以四海爲一, 名山表瑞, 呼萬歲者三. 文虎勤弼亮之忠, 黎庶致豐穰之慶. 天下安天下, 戴白不見干戈. 世間出¹⁹⁾世間, 同梵恒爲主伴. 次願先亡考妣, 優承慧援,²⁰⁾ 頓脫愛纏, 旋得自家之逍遙, 兼濟他鄉之辛苦. 更願弟子打破漆桶, 適當今也其時 受用衣珠, 方悟昔之未曉, 然後²¹⁾若取若捨, 或順或違,²²⁾ 皆結法華之因緣, 終被法華之撈摝.

○慈宏案 : 金哀宗天禧元年壬辰, 圓妙國師設普賢道場, 見於崔碑. 此其起始之文也.

---

1) 『호산록』에는 제목 아래 "雲任寺大師宗銃行"이라는 협주가 있다. 2) ㉮ 騞駮는 蹄駁(호산록) 3) ㉮ 紜은 經(호산록) 4) ㉮ 坦은 垣(호산록) 5) ㉮ 蛣은 蚗(호산록) 6) ㉮ 蝦는『호산록』에도 같은 글자로 나옴.『한불전』12책에는 蟓. 둘 다 '蟒'의 이체자로 사용된 듯하다. 7) ㉮ 強은 强(호산록) 8) ㉮ 嗟는 嘆(호산록) 9) ㉮ 驢는 馿(호산록) 10) ㉮ 回는 廻(호산록) 11) ㉮ 著는 着(『한불전』12책) 12) ㉮ 坐는 座(호산록) 13) ㉮ 何如는 如何(『한불전』12책) 14) ㉮ 況洞은 洞況(호산록), 洞況(『한불전』12책) 15) ㉮ 蓋는 盖(호산록) 16) ㉮ 生은 寶(호산록) 17) ㉮ 竭은 竭(호산록) 18) ㉮ 淸聲은 聲淸(호산록) 19) ㉮ 出은 岀(호산록) 20) ㉮ 援은 接(호산록) 21) ㉮ 後는 后(호산록) 22) ㉮'若取若捨, 或順或違'는'若取若捨, 或順若或違'(호산록)

제2 정명 국사靜明國師⁴⁶는 원묘圓妙의 적통嫡統을 이어받고 천태의 정종正宗을 계승하였다.

고려 학사高麗學士 임계일林桂一⁴⁷이 지은 「만덕산백련사정명국사시집서萬德山白蓮社靜明國師詩集序」:

문장을 짓는 일은 본디 석씨釋氏(불가)의 본업은 아니다. 그러나 당송唐宋 시기에 고승 40여 명의 시집이 세상에 유행하였으니 이 또한 가상한 일이다. 간혹 부도浮屠를 업으로 하되 정미하게 닦지 못한 이가 도리어 문장 부류에 의탁하여 스스로 방일한 자도 있었다. 유교와 불교를 겸비하고 도행道行이 고결孤潔한 이는 지난 과거에서 찾아보아도 드문 일이다.

국사國師의 휘는 천인天因으로 속성은 박씨朴氏이며 연산군燕山郡 사람이다. 어릴 때부터 총명하여 널리 들은 것을 잘 기억하였고 문장에 능하다고 칭찬받았다. 수재秀才로 천거되어 현관賢關⁴⁸에 들어가 곧장 과거에 응시했으나, 일생을 두고 춘관春官⁴⁹에 실의하니 사림들이 다 탄식하며 안타까워하였다. 곧바로 세상을 버리고 동학(同舍生) 허적許迪, 전 진사進士 신극정申克貞⁵⁰과 함께 옷깃을 떨치며 먼 길을 떠나 만덕산萬德山에 당도하여 원묘 국사圓妙國師를 참례하였다. 머리를 깎은 후 송광산松廣山 혜심慧諶 화상【무의자無衣子】에게 나아가 참알하고 조계曹溪의 요령要領을 얻어 만덕산으로 돌아온 후 국사의 가르침을 공경히 봉행하고 『연화경(蓮經)』을 외우며 보현도량普賢道場을 비로소 개설하였다. 두 해가 지나 지리산으로 돌아가 은거하였고 또 비슬산으로 석장을 옮겨 자취를 감춘 채 진리를 닦고 여러 해 만에 돌아왔다. 후에 국사國師가 천태교관天台教觀을 전수하자 지혜와 깨우침(慧解)이 과연 발현하고, 기지와 언변(機辯)이 바람처럼 일어났다. 국사가 이미 늙어 자리를 물려주고자 하니, 대사는 곧장 빠져나와 상락上洛(상주)의 공덕산功德山(사불산)으로 피하였다. 그때 지금의 상국相國 최자崔滋 공

---

46 정명 국사靜明國師: 천인天因의 시호. 43쪽 각주 19번 참조.

47 임계일林桂一: 고려시대의 문인. 자세한 사항은 알 수 없다. 『동문선』에 7언 율시 두 수와 본 서문이 수록되어 있다.

48 현관賢關: 현인賢人이 되는 관문關門이란 뜻으로 국자감을 일컫는 말.

49 춘관春官: 예조. 과거를 주관한 부서.

50 서울대판본에는 "申克貞似是眞靜天頙(신극정은 진정 천책인 듯하다)"라는 난외주가 있다.

이 상락태수로 있으면서 미면사米麵社를 창건하여 초청하므로 대사는 그곳에서 장차 노년을 보낼 생각이었다. 국사가 다시 사람을 보내 강박하게 꾸짖어 말하기를 '어찌 배절背絶함이 이리 심한가?' 하므로 결국 부득이하게 돌아와 원문院門을 주재했으니 이는 대중의 기대에 따른 것이다.

정미년(1247) 겨울 호구胡寇의 침입을 피해 상왕산象王山【지금 완도】 법화사法華社에 들어갔다가 가벼운 질환을 앓으니, 임금이 중사中使를 시켜 편지와 약을 보내 주었다. 이듬해 맹추孟秋(7월) 초7일에 문인 원환圓睆[51]에게 법통을 넘겨 주고 부촉하여 말하기를

"내가 죽은 후에는 장사를 후하게 하거나 탑을 세우지 말거라. 또 벼슬아치에게 찾아가 비명을 구하지도 말거라. 다만 버려둔 땅에 가서 다비만 하라." 하였다. 그날로 산 남쪽 용혈암龍穴菴에 물러나 우거하며 문을 닫고 일을 끊으며 담담히 지냈다.

8월 4일 문제자門弟子를 불러 말하기를

"나는 오늘 간다."

하고, 편지를 써 최崔 상국相國, 정鄭 참정參政과 법제法弟 천길天吉에게 부쳤다. 5일에 이르러 목욕하고 옷을 갈아입고 법좌에 올라 큰 소리로 말하였다.

"대장부의 충천한 기염氣焰을 어디에 쓸꼬?"

시자가 물었다.

"사종 국토(四土)[52]의 정경淨境이 눈앞에 있는데 어느 곳에서 유희하시겠습니까?"

대사가 답하였다.

"오직 하나의 성경性境이로다."

또 대중들에게 고하였다.

"병든 중이 곡기를 끊은 지 십여 일에 다리가 매우 힘이 없게 된다. 그러나 법신

---

51 원환圓睆 : 정명 국사靜明國師 천인天因의 제자로 만덕산 백련사의 제3세 조사祖師이다. 『만덕사지』에 등장하는 내용 이상의 행적은 미상이다.

52 사종 국토(四土) : 사불토四佛土, 사종 불토四種佛土, 사종 정토四種淨土, 사종 국토四種國土로도 불린다. 천태 지의天台智顗가 세운 4종의 불국토는 ①범성동거토凡聖同居土(인천人天의 범부와 성문·연각 등의 성자가 동거하는 불토佛土), ②방편유여토方便有餘土(견혹見惑을 끊고 삼계三界의 생사를 뛰어넘은 사람이 사는 곳), ③실보무장애토實報無障碍土(중도의 이치를 깨달은 보살이 사는 곳), ④상적광토常寂光土(진리를 체득하여 일체의 번뇌를 끊고 진실한 지혜를 깨달아 얻은 제불여래諸佛如來가 사는 곳) 등이다.

의 명자冥資를 얻으면 다리에 힘이 조금 생긴다. 이 다리 힘으로는 천당도 갈 수 있고 불찰佛刹도 갈 수 있으며, 오온五蘊이 맑게 트이고 삼계三界가 자취가 없어진다."

이어 게송을 설하였다.

밝은 반달에 흰 구름 낀 가을인데	半輪明月白雲秋
바람은 시내 소리 어디로 보내는가	風送泉聲何處是
시방세계 무량광 불찰에서	十方無量光佛刹
미래제 다하도록 불사를 지으리라	盡未來際作佛事

말을 마치고 서거하니, 세수는 44세, 법랍은 23년이었다.

제자 정관正觀이 꿈에 모처를 가다가 어떤 대인大人이 소리치는 것을 들었는데, '인因 화상和尙이 이미 상품하생上品下生을 얻으셨다'라고 하는 것 같았다고 한다. 기타 이적과 상서는 행장에 다수 실려 있어 여기서는 생략한다.

대사는 출가 후에는 저술하기를 좋아하지 않았다. 속인들과 주고받은 시문이 자못 많았으나 문인이 수록하는 것을 허락하지 않아 10분의 8·9는 유실되었다. 다만 말년의 유고 몇 편을 수습하여 3권으로 나누었다.

나는 다행히 향사香社에 이름을 올려 평소 가까이에서 가르침을 받았다. 대사가 입적한 후로 나라에 변고가 많아 비석을 세워 공덕을 기릴 겨를이 없었는데, 이는 또한 대사의 평소 뜻이기도 하다. 다만 그 행적이 사라지면 후인이 어떻게 기록할까 염려하던 차에 마침 한 도인이 행장과 시집을 소매에 넣고 와서 보여 주었다. 그래서 스스로를 비졸鄙拙하다고 여기지 않고 대사의 남은 자취를 대략 서술하였으나, 이는 다만 태산의 한 터럭일 따름이다.

○자굉慈宏 안 : 천인天因의 시집은 지금은 전하지 않는데, 다만 『동문선東文選』에 천인이 지은 글이 다수 보인다. 그 내용을 채록하니, 이를 잊지 않으면 곧 천인도 잊히지 않으리라. 나는 산가山家에서 우연히 『동문선』 1권을 얻었다. 여기에 천인이 쓴 「원묘 국사圓妙國師의 제문」과 「부도를 세우고 유골을 안치한 제문」, 「비를 세운 후 휘조諱朝(기일)에 쓴 제문」, 「처음 원院에 들어가 임금의 장수를 비는 재의 소문疏文」, 「처음 원에 들어가 영공의 장수를 비는 재의 소문」 등이 모두 실려 있다. 드디어 이 책을 본사로 돌려보내고 지금은 또 이 책(『만덕사

지』)의 하권에 수록하였다.

第二靜明國師, 受圓妙之嫡統, 紹天台之正宗.

高麗學士林桂一撰, 萬德山白蓮社靜明國師詩集序[1]曰, 文章之作, 固釋氏之餘事. 然自唐宋間, 高僧四十餘人詩集行於世, 斯亦可尚已. 或有業浮屠未精者, 反託文章之流以自放. 至如儒釋兼資, 道行孤潔, 求之前古, 罕聞焉. 國師諱天因, 系出朴氏. 燕山郡人也. 弱齡穎悟, 博聞强記, 以能文稱. 擧秀才[2]入賢關, 以直赴第, 一生失意春官, 士林皆爲嘆惜. 即謝世, 與同舍生許迪, 前進士申克貞,[3] 拂衣長住, 抵萬德山, 參圓妙國師. 既零染, 因造謁松廣山諶和尚【無衣子】, 得曹溪要領而還舊山, 祗服師訓, 誦蓮經, 始開普賢道場. 涉二稔, 歸隱智異山, 又移錫毗瑟山, 屛跡修眞, 累歲迺還. 後國師傳天台教觀, 慧解果發, 機辯風生. 及國師既耄, 欲令繼席, 師即脫身, 避之上洛功德山. 會今相國崔公滋守洛, 創米麪社以邀之, 師將老焉. 國師再遣人, 強迫且讓云. 何背絶之甚. 辛[4]不得已來主院門, 從衆望也. 丁未冬, 避胡寇入象王山【今莞島】法華社, 示微疾. 上遣中使, 以書遺藥餌. 明年孟秋初七, 法付門人圓睆, 仍囑曰. 吾沒後, 無厚葬立塔, 無謁有位求碑銘. 但就地[5]茶毗耳. 是日, 退寓山南龍穴菴, 掩關絶事淡如也. 八月四日, 召門弟曰. 吾當行矣. 爲書寄崔相國及鄭參政法弟天吉. 至五日, 浴釀更衣, 陞座屬聲云. 大丈夫衝天氣焰, 於何處用. 侍者問. 四土淨境現前, 未審游戲何土. 答惟[6]一性境. 又告衆云. 病僧絶粒十餘日, 脚甚無力. 然得法身冥資, 脚力稍健. 將此脚力, 天堂亦得, 佛刹亦得, 五蘊廓淸, 三界無迹. 說一偈曰. 半輪明月白雲秋, 風送泉聲何處是, 十方無量光佛刹, 盡未來際作佛事. 言訖而逝. 年四十四, 臘二十三. 弟子正觀, 夢游[7]何方, 似有大人譁云. 因和尚已得上品下生矣. 其他瑞異, 多載行狀, 此略之. 師自出家, 不喜著述. 因寰[8]人往還詩文頗多, 不許門人撰錄, 十失八九. 但攈拾末年遺稿許多篇, 離爲三卷, 予幸題名香社, 親炙有素. 師既沒, 國家多故, 未遑立豐碑頌功德, 亦師之雅志也. 猶恐其軌躅湮滅, 後人何述焉. 適有道人, 袖行狀與詩集來示, 予不敢以鄙拙自解, 略叙師之遺迹, 是特太山一毫耳.

○慈宏案: 天因詩集, 今亦無傳. 惟東文選中天因所著多見. 採錄此書, 不亡則天因其不泯矣. 余於山家, 偶得東文選一卷. 天因祭圓妙國師文, 天因立浮屠安骨祭文, 天因立碑後諱朝祭文, 天因初入院祝聖壽齋疏文, 天因初入院祝令壽齋疏文,皆載焉. 遂以是卷歸之本寺, 今又錄之於下卷.

1) 『동문선』 권83, 「서序」편에 같은 제목으로 수록됨. 2) ㉢ 才는 士(동문선) 3) ㉢ 서울대판본의 상단에는 "申克貞似是眞靜天頭"이라는 난외주가 있다. 4) ㉢ 卒은 率(동문선) 5) ㉢ 就地는 棄地(동문선) 6) ㉢ 惟는 唯(동문선) 7) ㉢ 游는 遊(동문선) 8) ㉢ 寔은 與(동문선)

제3 원환 국사圓晥國師[53]는 정명靜明에게 의발과 법을 받았고 원혜圓慧[54]에게 인가의 문장을 전수하였다.

최자崔滋의 비문에 "송宋 이종理宗 순우淳祐 5년 을사 4월에 원묘 국사圓妙國師는 제자 천인天因에게 법을 부촉한 후 별원別院에 물러나 있다가 7월에 시적示寂하였다."라고 하였다.【앞에 소개함】 또 임계일林桂一이 지은 「정명시집靜明詩集 서문」에 "순우淳祐 8년 무신(1248) 7월에 천인 국사天因國師가 문인門人 원환圓晥에게 법을 부촉하고 바로 그날 물러나 용혈암龍穴菴에 우거하였고, 8월에 시적示寂하였다."라고 하였다.【앞에 소개함】 그러므로 원환圓晥이 백련사 제3조祖가 되는 것은 명백하다. 당시 본사本社에 보현도량普賢道場이 개설되었는데, 도량은 반드시 일을 주맹主盟하는 사람이 있다. 법을 부촉하는 것은 도량을 주맹하도록 하는 것이다. 그 서차序次를 1대, 2대라 하는 고로, 진정 국사眞靜國師가 원묘圓妙를 친히 참례하였지만, 오히려 본사本社의 제4대【호산록[55]】가 되는 것은 주맹한 것이 네 번째이기 때문이다. 요즘 사람들이 호를 하사하고(錫號) 입실하여 대를 잇는 것

53 원환 국사圓晥國師 : 각주 51번 참조.

54 원혜圓慧 : 원혜 진감圓慧眞鑑. 생몰년 미상. 고려 후기에 활동했던 백련사계 승려. 원 간섭기 묘련사妙蓮寺를 중심으로 활동했던 백련사계 천태종의 승려. 『무량의경無量義經』, 『법화경法華經』, 『불설보현보살행법경佛說普賢菩薩行法經』의 법화삼부경法華三部經에 능통하였다. 1295년(충렬왕 21) 국통國統에 책봉되었으며, 백련사의 8국사 가운데 제6세로 추증되었다. 충렬왕과 그의 아들 충선왕의 귀의를 받았다. 원혜의 적사嫡嗣는 순암 의선順菴義旋인데, 조인규趙仁規의 제4자인 승려 혼기混其의 조카이다. 원혜가 입적한 후 그의 제자 무외 정오無畏丁午가 스승을 추모하며 「원혜국통제문圓慧國統祭文」과 「천법형원혜국통소薦法兄圓慧國統疏」를 지었는데, 『동문선』에 수록되어 있다.

55 호산록湖山錄 : 서명은 『만덕산백련사제사대진정국사호산록萬德山白蓮社第四代眞靜國師湖山錄』. 고려 후기 천태종의 고승 진정 국사 천책의 문집이다. 4권 2책이었을 것으로 추정되나 현재 권3, 권4만 전한다. 시집은 문인, 관료 등 승속이 불법과 관련하여 보낸 시와 이에 화답한 천책의 답시를 수록하였다. 시의 내용은 천책이 쓴 「기금장대선사寄金藏大禪師」 등 오언율시가 12편, 칠언율시가 166편으로 총 178편이다. 다른 한 권은 산문으로 천책이 지은 소疏·원문願文·서書 등 13편으로 구성되어 있다. 그 내용은 「연경법석소蓮經法席疏」, 「위주상구병소爲主上救病疏」 등이다. 이 책은 고려 무신집권기에 백련사 출신의 고승이 남긴 시문집으로서 고려 후기 천태사상을 밝힐 수 있는 중요한 자료로 평가된다.

은 자손(子姓)과 같으나 그 법은 같지 않다.

○자굉慈宏 안 : 『육서고六書故』에 "환완은 둥글게 도는 모양이다."라고 했다. 본사本社에 삼장三藏 의선 국사義旋國師[56]가 있는데 원혜 진감圓慧眞鑒의 친사親師이다.【『불조원류佛祖源流』[57]를 보라】[58] '선旋'은 둥글게 돈다는 것이다. 의선義旋은 반드시 원완圓晥의 호(表德)[59]이지 두 사람이 아니다. 당시에 천인天因은 본사本社의 후손이니, 의선義旋이 만약 원완圓晥이 아니라면 후에 그같이 번성하지 못했을 것이다.

○응언應彦 안 : 혹자는 말하기를 원완圓晥과 의선義旋은 마땅히 두 사람이며, 무외無畏와 목암牧菴은 다만 한 사람이라고 하며 그것으로 8국사를 삼는다. 그러나 그 주장은 잘못이다. 무외는 분명히 두 사람으로, 이름이 각자 다른데 어떻게 합하여 한 사람이라고 할 수 있는가?

第三圓晥國師, 受衣法於靜明, 指印文於圓慧.

案崔滋碑云, 宋理宗淳祐五年乙巳四月, 圓妙國師, 以法付弟子天因, 退居別院, 至七月示寂【文見上】又林桂一撰靜明詩集序云. 淳祐八年戊申七月, 天因國師, 以法付門人圓晥, 是日退寓龍穴菴, 至八月示寂【文見上】則圓晥之爲蓮社第三祖明矣. 當時本社, 設普賢道場. 道場必有主盟之人. 付法云者, 令主盟於道場也. 凡主盟道場者, 以其序次謂之一代二代故, 眞靜國師親參圓妙, 而猶爲本社之第四代

---

56 의선 국사義旋國師 : 생몰년 미상. 고려 후기의 승려. 무외無畏의 조카로서 원나라에 들어갔다. 원나라 황제의 총애를 입어 정혜원통무애삼장법사定慧圓通無㝵三藏法師의 법호를 받고 천원天源 연성사延聖寺 주지로 있으면서 본국의 복국우세정명보조현오대사福國祐世靜明普照玄悟大師 삼중대광자은군三重大匡慈恩君에 봉해졌고, 영원사瑩原寺 주지를 겸하였다.

57 『불조원류』: 원제목은 『서역중화해동불조원류西域中華海東佛祖源流』. 1764년(영조 40) 사암 채영獅巖采永(생몰년 미상) 편. 전주 송광사松廣寺 간행 2권 1책. 처음에 당나라 왕발王勃이 찬한 「석가여래성도응화사적기실釋迦如來成道應化事蹟記實」이 나오고 본문에는 칠불七佛, 서천 조사西天祖師, 중화 조사中華祖師에 이어 본서의 주요 내용인 해동원류海東源流가 수록되어 있다. 그 뒷부분은 「해동선파정전도海東禪派正傳圖」, 삼국과 고려의 조사祖師, 「조계산십육조사曹溪山十六祖師」, 「지공행적指空行蹟」, 「묘엄존자탑명병서妙嚴尊者塔銘幷序」, 「무사별록無嗣別錄」에 이어 찬자 채영이 쓴 「후발後跋」과 간기刊記가 실려 있다.(『한국불교전서 편람』, 동국대학교출판부, p.300 참고)

58 『불조원류』에는 이 대목이 "三藏義旋禪師【號順菴嗣圓慧】"로 나와 있다.

59 표덕表德 : 자字나 별호. 북제北齊 안지추顔之推의 『안씨가훈顔氏家訓』 「풍조風操」에 "옛날에 이름은 정체正體요 자는 표덕이다."라 한 데서 유래하였다.

者【湖山錄】. 其主盟在第四也. 與今人之錫號入室嗣之, 如子姓者, 其法不同.

○慈宏案: 六書故,¹⁾ 睆者圓轉貌.²⁾ 本社有三藏義旋國師, 爲圓慧眞鑒之親師【見佛祖源流】. 旋者圓轉也. 義旋必圓睆之表德, 非有二人也. 當時天因, 爲本社之奕葉, 義旋若非圓睆, 必不能昌厥後如彼也.

○應彦案, 或說謂圓睆義旋當是二人, 無畏牧菴惟有一人, 以之爲八國師. 其說非也. 無畏明有二人, 名字各殊, 安得合之爲一人乎.

---

1) 육서고六書故 : 송나라 대동戴侗이 지은 자서字書의 일종. 총33권. 내용은 육서六書로써 글자의 뜻을 밝히고자 한 책이다. 수數·천문天文·지리地理·인人·동물·식물·공사工事·잡雜·의疑 등 9부로 구성되었다. 2) ㉮ 貅는 貌와 같은 글자임.

만덕사지 제2권
萬德寺志 卷之二

다산茶山 감정

학림 이청鶴林李晴 모음

기어 자굉騎魚慈宏 엮음

茶山 鑑定

鶴林李晴 輯

騎魚慈宏 編

제4 진정 국사眞靜國師는 원묘圓妙에게 직접 가르침을 받았고 제2 정명 국사靜明國師와는 법형제 간이다.

진정眞靜의 휘는 천책天頙, 자는 몽차蒙且로 고려 고종高宗 때 사람이다. 원묘 국사圓妙國師가 친히 기르친 제자이다. 본성은 신씨申氏로 개국공신 신염달申厭達의 후예이다. 조부와 부친 대에 이르러 대를 이어 벼슬로 현달하였다. 약관에 급제하여 문장이 한 세대에 명성을 떨쳤으나 하루아침에 집을 버리고 몸을 숨겨 달아났다. 가는 길이 험난하여 달포 만에 만덕산萬德山에 이르러 마침내 낙발하고 보현도량普賢道場에 들어섰고 만년에는 용혈암龍穴菴으로 옮겨 주석하였다. 스님의 유고遺藁에 진도현령縣令 우면于勉과 낭주朗州수령 김서金情가 국사에게 드린 시가 있는데 모두 '용혈龍穴 대존숙大尊宿'이라 지칭한 데서 이를 알 수 있다. 유고는 4권으로 제목은 '호산록湖山錄'이다. 이를 나누어 상·하 2편으로 묶었는데, 상편은 수십 년 전 정수사淨水寺 수좌승首座僧이 몰래 가져가서 현재 남은 것은 오직 하편뿐이다. 천책天頙은 또 『동해전홍록東海傳弘錄』과 『실부록室薄錄』을 저술하였으나 지금은 전하지 않는다.

○자굉慈宏 안案 : 진정眞靜이 임계일林桂一에게 보낸 답시[60]에

| 그대 힘써 광채를 더하리니 | 願君著力添光彩 |
| 연화결사에 동참함 다행이오 | 幸是蓮花結社同 |

라 하였고, 그 자주自注에 "『전홍록傳弘錄』의 서문 써 주기를 요청하며"라고 하였다. 안타깝게도 지금은 전하지 않는다.【頙의 음은 初와 責의 반질이니, 음은 坼[61]이 맞다.】

---

60 진정眞靜이 임계일林桂一에게 보낸 답시 : 『호산록』에 수록된 〈次韻答林秘書桂一〉을 말한다. "몽환 중 유희는 일찍이 버리고서 / 근년 이래 자취 감추니 암자 텅 비어 있소 / 발을 거두니 의구하다 천태의 달이옵고 / 주미를 휘둘러 드날리니 영축산 바람이오 / 남은 생애 겁 많고 약함을 돌보지 않고 / 오직 묘법만이 널리 유통되기만 바라올 뿐 / 그대 바라기는 힘써 광채 더하시어 / 연화결사 함께 동참 다행 아니겠소(遊戲曾拋夢幻中 年來屛跡一庵空 捲簾依舊天台月 揮麈惟揚鷲嶺風 不顧殘生多怯弱 唯思妙法廣流通 願君着力添光彩 幸是蓮華結社同)"(『한불전』 12, p.20~21), 작품의 협주에 "『전홍록傳弘錄』의 서문 써 주기를 요청하며"라는 내용이 있다.

61 坼: '坼'의 음은 당시에는 '책'인 듯하나 현재는 '탁'으로 읽힌다.

○또 다른 고찰 : 진정眞靜이 남에게 보낸 답시62에 "맑은 시로 늙은이(老蒙) 위로하니 좋아라(却喜淸詩慰老蒙)" 했는데 '노몽'은 '몽차蒙且'(천책의 자字)이다.

第四眞靜國師, 亦親炙於圓妙, 遂聯芳於靜明.

眞靜, 諱天頙, 字蒙且, 高麗高宗時人. 圓妙國師之親徒也. 本姓申氏, 開國功臣申厭達之後. 至其父祖, 赫世簪纓. 弱冠登第, 文章震耀一世, 而一朝棄家潛逃. 道途艱險, 月餘至萬德山, 遂落髮入普賢道場, 晚年徙居龍穴菴. 故其遺藁, 錄珍島縣令于勉, 朗州守金惰獻詩國師, 皆稱龍穴大尊宿, 斯可驗也. 其遺藁四卷, 名曰湖山錄, 分爲上下二編. 其上編, 於數十年前, 爲淨水寺首座僧所竊, 今所存者唯下編也. 天頙又著東海傳弘錄室薄錄, 今所不傳.
○慈宏案 : 眞靜答林桂一詩曰, 願君著1)力添光彩, 幸是蓮花結社同. 自注曰, 請述傳弘錄序. 惜乎今不傳也【頙音初責切, 音圻正也】.
○又按 : 眞靜答人詩曰, 却喜淸詩慰老蒙. 老蒙者, 蒙且也.

1) ㉮ 著는 着(호산록, 『한불전』 12)

진정 국사眞靜國師 천책天頙이 지은 『선문보장록禪門寶藏錄』 「자서自序」63에 말하기를 "해동사문海東沙門 내원당內願堂 진정眞靜 대선사大禪師 천책天頙 몽차蒙且 서序. 지원至元 30년 계사(1293) 11년 월일【가정嘉靖 10년(1531) 진주晉州 지리산智異山 철굴鐵窟 개간】"이라 하였다. 고려高麗 승지承旨 몽암蒙菴 이혼李混의 발문64에는 "현 내원당內願堂 연곡주로鷰谷住老 모암呆菴 대선옹大禪翁【呆의 음은 모】이 『선문보장록』과 『선문강요집禪門綱要集』을 지었다."65라고 하였다.

62 진정眞靜이 남에게 보낸 답시 : 〈次韻答閑禪老〉(『한불전』 12책, p.21). 원문은 "세차게 부는 바람 한 벌 옷으로 지탱하고 / 이도 빠지니 옛날 얼굴 어디 갔나 / 차려놓은 제사는 짚풀 개(芻狗)에 부끄럽고 / 먹장구름 일으키지 못하니 짚풀 용(草龍)에 부끄럽다 / 사위는 푸른 향연 게으르게 잇지 못하고 / 창 가득한 붉은 햇살 외려 졸리운데 / 바위 언덕 적막하여 오가는 이 없으니 / 맑은 시로 늙은이 위로하니 기쁘구나(一衲支寒髩發風 齒衰無復昔時容 已陳祭地慙芻狗 未起澪雲媿草龍 殘篆碧煙慵不續 滿窓紅日睡猶濃 嵓阿寂寞無來往 却喜淸詩慰老蒙)"
63 자서自序 : 「선문보장록서」, 『선문보장록』, 『한불전』 6책 p.469. 저본으로 가정嘉靖 10년 지리산 철굴 개간본(국립도서관소장)이 있다.
64 이혼李混의 발문 : 『선문보장록』, 『한불전』 6책, p.483.
65 현 내원당內願堂 …… 『선문강요집禪門綱要集』을 지었다 : 해당 부분을 인용하면 다음과 같다. "이제 내원

○승찬勝粲 안 : 『불조원류佛祖源流』[66]에는 고려 이몽유李夢游가 「진정선사비眞靜禪師碑」를 지었으며 봉암사鳳巖寺에 있다고 하였다. 그러나 이는 다른 진정 스님이지 만덕산의 선사先師가 아니다.

眞靜國師天頙著, 禪門寶藏錄自序曰, 海東沙門內願堂眞靜大禪師大頙蒙旦序. 至元三十年癸巳十一月日也【嘉靖十年晉州智異山鐵窟開刊】 高麗承旨蒙菴李混跋云. 今內願堂鷲谷住老朶菴大禪翁【朶音母】著禪門寶藏錄, 又著禪門綱要集.
○勝粲案 : 佛祖源流稱高麗李夢游撰眞靜禪師碑, 在鳳巖寺. 此別一眞靜, 非萬德之先師也.

진정眞靜의 「입원축상소入院祝上疏」에 "제자는 일찍이 문장의 작은 기예를 버리고 원묘圓妙 노스님을 참예하였습니다." 하였고, 또 말하기를 "옛날에 빈자리를 채우느라 일찍이 사불산四佛山에 머물렀는데 지금 또 어찌 저에게 만덕사의 주맹主盟이 되라 하십니까?"라고 하였다.[67]
○진정眞靜의 「법운 탁연法雲卓然[68]에게 화답한 시의 서문(和法雲卓然詩序)」[69]에 말

당 연곡사에 머무는 연로하신 모암朶庵 대선사는 선풍이 장차 추락하는 걸 애도하고 나와 남이 서로 잘난 척하는 걸 슬퍼했다. 그래서 분명히 밝혀서 의심을 해결하는 고금의 말, 임금과 신하의 숭배를 받으면서 나라를 다스린 일, 온갖 강사들이 복종하면서 성품을 본 일을 가려 뽑았는데, 이 많은 것을 세 가지 문으로 나누어서 그 이름을 '선문보장'이라 하고, 이를 책으로 출판하여 유포시켜서 미래의 이익을 짓고자 하니, 어찌 사소한 도움이겠는가?(今內願堂鷲谷住老朶菴大禪翁 悼禪風之將墜 悲人我之相高 採撫古今對辨決疑之語 與夫君臣崇而理國 諸講 伏而見性 許多則分爲三門 目之曰禪門寶藏 鋟梓流傳 欲作將來之益 則豈小補哉) 참고로 '朶'의 현재 발음은 '태, 매, 부'인데 현주에 따라 '모'로 읽는다.

66 『불조원류佛祖源流』: 『한불전』 제10책 『서역중화해동불조원류』, p.130. "眞靜禪師【高麗李夢游所撰碑, 在鳳岩寺】"

67 "제자는 일찍이 …… 주맹主盟이 되라 하십니까?"라고 하였다 : 이 글은 『호산록』에 없으며 이곳에만 보인다.

68 법운 탁연法雲卓然 : 고려 후기 수선사修禪社에서 활동했던 승려. 호는 법운法雲 또는 운유자雲游子. 부친은 재상을 역임했던 최정분崔正分이며, 일찍이 왕을 모시는 내관으로 출사하였다. 고종 때 순천 조계산曹溪山의 수선사(현 송광사)로 출가해 승려가 되었다. 진각 국사 혜심慧諶의 법맥을 계승한 원오 국사 천영天英이 그의 도반이다. 탁연은 진도 용장사龍藏寺의 주지로 있으면서 명필로 이름을 떨쳤는데, 혜심의 비를 쓰기도 하였다. 상주목사였던 최자崔滋가 백련사를 중창할 때 천책天頙의 부탁으로 도량당道場堂과 조사전祖師殿, 허백루虛白樓, 신청루神淸樓 등의 현판을 썼다. 남송 건경사建慶寺의 천태종 승려 법언法言과 교유하였으며, 남송의 불서인 『법화수품찬法華隨品讚』을 백련사의 사주 천책에게 전해 주기도 하였다.(한국민족문화대백과사전)

69 「법운 탁연에게 화답한 시의 서문(和法雲卓然詩序)」: 일지암본 『호산록』(『한불전』 12책, p.27)에는 위 제목이

하기를 "모는 일찍이 만덕산 백련사白蓮社에 참여하여 원묘 국사를 뵙고 처음으로 보현도량을 세웠다." 하였다.

○자굉慈宏 안 : 이상의 여러 문장을 보면, 진정 천책眞靜天頙 또한 원묘에게 직접 수학한 것을 알 수 있다. 다만 도량을 주맹主盟한 것은 네 번째이기 때문에 본산의 제4대로 삼는 것이다.

眞靜, 入院祝上疏曰, 弟子早捨文章小技, 獲參圓妙老師. 又曰, 昔承人乏, 曾駐跡於四佛山. 今又我何俾主盟於萬德社.
○眞靜, 和法雲卓然詩序曰, 某早參萬德山白蓮社, 頂謁圓妙國師, 始立普賢道場.
○慈宏案 : 此諸文, 眞靜天頙亦親受學於圓妙. 特以其主盟道場, 在於第四, 故爲本山之第四代也.

진정 국사의 「유상주사불산기游尙州四佛山記」 :
상주尙州 산양현山陽縣 북쪽에 산이 있는데 자못 높은 봉우리가 중첩하여 동으로는 죽령竹嶺으로 이어지고 남으로는 화장華藏(산)을 안고 있으니 이곳 이름을 사불산 혹은 공덕산功德山이라 한다. 산의 서남쪽에는 미면米麪이라는 옛 절이 있다. 일명 '백련사白蓮社'라 하는데 대개 의상 법사가 머물던 곳이다. 고종 28년 신축년(1241)에 소경少卿 최자崔滋가 상주尙州(목사)로 부임하여 그 기이함을 듣고 한 번 방문하고자 하였다. 【생략】 만덕산萬德山은 호남에 있고 공덕산은 강동에 있다. 그러므로 '동백련사', '남백련사'라 불러 구별한다. 계묘년 가을【송宋 이종理宗 순우淳祐 3년(1243)】 공이 임금께 장계狀啓를 올려 산야山野(천책 자신)로 하여금 법석(梵席)을 주맹하도록 하였다. 갑진년(1244) 8월 나는 비로소 이곳에 이르렀다.

아니라 매우 긴 서술형 제목에 해당 내용이 기재되어 있다. "중통 3년 임술 5월 초6일 법운 연 선로가 전한 대송 연경사 여러 존숙들의 법화수품찬 1축을 받들었더니, 글귀마다 모두 부처님의 정신이요 조사들의 진수로 아름다운 문장의 일대사로 나라 밖으로 빛냈으니 어쩌면 이리 위대한 일입니까. 아무개가 만덕산 백련사에 참예하여 원묘 국사를 뵙고 처음으로 보현도량을 세우고, 이를 전고로 하여 오묘한 법전을 열어 밝히되 항상 생각 생각에 짊어지고 일체를 권발하였습니다. (하략) (中統三年壬戌五月初六日 伏承法雲然禪老所傳示大宋延慶寺諸尊宿法華隨品讚一軸 句句皆佛精祖髓 黼黻一大事 光耀海外何其韙歟 某早叅萬悳山白蓮社頂謁圓妙國師 始立普賢道場故 此開顯妙典 常於念念荷擔 勸發一切) (하략)"

○자굉慈宏 안 : 순우淳祐 계묘년(1243)과 갑진년(1244) 즈음에 원묘圓妙는 바야흐로 남백련南白蓮에서 주맹主盟하였고, 진정眞靜 역시 동백련東白蓮에서 주맹하였으니 곧 그 이름과 지위가 서로 같다. 그 이듬해 을사년(1245)에 원묘가 시적하자 천인天因이 주맹하였다. 3년 후(1248) 천인이 시적하자 원환圓晥이 주맹하였다. 그 후 몇 년인지는 모르나 진정眞靜이 만덕사에서 주맹하였나. 중요한 것은 원환이 주맹한 지 오래지 않아 진정이 대를 이었다는 점이다. 서로 대를 잇는 법은 수령이 교체되어 전관과 후관이 되는 것과 같다. 직접 제자에게 승계하는 것은 아니니 오늘날의 입실하는 법과 같다. 『호산록』에서 진정을 제4대라고 지칭하였다. 그러나 진정은 원묘에게 직접 배운 제자이다.

眞靜國師, 游尙州四佛山記[1]曰, 尙州山陽縣北有山, 頗高重峰疊巘, 東連竹嶺, 南挹華藏, 是名曰四佛, 或曰功德山. 山之坤維, 有古寺曰米麪, 一曰[2]白蓮社. 蓋義湘法師住跡之地[3] 高宗二十九年,[4] 歲[5]在辛丑, 少卿崔滋出守尙州, 聞其奇異, 試尋訪焉【節】萬德山在湖南, 功德山在江東. 故以東南白蓮呼以別之. 癸卯秋[6]【宋理宗淳祐三年】[7] 公以狀聞于上, 使山野主盟梵席, 至甲辰八月, 予始抵此.
○慈宏案 : 淳祐癸卯甲辰之際, 圓妙方主盟於南白蓮, 眞靜亦主盟於東白蓮, 則其名位相等矣. 厥明年乙巳, 圓妙示寂, 而天因主盟. 越三年戊申, 天因示寂, 而圓晥主盟. 其後不知何年, 眞靜主盟於萬德 然要之圓晥主盟未久, 而眞靜代之也. 其相代之法, 如守令交遞爲前官後官而已. 非直承襲爲弟子, 如今之所謂入室法也. 湖山錄稱眞靜爲第四代. 然眞靜者, 圓妙之親徒也.

1) 이 글은 『호산록』(『한불전』 6, pp.206~209)에 수록. 그중 일부 발췌한 것임. 2) ㉠ 曰은 名(호산록) 3) ㉠ '之地'는 문장을 요약하기 위해 사지 편집자가 삽입하였다. 원문은 '之地' 자리에 '講貫'으로 이어진다.(호산록) 4) ㉠ 二十八年(호산록). 신축년은 고종 28년(1241)이기 때문에 『효산록』에 띠라 번역하였나. 5) ㉠ 歲 앞에 越이 있다.(호산록) 6) ㉠ 秋月(호산록) 7) ㉠ 협주는 『만덕사지』 편자의 것이다.

진정 국사가 김 승제金承制(김인경)[70]에게 보낸 편지 : "노승이 참선하고 송경하

---

70 김 승제金承制 : 김인경金仁鏡(1168~1235), 초명은 양경良鏡. 고려 후기의 문신. 승제承制는 승제상서承制尙書의 약칭으로, 임금의 제명制命을 받든 상서라는 뜻이다. 명종 때 문과 급제, 직사관直史館을 거쳐 기거사인起居舍人이 되었다. 고종 초 조충趙沖이 거란을 토벌할 때 출전하여 큰 공을 세웠다. 1227년 수찬관修撰官으로 명종실록을 찬수했고, 중서시랑평장사中書侍郞平章事까지 올랐다. 문무를 겸했고 행정에도 뛰어나 재능을 겸비한 것으로 인정받았다. 시사詩詞가 청신하고 당시 유행했던 시부를 잘해 세상에서 '양

는 여가에 『해동법화전홍록』【현응록現應錄이라고도 함】을 지어 장차 세상 사람들을 권발하고자 합니다.【줄임】병신년 봄【송宋 이종理宗 단평端平 3년(1236)】돌아가신 선사께서 저에게「백련결사문白蓮結社文」을 지으라 하셨는데, 이를 장차 간행하고자 하였으나 벌써 33년이 지났습니다."
○자굉慈宏 안 : 진정眞靜의 이 편지는 송 도종宋度宗 함순咸淳 3년(1267)에 부친 것이다. 당시 진정은 만덕사에 주석하였다.

眞靜國師寄金承制書曰, 老僧禪誦之暇, 撰海東法華傳弘錄【或曰現應錄】, 將以勸發於世【節】越歲在丙申春月【宋理宗端平三年】先師命我撰白蓮結社文, 將欲刊行, 已卅三年矣.
○慈宏案 : 眞靜此書, 乃宋度宗咸淳三年所寄也. 此時眞靜其住萬德寺矣.

진정 국사의「답운대아감[71]민호[72]서答芸臺亞監閔昊書」를 간략히 소개한다 :
백부께서 말씀하셨습니다.
"옛날 세 나라가 들끓자 태조가 일어나 왕업을 이루셨다. 신하 중에 신염달申厭達이라는 분이 태조를 도와 큰 난리를 평정하여 기린각麒麟閣 벽에 영정이 그려졌다. 이때부터 자손들이 대를 이어 끊이지 않았으니 멀리는 신라 왕의 외손이요, 가까이는 태조(祖聖)의 후예이다. 모두 산동山東에서 자취를 일으키고 무장으로는 수장(朝端)[73]이었다. 할아버지 봉산蓬山께서는 어사대(柏署)에서 역사를 찬하여 기강을 떨쳤는데 그 문장이 맑고 담박하여 충효의 대개大槩가 있었다. 또 아버지는 강직하여 조부의 풍모(祖風)가 있었다.【조부는 찰방사察訪使로 일등으로 포상하였고, 선인 또한 일등의 지위에 계셨다.】게다가 너의 외가도 계림雞林의 종실宗室로서 우리 태조에 이르러 서원西原(지금 청주)의 경주京主로 봉해졌으니, 시중侍

경시부良鏡詩賦'라 칭송했고, 예서에 뛰어났다.

71 운대아감 : 운대芸臺는 도서圖書를 관장하는 기관으로, 비서성祕書省의 별칭이다. 아감사亞監司는 관찰사를 보좌하여 도정을 담당하던 벼슬명이다.

72 민호閔昊 : 천책과 함께 동문수학한 관리로서 백련결사를 함께한 인물로 보이나 자세한 생몰연도와 행적은 확인되지 않는다.

73 수장(朝端) : 조정의 중신(朝臣) 중에 상수上首가 되는 사람.

中 능희能熙부터 너의 외조부까지 대개 9대인데 관작이 계속 이어져 세상에 이름을 드날렸다. 또 외조부의 조부이신 기거주起居注[74] 충약沖若께서는 비록 이름을 금방金榜에 올리고 옥당玉堂에 들어갔으나 유가의 학문 외에 오히려 현풍玄風을 즐겨 하셨다. 후에 바다 건너 송나라에 들어가 비밀스런 요지(秘要)를 모두 전하고 자부紫府의 단대丹臺에서 소요하며 선야(玄霜)과 단악(絳雪)을 호흡하였다. 그리하여 중국의 도가자류道家者流로 하여금 모두 탄복하고 옷깃을 여미게 하였다. 고국으로 돌아와서는 상소를 올려 불사不死의 복정福庭(사원)을 두고 큰 종(洪鍾)을 치며 현묘한 열쇠(玄鑰)를 열어 나날이 중생(生靈)의 이목을 살펴보았다. 그리하여 지금까지 영명하신 천자께서 봉루鳳樓에 올라 조서를 반포하실 때면 반드시 충약沖若의 자손을 일컬으셨으니 세세토록 잊지 않도록 하신 것이다. 다행히 너는 조종祖宗의 공을 이어받아 약관弱冠에 급제하여 명성이 자자하니 어찌 유업儒業에 전념하여 벼슬길에 오르기를 기약하지 않겠는가?"

나는 그 말씀을 다 듣고 물러나 혼자 생각해 보았습니다.

'비록 내외의 붉은 갓끈(紫纓)과 갑과·을과의 붉은 종이(紅牋)【선친께서 외출하실 때 갑과 홍패를 지니신 것을 나도 본 적이 있다.】라지만 이미 저승명부(鬼錄)일 뿐 나에게 무슨 의미가 있는가? 하물며 세간은 허깨비 같아 견고하거나 오래가지 못해 족히 믿을 것이 못 된다. 모름지기 건달바성(乾城)의 일어남과 사라짐, 달팽이 뿔 위 두 나라의 전쟁, 부싯돌의 불, 물거품, 서리 맞은 파초, 바람 앞의 무궁화 꽃도 비유하기에 부족하다.

먼지에서 태어나 먼지로 들어가는 유한한 사람으로서 세상 흐름을 따라다니는 내가 곧 설사 벼슬 없는 선비(布衣)로서 남면南面의 즐거움을 누린다 하더라도 어찌 찰나의 외부의 즐거움을 따르고 영원한(常住) 내면의 즐거움을 잊겠는가? 또 지금은 흉노가 침략하려고 접경에서 병사를 일으키니, 시운時運(天步)은 고래요 사람은 개미 목숨이라. 공경公卿과 조사朝士라 할지라도 모두 몸을 보전하여 해를 멀리하고자 하는데, 하물며 미천하고 의지할 데 없는 사람이겠는가? 부잣집 아이들은 태어나서 한 글자도 읽지 않고도 오직 거들먹거리며(輕矯) 유협遊

---

[74] 기거주起居注 : 조선시대의 도청都廳과 각 방房에 속한 낭청으로서, 기사와 사론 작성을 담당한 편수관 및 기사관과 더불어 『조선왕조실록』 편찬의 실무를 담당하면서, 『조선왕조실록』의 본문 중 보충을 필요로 하는 사실의 세주를 작성하는 임무를 맡아 본 것으로 보인다.

俠을 일삼아 다만 월장月杖[75] 성구星毬[76]에 금안장과 옥 굴레로 삼삼오오 떼를 지어 휘저으며 조석으로 늘 남북을 왕래하니 구경꾼이 담처럼 늘어서 있도다. 딱하다. 나와 저들은 모두 허깨비 세상에서 허깨비로 살고 있는데, 저들이 어찌 허깨비 몸으로 허깨비 말을 타고 허깨비 길을 달리며 허깨비 기술을 연마하고 있는 것을 알겠는가. 허깨비 사람으로 허깨비 일을 관찰하는 것은 다시 허깨비 위에 허깨비 또 허깨비를 더하는 것이다. 저들이 다만 서로 실체를 가지고 있는 것(執實) 같지만 하루아침에 망연해져 마침내는 염라대왕에게 잡혀 고초를 당하게 되리라. 설사 천 가지 계책이 있다 하더라도 어떻게 그 갑작스러움을 면하겠는가. 이로 말미암아 분란만 보이니 비통함만 더할 뿐이다. 혹 시장을 지나다가 좌상坐商이나 행상(行賈)을 보면 다만 반 푼어치 엽전으로 소란스레 떠들면서 시장의 이익을 다 차지하려 다투는데, 이 어찌 수많은 모기가 옹기 안에서 앵앵거리며 시끄럽게 우는 것과 다르겠는가. 혹 백정이나 망나니가 다만 칼로 찌름은, 방자하고 잔혹하게 남의 몸을 죽이고 팔아 자신의 입을 기르는 것으로, 피비린내가 몸에 가득하고 흑업黑業이 하늘을 찌른다. 다만 눈앞의 이득을 위해 죽은 후의 재앙을 생각지 않으니 마면우두馬面牛頭(지옥의 鬼卒)인들 어찌 이보다 더하겠는가. 이와 같으나 시끌벅적한 시정에 송곳 하나 여유 있게 꽂을 데 없어 다급하게 이익을 구하며 구구하게 재물에 목숨 거는 것은 다만 먹을 것을 대는 것을 바라는 것으로 마침내는 모두 남에게 거짓으로 속는 것이다. 저쪽은 이것을 사고 이쪽은 저것을 사서 물건과 물건이 서로 윤회하니 고로 나날이 항상 이와 같은 것이다. (중략) 아, 사람이 물건을 매매하지 못하고 물건이 능히 사람을 부린다. 물건이 있고 없음으로 사람의 한가하고 바쁜 처지가 정해진다. 그 목숨을 애착하고 재물을 쫓아가는 것은 이에 수만 년 고금의 한결같은 법칙이 아니겠는가? (중략) 어찌 답답하게 이곳에 오래 머물 수 있겠는가?'[77]

다행히 나의 단계주인丹桂主人[78] 청하淸河 상국相國【최자崔滋】은 제자를 키워 주신

---

75 월장月杖 : 중국에서 고대에 말을 타고 공을 굴리는 운동(서양의 폴로)에서 공을 치는 긴 막대기. 길이는 수 척에 이르고 머리끝은 누운 달 같다고 해서 그렇게 불린다. 구장毬杖 혹은 국장鞠杖으로도 불렀다.

76 성구星毬 : 사전적 의미는 두 가지가 있다. ①여지荔枝 품종의 하나. ②수놓은 둥근 등(繡球燈). 여기서는 두 번째의 의미로 밤에 등을 켜고 격구를 즐긴다는 의미로 쓰인 듯하다.

77 비록 내외의 …… 머물 수 있겠는가 : 여기까지 스스로 자문한 내용으로 출가의 변, 불교 귀의의 변을 말한 것이다. 본래의 글과 비교할 때 두 군데 중략된 곳이 있어 표시하였다.

78 단계주인丹桂主人 : 과거급제 시 쓰는 계수나무 가지. 과거에 자신을 발탁한 지공거知貢擧의 의미도 있다.

은혜(鑄顔)[79]가 무겁고, 인정해 주신(與點)[80] 말씀이 높으신 분입니다. 저에게 금자金字 연경蓮經을 서사하도록 하여 비로소 저는 모든 부처님과 세존이 오직 일대사인연一大事因緣으로 세상에 출현하신 것을 알게 되었습니다. (중략)

'지금 나는 어디에서 났는지, 어떤 선근善根을 심어야 할지 몰랐으나, 이 같은 진정한 대법大法을 얻어 들으니 어찌 쭉 이어 사라지지 않는 숙연宿緣이 아니겠습니까?'[81]

이로부터 세간과 출세간 사이 고심하던 마음(首鼠)[82]은 단칼에 두 토막이 나고 간절하게 부도씨浮屠氏를 따르고자 하여 묘경妙經을 읽고 묘행妙行을 닦았으나 바빠서 행장을 꾸릴(辦嚴) 여가가 없었습니다. 다행히 동지同志 두 사람을 만나 남모르게 천릿길을 출발하였는데, 가는 도중에 온갖 고난을 다 겪은 후 한 달 하고도 열흘 만에 비로소 참례하였습니다.

이른바 만덕산萬德山은 땅은 후미지고 사람은 드물어 고요하게 왕래가 없습니다. 다만 구름 잠긴 봉우리와 안개 낀 섬이 보였다 사라졌다 할 뿐이고, 푸르고 아득한 대나무와 맑은 시내가 즐기고 감상할 만한 곳입니다. 다만 눈썹 허연 노스님 네댓 분이 문에 나와 웃으며 맞이해 주었습니다. 마침내 논밭에 거주하며 상相을 전하고 술述을 풀었고, 물가와 숲에서 길이 성태聖胎[83]를 기르고 세속 밖(象外)의 호리병 안(壺中)[84]에서 도안道眼을 문질렀습니다. 비로소 보현도량을 세우고 개삼현일開三顯一[85]의 불승佛乘을 크게 선양하여 전대에 행해지지 않았던

『만덕사지』에는 협주로 최자임을 밝혔다. 허홍식의 『진정국사와 호산록』 p.293에서는 단계주인을 좌주座主이며 동지거同知擧였던 최종재라고 보기도 하였다.

79 제자를 키워 주신 은혜(鑄顔) : 주안의 의미는 인재를 배출한 것을 말한다. 한漢나라 양웅揚雄의 『법언法言』 「학행學行」에 "공자가 제자인 안연을 도야하여 그릇을 만들었다.(孔子鑄顔淵)"라는 말이 나온다.

80 인정해 주신(與點) : 여점의 출전은 『논어論語』 「선진先進」이다. 공자가 제자들에게 각자의 포부를 이야기하게 하였을 때 증점曾點이 대답하기를, "늦은 봄에 봄옷이 완성되면 관자冠者 대여섯 명, 동자 예닐곱 명과 함께 기수沂水에서 목욕하고 무우舞雩에서 바람 쐬고 노래하면서 돌아오겠습니다." 하자, 공자가 감탄하며 "나는 점과 함께하리라(吾與點)." 한 데서 유래한다.

81 지금 …… 아니겠습니까 : 이 부분은 화자가 최자에게 하는 말로 보인다.

82 고심하던 마음(首鼠) : 원문 '수서首鼠'는 '수서양단首鼠兩端'의 준말이다. 쥐가 의심이 많아 동굴 속에서 머리를 밖으로 내놓고 형세를 관망하는 것처럼 양편 중에 어느 편을 택해야 좋을지 몰라 망설이는 것을 말한다. 곧 사람이 진퇴와 거취를 결정하지 못하고 망설이는 것을 비유한 말이다.

83 성태聖胎 : 보살 수행의 계위 중 십주十住, 십행十行, 십회향十迴向의 삼현위三賢位를 말한다.

84 호리병 안(壺中) : 경치가 빼어난 선경仙境.

85 개삼현일開三顯一 : 삼승(성문, 연각, 보살)의 권집權執을 버리고 일승(불승)의 실의實義를 드러내 보이는

것을 힘써 행하고 후대 사람이 깨닫지 못한 것을 깨닫게 한 지 지금까지 40년[86]입니다."

○자굉 안 : 이 글은 진정眞靜의 한평생을 대략 알 수 있어 여기에 줄여 소개한다.

眞靜國師, 答芸臺亞監関昊書,[1] 略云, 伯父曰, 昔三邦鼎沸, 太祖龍興. 有臣曰申厭達者, 佐太祖定大亂,[2] 圖畫於麒麟壁上. 自是子孫係係[3]不絶, 遠則羅王之外孫, 近則祖聖之後裔. 皆起跡[4]山東, 接虎朝端, 降及酒祖蓬山, 撰史柏署振綱, 其文章清白, 忠孝之大槩. 又酒父挺挺有祖風【先祖察訪使, 奏褒一等, 先人亦居一等】. 況子之外出, 亦雞林宗室, 至我太祖, 封西原京主. 自侍中能熙, 至汝外祖, 凡九代, 蟬聯圭組, 世爲顯著. 又外祖之祖起居注冲, 若雖題名金牓, 迹入玉堂, 儒術之外, 尚熙乎玄風, 后航海入宋, 盡傳秘要, 逍遙乎紫府丹臺, 歠[5]吸乎玄霜絳[6]雪. 故令中國道家者流, 皆歎伏斂衽. 及返國上拔,[7] 置不死之福庭, 撞洪鍾啓玄鑰, 日鑒生靈之耳目. 故至今明天子, 登鳳樓頒鳳詔, 則必稱冲若之子孫, 欲世世不忘也. 幸汝承祖宗之烈, 弱冠登第, 英聲籍籍, 盍專儒業而期仕官[8]乎. 予具聞其說, 退而心言. 雖內外紫纓, 甲乙紅牋【先人外出, 甲科紅牌,[9] 吾及見之】, 已是鬼錄, 於我何有.[10] 況世間虛幻, 無堅牢久遠之足恃. 雖乾城之起滅, 蝸國之戰爭, 石火水泡, 霜蕉風槿, 不足爲喩. 若我以有限之生, 塵出堁入, 隨世推移, 則設使布衣享南面之樂, 安肯從剎那之外樂, 忘常住之內樂也哉. 又今匈奴圖寇, 連境擧兵, 鯨鯢天步, 螻蟻人命. 雖公卿朝士, 皆欲全身遠害, 況閭茸無賴之人乎. 若夫衆富之兒, 生年不讀一字書, 惟輕驕[11]游俠是事, 徒以月杖星毬, 金鞍玉勒, 三三五五, 翱翔乎十字街頭, 网[12]朝昏頷頷, 南來北去, 觀者如堵. 惜也. 吾與彼俱幻生於幻世, 彼焉知將幻身, 乘幻馬, 馳幻路, 工幻技. 幻人觀幻事, 更於幻上幻復幻也. 彼與彼但更相執實, 一旦茫然, 終被閻羅老子摧屈. 便縱有千種機籌, 怎免伊搪揬. 由是出見紛譁, 增忉怛耳. 或經過市廛, 見坐商行賈, 只以半通泉貨, 哆[13]哆譁譁, 因爭市利. 何異百千蚊蚋, 在一甕中, 啾啾亂鳴. 或屠兒魁膾惟剸刃, 是恣酷殺他身, 販

것. 참고로 천태종에서 『법화경』 이전의 40여 년의 설법은 진실에 들어가기 위한 방편으로 본다. 경의 전반 14품은 삼승교의 방편으로 수적垂迹의 근불近佛이며 적문迹門이라 하고, 후반의 14품은 일승교의 진실로서 본지本地의 원불遠佛이며 본문本門이라고 한다. 따라서 '開'는 앞의 14품을, '顯'은 뒤의 14품을 가리키며, '開顯經'이란 『법화경』을 의미한다.(이영자,『천책스님의 호산록』, 해조음, 2009, p.202)

86 40년 : 『호산록』에는 '14년'으로 되어 있다.

養自口, 腥羶遍體, 黑業崢嶸. 但顧目前之利, 不思身後之殃, 唯馬面牛頭, 何以加此. 如是而一闠闠闇間, 無立錐之地可閒, 遑遑求利, 區區徇財, 但望饔飧之給, 卒皆欺誑於他. 彼貿此此易彼, 物与物更相輪廻, 故日日常如此者. 噫, 人不能轉物, 物却能使人. 以物物之有無, 卜人人之閒忙. 其貪生逐物, 奈萬古千今, 例皆一受.14) 安能鬱鬱久居此乎. 幸我丹桂主人淸河相國【即崔滋】, 恩重鑄顔, 言高與15)點, 仍使予書金字蓮經, 始見諸佛世尊, 唯以一大事因緣故, 出現於世. 今我未知何生植何善根,16) 獲聞如是眞正大法, 豈非宿緣醞釀不泯歟. 自是世出世首鼠之心, 一刀兩段, 切欲從浮圖氏, 誦妙經修妙行, 念念未暇辦嚴. 幸得同志者二人, 潛發啓行於千里, 道途艱險備嘗,17) 計月餘旬日始參. 所謂萬德山, 地僻人稀, 寂無來往. 但見雲岑烟島掩映,18) 蒼茫19)修竹淸溪, 可遨可賞. 唯20)厖眉老衲四五輩, 出門笑迎. 遂居稻田, 傳相譯述,21) 水邊林下, 長養聖胎, 象外壺中, 揩磨道眼. 始立普賢道場, 弘揚開顯佛乘. 力行前代之不行, 使覺后人之不覺, 今22)四十年23)矣.

○慈宏案：此書可見眞靜平生大略, 故今節錄之.

1) 『호산록』의 같은 제목(『한불전』12권, pp.40~45)의 글을 일부 발췌한 것이다. 2) ㉮ 大亂 다음에 立功이 있다.(호산록 12책) 3) ㉮ 係는 繼(호산록) 4) ㉮ 跡은 迹(호산록) 5) ㉮ 歎은 歎(호산록) 6) ㉮ 絳은 絡(호산록) 7) ㉮ 拔은 疏(호산록). 번역은 『호산록』에 따른다. 8) ㉮ 官은 宦(호산록) 9) ㉮ 紅牌 다음에 家傳이 있다.(호산록) 10) ㉮ 有 다음에 乎가 있다.(호산록) 11) ㉮ 驕는 矯(호산록 12), 대흥사본(『한불전』6책)에는 驕 12) ㉮ 网은 罔(호산록) 13) ㉮ 哆 앞에 皆가 있다.(호산록) 14) ㉮ 受는 受(호산록, 『한불전』12), 愛(『한불전』6) 15) ㉮ 與는 興(호산록, 『한불전』12) 16) ㉮ 根 다음에 '當此後五百歲'가 있다.(호산록) 17) ㉮ 嘗 다음에 '之矣' 두 글자가 더 있다.(호산록) 18) ㉮ 映 다음에 乎가 있다.(호산록) 19) ㉮ 茫 다음에 間이 있다.(호산록) 20) ㉮ 唯는 惟(호산록) 21) ㉮ 述이 없다.(호산록) 22) ㉮ 今은 以今(호산록) 23) ㉮ 四十年은 十四年(호산록)

다산초자茶山樵者(정약용)가 쓴 「제천책시권題天頙詩卷」[87]의 내용 :

이는 고려 명승으로 진정 국사라는 호를 받은 천책天頙의 시문 유고집이다. 본래는 4권 2질이었으나 그 반은 이웃 절의 승려가 몰래 가져갔다. 연담 유일蓮潭有一이 일찍이 그것을 다시 찾으려 하였으나 끝내 얻지 못하였다.

내가 보기로 천책의 시는 농익고 고우며(濃麗) 굳센 기운이 있어(蒼勁) 소순기疏筍氣의 담박한 병통이 없다. 그의 학문은 해박하고 널리 회통하였으며, 그 재주는 용사用事에 민첩하여 위로는 감산憨山[88]과 수레를 나란히 할 수 있고, 아래로

---

[87] 「제천책시권題天頙詩卷」: 정약용의 『여유당전서』 「문집」 권14. '題' 항목에 「題天頙國師詩卷」으로 수록됨.

[88] 감산憨山 : 1546~1623년. 감산 덕청憨山德淸. 명나라 때 승려. 염불과 간화선을 함께 닦았는데, 주굉袾宏·진가眞可·지욱智旭과 더불어 명나라 시대의 4대고승四大高僧으로 평가받는다. 저서에 『관능가경기觀

는 몽수蒙叟[89]와 어깨를 겨룰 수 있을 정도이나 안타깝게도 이름이 이미 사라져 버렸다. 만약 예원藝苑의 비평가로 하여금 신라와 고려 시대에 세 사람을 고르라 한다면 곧 최치원과 천책, 이규보가 으뜸으로 뽑힐 것이다. 천책은 본래 만덕산 사람으로 용혈龍穴에 옮겨 살았다. 내가 다산茶山에 온 이래로 매년 한 번씩 용혈에 노니는 것은 천책이 남긴 아름다운 향기(遺芳)를 맡고자 함이다.

茶山樵者題天頙詩卷云, 此高麗名僧天頙賜號眞靜國師者詩文遺集也. 本四卷二帙, 其半爲鄰寺僧[1])所竊. 蓮潭有一, 嘗欲鉤取之, 竟不得. 余觀天頙之詩, 濃麗蒼勁, 無蔬筍淡泊之病. 其學博洽該貫, 而其才敏於用事. 上之可以駢駕遺[2])山, 下之可以拍肩蒙叟. 惜乎, 名已泯矣. 若使操衡[3])藝苑者, 揀三人於羅麗之世, 則崔致遠天頙李奎報其額也. 天頙本萬德山人, 移棲龍穴. 余自棲茶山以來, 歲一游龍穴, 爲嗅天頙遺芳也.[4])

1) ㉠ 僧은 首座僧(여유당전서) 2) ㉠ 遺는 憨(여유당전서) 3) ㉠ 衡은 衝(여유당전서) 4) ㉠ '爲嗅天頙遺芳也'는 '憶念天頙'(여유당전서).『여유당전서』에는 이하 "未嘗不嗟傷悼惜, 以若賢豪, 胡乃陷溺於佛敎也"가 있다.(안타까워하지 않을 수 없으니 그처럼 뛰어난 인물이 어찌하여 불교에 빠졌단 말인가.)

제5 원조 국사圓照國師는 진정眞靜의 문하에서 등불을 전하고 법화法華의 법석에서 불자를 세웠다.

진감眞鑒 무외 국사無畏國師의「발진정호산록跋眞靜湖山錄」의 내용:
진정 국로眞靜國老는 유림儒林의 거두로서 조도祖道에 깊이 들어간 분이다. 시문詩文으로 드러난 것은 천연스러워 아송雅頌의 풍모가 있었으니, 그 궁극의 내용은 선을 권하고 악을 경계한 것으로서, 사람들을 무생無生의 땅으로 유도하고자 하였을 따름이다. 세상에서 무염無鹽[90]을 그리고 모모嫫母[91]를 꾸며 한때의 영예

楞伽經記』,『법화경통의法華經通義』,『원각경직해圓覺經直解』,『기신론직해起信論直解』,『감산노인몽유집憨山老人夢遊集』등이 있다.

89 몽수蒙叟 : 장자莊子가 몽현蒙縣 사람이므로 그를 몽장 혹은 몽수蒙叟라고 부른다.

90 무염無鹽 : 무염녀無鹽女라고도 부른다. 전국시대 제 선왕齊宣王의 후비 종리춘鍾離春으로, 무염 사람이기 때문에 이렇게 불렸다. 덕이 있으나 못생겨서 후대에는 추녀를 대표하게 되었다.

91 모모嫫母 : 황제黃帝의 넷째 비妃의 이름. 어진 덕의 소유자였으나 단지 모습이 추했다는 이유로 전국시대 제齊나라의 왕비인 무염無鹽과 함께 세인들의 비난과 조롱을 당했다.

를 얻고자 계획하는 자들과는 같지 않았으니, 비유하면 제호醍醐를 마셔도 싫어하지 않으며 주옥珠玉을 가지고 놀아도 만족하지 않음과 같았다. 문인인 석교도총섭釋敎都摠攝 정혜원조靜慧圓照 력力 선사 이안而安이 기록한 것을 모으고, 또 개인 경비로 장인을 모아 판에 새겨 영원히 전하고자 하였다. 실로 일을 주간(幹蠱)92하여 계승하였다 하리라.

대덕大德 11년(충렬왕 33, 1307) 10월 일, 왕사王師 불일보조佛日普照 정혜묘원靜慧妙圓 진감眞鑒 대선사 정오丁午 발跋.

○자굉慈宏 안 : 정혜원조靜慧圓照는 임금이 하사한 호(賜號)이다. 력力은 그 법휘이다.【력 자 앞에 한 글자가 전하지 않음】이안而安은 그 표덕表德(별호)이다. 그가 국사가 됨은 비록 명문明文이 없으나 이미 하사받은 호가 네 글자에 이른즉, 입적 후 국사를 가증加贈하여 진정 국사의 적통을 이은 것은 의심할 여지가 없다.『호산록』에는 특별히 '만덕산 백련사 제4대'라 표기되었으니, 원조가 제5대가 됨은 의심할 여지가 없다.

第五圓照國師, 傳燈眞靜之門, 豎拂法華之席.

眞鑒無畏國師跋眞靜湖山錄, 其文云, 眞靜國老, 以儒林巨魁, 深入祖道. 故發爲詩文天然, 有雅頌之風. 其所歸乃勸善誡惡, 欲驅人於無生之域而已. 非若世之畵無鹽, 飾嫫母, 規取一時之譽者. 比夫醍醐飮而不厭, 珠玉玩而不足矣. 門人釋敎都摠攝靜慧圓照力禪師而安, 旣錄之成集, 又出私錢售工, 鋟梓傳之不朽, 實可謂能幹蠱而纘承也歟. 大德十一年十月日, 王師佛日普照靜慧妙圓眞鑒大禪師丁午跋.

○慈宏案 : 靜慧圓照, 其賜號也. 力其法諱也.【上一字無傳】而安其表德也. 其爲國師, 雖無明文, 旣賜號至四字, 則身後加贈國師以繼眞靜之嫡統, 亦無疑也. 湖山錄特標萬德山白蓮社第四代, 則圓照之爲第五亦無疑也.

---

92 간고幹蠱 :『주역』「고괘蠱卦」에, "초육初六은 아버지의 일을 주관함이니, 자식이 있으면 돌아간 아버지가 허물이 없게 된다." 하였다. 아들이 아버지를 계승하여 이루지 못한 사업을 완수함을 말한다.

제6 원혜 국사圓慧國師는 삼장三藏에 뛰어난 인물로서 만덕사에서 우이牛耳를 잡았다.[93]

『불조원류佛祖源流』의 기록 : 고려 삼장三藏 의선 선사義旋禪師는 호가 순암順菴으로 원혜 국사의 대를 이었다.
○자굉慈宏 안 : 원혜圓慧는 정오丁午(무외)의 법형法兄이다. 그런즉 원혜와 정오는 모두 삼장 의선에게 직접 배운 제자로서, 원묘圓妙를 조사로 하여 백련사에서 주맹主盟하였다.

第六圓慧國師, 受鳳毛於三藏, 執牛耳於萬德

佛祖源流云, 高麗三藏義旋禪師, 號順菴, 嗣圓慧國師.[1]
○慈宏案 : 圓慧者, 丁午之法兄也. 然則圓慧丁午, 皆三藏義旋之親徒, 捻以圓妙爲祖, 主盟於白蓮也.

1) 『서역중화해동불조원류』(『한불전』 10책, p.30 중단). 원문에는 '國師'라는 표현이 없다.

진감 무외 국사眞鑑無畏國師의 「제원혜국통문祭圓慧國統文」[94]의 내용 :
아, 대도大道의 흥하고 쇠함은 학덕 높은 이(哲人)의 유무에 달려 있다. 우리 스승의 크고 위대함이여, 세상에 드물게(間世) 티끌세상에 내려오셨도다. 어려서 총명하여 삼부三部에 널리 통했고, 법안法眼을 택함에 밝아 정미하고 거친 것 잘 분별했네. 처음엔 백련사의 주맹이 되어 소도祖道를 중흥하고, 마침내 국통國統이 되시니 덕과 명예 갖추었으며, 본향 돌아가는 날 조용히 해탈하셨네. 진실로 시작도 좋고 끝도 좋은(善始令終)[95] 대장부라 하리라. 가시는 이때 건곤이 적막하고 삼광三光(해달별)이 처량하도다. 천택泉澤이 메마름이여, 백화百花가 구워지는 구나. 아 슬프도다. 우매하고 부족한 내가 요행히 숙연宿緣으로 문도가 되어 친

---

93 우이牛耳를 잡았다 : 종장宗匠의 지위를 말한다. 회맹會盟할 때 소의 귀를 잡고 피를 받아 삽혈歃血하는 등 맹주盟主의 역할을 수행하는 것을 말한다.

94 「제원혜국통문祭圓慧國統文」: 『동문선』 제109권, 「제문」편에 '圓慧國統祭文'(釋無畏)이라는 제목으로 수록됨.

95 시작도 좋고 끝도 좋은(善始令終) : '善始善終'이라는 표현과도 통한다.

히 겸추鉗鎚[96]의 단련을 받으니 그 은혜를 어찌 헤아릴 수 있으리오. 오늘 백일을 당하여 재를 마련하여 복을 받들며, 겸하여 조촐한 제물을 진설하오니 옥우屋愚를 가엾게 여기소서.
○자굉慈宏 안 : 처음에 백련사의 주맹이 되어 조도祖道를 중흥시켰다는 것은 불법을 중흥시켰다는 것을 말함이지, 원묘圓妙의 도가 중산에 쇠해져서 원혜圓慧가 부흥시켰다는 말이 아니다.

眞鑒無畏國師, 祭圓慧國統文云, 噫. 大道之豐夷兮, 在哲人之有無. 唯[1]我師之雄偉兮, 乃間世而降塵區. 妙齡穎悟兮, 博通三部. 擇法眼明兮, 善別精麤. 初主白蓮兮, 重興祖道. 卒爲國統兮, 德與名俱. 及還源日兮, 從容解脫. 實所謂善始令終之大丈夫. 於斯時也, 乾坤寂兮, 三光慘淡. 泉澤竭[2]兮, 百卉[3]焚枯. 嗚呼哀哉. 顧予暗短而無似兮, 幸以宿緣而忝一門徒, 昵受鉗槌之鍛鍊兮, 其恩賜也豈可量乎. 今當百日兮, 辦齋奉福, 兼陳薄祭兮, 庶愍屋愚.
○慈宏案 : 初主白蓮, 重興祖道者, 謂佛法重興. 非謂圓妙之道中衰, 而圓慧興之也.

1) ㉭ 唯는 惟(동문선) 2) ㉭ 竭은 渴(동문선) 3) ㉭ 卉는 草(동문선)

진감 무외 국사眞鑒無畏國師의 「천법형원혜국통소薦法兄圓慧國統疏」 내용 :
진신眞身은 걸림 없어 중생의 심상心想 속을 두루 들어가고, 묘법妙法은 헤아리기 어려워 삼승三乘의 교행敎行 밖을 몰록 초월한다. 형체를 마주한 듯 감感(응)하고 형상을 본뜬 듯 (감)응應하나니, 의당 제불諸佛의 일대사인연에 의지하여 돌아가신 스승의 본향 가는 행차를 인도해야 하리라. 생각건대 저 근원으로 돌아가는 국통國統은 실로 나와 세상을 함께한 문형이로다. 어린아이 적부터 다 자랄 때까지 자애로 훈도하는 데 애쓰셨으니 법은法恩이 산악같이 무거워 갚을 길이 없도다. 이에 재공齋供으로 보잘것없는 제물을 간략히 갖추어 천도하고자 바라나이다.
엎드려 바라건대 눈앞에 나타나신 삼보三寶시여, 우리 원혜 국통圓慧國統의 영가

---

96 겸추鉗鎚 : '겸퇴鉗槌'와 통한다. 겸鉗은 쇠 집게, 추鎚는 쇠망치로서 모두 쇠를 단련하는 도구인데, 선가禪家에서 스승이 제자를 교도함에 엄격한 것을 표현하는 말이다.

로 하여금 육근六根을 청정하게 하고 삼지三智를 원명하게 하시어, 장자長者의 가보家珍를 받아 사용함에 자타를 함께 이롭게 하고, 사방四方의 찰해刹海에서 유영함에 성현과 함께 흐르게 하시고, 넘치는 은택을 적시어 중생群萌을 고루 윤택하게 하소서.

○자굉慈宏 안 : 무외無畏의 두 글에서 모두 국통國統이라 지칭하였다. 그러나 『불조원류佛祖源流』에는 원혜圓慧를 국사國師라 칭한 것이 분명하니 (국사로) 추증한 것은 의심할 여지가 없다. 다만 원혜의 성명과 자호는 고증할 문헌이 없다.

眞鑒無畏國師, 薦法兄圓慧國統疏[1]云, 眞身無礙, 徧入衆生心想中. 妙法難思, 頓超三乘敎行外. 感如形對, 應若象[2]生, 宜憑諸佛大事之因緣, 用導先師故鄕之行李. 唯[3]彼還源之國統, 實吾並世之門兄. 自童孩至于長成, 以慈愛勤于訓誨, 法恩重如山岳, 無以報之. 齋供略備堉[4]埃, 庶幾薦也. 伏願現前三寶, 令我圓慧國統之靈, 六根淸淨, 三智圓明, 受用長者家珍, 自他兼利, 游泳四方刹海, 聖賢同流, 餘澤所霑, 羣萌等潤.

○慈宏案 : 無畏二文, 皆稱國統. 然佛祖源流, 明以圓慧稱國師, 其追贈無疑也. 但圓慧之姓名字號, 無文可考.

1) 『동문선』 제111권, 「소疏」 편에 「薦法兄圓慧國統疏」(釋無畏)로 수록됨. 2) ㉮ 象은 像(동문선) 3) ㉮ 唯는 惟(동문선) 4) ㉮ 堉은 涓(동문선). 번역은 후자에 따름.

제7 진감 무외 국사眞鑒無畏國師는 용혈龍穴에서 삼거三車[97]를 연의演義하시고, 봉루鳳樓(대궐)에서 임금萬乘을 벗히셨다.

고려 학사 박전지朴全之가 찬술한 「용암사중창기龍巖寺重創記」[98] 내용 :
무외 국통無畏國統이 하산한 장소인 용암사龍巖寺는 진양晉陽(진주)의 속현屬縣인 반성班城 동쪽 모퉁이 영봉산靈鳳山에 있다. 【줄임】 우리 국통께서는 젊은 나이에 승선僧選에 응시하시어 상상과上上科에 올랐는데 곧 명예의 그물에서 몸을 벗어

97 삼거三車 : 양거羊車, 녹거鹿車, 우거牛車. 즉 양, 사슴, 소가 끄는 수레를 말한다. 각각 성문, 연각, 대승을 비유한다.(『법화경』 「비유품」)
98 「용암사중창기龍巖寺重創記」 : 『동문선』 제68권, 「기記」 편에 「영봉산용암사중창기靈鳳山龍岩寺重創記」로 수록되어 있다. 『만덕사지』의 내용은 이 중 일부를 발췌한 것이다.

나 산을 돌아다니며 암자에 머문 것이 여러 해가 되었다. 임금이 대사의 소행을 들으시고 대덕大德 6년 임인년(1302) 여름【원元 성종成宗 6년】 특별히 중사中使 지후祗候 김광식金光軾을 보내어 월출산月出山 백운암白雲菴에서 대사를 맞이하고 원찰願刹 묘련사妙蓮社의 주지가 되도록 명을 내리셨다. 10년 병오(1306) 겨울에 (임금은) '백월낭공석소무애대선사白月朗空寂照無㝵大禪師'라는 법호를 올리셨다. 이듬해 정미(1307) 여름에 심왕瀋王【충선왕】과 부왕父王【충렬왕】은 구의摳衣의 예[99]를 함께 행하고자 왕사王師로 봉하고 '불일보조정혜원묘진감대선사佛日普照靜慧圓妙眞鑒大禪師'라는 법호를 드렸다. 지대至大 원년 무신【원元 무종武宗 원년(1308)】심왕瀋王이 즉위하였다. 기유년(1309) 겨울 임금께서 국청사國淸寺에 주석하도록 명하셨다. 경술년(1310) 임금께서 다시 영원사瑩原寺로 옮겨 주석하도록 명하셨다. 황경皇慶 2년 계축【원元 인종仁宗 2년(1313)】 여름 6월에 금상今上께서 왕위를 물려받았다.【금상은 곧 충숙왕이다】 겨울 11월에 이르러 부왕【즉 충선왕】의 명을 받들어 다시 국통國統으로 책봉하고 '대천태종사쌍홍정혜광현원종무외국통大天台宗師雙弘定慧光顯圓宗無畏國統'이라는 법호를 더하시었다. 대사는 연우延祐 갑인【원元 인종仁宗 개원改元(1314)】 내전內殿에 들어와 임금을 뵙고 영원사 주지를 사양하니, 임금께서 드디어 이 절에 옮겨 주석하도록 명하셨다.【이 절은 진주 용암사이다.】

○다산茶山이 말하였다 : 『호산록湖山錄』 「발문跋文」에 "대덕大德 11년(1307) 10월, 왕사王師 불일보조佛日普照 정혜묘원靜慧妙圓 진감眞鑒 대선사大禪師 정오丁午가 발문을 쓰다."라고 했는데 대덕 11년은 곧 심왕瀋王 대의 정미년이다. 그 해와 달이 딱 맞고 그 법호가 딱 맞으니 한 글자도 어긋남이 없다. 곧 무외無畏가 정오丁午임을 알 수 있다. 무외는 임금이 내린 호이고 정오는 법명이다.

○응언應彦 안 : 월출산 백운암白雲菴의 옛터는 지금은 이씨 산장山莊이 되었는데, 백운동白雲洞이라 부르기도 한다.

第七眞鑒無畏國師, 演三車於龍穴, 友萬乘於鳳樓.

---

99 구의摳衣의 예 : 옷자락을 치켜든다는 뜻으로, 윗사람에게 경의를 표하는 것을 말한다. 『예기禮記』 「곡례상曲禮上」의 "어른이 계신 방 안으로 들어갈 때에는 옷자락을 공손히 치켜들고 실내 구석을 따라 빠른 걸음으로 가서 자리에 앉은 다음에 응대를 반드시 조심성 있게 해야 한다.(摳衣趨隅 必愼唯諾)"라는 말에서 나온 것이다.

高麗學士朴全之撰, 龍巖寺重創記曰, 無畏國統下山所【缺[1]】龍巖寺, 乃在於晉陽屬縣班城東隅靈鳳山之中也【節】唯[2]我國統, 妙齡試僧選捷上上科, 卽脫身名綱, 循山住菴有年矣. 上聞師所行, 以大德六年壬寅夏【元成宗六年】, 特遣中使祇[3]候金光軾, 迎師于月出山白雲菴, 命主於願刹妙蓮社焉. 至十年丙午冬, 上法號爲白月朗空寂照無碍大禪師. 明年丁未夏, 瀋王【忠宣王】與父王【忠烈王】, 欲共行摳衣之禮, 封爲王師, 進法號曰佛日[4]普照靜慧圓妙[5]眞鑒大禪師. 至[6]大元年戊申[7]【元武宗元年】, 瀋王卽阼[8]. 己酉冬, 上命住[9]國淸寺. 庚戌上復命移住瑩原寺. 及皇慶二年癸丑【元仁宗二年】夏六月, 今上嗣位【今上卽忠肅】. 至冬十一月, 承父王之命【父王卽忠宣】, 復冊師爲國統, 加法號曰大天台宗師雙弘定慧光顯圓宗無畏國統焉. 師於延祐甲寅【元仁宗改元】, 入內殿面辭瑩原寺, 上遂命移于玆寺也【玆寺卽晉州龍巖寺】.

○茶山云 : 湖山錄跋文云, 大德十一年十月, 王師佛日普照靜慧妙圓眞鑒大禪師丁午跋. 大德十一年卽瀋王丁未也. 其年月相符, 其法號相符, 無一字差錯, 則無畏之爲丁午審矣. 無畏者賜號也, 丁午者法名也.

○應彦案 : 月出山白雲菴舊基, 今爲李氏山莊, 猶稱白雲洞.

1) ㉠『동문선』에는 누락된 글자가 없다. 2) ㉠ 唯는 惟(동문선) 3) ㉠ 祇는 祗(동문선) 4) ㉠『동문선』에는 '日'이 없다. 5) ㉠ 圓妙는 妙圓(동문선) 6) ㉠ 이 앞에 생략된 문장이 있다.(동문선) 7) ㉠ 戊申 다음에 秋가 있다(동문선) 8) ㉠ 다음에 생략된 문장이 있다.(동문선) 이하 전체 중 일부만 발췌하여 소개한 것이다. 9) ㉠ 住는 移住(동문선)

정인지鄭麟趾가 편찬한 『고려사高麗史』[100] :

충숙왕忠肅王이 즉위하던 해【충선왕 말년(1313), 원元 인종 황경皇慶 2년】

11월 무사일. 왕사王師 정오丁午를 국통국일내선사國統國一大禪師로, 혼구混丘를 왕사王師로 임명하였다.

경자일. 팔관회八關會를 열었다. 왕은 의봉루儀鳳樓로 나가고, 상왕上王과 정오丁午와 혼구混丘는 의봉루 서쪽, 공주와 왕과 숙비淑妃는 의봉루 동쪽에서 악부를 관람하였다(觀樂).

무신일. 상왕이 연경궁延慶宮에서 5일간 반승飯僧하고 연등을 켜는 행사를 진행했는데, 승려의 수와 불공으로 보시한 비용이 전에 비해 증가하였다.

---

100 정인지鄭麟趾가 편찬한 『고려사高麗史』: 『고려사』 제34권, 「세가」 제34, '충선왕 계축 5년'(1313)에서 일부 발췌한 것이다.

12월 병진일. 왕이 광명사廣明寺에서 승려 혼구混丘를 방문하였고, 다음 날 또 묘련사妙蓮寺로 가서 정오丁午를 방문하였다.【그다음 해는 곧 충숙왕 원년(1314), 원元 인종 연우延祐 원년이다.】

○다산이 말하였다 : 혼구混丘는 보감 국사寶鑑國師이다.【자는 구을丘乙, 호는 무극노인無極老人. 비는 밀양 연원사煙原寺에 있다. 『불조원류佛祖源流』를 보라.[101]】 정오丁午는 진감 국사眞鑒國師이다. 정오의 법호로는 무외無畏 두 글자가 있다. 마침내 무외로 행세하였으므로 『동문선』에 '무외'는 있으나 '정오'는 없다. 『고려사』 기록과 박전지朴全之의 「용암사기龍巖寺記」는 조금의 차이도 없다.【모두 황경皇慶 2년(1313) 11월에 대사를 국통國統으로 책봉했다고 기록】 정오가 무외임이 분명하다.

鄭麟趾, 高麗史云, 忠肅王卽位之年【忠宣王末年. 元仁宗皇慶二年】十一月戊子, 以王師丁午爲國統國一大禪師, 混丘爲王師. 庚子設八關會. 王御儀鳳樓, 上王与丁午混丘在樓西, 公主與王淑妃在樓東觀樂. 戊申, 上王飯僧點燈于延慶宮五日. 浮屠之數, 布施之費, 比前有加. 十二月丙辰, 上王幸神孝寺. 丁巳, 王訪僧混丘于廣明寺, 翌日又訪丁午于妙蓮寺【厥明年卽忠肅元年, 元仁宗延祐元年】.

○茶山云 : 混丘者, 普鑒[1])國師也【字丘乙, 號無極老人. 碑在密陽煙原寺. 見佛祖源流】. 丁午者, 眞鑒國師也. 丁午法號有無畏二字. 遂以無畏行世, 故東文選有無畏而無丁午也. 高麗史所載與朴全之龍巖寺記, 毫髮不差【皆云皇慶二年十一月, 冊師爲國統】. 丁午之爲無畏審矣.

1) 역 普鑒은 寶鑑의 오류이다.

『고려사高麗史』「지리지地理志」[102] : 순창현淳昌縣은 충숙왕 원년에 승려 국통國統 정오丁午의 고향이라 하여 지군사知郡事로 승격시켰다.

---

101 『불조원류佛祖源流』를 보라 : 『불조원류佛祖源流』, 『한불전』 10책 p.130. "普鑑國師(諱混丘 字丘乙 姓金 淸令人 年七十二 諡普鑑 號無極老人 嗣普覺國師 碑在密陽慈氏山烟原寺)"

102 『고려사高麗史』「지리지地理志」: 『고려사』 제57권, 지 제11, 지리 2, 전라도 편에 보인다. 『신증동국여지승람』 제39권, 전라도 편 순창군 조에도 비슷한 내용이 있다. (본래 백제의 도실군道實郡을 신라 때에 순화군淳化郡으로 고치고, 고려에 와서 지금의 이름으로 고쳐 현縣으로 삼고 남원부에 부속시켰는데, 명종明宗 5년에 감무監務를 두었고, 충숙왕忠肅王 원년에 승 국통승國統僧 정오丁午의 고향이라 하여 군郡으로 승격시켰고 본조에서도 그대로 따랐다.)

○승찬勝粲 안 : 나 역시 순창 사람이다. 국통 정오와 동향에서 태어나 같은 절에 몸을 깃들이니, 우연이 아닌 듯한데 부끄러운 것은 사람이 옛날에 미치지 못함이라.[103]

高麗史地理志云, 淳昌縣, 忠肅王元年, 以僧國統丁午鄕, 陞知郡事.
○勝粲案 : 粲亦淳昌人也. 託胎於同鄕, 棲身於同寺, 若不偶然, 所愧古今人不相及也.

무외 국사無畏國師가 스스로 지은 「암거일월기菴居日月記」[104] :
무인년 봄【충렬왕忠烈王 4년, 송宋 제병帝昺[105] 상흥祥興 원년(1278)】, 나는 비로소 오산현鰲山縣【지금의 강진】 용혈암龍穴菴에 머물다가 상주尙州의 경계로 거처를 옮겼다. 또 경인년(1290) 봄 다시 괘탑암掛塔菴【용혈의 서쪽】으로 왔으니, 그곳은 곧 우리 종조從祖께서 중창한 곳이다. 서쪽 방 세 칸이 기울어 땅에 쓰러지려 해서 갑오년(1294) 가을에 개축하였다. 을미년(1295) 4월【원元 성종 원정元貞 원년】 남쪽 봉우리에 가시덤불을 베고 높은 대를 지어 이름을 '능허凌虛'라 하고 절구 두 수를 지었다.

신축한 높은 대라 보는 경치 일품일세	新築高臺得勝觀
봉산 화악 오르기 무엇이 어려우리	蓬山華岳陟何難
앞으로는 대해 삼켜 연무가 솟구치고	前吞巨浸雲煙洶
뒤로는 험산 절해 옥설이 차갑구나	後揖巉巖玉雪寒

능허대 위에 올라 홀로 노닐며 바라볼 제	凌虛臺上獨游觀
읊어내기 어려우니 그려내기도 어려울사	詩不能形畫亦難
사무치게 가난한 도인 하늘이 보시고	天見道人貧到骨

---

103 부끄러운 …… 못함이라 : 옛사람에 비해 내가 부족하다는 말이다.
104 「암거일월기菴居日月記」: 『동문선』 제68권 「기記」 편에 수록된 「庵居日月記」(釋無外)라는 제목으로 수록된 글이다. 협주는 『만덕사지』의 편자가 붙인 것이다.
105 송宋 제병帝昺 : 중국 남송의 마지막 황제. 휘는 병昺인데 정식 묘호나 시호가 없어서 제병帝昺 등으로 다양하게 불리고 있다.

| 산수 독차지 명을 내려 기한을 위로하네 | 命專山水慰飢寒 |

또 정유년(1297) 봄【원元 성종 대덕大德 원년】무성한 대밭을 베고 돌을 쌓아 터를 만들고 작은 정자를 동쪽 언덕 시냇가 옆에 세우고 이름을 '초은招隱'이라 붙이고 시 두 수를 지었다.

괴율[106] 송황[107]이 너럭바위 에워싸고	槐栗松篁圍石座
들판과 바다와 산이 처마에 들어올 때	田原海岳入茅簷
유연히 느긋 누워 신세를 잊노라니	悠然偃息忘身世
이 맛이야 그 누가 나와 함께 맛보리오	此味何人共我甛

꽃 무더기 옮겨다가 뒤뜰 섬돌 꾸미고	移得花叢糚後砌
생솔가지 꺾어다 서쪽 처마 보수하네	折來松杪補西簷
손에 익은 일이야 산거 중이 하는 일	手中只慣山居事
혀끝이야 어찌 세상 단맛 알 리 있소	舌下那知世味甛

수리를 다 마친 후 다른 곳으로 가려 했으나 권선하는 일(善事)에 매여 미적미적 떠나지 못하였다. 때때로 능허대凌虛臺와 초은대招隱臺에서 시인(詞人)이나 선객을 만나면 문장을 지어 도를 논하여 성정性情을 즐겁게 하였다. 간혹 침울한 마음을 쏟아내고 싶으면 곧 능허대에 올라 눈 가는 대로 멀리 바라보기도 하고, 간혹 들뜨고 방탕한 마음을 다스리고 싶으면 초은대로 내려가서 마음을 고요히 하고(冥心) 적묵寂默에 잠겼다. 한가롭게 유유자적하니 떠나고 머무는 것을 모두 잊었다. 하루는 어떤 학생이 와서 『논어』(魯論) 중 '산량山梁'[108]의 뜻을 물어와 해설해 주고 이로 인해 시 두 편을 지었다.

---

106 괴율槐栗 : 느티나무(혹은 회화나무)와 밤나무

107 송황松篁 : 소나무와 대나무

108 산량山梁 : 산골의 다리, 혹은 꿩. 『논어』「향당鄉黨」의 "산 교량의 암꿩이 때에 맞는구나, 때에 맞는구나(山梁雌雉, 時哉時哉)"에 대한 주석에서, 주희朱熹는 "시재時哉는 꿩이 물을 마시고 모이를 쪼아 먹는 것이 제때를 얻었음을 말씀한 것이다. 자로子路가 이것을 알지 못하고 이를 제철에 알맞은 음식이라 생각하여 마련해서 올리니, 공자께서 먹지 않으시고 세 번 냄새를 맡고 일어나셨다."라고 하였다.

때 좋구나, 어찌해 산량의 꿩 부러우랴	時哉肯羨山梁雉
늘그막에 다시금 용혈의 바위에 기대노라	老矣還依石穴龍
목마르면 옥천 물, 배고프면 백찬이라	渴飮玉泉飢白粲
부처님의 너그러움 외려 늘 부끄럽네	迥慙佛祖尙優容
인연 따라 처신하고 사람 가리지 않나니[109]	出處隨緣無適莫
범 타고 용 수염 잡을 일[110] 무어 있으리	何論騎虎與攀龍
능허대, 초은대서 청락을 흠뻑 즐기나니	凌虛招隱酣淸樂
진환[111]이 나를 용납하지 않음 외려 다행	却幸塵寰不我容

또 나는 평생 살면서 한 곳에서 3년 넘게 머문 적이 없었는데, 이 암자에 산 지 지금 13년으로 이곳과의 인연이 깊은 듯하다. 그러나 영원히 머무르고 떠나지 않는 자는 없으므로 이제 보월산寶月山 백운암白雲菴을 택하여 옮기노라.【보월산은 월출산의 다른 이름이 아닌가 한다.】 연월年月을 뒤에 기록하여 후세에 볼 수 있도록 남겨 둔다.

○자굉慈宏 안 : 박전지朴全之의 「용암기龍巖記」에 "원元 성종 대덕大德 6년(1302), 고려 충렬왕이 중사中使를 보내어 월출산 백운암에서 무외無畏를 맞이했다."라고 하였다.

○지금의 안 : 「일월기日月記」에 "무외가 백운암으로 옮겼다."고 했으니 이는 대덕大德 6년의 일이다. 곧 옮겨 산 지 오래지 않아 중사가 와서 맞이한 것이다.

○이청李晴 안 : 『동문선』에는 무외無畏의 잡문이 매우 많이 수록되어 있다. 이제 그 내용을 검토해서 관련 있는 것은 이곳에 수록하고, 그 나머지는 하편에 있는 별록에 수록한다.

無畏國師自撰, 菴居日月記曰, 越戊寅春【忠烈王四年, 宋帝昺祥興元年】予始寓鼇山

---

109 적막適莫 : 사람을 대함에 있어 친소를 구분하여 후하게 혹은 박하게 대하는 것.

110 반룡攀龍 : 반룡부봉攀龍附鳳의 준말로, 한漢나라 양웅揚雄이 지은 『법언法言』「연건淵騫」의 "용의 비늘을 부여잡고 봉의 날개에 붙는다.(攀龍鱗 附鳳翼)"라는 말에서 유래하였다.

111 진환塵寰 : 인간세상, 티끌세상.

縣【今康津】之龍穴菴焉. 至庚辰夏, 遷向尙州之界. 又於庚寅春, 復來掛塔菴【在龍穴之西】, 乃吾從祖所重創也. 西偏三間, 隳將墜地, 於甲午秋改構之. 乙未四月【元成宗元貞元年】, 於南峰誅榛莽而築崇臺, 名之曰凌虛, 題詩二絶云. 新築高臺得勝觀, 蓬山華岳陟何難, 前呑巨浸雲煙淘, 後揖巉巖玉雪寒. 又. 凌虛臺上獨游觀, 詩不能形畫亦難, 天見道人貧到骨, 命專山水慰飢寒. 又丁酉春【元成宗大德元年】, 剪叢篠, 累石爲基, 立小亭於東厓溪側, 名以招隱, 有詩二首云. 槐栗松篁圍石座, 田原海岳入茅簷, 悠然偃息忘身世, 此味何人共我甜. 又移得花叢糊後砌, 折來松杪補西簷, 手中只慣山居事, 舌下那知世味甜. 修築旣畢, 卽欲他適, 乃緣善事, 因循未去. 時又於凌虛招隱, 逢詞人禪客, 則聯文話道, 以樂性情. 或寫沈鬱, 則上凌虛而縱目瞻眺. 或治浮蕩, 則下招隱而冥心寂默. 自適其適, 而都忘去留矣. 一日有一生, 來問魯論中山梁之意, 解說之, 因成二篇云. 時哉肯羨山梁雉, 老矣還依石穴龍, 渴飮玉泉飢白粲, 迴慙佛祖尙優容. 又出處隨緣無適莫, 何論騎虎與攀龍, 凌虛招隱酣淸樂, 却幸塵寰不我容. 且予平生居止, 未嘗終三年留也. 而棲[1]此菴, 今十三年矣, 殆水土之緣深乎. 然未有長往而不行者, 故今卜得寶月山白雲菴【寶月疑月出之別名】而移焉. 追記年月, 因由留爲後觀.

○慈宏案 : 朴全之龍巖記, 元成宗大德六年, 高麗忠烈王遣中使, 迎無畏于月出山白雲菴.

○今案 : 日月記, 無畏之移白雲菴, 寔在大德六年. 則移居未久, 而中使來迎也.

○晴案 : 東文選載無畏雜文甚多. 今其考驗, 有關者錄于此篇, 其餘別錄于下篇.

1) 역 棲는 栖(동문선)

제8 목암 무외 국사牧菴無畏國師는 갑족甲族으로 명성을 날렸고 법호는 정오丁午 대사에게 받았다.

『불조원류佛祖源流』[112] : 무외 국사無畏國師의 휘는 혼기混其, 자는 진구珍丘, 호는 목암牧菴이다. 성은 조씨趙氏로 숙공肅公 덕유德裕가 백부伯父이며, 원묘圓妙의 11세손이다.

---

112 『불조원류佛祖源流』: 『한불전』 10책, p.130b에 보인다.

第八牧菴無畏國師, 馳華聞於甲族, 承法號於丁師.

佛祖源流云, 無畏國師, 諱混其, 字珍丘, 號牧菴. 姓趙氏, 肅公德裕伯父, 圓妙十一世孫也.

본조本朝(조선) 대제학 윤회尹淮의 「백련사기白蓮寺記」[113]:
전라도 강진현 남쪽에 우뚝 솟아난 산이 있는데 맑고 수려하게 돌출하여 해안에 다다라 멈추니 이름은 만덕산이다. 그 산 남쪽에 불씨佛氏의 궁宮(사찰)이 있는데 시원하게 툭 트여 바다를 내려보고 있으니 이름은 백련사이다. 세상에 전하는 말에 신라 때 창건되고 고려 원묘 국사 때 중수하였으며, 11대를 전하여 무외 국사에 이르도록 항상 법화도량이 되어 동방의 명찰名刹이라 불렸다. 섬 오랑캐가 창궐하여 바닷가 깊은 지역까지 다 폐허가 되니, 사찰 역시 그 흥성과 쇠망을 따를 수밖에 없었다.【이하는 행호 대사行乎大師 조[114]에서 보라.】
○자굉慈宏 안 : 이 기록은 『여지승람輿地勝覽』에 보인다.[115] 윤회尹淮[116]는 곧 조선 초의 문형文衡(대제학)이다.

本朝大提學尹淮, 白蓮寺記曰, 全羅道康津縣南, 有山崛起, 清秀嶻屼, 際海岸而止, 曰萬德 山之陽, 有佛氏之宮, 顯敞宏豁, 俯瞰滄溟, 曰白蓮. 世傳創始於新羅氏,[1)]重修於高麗圓妙師,[2)] 傳至十一代無畏師, 恒爲法華道場, 號東方名刹. 曁島夷陸梁, 負海奧區, 鞠爲丘墟, 寺亦隨其盛衰【此下見行乎大師條】
○慈宏案 : 此記見輿地勝覽, 尹淮即國初文衡也.

---

113 윤회尹淮의 「백련사기白蓮寺記」: 『동문선』 권81, 「기記」편에 「만덕산백련사중창기萬德山白蓮社重創記」(尹淮)로 수록되었다. 그중 앞부분 일부에 해당한다.

114 행호 대사行乎大師 조 : 『만덕사지』 권4에 수록되어 있다.

115 『여지승람輿地勝覽』에 보인다 : 『신증동국여지승람』 제37권, 전라도 강진현의 '불우佛宇' 조에 있다.

116 윤회尹淮 : 1380~1436년. 조선 전기의 문인. 자는 청경淸卿, 호는 청향당淸香堂. 1420년(세종 2)에 집현전이 설치되자 1422년에 부제학으로 발탁되어 그곳의 학사들을 총괄하였다. 주로 예문관제학·대제학과 같은 문한직文翰職을 역임하였다. 벼슬은 병조판서에 올랐다. 정도전鄭道傳이 편찬한 『고려사』를 다시 개정하는 일에도 깊이 관여하였고, 1432년에는 『세종실록』 지리지의 편찬에 참여하였다. 이어 1434년에는 『자치통감훈의資治通鑑訓義』를 찬집하기도 하였다. 저서로는 『청경집淸卿集』이 있다. 시호는 문도文度이다.(한국민족문화대백과사전)

1) ㉮ 氏는 代인 듯하다. 2) ㉯ '重修於高麗圓妙師'는 '重新於高麗圓妙國師'(동문선)

○또 조종저趙宗著의 비문을 살피니 또한 다음과 같다. "원묘圓妙가 결사結社하여 본사가 동방의 제일도량이 되었다 이후 열한 분의 대사를 전하여 무외無畏 대사까지 이 절에 계속 머무르며 의발을 전하고 도법을 천양闡揚하였다. 그러므로 땅과 사람이 세상에 함께 드러났다."【자세한 것은 다음을 보라.】

○다산이 말하였다 : 만덕사에 두 분의 무외無畏가 있는데, 한 분은 법명이 정오丁午, 다른 한 분은 법명이 혼기混其이다. 정오는 원묘圓妙의 3, 4대 후손이고, 혼기는 원묘의 11세손이다. 대개 당시의 법호는 혹은 보조普照, 혹은 정혜靜慧, 혹은 진감眞鑑, 혹은 무외無畏 등으로 불렸는데 당시 승보僧譜를 보면 이러한 유가 매우 많다. 무외가 두 분인 것은 의심할 여지가 없다.【목우牧牛와 정오丁午는 모두 보조普照를 지칭하고, 요세了世와 정오丁午는 모두 원묘圓妙를 지칭한다.】이제 시험 삼아 논해 보자. 원묘 국사는 송宋 이종理宗 순우淳祐 5년 을사년(1245)에 시적示寂했고, 정오丁午는 송宋 제병帝昺 상흥祥興 원년 무인년(1278)에 처음 용혈龍穴에 거주했다.【글은 위에 보임】그 사이가 34년인데 34년간 전등傳燈한 것이 열한 번이나 되었다면 사리에 맞겠는가? 정오가 원묘의 11세손이 아닌 것은 너무 분명하다. 그런즉 이름은 혼기, 자는 진구, 호는 목암으로서 무외라 불린 이가 별도로 있다. 이 사람은 진정 원묘圓妙의 11세손이며 또한 백련사의 명덕名德이었음을 의심할 여지가 없다. 하물며 『불조원류佛祖源流』와 윤회尹淮의 기문, 조종저趙宗著의 비문이 모두 우초虞初[117]나 낙고諾皐[118]의 황당한 글이 아니라면, 어찌 한 사람의 정오가 두 사람의 무외를 당해 내겠는가?

○이청李晴 안 : 정오丁午 입적 후 70여 년에 고려가 망하니, 곧 목암 국사牧菴國師는 고려 말 승려이다.【앞의 연표를 자세히 보라.】

○又按趙宗著碑, 亦曰, 圓妙結社, 本寺爲東方第一道場. 傳十一師, 至無畏大師,

---

[117] 우초虞初 : 한 무제漢武帝 때 방사方士로서 소설을 처음 지은 것으로 알려져 있다. 따라서 우초는 소설을 가리킨다.

[118] 낙고諾皐 : 당나라 단성식段成式이 지은 필기筆記인 『유양잡저酉陽雜著』의 편명 중 하나인 낙고기諾皐記를 줄여 부른 것으로, 태음신太陰神의 이름이라 한다. 이 책은 괴력괴력과 난신亂神에 관한 내용이 많이 수록되어 있다.

繼居是寺, 而傳其衣鉢, 闡揚道法. 故地與人俱顯于世【詳見下】
○茶山云, 萬德有兩無畏, 其一法名曰丁午, 其一法名曰混其. 丁午者, 圓妙之三四傳也. 混其者, 圓妙之十一世也. 蓋當時法號, 或稱普照, 或稱靜慧, 或稱眞鑒, 或稱無畏. 試觀僧譜, 此類甚多. 無畏有二, 不足疑也【牧牛丁午, 皆稱普照. 又了世丁午, 皆稱圓妙】. 今試論之. 圓妙國師, 以宋理宗淳祐五年乙巳示寂, 而丁午以宋帝昺祥興元年戊寅始居龍穴【文見上】. 其間三十四年, 三十四年之間, 傳燈至於十一, 有是理乎. 丁午之非圓妙十一世孫, 章章明矣. 然則名混其, 字珍丘, 號牧菴, 而稱無畏者別有. 其人眞是圓妙十一世之孫, 亦爲白蓮名德, 無可疑也. 況佛祖源流及尹淮之記, 趙宗著之碑, 皆非虞初諾皐荒唐之筆, 豈可以一丁午, 當二無畏哉.
○晴案：丁午之後七十餘年, 高麗亡. 則牧菴國師, 蓋麗末之僧也【詳見上年表】.

형편없는 말류末流들이 무염 국사無染國師를 종조로 추대하니 그 오류는 쉽게 판별된다.

신라 최치원崔致遠이 지은 「무염국사백월탑명無染國師白月塔銘」[119] :
대사의 법휘는 무염無染, 속성은 김씨金氏로 무열왕 8대 손이다.【줄임】당唐 덕종 정원貞元 16년(800)에 출생하였고, 목종 장경長慶 4년(824)에 낙발하고,【당시 25세】 바다를 건너 당나라에 들어가 여만如滿에게 도를 물었다.【여만은 곧 백낙천白樂天의 불가(空門)의 벗】 무종 회창會昌 5년(845)에 돌아왔다.【줄임】 선종 대중大中 초에 웅천熊川 성주사聖住寺【지금의 공주公州】에 취임하였고, 의종 함통咸通 12년(871)에 비로소 서울(轂下)에 갔다가【경주】, 오래지 않아 상주 심묘사深妙寺로 옮겼다. 희종 건부乾符 3년(876)에 다시 왕도(王居)로 돌아왔다. 헌강왕이 명하기를 "내일 다시 성주사로 가라." 하였다. 중화中和 말년에 다시 서울에 왔다가 성주사로 돌아갔다. 희종 문덕文德 원년【정강왕 3년(888)】[120] 11월(暢月) 시적示寂하였다. 세수는 89세이다.

---

119 「무염국사백월탑명無染國師白月塔銘」: 원제는 '聖住寺朗慧和尙白月葆光塔碑銘'이며 여기서는 그 일부를 발췌하였다. 『고운집』 제2권 「비碑」 편, 「무염화상비명」.

120 문덕文德 원년【정강왕 3년(888)】: 정강왕의 재위 기간은 1년이고 888년은 진성왕 2년에 해당한다.

○다산이 말하였다 : 무염 국사의 한평생의 활동, 일동일정一動一靜이 백월탑白月塔에 상세히 기재되어 있다. 강진 만덕사에 영향이 있는가? 하물며 최자崔滋의 비에서 대개 만덕사의 흥폐興廢를 기록하였는바, 만약 무염無染의 행적 가운데 혹시라도 비슷한 것이 있는데 생략하고 말하지 않는다면 이치에 맞겠는가? 만덕사가 당나라 때 창건되었다는 것은 본래 명확한 글이 없다. 하물며 무염이 여기에 머물렀다고 말할 수 있겠는가? 무염은 성주사와 심묘사의 선덕先德(선사)이지 만덕사에서 조상으로 모실 분은 아니다.

末流鹵莽, 乃以無染國師戴之爲祖, 其謬易辨.

新羅崔致遠撰, 無染國師白月塔銘曰, 師法諱無染, 俗姓金氏, 武烈大王八代孫【節】, 唐德宗貞元十六年, 大師生. 穆宗長慶四年落髮【時年二十五】, 航海入唐, 問道如滿【即白樂天空門友】. 武宗會昌五年來歸【節】, 宣宗大中初, 就熊川聖住寺【今公州】, 懿宗咸通十二年, 始至轂下【即慶州】, 尋移尙州深妙寺. 僖宗乾符三年, 復至王居. 憲康王諭旨, '翌日復還聖住'. 中和末年, 又至京, 旋歸聖住寺. 僖宗文德元年【定康王三年】暢月示寂, 壽八十九.
○茶山云 : 無染國師平生行止, 一動一靜, 詳載於白月塔. 康津萬德其有影響乎. 況崔滋之碑, 凡萬德興廢記之. 唯謹若使無染之跡, 或有髣髴, 則略而不言, 有是理乎. 萬德之爲唐代所建, 本無明文. 況可曰無染居是乎. 無染者, 聖住深妙之先德, 非萬德之攸祖也.

또 혹자는 보조 국사普照國師를 선덕先德이라 지칭하니 이 또한 잘못된 견해이다.

○다산이 말하였다 : 본사의 동쪽 언덕에 보조탑普照塔이 있다. 예부터 전해지기를 이는 목우자牧牛子의 사리를 담은 것이라 하여, 마침내 목우자를 만덕사의 선조로 삼았다. 또 최자崔滋의 비[121]를 살펴보면 "금金 장종章宗 승안承安 3년【고

---

121 최자崔滋의 비 : 『만덕사지』 권1 참조.

려 신종 원년(1198)】 원묘는 고봉사高峰寺에서 법회를 열었고, 목우자는 팔공산 불갑사佛岬寺에서 법회를 열어 '달 드러나고 등불 밝다(月顯燈光)'[122]는 시를 보냈다. 원묘가 그를 따라 몇 년 지낸 후 두 사람은 함께 남방으로 자리를 옮겼다." 라고 했다.【글은 앞에 보임】 그러한즉 원묘와 보조는 분명 법우法友로서 증명법회에 왕래했으니, 조금도 이상할 것이 없다. 다만 이규보가 지은 「월남사진각비月南寺眞覺碑」에 말하기를 "보조 국사는 금金 폐주廢主 대안大安 2년(1210)에 규봉圭峰【무등산】에서 시적示寂하였다." 했으니 이는 믿을 만한 글이다. 원묘가 만덕사를 경영한 것은 대안大安 3년(1211)이다. 곧 만덕산에서 개산開山하기 전에 보조普照가 다비茶毗한 것이 오래되었으니, 보조가 어찌 만덕사의 선조가 될 수 있겠는가? 동쪽 언덕에 있는 보조탑은 본사의 정오 국사丁午國師인데, 그 호 역시 불일보조佛日普照라 하였다.【글은 다음에 보임】 이것은 곧 정오丁午의 사리를 간직한 것이다.

○자굉慈宏 안 : 보조 국사의 이름은 지눌知訥, 호는 목우자牧牛子이다.【『불조원류佛祖源流』에 보임[123]】 이름과 자취가 조계曹溪【지금 순천 송광사】에 보이니 만덕사의 선조는 아니다.

○근학謹學 안 : 『불조원류佛祖源流』에는 목우자가 원元 순제 때 사람이라 했으나 이 또한 오류이다.

又或以普照國師, 指之爲先德, 亦是錯認.

○茶山云 : 本寺東岡, 有普照塔, 故古來相傳, 此是牧牛子舍利之藏. 遂以牧牛子爲萬德之先祖.
○又按崔滋碑, 稱 : 金章宗承安三年【高麗神宗元年】, 圓妙在高峰寺設會, 牧牛子在公山佛岬寺設會, 寄月顯燈光之詩. 圓妙往從之後數年, 兩人皆移社南方【文見上】. 則圓妙普照, 寔爲法友, 往來證會, 容或無怪. 但李奎報撰月南寺眞覺碑云, 普照國師, 以金廢主大安二年, 示寂于圭峰【無等山】此信文也. 圓妙之營萬德寺, 在大

---

122 달 드러나고 등불 밝다(月顯燈光) : 보조 국사 열반송 가운데 "물결 어지러우면 달이 드러나기 어렵고/ 방이 깊으면 등불 더욱 밝아라(波亂月難顯, 室深燈更光)"를 압축한 표현이다.

123 『불조원류佛祖源流』에 보임 : 『불조원류』「佛日普照」에 "名知訥 號牧牛子 應化大聖 元順帝國師"라 하였다. (『한불전』 10책, p.131a)

安三年. 則萬德開山之前, 普照之茶毗已久, 普照安得爲萬德之先祖乎. 東岡有普照塔者, 本寺之丁午國師, 亦號曰佛日普照.【文見下】是乃丁午之藏珠也.
○慈宏案：普照國師, 名知訥, 號牧牛子【見佛祖源流】名跡現於曹溪【今順天之松廣寺】, 非萬德之攸祖也.
○謹學案：佛祖源流, 以牧牛子爲元順帝時人, 亦謬矣.

오직 이 혜일慧日 선사는 문사文詞가 여러 번 삼매에 들어 명성이 8국사와 나란히 할 만하다.

○『동국여지승람』의 내용[124] : 법화암法華菴은 완도에 있다. 고려 정언正言 이영李穎이 완도에 귀양 갔을 때 그 숙부 혜일慧日 스님이 따라 방문했다가 이로 인해 섬에 들어가 절을 짓고 거주하였다.
○자굉慈宏 안 : 혜일이 비록 완도에 절을 지었다 하더라도 또한 일찍이 만덕사에 거주하였다. 그러므로 『강진현지康津縣志』에 실린 〈혜일선사 만덕사 시慧日禪師萬德寺詩〉에

| 앞산은 석름과 같고 | 前峰如石廩 |
| 뒷산은 부용과 같네 | 後峰如芙蓉 |

라 하였다. 또 백련사 시 두 수가 있는데 『강진현지』에 실려 있다.【하편에 보인다.】혜일이 만덕사의 선사先師인 것은 의심할 여지가 없다.

唯是慧日禪師, 文詞幾入三昧, 名聞可齊八師.

○輿地勝覽云：法華菴在莞島中. 高麗正言李穎謫莞島, 其叔父僧慧日隨而訪之, 仍入島創寺以居.

---

124 『동국여지승람』의 내용 : 『신증동국여지승람』 제37권 전라도 강진현 「고적」 조의 법화암法華庵, 선산도仙山島 항목에 같은 내용이 보인다.

○慈宏案：慧日雖建寺莞島, 亦嘗居萬德寺. 故康津縣志載慧日禪師萬德寺詩曰, 前峰如石廩, 後峰如芙蓉. 又有白蓮社詩二首, 載於縣志【見下篇】慧日之爲萬德先師, 無疑也.

진정 국사眞靜國師가 차운하여 거사居士 이영李穎에게 보낸 시 24수의 첫 수[125]

거사께서 근자에 탈속한 흥취 넘쳐나서	居士年來逸興多
갈매기 노는 파도에서 무하유를 익히나니	狎鷗波上學無何
연화(법화경)의 결사 들어 삼매 이루옵고	蓮花入社成三昧
스님 따라 패엽경 다섯 바리 읽는구나	梖葉隨僧讀五馱
명월 뜨면 능히 마음의 달 드러내고	皎皎能令心月現
어둠 속도 객진번뇌 나무람 받지 않네	昏昏不受客塵呵
그대 향산노인(백거이)과 잘 어울림 알겠나니	知君雅合香山叟
몸은 출가 못 했어도 마음 출가했다는 걸	身未出家心出家

【스님이 쓴 주註에 "이공은 정언으로 남쪽 섬에 귀양 왔다."고 하였다.】

○자굉慈宏 안 : 이 시는 혜일이 완도에 있을 때 보낸 시다.

眞靜國師次韻寄李居士穎詩二十四首, 其首篇曰, 居士年來逸興多, 狎鷗波上學無何, 蓮花入社成三昧, 梖葉隨僧讀五馱, 皎皎能令心月現, 昏昏不受客塵呵, 知君雅合香山叟, 身未出家心出家【自注云. 李公以正言竄流南島[1)]】
○慈宏案：此慧日在莞島時所寄詩也.

1) ㉮『호산록』에는 "時李公以正言竄流南島莞島"라는 협주가 있다.

상서尙書 이영李穎이 진정 국사에게 보낸 시[126] :

---

125 진정 국사眞靜國師가 차운하여 …… 24수의 첫 수 :『호산록』에 〈次韻李居士穎幷序〉라는 제목으로 서문과 함께 24수가 수록되어 있다.(『한불전』12책, p.34b)
126 상서尙書 이영李穎이 진정 국사에게 보낸 시 :『동문선』제14권, 「칠언율시」편에 〈同前〉(앞과 같음)이라는

완도에서 함께한 것 아직 눈에 선한데	莞島攀援尚宛然
돌아보니 벌써 스물두 해 되었구려	回頭二十二當年
눈에 금가루127 피함을 안 지 오래나	久知眼境䒵金屑
심전心田에 석련(연실) 심을 겨를 없었네	未暇心田種石蓮
만 리에 흰 구름은 한 점 자취 없나니	萬里白雲無點跡
일가의 밝은 달은 절로 원만해지리	一家明月自長圓
시를 지어 함께 읊으려 함 아니라	作詩非爲供吟嘯
양쪽의 흉금을 서신으로 보내려 하오.128	兩地胷襟要鴈1)篇

【속제자俗弟子 조청대부朝請大夫 시사재경試司宰卿 지제고知制誥 태자사의랑太子司議郎 이영李穎 올림】

1) 옝 鴈은 寫(동문선)

○자굉慈宏 안 : 이영은 진정 국사에게 제자로 자칭하니 곧 그 숙부 혜일은 마땅히 진정眞靜과 동배同輩인데 사람들이 다만 국사로 책봉하지 않았을 뿐이다. 이제 추측컨대 혜일의 차례는 진정의 다음에 있을 것이다.

李尚書穎獻眞靜國師詩曰, 莞島攀援尚宛然, 回頭二十二當年, 久知眼境䒵金屑, 未暇心田種石蓮, 萬里白雲無點跡, 一家明月自長圓, 作詩非爲供吟嘯, 兩地胷襟要鴈篇【俗弟子朝請大夫試司宰卿知制誥太子司議郎李穎上】
○慈宏案 : 李穎稱弟子於眞靜, 則其叔父慧日當与眞靜爲同輩, 人特不封國師耳. 今擬慧日序次, 在眞靜之下.

제목으로 수록되어 있다. 그런데 앞의 시 제목은 〈앞서 왕문공王文公 시 첫째 연 중의 생生 자로 시운을 삼았더니, 야성藥省(중서성)의 제랑諸郎들이 모두 임 습유林拾遺의 운을 썼기에 다시 그 운에 좇아서(前用王文公起聯中生字爲韻似聞藥省諸郎皆次林拾遺詩韻依樣更呈)〉이며 작자는 석시령釋始寧이다. 이 작품 다음에는 〈중서사인中書舍人 김녹연金祿延에게 차운하여 답하며(次韻答中書舍人金祿延)〉라는 제목으로 석진정釋眞靜의 시가 있다.(이를 보면 작품 자체에 진정 국사에게 준다는 내용은 없는 듯하다.)

127 눈에 금가루 : "금가루가 비록 귀중하나 눈에 들어가면 눈이 흐리다(金屑雖貴 着眼則眛)."라는 말이 있다. 그것은 좋은 말과 지식도 거기에 집착하면 마음 닦는 데 방해가 된다는 뜻이다.

128 서신으로 보내려 하오 : 강진군에서 간행한『만덕사지』의 번역문에는 이 작품 뒤에 "俗弟子 朝請大夫 詩 司宰鄕 知制誥 太子司議郎 李穎上"이라 한 부분이 있다. 현재의『동문선』원문에는 없는 구절로 다른 전적에서 확인한 듯하다.

만덕사지 제3권
萬德寺志 卷之三

다산茶山 감정
학림 이청鶴林李晴 모음
기어 자굉騎魚慈宏 엮음

茶山 鑑定
鶴林李晴 輯
騎魚慈宏 編

정명靜明의 문사文詞가 동년배보다 뛰어나니 향기로운 자취가 항상 많아 명성이 예원藝苑에 전하였다.

천인天因이 돌아가신 스승 원묘 국사圓妙國師에게 제사 드리는 글[129] :
가만히 생각하건대 과거 부처님께서 장구한 사바세계(忍土)와 오묘하게 계합한 환중環中을 한 번 보심에 포용하지 않음이 없었다. 몸을 구부려 중생(弱喪)[130]을 손잡아 주어 삼계를 초탈하도록 하였으며, 본래의 오묘한 자성(妙性)을 저울질하여 진여의 실제에 들어가게 하였고, 근기의 날카롭고 둔함에 따라 가르침을 반구半句와 만구滿句로 나누었다. 그러나 양 수레(羊車)·사슴 수레(鹿車)[131]의 각기 다른 바퀴로도 보소寶所[132]는 오히려 멀어, 각기 의지하는 권변權變(방편)이 일관됨이 없었다. 영산靈山에 이르러 비로소 본래의 서원(本願)을 가득 채워 연화의 묘한 뜻을 널리 개시하였으니, 구계九界와 삼승三乘이 오직 하나요 둘이 아니어서 일대사인연이 여기에서 오묘함이 극에 달하였으니, 우담화優曇花가 일시에 나타난 것과 같았다. 부처님 입멸 후 성인 용수龍樹가 관문觀門을 열어 먼저 인도에서 울렸다. 천태 지자天台智者에 이르면 상법像法시대 말기에 우뚝 태어나, 숙세에 품부 받은(宿植), 하늘이 내린 묘오妙悟로서 변재가 강물이 쏟아지는 듯하여 천고에 모범이 되었다. 이로부터 9대를 지나 정미한 언사를 듣기 어려워지자 후손들이 깊이 연구해도 나아가서 취할 문門이 없어졌다. 의천義天은 구름에 가리우고 법경法鏡은 티끌로 흐려져, 태형台衡[133]의 정파正派만 겨우 하나의 실낱처럼 남았으니 법도가 훼방 받고 상처 입음이 어떠하리오. 슬프고 슬프도다.

---

129 천인天因이 돌아가신 …… 드리는 글 : 『동문선』 권109, 「제문祭文」 편, 석천인釋天因의 「제선사원묘국사문祭先師圓妙國師文」

130 중생(弱喪) : 약상은 원래 고향을 잃은 사람이란 의미를 가지고 있다. 『장자』 「제물론齊物論」에 "내 어찌 삶을 좋아하는 것이 미혹된 것이 아님을 알 수 있으며, 내 어찌 죽음을 싫어하는 것이 마치 어려서 고향을 잃은 사람이 고향으로 돌아갈 줄 모르는 것이 아님을 알겠는가.(予惡乎知說生之非惑邪, 予惡乎知惡死之非弱喪而不知歸者邪)"라고 한 데서 온 말이다.

131 양 수레·사슴 수레 : 『법화경』에 나오는 세 가지 수레 가운데 양 수레와 사슴 수레는 소승을 의미하고, 소 수레는 대승을 의미한다.

132 보소寶所 : '화성化城'의 대립어. 진귀한 보배가 있는 곳. 구경의 열반, 대승의 열반을 비유한다. 이에 비해 소승의 열반은 그럴듯하나 진실하지 않다고 하여 화성에 비유한다. 『법화경』 「화성비유품化城喩品」.

133 태형台衡 : 태는 천태산天台山의 지자智者 대사. 형은 형악衡岳의 혜사慧思. 혜사가 스승이고 지자 대사는 제자이다. 이 둘을 묶어 태형이라 하는데 이는 조동曹洞이라는 표현과 같다.

(그러나) 도는 끝내 막히지 않아 하늘이 작가作家를 내셨으니 당당하신 우리 스님 크고 넓도다. 어릴 때 머리를 깎고 과거에 우수한 성적으로 급제하였으나 자라서는 도를 흠모하여 연하煙霞에 높이 날고 명산을 구름처럼 떠돌다가 단나(陀那)[134]의 도움으로 머물 곳을 정하니 학자들이 염원(蘄嚮)하여 사방에서 멀리 물결처럼 몰려왔다. 산속의 절이 협소하였으나 벼와 삼대처럼 많이 몰려오니 이에 절터(金園)를 바닷가에 정하고 현려玄侶를 거느려 차근차근 잘 가르쳤다. 거닐기도 하고 앉기도 하며(半行半坐) 옛 제도를 준수하며, 십승十乘(十乘觀)을 행동의 규범으로 하고, 삼관三觀(三種觀)으로 정신을 도야하여, 삼매에 깊이 들어 날마다 정밀하게 닦았다. 일납一衲으로 청산에 산 지 50년이 흘렀으니, 우뚝 수립한 도는 전에 짝할 자 없도다. 아 슬프다. '때가 나와 맞지 않다'라 했던 공자의 무리(孔群)들이여. 비록 검은 물을 들여도 물들지 않고 (돌을 갈아도) 얇아지지 않았으니, 굳세고 결백함이여, 정밀한 금과 참된 옥 같도다. 경박한 풍속이 그 풍모를 흠모하여 묽은 술이 진한 술 되듯, 한결 같은 제호醍醐의 맛을 베풂이 무한하였다.

돌아보건대 소자小子는 고상한 덕행을 오래도록 흠모하여 어버이를 사직하고 남방으로 도인을 참방하여 바늘과 겨자처럼 서로 의탁하니 경사가 끝이 없습니다. 저의 무지함(牆面)을 염려하여 귀를 당겨 말해 주고 법유法乳로 자라나게 하니 실로 부모님보다 나아 만 분의 일이라도 보답하고자 하나 아무 계책이 나오지 않습니다. 다만 바라기는 백 년을 공양하되 때 맞춰 음식(甘旨)을 드리고 약을 빠뜨리지 않고 마음대로 소요하며 한 방에서 좌망坐忘한 채 영원히 즐겁게 늙도록 해 드리면 제 소원이 이에 다하리라 하였는데, 어찌 하루아침에 갑자기 병을 얻으셨는지요? 때가 이름을 미리 알고 가을을 기한으로 삼아 특별히 돌아가는 행장을 차려입고 몸을 정돈하여 절명시에 임하여 조용히 남은 의심을 풀어 주셨습니다.

'어느 곳에서 노니시렵니까?'

'금천金天(서방정토) 서쪽 모퉁이의 아름다운 연못과 보배 나무로 가서 즐겁게 노닐리라.'

대사의 입장에서 보면 적멸무위하여 가고 머묾에 마음대로라 무엇을 의심하고 무엇을 걱정하리오마는 저의 입장에서 보면 생멸生滅이 서로 달라 비통함이 매

---

[134] 단나(陀那) : dāna. 檀 혹은 檀那로 표기하고 육바라밀의 하나인 보시布施로 해석한다. 시주施主.

우 깊어 뜻을 다잡지 못하고 나날이 슬프게 장탄식하옵니다. 오호 슬프도다. (가지 많은) 나무에 바람이 그치지 않고(樹風不止),[135] 부추의 이슬(薤露)은 쉽게 마르도다. 하늘이 대사를 남겨 주지 않으니 저는 장차 누구를 의지하겠습니까? 풍연風烟은 참담하고 물색物色은 옅어지도다. 용과 봉황이 떠나가고 못과 나무가 말라 갑니다. 살았는지 죽었는지 온동 알 수 없고, 꿈인지 생시인지 또한 알 수 없습니다. 마음에 품은 정성을 펼 곳이 없어서 나물을 깨끗이 씻어 조촐한 제물을 차립니다. 경모하는 마음 진실로 돈독하면 혼령의 감응 반드시 이를 것이니 부디 상가象駕를 돌려 이 제사를 흠향하소서.

靜明文詞, 超出等夷, 尙多遺芳, 傳于藝苑.

天因祭先師圓妙國師文曰, 竊以古先覺皇, 奄荒忍土, 妙契環中, 一視無外. 俯提弱喪, 超度三界. 稱本妙性, 入如實際. 由機利鈍, 敎分半滿【句】羊鹿殊軌, 實所猶遠, 各權所據, 莫能一貫. 比及靈山, 始滿本願, 蓮花[1]妙旨, 廣爲開示. 九界三乘, 唯一無二, 大事因緣, 妙極於此. 如優曇花, 時一現爾. 自佛滅後, 有聖龍樹, 肇闢觀門, 先鳴印度. 洎乎智者, 挺生像季, 宿植所資, 天縱妙悟, 縱辯懸河, 垂範千古. 九世以還, 微言罕聞, 後昆鑽仰, 進取無門. 義天雲瞳, 法鏡塵昏, 台衡正派, 幾一線存, 法度警訛, 傷如之何. 嗚呼哀哉, 道不終否, 天生作家. 堂堂我師, 碩大且薦. 韶年落髮, 優中選科, 壯而慕道, 高擧烟霞, 雲遊名山, 卜居陁那, 學者蘄嚮, 四遠奔波. 山棲湫隘, 萃如稻麻. 乃卜金園于海之濱, 率籲玄侶, 善誘循循. 半行半坐, 舊制是遵, 十乘軌行, 三觀陶神, 深入三昧, 精修日親. 一衲青山, 垂五十春, 卓爾所立, 前無與倫. 嗚呼哀哉, 時不我合, 云云孔罩, 雖涅不緇, 不緇不磷, 堅乎白乎, 金精玉眞. 澆俗欽風, 醨而復醇, 醍醐一味, 施及無垠. 顧予小子, 夙嚮高誼, 辭親北堂, 訪道南紀, 針芥相投, 慶幸無已. 念我牆面, 言提其耳, 法乳生成, 實踰怙恃, 欲酬萬一, 計無所出. 但冀百年爲供養日, 甘旨適時, 刀圭不失, 縱性逍遙, 坐忘一室, 永以娛老, 志願斯畢, 豈慮一朝, 居然示疾. 預知時至, 秋以爲期, 特辦歸裝, 整頓身儀, 臨絶從容, 決釋餘疑. 何方之遊, 金天西陲, 華池寶樹, 以娛以嬉. 自師

---

[135] 나무에 바람이 그치지 않고(樹風不止) : 주周나라 때의 효자 고어皐魚가 어머니의 상을 당하여 "나무는 조용히 있고자 하나 바람이 멈추지 않고, 자식은 효도하고자 하나 어버이가 기다려 주지 않는다.(樹欲靜而風不止 子欲養而親不待)"라고 하며 탄식했던 고사를 인용한 말이다. 『한시외전韓詩外傳』 권9.

觀之, 寂滅無爲, 去住自爾, 何慮何思. 以予觀之, 生滅相違, 悲慟采極, 意不自持, 日復一日, 慨然長歎. 嗚呼哀哉. 樹風不止, 薤露易晞. 天不憖遺, 予將疇依. 風烟慘澹, 物色佁離. 龍移鳳擧, 澤涸林衰. 生耶死耶, 漫不可知. 夢耶覺耶, 亦不可追. 所抱精誠, 無處可伸, 潔爾蘋藻, 菲薄斯陳. 明信苟篤, 靈感必臻, 庶迴象駕, 享此克禋

1) 영 花는 華(동문선)

천인天因이 원묘 국사를 위해 부도를 세우고 유골을 안치하며 올린 제문 :
오호라. 앎이 있는 자가 반드시 행이 있는 것은 아니요, 자기를 위하는 자가 반드시 남을 위하는 것도 아니요, 시작을 잘한 자가 반드시 마무리를 잘하는 것도 아니다. 오직 종사宗師만이 이 세 가지를 갖추신 연후에 세상에 이름을 날리고 가업을 일으켰다. 대사께서 스스로 행하실 때는 앎이 눈이 되고 행이 발이 되며, 덕이 얼굴에 함께하고 도로써 몸을 치장하셨다. 헐뜯어도 덜 것이 없고 칭찬해도 더할 것이 없으니 스스로 아는 것이 밝고 도를 믿음이 돈독하다 하리로다. 대사께서 중생을 교화(化物)할 때는 청풍이 떨치고 감로가 촉촉하여, 삿된 이가 바른 길로 돌아오고 거스른 이가 또한 순응하니, 온 나라가 높여 국사로 삼고 사부대중이 함께 믿음으로 귀의하였다. 오심에는 근기를 알아 교화 제도를 크게 행하고, 떠남에는 때를 알아 조용히 해탈하시었다. 밝고 밝은 해와 달도 대사의 밝음에 비유할 수 없고, 높고 높은 산악도 대사의 공과 같지 못하니, 앎과 행이 서로 돕고(解行相資) 나와 남을 다 같이 이롭게 하며(自他兼利) 처음도 좋고 끝도 좋은(善始令終)¹³⁶ 분이라 할 만하도다.
제자가 스스로 옛날을 생각하건대 무슨 인연으로 대송사大宗師를 만나 일대사一大事를 얻어 듣게 되었는지요? 법유法乳의 깊은 은혜를 받들고 법왕法王의 중대한 부촉(重寄)을 짊어지니 경사스럽고 행복한 마음 더할 바가 없습니다. 다만 저의 천성이 본래 소활하고 홀로 조용히 있는 것을 좋아하여 조석으로 모시고 흡족하게 일을 받들지는 못하였습니다. 중년에는 선근善根을 주간하여 자주 유람 길에 올랐기 때문에 겨울과 여름으로 강강할 때에 배움을 청해(請業) 가슴에 새길 겨를이 없었습니다. 저의 마음으로는 우리 스승께서 비록 연로하시나 아직

---

136 처음도 좋고 끝도 좋은(善始令終) : 원문의 성어는 '善始善終'으로도 쓴다. 위魏나라 혜강嵆康의「금부琴賦」에 "이미 풍성하고 재주 좋은데다 시작도 좋고 끝도 좋아라.(既豐贍以多姿, 又善始而令終)"라고 하였다.

건장하셔서 앞으로 4, 5년은 크게 걱정하지 않아도 되리라 생각했습니다만, 일찍이 이와 같이 일찍 가실 줄 알았다면 어찌 하루라도 여기 저기 돌아다닐 생각을 했겠습니까? 세간과 출세간, 법주法住[137]와 법위法位,[138] 한 번 가고 한 번 머묾, 이곳에서 죽고 저곳에 나는 것 등이 모두 천성을 보전하여 일어나되 본래 자연히 그러한 줄 모르는 것은 아닙니다만, 세가 시몽한 날이 얼마 안 되었는데 돌아가실 때(大期)가 이미 가까워 법은法恩을 저버리게 되었으니 후회한들 장차 무슨 소용이 있겠습니까?

이제 본원本院의 서쪽, 작은 봉우리 좌혈左穴에 한 이랑의 땅을 얻으니 영골靈骨을 안치할 만합니다. 이에 길일을 택하고 공역工役을 감독하여 연장을 다 갖추고 주변 다른 산의 돌을 다듬고 흙을 파서 무덤을 만들고 돌을 쌓아 탑을 만들었습니다. 주춧돌(塔礎)은 있어도 층급層級은 없고 안은 둥글고 밖은 모나게 하는 것은 천지의 형상을 취한 것이요, 위는 뾰족하고 기단을 넉넉하게 한 것은 인물의 형상을 닮게 한 것입니다. 면적을 가감하는 것은 옛 제도와 똑같게 하고 봉封하고 기록하며 공경히 제사 지내는 것은 예禮입니다. 한스럽게도 저의 힘이 너무 부족하고 외부의 인연도 없어서 임시로 옛 암자에 모셔둔(權厝) 지 1년이 되었습니다. 일에 임하여 창황한 가운데 조촐한 음식 올리오니 바라옵건대 자애롭고 긍휼한 마음 베푸셔서 이 정성을 흠향하소서.

天因爲圓妙國師, 立浮圖安骨祭文曰,[1)] 嗚呼. 有解者未必有行, 爲己者未必爲他, 善始者未必善終. 唯[2)] 宗師備三者然後, 足以命世而起家焉. 師之自行也, 解爲目行爲足, 德與之容, 道與之飾. 毁之而不加損, 譽之而不加益, 可謂自知明而信道篤也. 師之化物也, 淸風振而甘露潤, 邪者返正, 違者必順. 一國尊爲師, 四衆咸歸信. 其來也, 知機而化度大行, 其去也, 知時而解脫從容. 昭昭乎日月不足以喩其明, 巍巍乎山嶽不足以類其功. 可謂解行相資, 自他兼利, 而善始令終者也. 弟子自念囊昔, 何等因緣, 値我大宗師, 獲聞一大事. 承法乳之深恩, 荷法王之重寄, 慶幸之心, 有加無已. 但予天性本疎澗, 樂獨善寂, 未得晨夕侍巾錫, 奉事無斁. 中年幹善根, 數出遊獵, 於冬夏講次, 又未遑服膺請業. 意謂我師翁, 雖老矣猶健,

---

[137] 법주法住 : 법성法性 열두 가지 이름 중의 하나. 진여의 묘리는 반드시 일체 제법 안에 머무르므로 법주라 이름한다.

[138] 법위法位 : 진여眞如의 다른 이름. 진여는 제법이 편안히 머무는 위치에 있으므로 법위라 한다.

更四五年未足深憂. 曾知其如此, 豈肯一日去左右而浪游乎. 非不知世出世間, 法住法位, 一去一住, 死此生彼, 皆全性而起, 本來自爾, 以予奉侍日淺, 大期已逼, 辜負法恩, 悔將何及. 今於本院之西, 小峰左穴, 得一頃地, 可安靈骨. 是用擇吉日督工役, 具礪錯之器, 鍊他山之石, 窾土爲空, 累石爲塔. 有墢墄而無層級, 內圓外方, 取天地之象, 銳首豐足, 類人物之相. 增損延袤, 一依古制, 封而識之, 敬而祭之, 禮也. 所恨自力旣薄, 外緣又闕, 權厝舊菴, 以至碁月. 臨事蒼黃, 菲薄斯呈, 冀垂慈憫, 享于克誠【此浮圖卽中眞塔】.

1)『동문선』권109,「제문」편, 석천인釋天因의「立浮圖安骨祭文」 2) ㉑ 唯는 惟(동문선)

천인天因이 원묘 국사 비를 세운 후 기일 아침에 드리는 제문 :
아, 대교大敎의 홀로 묘함이여, 용수로부터 종맥이 이어 왔도다.
9세에 걸쳐 꽃다운 명성 흐름이여, 남은 물결이 해동에 미쳤도다.
오계五季[139]에 쇠해짐이여, 갑자기 중원은 흐리고 변방이 맑아졌네.
육산六山으로 분파되어 도도히 흐름이여, 겨우 우리 도가 크게 행해졌도다.
어찌 상승하는 기운이 갑자기 막혀 버렸는가? 명운이 가늘어져 실낱같았도다.
여러 조사들 이미 멀리 떠났음이여, 그 누가 힘을 써서 쇠미함을 떠받들리.
우리 대사의 진실한 아름다움이여, 천지의 간기間氣[140] 받아 우뚝 태어나셨네.
세상은 혼탁하여 나를 알아주지 않음이여, 슬프다, 나 홀로 서서 시름에 젖네.
도리어 스스로 지키며 독실하게 믿음이여, 일찍이 뭇 사람의 부추김에 흔들리지 않으리라.
인연이 쌓이고 교화를 시행함이여, 우루루 온 세상이 향하여 받들도다.
나는 어둔하고 명민하지 못하지만, 다행히 문하에서 수업을 받았었네.
진실로 책임은 무겁고 도는 멀리 있음이여, 중도에 헤매며 방황했었네.
비록 짐을 나누어 지고자 하나 힘이 미치지 못함이여, 물 긷고 땔나무 벰이 마땅하도다.

139 오계五季 : 후량後梁·후당後唐·후진後晉·후한後漢·후주後周의 오대五代.
140 간기間氣 : 세상에 드문 영걸이 태어남을 뜻한다. 맹자가 "오백 년 만에 반드시 왕자가 태어나는데 그 사이에 반드시 세상에 이름난 인물이 있다.(五百年必有王者興, 其間有名世者)"라고 하였다.『맹자』「공손추公孫丑 상」

뜻한 바 아직 이루지 못했는데 갑자기 입적(息化)하여 돌아가심(返眞) 어찌 생각했으리.

세월이 신속하여 머무르지 않음이여, 마침 4주기가 되었소 그려.

절집은 쓸쓸하고 가업이 날로 황량해져 비통하구나.

일전에 공역을 감독했나니, 장인이 일 마쳤다 알려주었네.

큰 비를 세워서 덕행 널리 알림이여, 햇볕을 무궁토록 드리우리라.

이즈음 난 병에 걸려 오래도록 낫지 않아, 제수를 베풀어서 밝게 고할 겨를 없었네.

진실로 액운이 모임이여, 비록 약으로도 효험이 없었네.

어찌 의원이나 무격에게 묻고 싶지 않았으랴. 비아냥 따르고 괴이한 일 많을까 두려웠네.

아, 눈서리 어지러이 날림이여, 향기로운 계수나무 먼저 마르도다.

애오라지 말없이 누워 생각하니, 진실로 저의 목숨 어찌하리오.

끝났도다. 진실로 우리 스승이 나를 가엽게 여기지 않음이여, 내 장차 어느 곳에서 명가冥加를 빌까?

어느덧 기일이 다가왔나니, 완연히 스승의 목소리와 모습이 여기 계신 듯.

난초 떨기로 천도하고 혜초·채초(蕙苣)[141] 태워 제사 드리오니

바라옵건대 저희 정성의 지극함을, 신령이시여, 굽어보시고 잊지 마옵소서.

天因爲圓妙國師, 立碑後諱朝祭文曰,[1] 唯[2]大敎之獨妙兮, 自龍樹而命宗. 縣九世以流芳兮, 餘波及于海之東. 逮五季之下衰兮, 忽中濁而邊淸. 派六山而汪洋兮, 僅吾道之大行. 何嘉運之忽否兮, 命蠱蠱其如絲. 念諸祖其已遠兮, 誰勉力而扶衰. 唯吾師之洵美兮, 稟間氣而挺生. 世溷濁而莫予知兮, 良于獨立而惸惸. 羌自守以篤信兮, 曾不撓乎衆托. 及夫緣宿而化行兮, 翕然擧世而蘄嚮. 曰予惽惽其不敏兮, 幸受業于門庭. 固任重而道遠兮, 汨中路而屛營. 雖欲荷擔而力不能兮, 宜乎汲水而採薪. 何圖志願之未就兮, 遽息化以返眞. 歲月忽其不淹兮, 適四迴貞于相. 痛院宇之寂寥兮, 家業日以荒凉. 頃予督夫工役兮, 工告予曰訖工. 樹豐碑以旌表兮, 垂景耀于無窮. 時予嬰疾而彌留兮, 未遑展桌[3]以明告. 諒厄運之所鍾兮, 雖藥餌其猶未效. 豈不欲問於醫祝兮, 恐肦嚮[4]而多怪. 嗟霜雪之貿貿兮, 裹菌桂而先悴.

---

141 혜초·채초(蕙苣) : 혜초와 채초는 향초香草 중에 뛰어난 것을 말한다.

聊默默以僵臥兮, 固吾命也如之何. 已矣哉, 苟吾師之不吾憐兮, 吾將何地而借冥加. 溘譖日之適屆兮, 宛音容其如在. 既薦之以蘭叢兮, 又燎之以蕙茝. 願吾誠之至兮, 靈乎鑒而不昧.

1) 『동문선』 권109, 「제문」 편, 석천인釋天因 「立碑後諱旦祭文」이라는 제목으로 수록됨. 2) ㉠ 唯는 惟(동문선) 3) ㉠ 槀은 菜(동문선) 4) ㉠ 嚮은 蠁(동문선)

천인天因이 처음 원院에 들어가 올린 임금의 수명을 축원하는 재의 소문疏文 :
삼가 아룁니다. 오복(九五)142 중의 장수(壽考)를 지존께 받들고자 하는 일대사인연은 묘법妙法보다 앞서는 것이 없습니다. 대개 이 경은 제불의 비밀스런 요의(秘要)가 담긴 곳집이요, 중생을 개오하는 방편문입니다. 우유 맛(乳味), 낙미酪味, 소미酥味143가 때가 다르나 섞으면 한 맛이 나고, 양거羊車와 녹거鹿車·우거牛車의 궤도가 다르나 모두 큰 수레(大車)144에 들어갑니다. 그러므로 법法마다 원만히 성취되고 상相마다 상주합니다. 8세의 용녀龍女가 일념으로 도를 이루어 문수보살의 화변하는 공덕을 증험하였고, 육아六牙의 상왕象王이 7일간 현신하여 보현보살의 위신력을 보이셨습니다. 묘할진저. 전에 없던 일이로다. 재를 거행함에 어찌 이 경을 말미암지 않을 수 있겠습니까?
제자는 저열한 근기로서 상승의 묘승(上妙乘)에 참여하여 의지한 바가 있어 다행히 조사 가르침의 실마리를 이었습니다만 짐을 나누어 질 능력이 없습니다. 다만 산같이 무거운 법은法恩을 저버리면 어찌 부처님의 뜻을 알아 법문을 독실하게 믿는 것을 도모하겠습니까? 생각건대 처음 재를 연 저의 스승은 연로하셔서 저를 친히 계승한 법제자라 하여 이를 대신하도록 하였습니다. 이미 사사로운 가르침을 입었는데 감히 축수를 끊을 수 있으리오. 그리하여 대중을 이끌고 원院에 들어가 여름 결제일에 개당하였습니다. 대법라大法螺를 불고 대법고大法鼓를 치고 대법음大法音을 연설하여 우렁차게 귀에 가득하게 하여, 여래의 방에 들

142 오복(九五) : 『서경』 제6 「홍범洪範」 편에서 나온 말이다. "아홉째로 오복이라는 것은 장수, 부귀, 건강, 덕을 좋아함, 천수를 누리는 것이다.(九五福 一曰壽 二曰富 三曰康寧 四曰攸好德 五曰考終命)"

143 우유 맛(乳味), 낙미酪味, 소미酥味 : 각각 오미五味의 일종. 오미는 다섯 가지 맛으로 유미乳味(kṣīra)·낙미酪味(dadhi)·생소미生酥味(navanīta)·숙소미熟酥味(ghṛta)·제호미醍醐味(sarpirmaṇḍa) 등이다. 우유를 제조하는 과정에서 차례대로 생산되는 여러 맛을 말한다. 여러 경론 중 이것으로 근기의 다름이나 교법의 차별, 차례를 비유하는 경우가 많다.

144 큰 수레(大車) : 54쪽 각주 33번 참조. 『법화경』 「비유품」.

고 여래의 옷을 입고 여래의 자리에 앉아 적연히 마음을 응시하고 한 줌의 훈향熏香으로 정근하나니 찰나에 감응하소서.

엎드려 비옵건대 주상 폐하께서는 내호內護를 넉넉히 받으셔서 앉은 채 나라를 중흥시키고, 하늘이 90세의 연세를 내려 다시 수명을 늘이시고, 날마다 백 리의 영토를 넓혀 나라의 강여을 넓고 굳게 하며, 사계절이 순소도워 백곡이 풍년 들고 금고金鼓(징과 북)를 눕혀 놓고 오병五兵을 쓰지 않으며, 참된 깨우침(眞冷) 이르는 곳에 만물이 다 소생하게 하소서.

天因初入院祝聖壽齋疏文曰,[1] 右伏以九五福之壽考, 欲奉至尊, 一大事之因緣, 莫先妙法. 盖此經是諸佛秘要之藏, 開衆生方便之門. 乳味酪味酥味之異時, 融爲一味. 羊車鹿車牛車之殊軌, 同入大車. 所以法法圓成, 相相常住. 八歲龍女, 一念成道, 驗文殊化變之功. 六牙象王, 七日現身, 見普賢威神之力. 妙哉未曾有也, 行之何莫由斯. 弟子以下劣機, 參上妙乘, 依憑有在, 幸承祖訓之緖餘, 荷擔無能. 徒負法恩之山重, 豈圖帝意, 篤信法門. 念吾始創之師翁, 年其老矣, 謂是親承之法子, 命以代之. 旣蒙鈞造之私, 敢切天長之祝. 故率衆而入院, 仍結夏以開堂. 吹大法螺擊大法鼓演大法音, 洋乎盈耳, 入如來室著如來衣坐如來座, 寂爾凝心, ㄠ麼熏勤, 刹那感應. 伏願主上陛下優承內護, 坐致中興, 天錫我九齡, 更增胡考, 日闢國百里, 益固提封, 玉燭調而百穀咸登, 金鼓臥而五兵不試, 眞冷所泊, 庶類咸蘇.

1) 『동문선』 권111, 「소疏」 편에 석천인釋天因의 「初入院祝聖壽齋疏文」으로 수록됨.

천인天因이 처음 원院에 들어가 올린 영공의 장수를 축원하는 재의 소문 :
삼가 아뢰옵니다. 제일의천第一義天은 비록 단계적으로 오를 수 없지만 불이묘경不二妙境은 또한 그 문으로 들어갈 수 있습니다. 여래가 학림鶴林에서 열반(化息)한 이래 지자智者 대사가 용수를 조술하고 받들었으니, 설법의 변재를 얻고 선총지旋摠持를 발하였습니다.[145] 처음에는 오시팔교五時八敎[146]로 요약하여 모든 경

---

[145] 선총지旋摠持 : 공경과 믿는 마음에서 지혜가 생겨 한 법 중에서 한량없는 뜻을 이해하며, 이해하고 지님을 말한다.

[146] 오시팔교五時八敎 : 천태 지의天台智顗가 분류, 주장한 천태종 교판敎判. 오시五時는 세존의 가르침을 설

을 해석하고, 마지막에는 삼관십승三觀十乘을 밝혀 만행萬行을 융화하였습니다. 그러므로 9세 동안 등불을 전하여 불꽃을 이었으니, 그 문채가 빛났습니다. 네 분의 스승이 분파를 나눔에 이르러 꽃다운 이름이 흘러 우리 도가 동쪽으로 들어왔습니다. 그리하여 옷 안의 보배를 스스로 얻어 집안에 간직하게 함에 이르러 법어를 문득 열어 주니 따르지 않을 수 있겠습니까? 남기신 풍교는 여전히 남아 있습니다.

제자는 타고난 성품이 노둔하오나 도를 사모하는 마음은 깊어 다행히 호남에서 선지식을 참학하였는데, 윤하輪下의 귀에 스며들게 되었습니다. 십 년의 청익請益이 다만 발진發軫하여 스스로 행하고자 할 뿐이니, 한 구절로 사람을 발흥시키는 것이 어찌 감히 선각을 흉내 내려는 것이겠습니까? 다만 스승이 지극히 연로하셔서 강석이 오랫동안 비었는바, 명공明公께서 저를 무능하다 여기지 않으시고 서신으로 임금께 알려 대신해도 좋다고 하셨습니다. 유통의 일은 중대하므로 인을 행함에 사양하지 않고자 하나[147] 일을 감당할 능력이 미약하여 법통을 이음에 감내하기 어렵지 않을까 두려웠습니다. 그러기에 나날이 세 번씩 반성하고[148] 여러 해를 구름처럼 떠돌아 다녔습니다. 그러나 나와 남을 동시에 이롭게 함[149]이 대인이고 구차하게 자기만을 위함은 다만 작은 것에 얽매이는 것이기에 오직 의리를 따라 길을 바꾸어 돌아왔습니다. 옛 원院에 돌아와 개당하고 여러 승려를 모아 여름 결제를 하며 낮에는 교리를 연설하고 밤에는 안선安禪하였습니다. 이와 같이 향화香火를 주맹主盟함은 모두 왕신王臣이 추동(推轂)한 것입니다. 하물며 오늘 아침을 맞이하여 하루를 여섯 때로 나누어 좌선하기도 하

한 순서에 따라 분류한 화엄시華嚴時·녹원시鹿苑時·방등시方等時·반야시般若時·법화열반시法華涅槃時를 말한다. 팔교八敎는 그 가르침을 형식에 따라 분류한 돈교頓敎·점교漸敎·비밀교秘密敎·부정교不定敎의 화의사교化儀四敎와 내용에 따라 분류한 장교藏敎·통교通敎·별교別敎·원교圓敎의 화법사교化法四敎를 말한다.

147 인을 행함에 사양하지 않고자 하나 : 원문 '不讓乎當仁'. 『論語』「衛靈公」에 "當仁不讓於師"라 하였다. 주희朱熹의 집주集注에 "'當仁'은 인을 자신의 임무로 생각하는 것이다. 비록 스승에게도 양보하지 않는 것으로 마땅히 용감하게 나아가 반드시 행함을 말한다."라고 하였다.

148 나날이 세 번씩 반성하고 : 원문 '三思而日省'. '三省'이라는 말과 같다. 하루 세 번, 혹은 하루 세 가지를 반성한다는 말이다. 『논어』「학이學而」편에 "증자가 말하기를, '나는 하루에 세 번 내 몸을 반성한다. 남을 위해 도모함에 있어 충성을 다하지 아니하였는가? 벗들과 교유함에 믿음 없지는 않았는가? 전하여 받은 것을 익힘이 없었는가?" 하였다.

149 나와 남을 동시에 이롭게 함 : 원문 '兼利'. 대승보살의 기본 정신이다. 『무량수경無量壽經』 권상, 『마하지관摩訶止觀』 권5.

경행하기도 하니 이는 어찌 우리 공을 위해 다섯 가지 복을 추천함이 아니겠습니까? 강녕康寧과 장수를 위해 진실로 작은 정성을 기울이고 감히 힘써 정밀하게 닦으니 혀에 닿는 제호는 순수하게 영산靈山의 최고의 맛이요 숲의 울금화(薝蔔)[150]는 오직 장실丈室의 맑은 향이로다. 수승한 인연 맺었으니 진실로 깨달음으로 명감(覺鑑)히소서.

엎드려 바라노니, 진양공晉陽公 저하께서는 언제나 사시는 곳이 편안하시고 몸은 건강하시며 쇠기둥(金楨)은 하늘을 버티어 삼한을 진압해 썩지 않고 옥엽玉葉은 세상을 덮어서 백 대에 이르도록 더욱 향기롭게 빛나며 법우法雨에 젖어 부처의 싹이 끊이지 않게 하소서.【이상은 모두 『동문선』에 있다.】

天因初入院祝令壽齋疏文曰,[1] 右伏以第一義天, 雖莫階[2]而升也, 不二妙境, 亦其門而入焉. 自如來化息於鶴林, 有智者祖承乎龍樹, 得樂說辯, 發旋摠[3]持. 始也約五時八敎以釋諸經, 終焉明三觀十乘而融萬行. 故九世傳燈而續焰, 其文煥乎. 及四師裂派以流芳, 吾道東矣. 致使衣珠, 自得家藏, 頓開法語, 能無從乎. 遺風猶有存者. 弟子賦性也魯, 慕道唯[4]深, 幸參知識於湖南, 而獲聞熏於輪下. 十年請益, 祇圖發軔而自行, 一句興人, 豈敢效嚬於先覺. 但由師翁至老, 講席久虛, 而明公不以我爲無能, 迺鈞緘聞于上曰可代. 流通事大, 欲不讓乎當仁, 荷擔力微, 恐難堪於嗣法. 故三思而日省, 垂數載以雲游.[5] 然兼利者斯謂之大人, 苟獨善則徒拘於小節, 惟義所在, 改途而還, 入古院以開堂, 集諸僧而結夏, 晝而演敎, 夜而安禪. 如斯香火之主盟, 皆是王臣之推轂. 況當此朝,[6] 啓六時半坐半行, 盡爲我公薦五福. 曰康曰壽, 寔傾微懇, 敢勵精修, 舌上醍醐, 純是靈山之極味, 林中薝蔔,[7] 惟[8]餘丈室之淸香. 所締勝緣, 儻孚覺鑒. 伏願晉陽公邸下, 居則宴宴, 身其康強, 金楨柱天, 鎭三韓而不朽, 玉葉盖世, 耀百代以彌芳, 法雨所霑, 佛種不斷【已上並出東文選】

1) 『동문선』 권111, 「소疏」편에 석천인釋天因, 「初入院祝令壽齋疏文」이라는 제명으로 수록되어 있다. 2) ㉯ 階는 堦(동문선) 3) ㉯ 摠은 惣(동문선) 4) ㉯ 唯는 惟(동문선) 5) ㉯ 游는 遊(동문선) 6) ㉯ 朝는 旦(동문선) 7) ㉯ 薝은 蔔(동문선) 8) ㉯ 惟는 唯(동문선)

---

150 울금화(薝蔔) : 범어 Campaka의 음역音譯. '瞻蔔伽', '旃波迦', '瞻波' 등으로 번역하며 뜻으로는 울금화(郁金花 혹 욱금화)로 번역한다. 튤립과.

법석을 중흥시킨 진정 국사眞靜國師의 웅장하고 유려한 시문은 오래도록 판에 새겨 전하고 있다.

천책天頙이 지은 「만덕사법화도량소萬德寺法華道場疏」:
위없이 존귀하신 부처님(無上兩足尊)[151]은 오래도록 이 경의 요체에 대해 침묵하셨으나 오직 이 일대사인연으로 실로 본마음을 드러내셨다. 적멸도량으로부터 반야般若[152]가 왔으나 겸兼·단但·대帶·대對[153]를 면하지 못하였는데, 법화法華가 활짝 핀 이후부터는 반자교半字敎니 만자교滿字敎니 하는 차이가 없어졌다. 이는 과장하거나 빛내려고 하는 말이 아니라 진실한 진리를 풀어냈을 따름이다. 자구마다 이해하고 맛을 보아 항상 일불승一佛乘의 씨가 익어 인과에서 벗어나고, 웅장하고 높고 높아 십법계十法界와 성상체性相體 등의 십여시十如是[154]를 (서로) 갖추었으니, 성문聲聞도 오히려 쉽거늘 보살이 어찌 어렵겠는가? 저 심추心麤와 경추境麤를 다 이해하며, 본묘本妙와 적묘迹妙에 고르게 적시면, 태양이 정오이거늘 어찌 높은 산과 깊은 계곡의 명암 구분이 있겠는가? 봄에 씨 뿌리고 가을을 맞이하니 이쪽저쪽 밭이랑에서 수확함이 있으리라. 하물며 구계九界의 중생이 함께 기별記莂(수기)을 받았으니, 이 일대一代에 선양하지 않을 수 있겠는가? 사가라 용왕의 딸(沙竭羅女)[155]은 8살에 법신法身을 증득하였고, 제바달다(提婆達士)

---

151 위없이 존귀하신 부처님(無上兩足尊) : 부처의 존호. 두 발로 걷는 인간 가운데 가장 존귀한 자라는 의미가 담겨 있다. 『법화경』「방편품」에 "무상양족존이여, 제일의 법을 설하여 주시기 바라옵니다.(無上兩足尊 願說第一法)"라고 하였다.

152 반야般若 : ⓢprajñā ⓟpaññā의 음사. 지혜智慧나 혜명慧明으로 의역한다. 일체 사물(대상)을 있는 그대로 이해(직관)하는 마음의 작용이다. 일반적으로 말하는 지혜와 구분하기 위해 음역을 사용한다. 대승불교에서는 '諸佛之母'라고 지칭한다.

153 겸兼·단但·대帶·대對 : 방겸傍兼·단독但獨·대망對望·협대狹帶의 준말. 천태종에서 부처님께서 『법화경』을 설하기 전에 말씀한 4시교時敎를 판단하는 데 쓰는 말.

154 십여시十如是 : 모든 현상의 있는 그대로의 참모습에 갖추어져 있는 열 가지 성질. 여시상如是相·여시성如是性·여시체如是體·여시력如是力·여시작如是作·여시인如是因·여시연如是緣·여시과如是果·여시보如是報·여시본말구경등如是本末究竟等을 말한다. 상相은 형상, 성性은 특성, 체體는 본질, 역力은 잠재해 있는 힘, 작作은 작용, 인因은 원인, 연緣은 조건, 과果는 결과, 보報는 과보, 본말구경등本末究竟等은 상相에서 보報까지 모두 평등하다는 뜻이다.

155 사가라 용왕의 딸(沙竭羅女) : 사가라娑伽羅는 ⓢsāgara의 음사, 해해海라고 번역. 팔대용왕八大龍王의 하나. 그의 딸은 8살에 영축산에 나아가 성불하였다고 한다.

는 오역죄를 범하고도 불과를 이루었다. 지난날 편원偏圓[156]과 대소의 같지 않음을 탄식하고 오늘날 개시오입開示悟入[157]의 차이 없음을 찬탄한다. 이에 진진찰찰塵塵刹刹의 모든 세계가 저절로 당당하게 드러난다(露露堂堂). 이것이 『법화경』이 사시四時 팔교八敎 가운데 으뜸이 되는 까닭이다. 세속의 사실(世諦)로 말하면 을축 8년 (서쪽에서 불법이 끝나) 상법像法시대가 시작된 내부터 무진년까지 천년 동안 동쪽으로 전해져 원음이 끊임이 없던 시기에 이르기까지 현익顯益[158]에 성쇠의 운수가 있었다. 처음 백마사에 와서 유통한 것은 마등摩騰으로부터 시작되었고, 항상 영축산에 상주하면서 증득한 견해를 보인 것은 오직 지자 대사智者大師에게 자리를 양보하였다. 일승의 요지를 펴고 삼매 의식을 닦도록 권하여, 시원한 바람이 진나라와 수·당나라에서 성대하게 불어왔으니, 어찌 감로가 진한과 변한, 마한을 적시지 않으리오.

다행히도 지금 노숙老宿께서는 지금 이 불법이 쇠한 때를 만나 토끼를 잡으면 올가미를 잊듯이(忘蹄)[159] 일념으로 묘승妙乘을 궁구하였다. 새우를 빌려 눈으로 삼아[160] 두 눈이 먼 범부를 불쌍히 여기셨다. 일찍이 속세의 기연을 버리고 연하煙

---

156 편원偏圓: 교리의 우열을 판석하는 용어. 편偏은 편벽한 이치로 공空이나 중中에 치우쳐 있고, 원圓은 원만하여 일체를 다 구비한 것이다. 대승과 소승으로 말하면 소승은 편이요 대승은 원이다. 그러나 대승 가운데도 또한 편원의 구별이 있는데 화엄과 천태의 오교五敎가 이에 해당한다. 삼교 가운데 원교圓敎만이 홀로 원이고, 그 밖의 장藏·통通·별別 삼교와 종終·돈頓 이교는 곧 편교偏敎이다.

157 개시오입開示悟入: 열어 보여 깨달음의 경지에 들어가게 하는 것. 개開는 개발의 뜻. 중생의 무명을 깨뜨려 없애 여래장을 열어 실상의 이치를 보이는 것. 시示는 드러내 보이는 것. 미혹과 장애를 이미 제거하면 곧 지견知見이 드러나므로 법계와 만 가지 덕이 분명히 드러나 보인다. 오悟는 증오의 뜻. 장애가 없어지고 체현한 후 사(현상)와 이(본체)가 융통하여 깨닫는 바가 있다. 입入은 증입證入의 뜻. 사와 이가 이미 융통한즉 자재 무애하여 지혜의 바다로 증입하게 된다.

158 현익顯益: 현세에서 얻는 불보살의 이익.

159 올가미를 잊듯이(忘蹄): 망전忘筌과 같은 표현. 경론의 언어 문자를 초월해야 한다는 것을 말한다. 제는 토끼 잡는 그물이고, 전은 물고기 잡는 통발. 보통 어떤 목적을 달성하기 위한 수단의 뜻으로 쓰인다. 『장자』 「외물外物」에 "물고기를 잡고 나면 통발을 잊기 마련이고, 토끼를 잡고 나면 덫을 잊기 마련이다. 마찬가지로 말이라는 것도 가슴속의 뜻을 전하기 위한 수단에 불과하니, 그 속뜻을 알고 나면 말을 잊어버리기 마련이다. 내가 어떻게 말을 잊어버린 사람을 만나 그와 함께 말을 해 볼 수 있을까.(筌者所以在魚 得魚而忘筌 蹄者所以在免 得免而忘蹄 言者所以在意 得意而忘言 吾安得夫忘言之人而與之言哉)"라는 내용이 나온다.

160 새우를 빌려 눈으로 삼아: 원문 '借蝦爲眼'. 새우 눈(蝦眼)은 원래는 차를 달이며 물이 처음 끓을 때 떠오르는 작은 기포를 말한다. 모양이 새우 눈과 같기 때문이다. 여기서는 눈을 지그시 감고 자비로 중생을 바라보는 모습을 표현한 것으로 보인다.

霞의 토굴로 들어가 서원을 세우되 '아, 우리 적현赤縣(중국)¹⁶¹의 비조鼻祖가 원대한 계획(宏規)을 우뚝 세웠으니, 아, 우리 청구의 먼 후손들이 어찌 이 큰 대업(丕緖)을 잇지 않으리오'라고 하였다. 드디어 만덕정사萬德精舍를 완성하고 비로소 보현도량을 개설하였다. 이미 여러 번 자주 모였으니 어찌 창건을 주저하리오. 누가 실상의 진리를 듣고 보리심을 발하지 않으리오.

생각건대 저는 용렬한 자질로서 일찍이 묘지妙旨를 훈수 받았지만, 흰 바탕은 종이요 검은 바탕은 먹이었는바, 몽매한 마음을 거칠게 채찍질하여 글을 외웠다. 붉은색은 꼭두서니 풀에서 나오고(赤出於茜) 푸른색은 쪽 풀에서 나오듯(靑出於藍), 눈 밝은 이를 만나 진리를 연구하기를 바랐다. 다행히 참회의 자리에 참여하여 금자金字로 『묘법연화경』을 장엄 서사하는 것을 간절하게 발원하여 7축軸을 다 완성하니, 은색계銀色界의 대성大聖이 감응하여 글씨 하나하나를 흠향하였다. 그리하여 사방에서 달친達親(보시)을 모으고 이로써 여름(九夏)에 안거를 실행하였다. 교설과 묵언이 다 가능하였고, 선정과 지혜를 등지等持¹⁶²하였다. 내 방에 들어가 내 자리에 앉으며 내 옷을 입으니, 의식의 규범은 모두 부처님의 계율을 따른 것이다. 법라를 불고 법우를 내리며 법고를 치니 저승과 이승세계가 널리 범음梵音으로 맺어지는구나.

삼가 바라옵나니 으뜸의 수명으로 왕의 복을 받으시고, 이 나라 온 백성이 병화에서 평안하고 전란이 가라앉으며, 평안하게 풍년을 즐기며, 지혜의 해는 더욱 빛나고 조사 가풍을 드날리며, 교문과 관문(敎觀)이 오래도록 길이 흥기하여 온 중생들에게 널리 미쳐 함께 진상眞常을 깨닫게 하소서.

粤若眞靜, 中興法席, 雄詞麗藻, 壽傳剞劂.

天頙撰萬德寺法華道場疏曰,¹⁾ 無上兩足尊, 久默斯要. 唯此一事, 實乃暢本懷. 蓋自寂場般若來, 未免兼但帶對, 及法華開顯已, 無復半滿差殊. 此非誇耀²⁾而言

---

161 적현赤縣 : 중국을 가리킨다. 전국시대 제齊나라 추연鄒衍이 대구주大九州 학설을 새로 내세우면서 중원中原 지방을 '신주적현神州赤縣'이라고 일컬은 데에서 유래하였다.

162 등지等持 : 등지는 삼마지三摩地(Ⓢⓟsamādhi)를 음사한 것으로서, 정정과 같은 의미로 쓰인다. 마음을 한 곳에 집중하여 산란하지 않은 상태. 마음이 들뜨거나 침울하지 않고 한결같이 평온한 상태. 삼매三昧와 같다.

之, 盖述誠諦之語耳. 句句字字, 會會味味, 常作一佛乘種熟脫因. 磊磊落落, 峥峥嶸嶸, 玄³⁾具十法界性相體等. 聲聞尚易, 菩薩何難. 咸會彼心麤⁴⁾境麤, 均霑于本妙迹妙, 日輪當午, 何高山幽谷之暗明. 春種逢秋, 皆此畝彼田之收穫. 況九界同承記莂, 此一代未所宣揚. 沙渴羅女, 八歲而證法身, 提婆達士, 五逆而成佛果. 堪嗟昔日偏圓大小之不同. 但讚今朝開示悟入之無異. 乃至塵塵刹刹, 自然露露堂堂. 此所以蓮經之冠冕於四時八教也. 將世諦以論, 自乙丑八年而西記, 當像法之始, 及戊辰千載而東漸, 圓音無間⁵⁾斷之期, 顯益有豐夷之數. 初來白馬寺流通, 肇自於摩騰, 常在靈鷲山證見, 獨推於智者. 因暢一乘之旨, 勸修三昧之儀, 既清風盛扇於陳隋唐. 何甘露未霑於辰馬卞.⁶⁾ 幸今老宿, 當此衰時, 得兔忘蹄, 窺妙乘於一念. 借蝦爲眼, 憫⁷⁾凡夫之雙盲. 早抛塵土之機, 卜入煙霞之窟, 而立誓曰. 唯⁸⁾吾赤縣之鼻祖, 卓立宏規, 嗟我青丘之耳孫, 盍承丕緒. 遂成萬德精舍, 始立普賢道場. 已臻多會而林林, 豈是肇基而草草. 誰聞實相理, 不發菩提心. 言念庸資, 早熏妙旨. 白底是紙, 黑底是墨. 粗策蒙心而誦文. 赤出於茜, 青出於藍, 庶逢明眼而研理. 幸參懺席, 切發願輪, 金字書妙法之莊嚴. 已周七軸, 銀色界大聖之感應, 庶格一毫. 因鳩達親於四方, 用辦安居於九夏. 說默皆得, 定慧等持. 入我室, 坐我坐,⁹⁾ 著我衣. 儀範皆遵乎佛誡. 吹法螺, 雨法雨, 擊法鼓, 幽明普結於梵音. 伏願壽一王福, 萬姓率土, 安兵塵靜, 雍熙同樂於豐年, 慧日熾, 祖風揚, 教觀長興於浩劫, 普及蠢動, 咸悟眞常.

1) 『호산록』에 「法花道場疏」라는 제목으로 수록되어 있다.(『한불전』 12책, pp.37c~38b) 2) ㉭耀는 輝(호산록, 『한불전』 12) 3) ㉭玄은 亙(호산록) 4) ㉭麤는 麁, 뒷글자도 같음(호산록) 5) ㉭間은 閒(호산록) 6) ㉭卞은 卡(호산록) 7) ㉭憫은 憫(호산록) 8) ㉭唯는 惟(호산록) 9) ㉭坐는 座(호산록)

전책天賾이 지은 「만덕사연경법석소萬德寺蓮經法席疏」:
묘법妙法은 한 순간의 허망한 분별심(一念妄心)이라 한다. 진瞋 법문이 살살 법문이요, 그것이 곧 대도大道이다. 삼관三觀¹⁶³을 다하여 본질을 밝히면 이理 도량이 사事 도량이 되고 (그것이 곧) 법문이 된다. 오직 죽이기만 하고 오직 살리기만

163 삼관三觀 : 삼종의 관법觀法. 천태 지자 대사가 세운 천태 삼관이 가장 보편적인데 이에 따라 천태종의 중요 법문으로서 교의와 실천의 골격이 된다. 즉 공관空觀·가관假觀·중관中觀을 말한다. 공관은 모든 현상에는 불변하는 실체가 없다고 주시하는 것, 가관은 모든 현상은 여러 인연의 일시적인 화합으로 존재한다고 주시하는 것, 중관은 공空이나 가假의 어느 한쪽에 치우치지 않는 진리를 주시하는 것 즉 공과 가는 둘이 아니라고 주시하는 것이다.

하면 도량이라 말할 수 있겠는가? 사사에 즉하고 이리에 즉해야 하리라. 그런즉 비록 패엽梘葉(불경)에 새긴 가르침이 널리 수만 수천이 되더라도 오직 연화경蓮花經이 가장 진실한 종지로서, 네 가지 일승(四一)¹⁶⁴을 다 열었도다. 이것이 제불이 강령降靈한 바탕이요 또한 중생이 득도하는 근원이다. 40년 만에 비로소 진실하고 미묘한 극치를 드러내시고, 여기에 삼칠일 동안 참회 행법行法(修懺)을 세워 지금까지 이르렀다. 다행히 만덕사에서 행법을 시작하자 온 삼한이 믿음을 일으켰다. 저 맹수같이 용맹을 숭상하는 선비들이 곳곳에서 수지하고, 게다가 난새같이 충성을 떨치는 현사들이 부지런히 유포하였다. 심하도다, 까마귀 날자 배 떨어짐이여. 통쾌하구나, 눈먼 거북이가 나무를 만나는 인연(龜木之因緣)¹⁶⁵이여. 생각건대 용렬하고 어리석은 저는 환희심이 극도로 일어나 특별히 순다純陁¹⁶⁶의 공양구를 갖추고 변길遍吉¹⁶⁷의 참연懺筵(참회도량)을 삼가 펼칩니다. 주야 육시六時로 입과 마음 순일하게 하여 경계가 마음(觀)을 비추고 마음이 경계를 비추니 불가사의합니다. 좌선할 때 염송하고 염송할 때 선정에 드니 진실로 방해하거나 막힘이 없어, 진실한 공덕이 이미 성취되었고 지혜의 거울(慧鑒)¹⁶⁸이 두루 비춰 줍니다.

간절히 바라옵기는 불일佛日은 순임금의 해(舜日)과 함께 빛나고, 조풍祖風은 요임금의 바람(堯風)과 함께 널리 불게 하소서. 가없는 바다 같은 서원을 어찌 이 문門에서 간택하겠습니까. 애욕의 강(愛河)¹⁶⁹에 빠진 모든 이들도 함께 피안에 오르게 하소서.【이상은 『호산록湖山錄』에 나온다】

天頙撰萬德寺蓮經法席疏曰,¹⁾ 妙法謂一念妄心. 嗔法門, 是殺法門, 是【句²⁾】大道.

---

164 네 가지 일승(四一) : 네 종류의 진실한 지혜가 비추는 경계. 교일敎一, 이일理一, 기일機一, 인일人一로 나눌 수 있다.(『법화경의기法華經義記』 권2) 교일은 모두 성불할 수 있다는 가르침, 이일은 하나의 실상의 이치, 기일은 일과一果의 근기에 고르게 감응하는 것, 인일은 과거의 성문이 개심하면 곧 금일의 보살이 될 수 있음을 말한다. 이들 네 가지 일승은 모두 법화에 귀속된다.

165 눈먼 거북이가 나무를 만나는 인연(龜木之因緣) : 57쪽 각주 44번 참조.

166 순다純陁 : ⓢⓟCunda의 음사. 부처 재세 시에 중인도 파파성波婆城(Pāvā)에 살았던 대장장이. 부처가 쿠시나가라(Kuśinagara)에서 입멸하기 직전에 버섯 요리를 바친 인물이다.

167 변길遍吉 : 보현보살普賢菩薩의 다른 번역. 보普는 변遍, 현賢은 길吉. 말은 다르나 뜻은 같다.

168 지혜의 거울(慧鑒) : '慧鏡'이라 하기도 한다. 지혜가 능히 만물을 거울처럼 비추기 때문에 이름 붙였다.

169 애욕의 강(愛河) : 情天慾海와 같다. 애욕이 사람을 빠지게 하므로 바다에 비유하였다. 이 밖에 탐애의 마음이 물질에 집착하여 떨어지지 않음이 물이 사물에 스며드는 것 같으므로 바닷물에 비유한 것이다.

泯三觀明體, 理道場, 爲事道場, 爲【句】法門. 旣仍於唯殺唯嗔, 道場可云乎. 卽事卽理. 然則雖根葉載翻之敎, 浩至萬千. 唯蓮花寂³⁾實之宗, 捴開四一. 是諸佛降靈之體, 亦衆生得道之源. 四十年始顯眞妙極, 於此三七日立修懺, 流至于今. 幸萬德之啓行, 擧三韓而生信. 彼熊羆尙勇之士, 往往受持. 況鸞鷺奮忠之賢, 勤勤流布, 甚矣. 烏棃⁴⁾之遭遇. 快哉. 龜木之因緣. 言念庸愚, 極生歡喜. 特辨純陁之供具, 恭張遍吉之懺筵. 晝三夜三, 口一心一, 境照觀, 觀照境, 不可思議. 禪時誦, 誦時禪, 固無妨閡. 眞功已就, 慧鑒悉周. 伏願佛日將舜日以共明, 祖風與高⁵⁾風而廣扇, 無邊願海, 何揀擇於此門. 見⁶⁾在愛河, 共躋登於彼岸【已上出湖山錄】

1) 『호산록』에 「蓮經法席疏」라는 제목으로 수록되었다.(『한불전』 12, pp.38c~39a) 2) 『만덕사지』의 편자는 이 부분에 구절이나 글자가 누락된 것으로 본 듯하다. 이는 정약용의 견해일 가능성이 큰데, 『호산록』(『한불전』 6·12)에는 각각 '是大道'와 '爲法門'으로 되어 있다. 번역은 '是大道'에 따른다. 3) 옎 寂는 最(호산록), 같은 글자이다. 4) 옎 棃는 梨(호산록) 5) 옎 高는 堯(대흥사본, 『한불전』 6, p.206) 6) 옎 見은 凡(호산록)

진감 국사眞鑒國師가 남긴 글은 『동문선』에 가장 많다.¹⁷⁰ 당시의 사실들이 이를 통해 후대까지 멀리 전해졌다.

무외無畏가 만덕사 시주 도지휘사都指揮使 최유엄崔有渰¹⁷¹ 재신宰臣(재상)을 축원하는 소疏 :

십신十身¹⁷²의 조어장부調御丈夫¹⁷³는 없는 곳이 없으셔서 찰나찰나에 감응의 도

170 『동문선』에 가장 많다 : 참고로 『동문선』「소疏」편을 예로 들면, 권111에 천인天因 2편, 무외無畏 18편이며, 권112에 복암宓菴 25편이 수록되어 있다.
171 최유엄崔有渰 : 1239~1331. 고려 후기의 문신. 최충崔冲의 후손으로, 평장사平章事 최자崔滋의 아들이다. 1270년 정조사正朝使로 몽고에 다녀왔고, 1297년 성절사聖節使로 원나라에 다녀왔다. 원나라의 고려 노비법 개정을 반대하여 중지시켰고, 충렬왕이 세자를 폐하고 서흥후瑞興侯 왕전王琠을 후사로 책립하려 할 때 반대하여 관철시켰다. 1324년 심양왕 일당이 충숙왕을 폐위시키려다 실패한 뒤 고려를 원나라에 편입시키려고 책동하자 85세의 노령으로 정조사正朝使가 되어 연경燕京에 가서 오잠吳潛, 조적曺頔 등의 음모를 물리치고 행성行省 설치를 중지시켰다. 시호는 충헌忠憲이다.
172 십신十身 : 부처, 보살의 열 가지 불신佛身. 십불十佛이라고도 한다.
173 조어장부調御丈夫 : 여래 십호十號의 하나. 모든 사람을 잘 다루어 깨달음에 들게 한다는 뜻을 지니고 있다. 일체중생은 비유하자면 미친 코끼리나 나쁜 말과 같은데, 부처는 코끼리나 말을 다루는 자여서 이들을 조절하고 제어할 수 있다. 『무량의경無量義經』에 "調御大調御, 無諸放逸行, 猶如象馬師, 能調無不調"라 하였다.

가 교감하도다(感應道交).¹⁷⁴ 그러나 일대사인연으로는 능히 다 궁구할 수 없기 때문에 구절구절마다 사혜思慧와 수혜修慧의 길¹⁷⁵이 끊어졌도다. 그러나 능히 허공 속에 나무를 심고 불속에서 연꽃을 피울 수 있으리니, 이에 정성어린 마음 다하여 깊은 도움을 바랍니다.

제자는 늙음과 병이 함께 이르고 덕과 행이 모두 부족합니다. 우리 청하淸河 상공相公은 실로 이 백련사의 시주로서 그 할아버지는 연화경蓮花經을 암송하여 호법護法의 서원을 발하였고, 아버지는 훌륭한 문장(韲臼)¹⁷⁶으로 절을 창건한 내력의 비를 지었습니다.【최유엄의 아버지는 최자崔滋이다.】할아버지와 아버지의 인연으로 불법에 두터워 자손의 신앙이 남들보다 갑절이나 많습니다. 하물며 지금 상국의 행업行業은 마침 이러한 어려운 때에 나온 것으로, 갑작스레 한 지방에 천둥 비(雷雨)를 일으키니 은혜와 위엄이 하늘을 대신합니다. 별도로 튼튼한(金湯)¹⁷⁷ 작은 절에 땅을 의뢰하니, 이에 총림이 다 기뻐하고 골짜기에 빛이 납니다. 저의 감격과 정성을 어찌 다 말로 표현할 수 있겠습니까?

이에 사흘 동안 도량(熏場)을 별도로 마련하여 조그마한 정성을 시방에 바치오니 이 참된 공덕으로 각지覺智에 이르기를 바랍니다. 엎드려 원하옵건대 화근은 사라지고 복 넝쿨은 조정(紫樞)에 더욱 무성하며, 수명은 길이 늘어나고, 꽃 같은 얼굴은 황각黃閣(조정, 의정부)에서 늙지 않게 하소서.

眞鑒遺文, 寂多中選. 當時事實, 賴有遁傳.

---

174 감응의 도가 교감하도다(感應道交) : 중생의 감과 여래의 응의 도가 서로 교통하는 것. 『법화문구法華文句』 6하에 "始於今日, 感應道交. 故云忽於此間, 會遇見之"라 하였다.

175 사혜思慧와 수혜修慧의 길 : 삼혜三慧 중 두 가지 방식을 말한 것이다. 삼혜는 첫째 개혜開慧로서 경교經敎를 견문見聞하는 것에 의하여 지혜가 생긴 것이고, 둘째는 사혜思慧로서 도리를 사추思推하는 것에 의하여 지혜가 생긴 것이며, 셋째는 수혜修慧로서 선정禪定을 닦는 것에 의하여 지혜가 생긴 것을 말한다.

176 훌륭한 문장(韲臼) : 동한東漢의 채옹蔡邕은 자신이 쓴 조아비曹娥碑에 '황견유부외손제구黃絹幼婦外孫韲臼'라고 써 두었는데, 삼국시대 조조曹操의 주부主簿 양수楊脩가 이를 보고 파자破字하여 "황견은 '색이 있는 실(色絲)'이므로 '절絶' 자가 되고 유부는 소녀少女이므로 '묘妙' 자가 되고 외손은 '딸의 아들(女子)'이므로 '호好' 자가 되고 절구(韲臼)는 '매운 것을 받아들이는(受辛)' 것이므로 '사辭'가 된다. 따라서 '절묘호사絶妙好辭' 즉 절묘한 좋은 글이란 뜻이 된다."라고 풀이하였다. 『세설신어世說新語』 「첩오捷悟」.

177 금성탕지金城湯池 : 금속으로 만든 성과 끓는 물이 흘러 외곽을 보호하는 성으로 성과 못이 험난한 곳을 표현한다.

無畏祝萬德寺施主都指揮使崔有渰宰臣疏曰,[1] 十身調御, 無乎不在, 念念閒[2]感
應道交. 一事因緣, 莫之能窺. 句句下思修路絶. 然能種樹於空裏, 可得開蓮於火
中. 肆遇丹悰, 竚資玄獎. 弟子老將病而偕至, 德與行而兩虧. 唯我淸河相公, 實此
白蓮施主. 彼先祖誦蓮經而發護法之願, 又厥考用蘁臼而撰創社之碑【有渰之父卽
崔滋】. 以祖考之因緣, 厚於此法, 故子孫之信嚮倍却他人. 況今相國之行, 適此艱
時而出, 奄作一方之雷雨, 恩威代天. 別爲小社之金湯, 依憑有地. 於是叢林擧喜,
洞壑生光. 在予感佩之誠, 豈可言論而盡. 玆故別峙熏場於三日, 用輸微懇於十方,
儻此眞功, 格于覺智. 伏願禍胎殄滅, 福蔓益茂於紫樞, 壽骨靈長, 顔花不衰於黄
閣.

1)『동문선』권111,「소疏」편, 석무외釋無畏의「祝都指揮使崔有渰宰臣疏」라는 제목으로 수록되어 있다. 2)
㊓ 閒은 間(동문선)

무외無畏가 만덕사 시주 나羅 재신宰臣(재상)을 천도하는 소 :
위대한 연경蓮經은 제불諸佛의 본마음을 펼치신 것이므로 믿음과 비방을 다 벗어
나 있고, 대단월(大檀家)은 반생半生의 풍부한 재물을 희사하므로 슬픔을 마침내
이기게 된다. 그러하니 어찌 홀로 오묘한(獨妙) 종지에 의지하여 청승淸升하는
복을 추천하지 않을 수 있겠는가?
삼가 생각하건대 제자는 계덕戒德이 원래 부족하고 늙음과 병이 함께 들었는데,
지난 무인년 봄【송 제병帝昺 상흥祥興 원년(1278)】에 다시 연당蓮堂【무외가 다시 백련사
에 머묾】에 자취를 맡기고 기미己未 달에 비로소 나 재상(羅相)을 처음 알게 되었
으니 인연이 정말 두텁고 은혜가 실로 많았다. 이때 나 재상은 3만 명의 스님에
게 재공양하기를 원하여 매해 50석의 쌀을 바치고, 다시 불전을 중창하여 새롭
게 단장하고 법문을 영원히 보호하여 금탕金湯같이 굳건히 하려 하였는데, 어찌
하여 향년이 오래지 않아 갑자기 옷을 벗고 길이 돌아가셨는고. 원우院宇가 처량
하니 부모님을 잃어 다시 의지할 바 없는 것 같고, 조정에서 탄식하니 고굉지신
股肱之臣을 잃어 나라를 지탱해 나갈 수 없는 것 같았도다. 이것이 이른바 모든
사람(萬人)을 슬프게 함이니 누가 두 줄기 눈물을 흘리지 않으리까. 영가는 지난
날 이미 저렇게 선업을 행했으니, 생각건대 지금은 악취惡趣에 끌려가지 않고 좋
은 곳에 태어날 것입니다. 그러나 오히려 전생의 재앙이 남아 있어 혹시라도 저
승길(삼악도)에 빠질까 하여 삼칠일(21일)간의 정근精勤의 장을 개설하고 다시 하

루 12시의 송참誦懺을 갈고 닦아 한 구절의 공도 놓치지 않고 삼악도에 빠지는 악업을 소멸하고자 합니다.

삼가 바라옵니다. 부처님(覺帝)의 총애를 입고 경왕經王[178]의 보호를 받아, 사마四魔[179]와 싸워 반드시 이겨 정수리(頂上)의 밝은 구슬을 얻으며, 다생多生 동안 취하여 알지 못함을 깨닫고 옷 속의 큰 보배를 얻으며, 마침내 칠보의 큰 수레를 타고서 곧바로 삼덕三德[180]이 비밀스레 감추어진 곳으로 돌아가게 하소서.

無畏薦萬德寺施主疏曰,[1] 偉蓮經暢諸佛之本懷, 信謗俱脫. 大檀家捨半生之盛色, 哀傷巨勝. 盡憑獨妙之宗, 用薦淸升之福. 伏念戒德元缺, 衰病相仍, 越戊寅春【宋帝禹祥興元年】而復寄跡於蓮堂【無畏復居白蓮社】, 及己未朔而始識面於羅相, 因緣敢[2]厚, 恩獎實多. 是時願三萬僧齋, 每歲納五十石粲, 復重創於佛殿, 輪奐斯新, 欲永護於法門, 金湯亦固. 何享齡之不久, 忽脫袴而長歸. 院宇凄凉, 如喪考妣而無復恃怙. 朝廷嘆息, 似失股肱而不能保持. 此所謂傷萬人, 誰不爲墮雙淚. 唯[3]靈之於昔也, 旣善有如彼焉, 想不爲現惡之牽, 卽生善處. 然尙餘宿殃之積, 或滯幽途, 故開三七日之精勤, 更礪二六時之誦懺, 一句之功莫敵, 三途之業可消. 伏願云云. 蒙覺帝之私, 被經王之護, 与四魔戰必勝, 受頂上之明珠, 悟多生醉不知, 得衣中之大寶, 終乘七寶大車, 直歸三德秘藏.

1) 『동문선』 권111, 「소疏」 편에 석무외釋無畏의 「薦羅宰臣疏」라는 제목으로 수록되어 있다. 2) ㉠ 敢은 最(동문선) 3) 唯는 惟(동문선)

당시의 학사學士로 문원文苑에 이름난 자가 결사에 가입하여 글을 지으니 그중에 또한 찬란한 작품이 많았다.

---

178 경왕經王 : 경 중의 최고라는 비유적 표현. 『법화경』「약왕품藥王品」에 "제석이 삼십삼천 중에 왕이듯 이 경 또한 이와 같아 모든 경 중의 왕이로다. (중략) 부처님이 모든 법의 왕이듯, 이 경 또한 다시 이와 같이 모든 경 중의 왕이로다.(如帝釋於三十三天中王 此經亦復如是 諸經中王(中略)如佛爲諸法王 此經亦復如是 諸經中王)"라고 하였다.

179 사마四魔 : 중생을 괴롭히고 수행을 방해하는 네 가지를 마魔로 간주한 말. 온마蘊魔(여러 가지 괴로움을 일으키는 오온五蘊), 번뇌마煩惱魔(몸과 마음을 어지럽히는 탐진치貪瞋癡 등), 사마死魔(목숨을 빼앗아 가는 죽음), 천자마天子魔(수행을 방해하는 타화자재천他化自在天의 마왕魔王과 그 권속).

180 삼덕三德 : 부처가 갖추고 있는 세 가지 공덕. 단덕斷德(모든 번뇌를 소멸한 공덕), 지덕智德(지혜로써 모든 것을 있는 그대로 꿰뚫어 보는 공덕), 은덕恩德(중생을 구제하기 위해 은혜를 베푸는 공덕).

비서 학사秘書學士 김구[181]가 지은, 「만덕사에서 개설한 동안거 법회의 소疏」:
삼세제불三世諸佛이 인간세계에 화신으로 나타나신 본뜻은 오직 일대사인연을 열어 놓기 위함입니다. 구도九道[182] 사생四生[183]이 진여로 돌아가는(歸眞)[184] 묘문妙門[185]에는 또한 양권兩權[186]의 방편을 빌려야 합니다. (이를 행하는 데) 이 법이 사상 기득奇特하기에 저는 동절히 우러러 받듭니다. 생각건대 배필(好述)이 갑자기 허깨비 몸이 되었습니다. 올 때는 다겁토록 함께하자 다짐했건만 갈 때는 하루아침에 말없이 갔구려. 하물며 그대가 요사스러운 것의 속임을 만났으니 평생의 애통함이 이보다 크오. 내 골수를 녹이는 듯 한스러우니 혹여 악인연이 아닌가 하오만, 그대 때문에 발심하고 되짚어 생각하니 도리어 선지식이 아닌가 하오. 다만 이 온갖 가지로 받은 것을 거꾸로 하여 한 길을 인도하고 선양하는

---

181 김구金坵: 1211~1278년. 고려 후기의 문신. 최자崔滋가 그의 문장에 대해 탄복했다는 일화가 있을 정도로 문장에 뛰어났으며 서장관으로 원나라에 다녀온 뒤 8년 동안 한원翰院에 재직하였고, 각문지후閣門祗候를 거쳐 국학직강國學直講이 되었다. 이때 최항崔沆의 명으로 지은 『원각경』 발문에 쓴 시가 최항의 뜻을 거슬러 좌천되었다. 조부가 승려였기 때문에 대간이 될 수 없었으나 재주를 인정받아 1263년 우간의대부右諫議大夫가 되었다. 여러 벼슬을 거쳤으며 1274년 충렬왕 즉위 뒤에는 지첨의부사知僉議府事, 참문학사參文學事, 판판도사사判版圖司事를 역임하였다. 신종·희종·강종·고종의 실록 편찬에도 참여하였고, 원나라에 갔을 때 『북정록北征錄』을 남겼다. 충렬왕의 『용루집龍樓集』에도 김구의 시가 들어 있으며, 특히 변려문에 뛰어났다고 한다. 저서로는 『지포집止浦集』이 있다. 시호는 문정文貞이다.

182 구도九道: 구류九類와 같다. 삼계의 중생이 출생하는 아홉 가지 형태를 말한다. 사생四生, 즉 태생胎生·난생卵生·습생濕生·화생化生에다, 색계色界의 '유색有色'과 무색계無色界의 '무색無色'과 무색계 중에서 무상천無想天을 제외한 제천諸天의 '유상有想'과 무색계 중 무상천의 '무상無想'과 비상비비상처非想非非想處의 '비유상비무상非有想非無想'을 합한 것이다.

183 사생四生: 생물이 생기는 네 가지 방식. 태생胎生(모태에서 태어나는 것), 난생卵生(알에서 깨어나는 것), 습생濕生(습한 곳에서 생기는 것), 화생化生(어느 것에 의존하지 않고 스스로의 업력으로 태어나는 것, 즉 어떤 것에 의존하지 않고 저절로 나는 것).

184 진여로 돌아가는(歸眞): 본래의 진실을 깨닫는 것. 귀원歸源과 같은 말. 『장자』「추수秋水」의 "인위로 자연을 멸하지 말고, 고의로 천명을 멸하지 말며, 득 때문에 명을 잃지 말며, 삼가 지켜 잃지 않는 것을 천진으로 돌아간다고 한다.(無以人滅天 無以故滅命 無以得殉名 謹守而勿失 是謂反其眞)"에서 비롯한 말이다. 고승의 열반을 비유하기도 한다.

185 묘문妙門: 뛰어나고 오묘한 법문法門. 또한 열반을 묘라 하고 그곳으로 들어가는 문을 묘문이라 하기도 한다. 천태종에서 세운 육묘문六妙門이 이에 해당한다. 참고로 육묘문은 열반에 이르기 위한 여섯 가지 수행법이다. 수식문數息門(들숨과 날숨을 헤아리면서 마음을 평온하게 함), 수식문隨息門(들숨과 날숨에 집중하여 마음을 평온하게 함), 지문止門(마음을 한 곳에 집중하여 산란을 멈추고 평온하게 함), 관문觀門(지혜로써 대상을 있는 그대로 자세히 주시함), 환문還門(대상을 관조하는 마음을 돌이켜 살펴 마음은 허망하고 불변하는 실체가 없다고 분명히 앎), 정문淨門(마음에 집착이 없어져 망상이 일어나지 않는 청정한 상태에 이름) 등이다.

186 양권兩權: 두 가지 방편. 성문聲聞·연각緣覺의 2승은 보살승에 대하여 방편이 된다.

데 정성을 다하고자 합니다. 대저 듣기로는 '큰 선행과 수승한 공덕은 지극한 정성에서 나오기 때문에 이를 따라 기뻐한다'고 합니다. 의지하여 돌아갈 곳을 알고 나서 조금 쉬려 하나 낮은 근기라 아직도 감응을 드러냄이 더딤이 아쉽습니다. 길게 생각해 보면 만덕萬德의 정사精舍는 항상 보현普賢의 도량을 세운 곳으로, 마침 겨울(玄律) 안거를 여니 청정한 스님(淸流)들의 복습服襲을 갖추었습니다. 멀리 해회海會[187]를 바라보니 여러 부처님의 몸을 장엄한 듯하고, 다시 화성化城을 떠올리니 여러 상인(衆商)의 눈이 막히지 않습니다. 구순 동안 정진하오니 모든 성현이여 증명하소서. 운운. 번뇌를 씻어 내고 업장을 갈아 없애소서. 보리의 면목을 단장하여 옛 화장대와 같아지고, 조어장부調御丈夫의 의관을 바느질하여 새로운 보처補處[188]를 더하리로다.

當時學士之名噪文苑者, 入社撰詞, 亦多彪炳.

秘書學士金垢撰萬德社開設冬安居法會疏曰,[1] 三世諸佛現化之本意, 唯開一事因緣. 九道四生歸眞之妙門, 亦假兩權方便. 是法寂爲之奇特, 而予痛切於奉崇. 言念好述, 奄從幻化. 來旣有期於多劫, 去何無信於一朝. 矧伊遭邪祟之欺, 所以劇平生之慟. 使予銷髓所恨者, 無奈惡因緣. 由爾發心翻思之, 却是善知識. 但倒此千般之受用, 將竭乎一路之導敎. 凡所聞鉅善與勝功, 悉皆瀝至誠而隨喜. 欲認依歸之處然後小休, 堪嗟淺劣之機, 尙稽顯應. 緬惟萬德之精舍,[2] 恒峙普賢之道場. 適開玄律之安居, 爰辦淸流之服襲. 遙瞻海會, 擬嚴諸佛之身, 更想化城, 不隔重[3]商之眼. 九句精進, 萬聖證明. 云云. 刷滌塵根, 消磨障垢, 脂粉菩提之面目, 似奮[4]粧臺, 線針調御之衣冠, 添新補處.

1) 『동문선』권111, 「소疏」편에 「萬德社開設冬安居法會疏」라는 제목으로 수록되어 있다. 2) ㉠ 舍는 社(동문선) 3) ㉠ 重은 衆(동문선) 4) ㉠ 奮은 舊(동문선)

---

187 해회海會 : 선종에서 총림의 많은 승려를 말한다. 많은 시내와 강이 큰 바다로 흘러들듯이 여러 승려들이 총림에 모인 것을 일컫는다.

188 보처補處 : 부처의 자리를 보충한다는 뜻. 전생의 부처가 멸한 후 성불하여 그 자리를 보하는 것을 말한다. 전생의 부처를 이어 성불하는 보살로 한 생을 마치면 성불한즉 일생보처라 한다. 예를 들어 미륵보살은 지금 도솔천에서 수행 중인데, 그 생을 마치면 인간으로 태어나 성불하여 석가모니불의 자리를 대신한다고 한다.

학사 조문발趙文拔[189]이 지은 「만덕사에서 설선說禪을 청하는 글」:

가만히 생각해 보면 정법안장正法眼藏 속의 불견佛見[190]과 법견法見[191]은 모두 번뇌(塵)이니, 명경대明鏡臺 앞에서는 호인胡人이 오면 호인이 보이고, 한인漢人이 오면 한인이 보일 뿐입니다. 이에 마음에 쌓인 것에서 뽑아내어 감히 자비의 빗장을 두드립니다. 옛날 꽃 한 송이 늘어 서쪽 영취산에서 미소 지었고, 외짝 신발(隻履)[192]을 남겨 동쪽 웅이산熊耳山에서 흐르게 하였습니다. 청풍이 서늘하니 6대代를 거쳐 의발을 전하였고, 감로가 뿌려지니 오가五家에 이르러 파가 나뉘었습니다. (이들 모두는) 진리의 등불이 불꽃을 이음이요 보배 인장(寶印)[193]이 허공에 찍힌 것입니다. 다만 마음으로 하고 글로 하지 않았기에 생각과 의론을 벗어나 있습니다. 앞으로 나가려 한즉 천 길 절벽이 앞을 막고, 들어올리려 한즉 한 길의 깊은 풀 속에 있습니다. 이에 따라 해형海兄은 두 번 참견하다 사흘이나 귀가 먹었고,[194] 좌숙座叔은 한 번 훔치다 십 년이나 입이 돌아갔습니다. 단도직입적으로 말하면 이 중에서 그런 사람을 만나기 어렵습니다.

삼가 생각건대 화상 장하丈下께서는 청백업淸白業[195]을 대대로 전하시고 영령하심이 세상에 뛰어나 차 마시거나 밥 먹거나 모두 평상의 활계活計를 드러내며,

---

189 조문발趙文拔 : 미상~1227년. 고려 후기의 문신. 정융진定戎鎭의 이속으로 있다가, 1200년 지공거知貢擧 임유任濡가 주관한 문과에 장원급제하고 남경사록南京司錄에 임명되었다. 아버지가 60세가 넘자 최우崔瑀에게 시를 지어 벼슬을 요청하여 최충헌崔忠獻의 허락을 받았다. 중서주서中書注書·사간司諫·기거사인起居舍人을 역임하고, 1227년 예부낭중禮部郎中으로 기거주사관수찬관起居注史館修撰官을 겸하여 『명종실록』을 편수하였다.

190 불견佛見 : 부처의 진정한 지견知見. 즉 제법의 실상을 비추어 보는 진실한 지견. 올바르고 명료하게 아는 능력. 분별하지 않고 대상을 있는 그대로 직관하는 능력. 또는 불지견이라 한다.

191 법견法見 : 한 가지 법에 집착하여 하나만 옳고 나머지는 그르다 하는 것을 말한다.

192 외짝 신발(隻履) : 달마達磨 대사가 숭산嵩山 소림사에서 9년 면벽하면서 혜가慧可에게 법을 전한 뒤, 양梁나라 대동大同 원년(535)에 시기하는 자가 올리는 세 번째 독약을 알면서도 일부러 마시고 중독되어 웅이산熊耳山 정림사定林寺에 매장되었다. 그런데 후세에 전하는 전설에 의하면, 위魏나라 사신 송운宋雲이 서역에 갔다 돌아오는 길에 총령에서 대사가 맨발로 신 한 짝을 들고 가는 것을 보았기에 돌아와서 그 무덤을 파 보니 신 한 짝만 있었다고 한다.

193 보배 인장(寶印) : 부처나 보살의 인계印契(mudrā). 삼보三寶 중의 법보法寶. 또는 삼법인三法印으로 모든 보배 중의 진실한 보배로 견고하여 파괴되지 않아 보배라는 이름을 얻었다.

194 사흘이나 귀가 먹었고 : 백장百丈이 마조馬祖의 고함소리에 3일 동안 귀가 먹었다고 한다.

195 청백업淸白業 : 청백은 곧 청백의 법과 업. 부처가 드러내 보인 교법을 말한다. 또는 무루無漏한 선법善法의 총칭. 모두 번뇌와 때의 오염에서 멀리 벗어난 의미로 청백이라 한다. 여기서의 청업, 백업은 선업善業과 같은 의미다.

하늘과 땅을 덮을 만큼의 (큰 도가) 가슴에서 흘러나옵니다. 그러므로 아름다운 문채가 드러나 승속 간에 많은 이들이 분주히 밀려왔습니다. 여러 조사들의 마음(心肝)은 불자拂子를 세우고 방망이를 들자마자[196] 곧바로 가리켰고, 노파심으로 간곡히 말씀하여 진흙을 밟고 물을 뒤집어쓴들(拖泥帶水)[197] 어찌 꺼리었겠습니까. 하물며 사람은 인연에 응하여 태어나고 경계는 인연 따라 일어난 것이니, 1천 봉우리에 눈 내리자 온통 한 빛이요 1만 굴에 바람 일자 같은 소리가 납니다. 곧 이러한 견문은 어떤 경계인가? 비록 언어의 길이 끊어지면 고요히 인연 잊음을 알지만, 진실로 문자의 본성을 여의면 환하게 말할 수 있음을 깨닫습니다. 제자는 오랫동안 정성껏 귀의하여 약간의 지도를 받고 여러 번 직접 찾아뵈었지만, 인정받을 만큼은 아니었습니다. 백련당白蓮堂 아래에서 다만 십승十乘의 묘문妙門에 의지할 뿐이요, 옛 잣나무 뜰 앞에서는 아직도 한 가닥의 활로에 어둡습니다. 만약 작가의 솜씨를 빌려 본지광명本地光明을 타개하면 곳곳에서 그것을 만날 것이요 색색마다 변함없이 그 자리를 벗어나지 않고서도 두루 110성城의 도량을 참례할 것입니다. 단지 작은 티끌을 깨뜨려 대천세계大千世界의 경권經卷을 벗어나면 이러한 한평생의 즐거움은 만겁토록 다시 만나기 어려울 것입니다.

學士趙文拔撰萬德社請說禪文曰,[1)] 竊以正眼藏裏, 佛見法見也皆塵, 明鏡臺前, 胡來漢來而俱現. 寔抽所蘊, 敢扣慈扃. 昔者一花西笑於鷲峰, 隻履東流於熊耳. 清風凜爾, 歷六代以傳衣. 甘露洒然, 至五家而裂派. 靡不眞燈續焰, 寶印當空. 但以心不以文, 故絶思而絶議. 以趣向則千仞壁立, 欲擧揚兮一丈草深, 緣是海兄, 再參而三口耳聾, 座叔, 一盜而十年口逆 直下今提此事, 箇中難得其人. 恭惟和尚丈下, 清白傳家, 英靈絶世, 喫茶喫飯, 現咸活計平常, 盖天盖地, 從此胷襟流出. 所以文彩發露, 緇素奔波. 諸祖心肝, 既豎拂拈槌而直指, 老婆說話, 亦挖[2)]泥帶水而何妨. 況乎人是應生, 境惟緣起. 雪千峰兮一色, 風萬竅以齊號. 即此見聞, 是何境界. 雖知言語道斷, 寂爾忘緣, 苟悟文字性離, 熾然可說. 弟子久傾欽挹, 粗荷提撕, 幾回覿面相呈, 未肯點頭自許. 白蓮堂下, 但憑十乘妙門, 古柏[3)]庭前, 尚

---

196 불자拂子를 세우고 방망이를 들자마자(豎拂拈槌) : 염추수불拈槌竪拂과 같은 말. 방망이를 들고 불자를 세운다는 뜻으로, 선사들이 선지禪旨를 표현하는 방법 가운데 하나이다.

197 진흙을 밟고 물을 뒤집어쓴들(拖泥帶水) : 진흙 속에 발을 담그고 물을 뒤집어쓴다는 뜻으로 중생과 더불어 살아가는 보살행을 가리킨다.

昧一條活路. 倘借作家手段, 打開本地光明, 處處逢渠, 色色仍舊, 不離當席, 遍參百十城之道場. 秖破微塵, 自由⁴⁾大千界之經卷, 一生快活, 萬劫難遭.

1)『동문선』권114,「도량문道場文」편,「同前文」(萬德社請說禪文)이라는 제목으로 수록되어 있다. 2) ㈜ 扢는 拖(동문선) 3) ㈜ 栢은 栢(동문선) 4) ㈜ 由는 出(동문선)

조문발趙文拔이 또 지은「만덕사에서 설선說禪을 청하는 글」:

허공을 두드리면 곧 소리가 울리지만, 불은 타지 않습니다. 그러므로 심공心空[198]은 말로 표현할 수 없으나 말로 인도하는 것에 어떤 혐의(累)가 있겠습니까? 삼가 생각건대 화상 장하丈下께서는 가섭의 법인法印을 전하고 보현의 행문行門에 들어가셨으니, 밝은 달이 산을 돌아 송사松寺(송광사)에서 맑은 빛을 희롱하고, 한가로운 구름 산굴에서 나와 화도花都에 감로를 적십니다. 그러나 산에 막혀 감연紺筵에 참예하지 못하여 어느 날에나 친히 그 푸른 눈(碧眼)을 받들까 하였습니다. 마침 지금 영축령靈鷲嶺에 많이 모인 법회(稻麻會上)에서 이미 여름 결제의 안거를 끝내셨으니 견자봉見子峰의 솔 국화 동산(松菊園)에서 가을빛을 움켜쥐고 함께 볼 만합니다. 이에 코끼리 걸음(象步)을 맞이하고 감히 용의 울음(龍吟)을 청합니다. 삼가 바라노니 장하께서는 닥치는 대로 그 즉시 깨우쳐 주셔서 산이거나 물이거나 승려거나 속인이거나 본분의 진상眞常[199]을 들어올려 사직과 백성에게 태평한 소식을 건네주시기 바랍니다.

趙文拔又作萬德社請說禪文曰,¹⁾ 敲空則響, 導火不燒. 然則心空不可以言, 口導何所有累. 恭惟和尙丈下, 傳迦葉之法印, 入普賢之行門. 明月轉山, 弄淸輝於松社, 閒雲出岫, 霑甘露於花都. 然隔岡未詣於紺筵, 欲何日親承其碧眼. 幸今靈鷲嶺稻麻會上, 已闌夏制之安居, 見子峰松菊園中, 可掬秋光而供觀.²⁾ 茲迎象步, 敢請龍吟. 伏望丈下, 信手拈來, 當頭打著, 是山水是僧俗, 擧揚本分之眞常, 有社稷有民人,³⁾ 付與太⁴⁾平之消息.

1)『동문선』권114,「도량문道場文」편에「萬德社請說禪文」이라는 제목으로 수록되어 있다. 2) ㈜ 觀은 覩(동문선) 3) ㈜ 民人은 人民(동문선) 4) ㈜ 太는 大(동문선)

---

198 심공心空 : 심성心性이 크고 넓어 만상을 포용하므로 대허공에 비유하여 이같이 말한다.

199 진상眞常 : 여래가 얻은 법이 진실하여 항상 머무는 것을 말한다.

진정眞靜 당시의 대신과 학사로서 결사를 맺고 시를 올린 자가 책에 넘쳐난다.

眞靜當時大臣學士之結社獻詩者, 又溢於篇簡.

임계지林桂之가 대존숙大尊宿 장하丈下에 올린 시
林桂之寄呈大尊宿丈下詩曰[1]

궁궐 담 가을 상념에 쓸쓸히 앉았으니	掖垣秋思坐蕭然
올해는 바로 옛 현사들이 결사 맺던 해	正是前賢結社年
곧은 절개로 처음엔 계성(중서성)의 대 기약터니	直[2]節初期雞省竹
오묘한 향에 끝내는 영축봉 연꽃 좋아하네	妙香終愛鷲峰蓮
도성 큰길 거마들 누런 먼지 자욱한데	九街車馬黃塵暗
천 리의 시내 낀 산엔 밝은 달이 두리둥실	千里溪山皓月圓
훗날 만나 임하의 즐거움 함께 누리고파	他日相從林下樂
바다 호각[200]의 거친 노래 먼저 불어 보네	先聲海角一荒篇

제자 좌정언 지제고 임계일 올림 　　　　弟子左正言知制誥[3]林桂一上

1) 시 제목은 『만덕사지』 편자가 붙인 것이다.(이하 동일) 『동문선』 제14권 「칠언율시」 편에 실린 원제목은 다음과 같다. 〈병인년 중추仲秋 1일에 평장平章 경원 공慶源公을 뵈러 가서 말이 송나라 학사 문공文公 왕우칭王禹偁의 서호西湖 연사시蓮社詩에 미쳤는데, 그 첫째 연이 '夢幻吾身是偶然 勞生四十又三年'이었다. 그때 내 나이 마침 선사先師 불혹의 해를 지나 몇 살을 더하였으므로 측연惻然히 느낌이 있어 한 편을 화운和韻하여 멀리 대존숙 상하丈下에 붙여 나의 회포를 밀래고, 또 후일에 내가 기시 도를 묻기든 푸른 칡덩굴 밑 달 아래 나를 낯선 손(客)으로 여기지 말기 바란다.(丙寅秋仲一日謁平章慶源公因語及宋學士王文公禹偁西湖蓮社詩其起聯云夢幻吾身是偶然勞生四十又二年時予適已過先師不惑之年而加數歲惻然有感因和成一篇遙寄呈大尊宿丈下以達鄙懷且約他時問道冀綠蘿煙月無以予爲生客耳)〉 2) 옛 直은 貞(동문선), 眞(호산록, 『한불전』12) 3) 옛 制誥는 荊誥(호산록, 『한불전』12, p.22a)

시중侍中 이장용李藏用[201]이 대존숙 장하에 드리는 시

---

200 바다 호각(海角) : 원래는 바다 가운데서 돌출한 좁고 긴 육지로 극히 먼 곳. 여기서는 바다소라 껍질을 이용해 만든 호각號角으로 보인다.

201 이장용李藏用 : 1201~1272년. 고려 후기의 문신, 학자. 고종 때 과거에 급제해 서경사록西京司錄·교서랑 겸 직사관校書郎兼直史館·국자대사성 추밀원승지國子大司成樞密院承旨를 거쳐 1256년 추밀원부사樞

侍中李藏用寄呈大尊宿丈下詩曰[1]

재상집[202] 밥을 먹기[203] 벌써 여덟 해	伴食黃扉已八[2]春
세울 만한 공 없이 공연히 빈둥빈둥	無切[3]可立謾因循
만약 이곳 떠나 시중 객이 된다 하면	若爲去作社中客
어찌하여 임하인인가 말들 하겠지요	應道[4]何曾林下人
두루마리 네 권 처음 지어 이적 전하고	四軸初成傳異迹
시 백 편 때로 나와 미혹한 나루 가리키네	百篇時出指迷津
멀리서도 알겠네. 향 연기 서려 있는 탑상에서	遙知一榻香煙畔
영산회상 모습을 늘 새롭게 보심을	恒見靈山面目新[5]

제자 낙헌노인 이장용 올림   弟子樂軒老人李藏用上

1) 『동문선』 제14권 「칠언율시」에 수록되어 있다. 원제는 〈임 습유林拾遺가 와서 연사시를 보이기에 한 수를 지어 대존숙 장하丈下에 부치다(林拾遺來示蓮社詩 因成一首 寄呈大尊宿丈下)〉. 『호산록』(『한불전』 12, p.22bc)의 제목은 〈林拾遺來示蓮社詩 因成一首 寄呈大尊宿丈下 弟子樂軒老人 李藏用上〉이다. 2) ㉠ 八은 入(호산록, 『한불전』 12, p.22b) 3) ㉠ 切은 功(동문선, 호산록 12, p.22c) 번역은 『동문선』에 따름. 4) ㉠ 道는 導(호산록) 5) 『호산록』에는 이하에 "謂以詩作佛事"라는 협주가 있다.

임계일[204]의 또 다른 헌시

密院副使, 1258년 정당문학政堂文學을 역임하였다. 1264년에 왕이 몽고에 입조할 때 수행, 해동현인海東賢人으로 칭송받아 명재상으로 이름을 높였다. 귀국 후 왕을 잘 수행한 공으로 문하시랑 동중서문하평장사門下侍郎同中書門下平章事에 오르고 경원군개국백慶源郡開國伯에 봉해졌으며 태자태사太子太師가 더하여졌다. 1267년 감수국사가 되어 유경柳璥, 김구金坵, 허공許珙 등과 함께 신종·희종·강종에 이르는 3대 실록을 편찬하였다. 이듬해 문하시중에 오르고 1269년 절일사節日使로 원나라에 다녀왔으며, 여러 번 지공거知貢擧를 역임하였다. 경사經史에 밝고 음양陰陽·의약醫藥·율력律曆에 통달했으며, 문장에 능하고 불서佛書도 깊이 연구하였다. 몽고와의 외교에 공을 세웠고, 일찍이 개경 천도를 주장하기도 했으며, 이승휴李承休를 천거해 관직에 나아가게 하였다. 시호는 문진文眞이다.

202 재상집: 원문 황비黃扉를 번역한 것이다. 황비는 재상이 거처하는 집. 고대에 승상, 삼공, 급사중 등 고관이 일을 주관하는 곳은 황색으로 문에 칠하였던 데서 유래한다.

203 밥을 먹기(伴食): 반식의 본래 의미는 모시고 함께 밥을 먹는다는 뜻이다. 당 현종唐玄宗 때의 재상 노회신盧懷愼이 일찍이 재신 요숭姚崇과 함께 추밀樞密을 관장하였는데, 자신의 재능이 요숭에게 미치지 못함을 스스로 인정하여 모든 일의 결단을 요숭에게 양보하였으므로, 당시 사람들이 그를 '함께 밥 먹는 재상(伴食宰相)'이라고 한 데서 유래한다. 여기에서 전하여 재상 지위에 있으면서 게으르고 무능하여 아무 일도 하지 못하는 사람을 가리킨다. 『구당서』 권98 「노회신열전盧懷愼列傳」.

204 임계일林桂一: 고려시대의 문인. 자세한 사항은 알 수 없다. 『동문선』에 7언 율시 두 수와 본 서문이 수

林桂一又獻詩曰[1)]

2만 연경 설법한 지 어느덧 30년	二萬蓮經三十春
초암의 여러 제자 줄이어 감화되었네	草菴[2)]諸[3)]子化循循
역로 반생에 나그네 된 이 몸	郵亭半世爲行客
향사에 수년 머물며 주인공을 연모하네	香社多年戀主人
이미 유유민·뇌차종205과 함께 입도했으니	已与劉雷[4)]同入道
장저·걸닉206에게 나루터 물을 것 없으리	休憑沮溺欲[5)]知津
하늘 가에서 멀리 손짓으로 부르는 듯	想看天際遙招手
구름 걷힌 천태산에 푸른빛이 새로웁다	雲卷[6)]台崖翠色新

속제자 좌습유 임계일 올림　　　　　俗弟子左拾遺林桂一上

1) 『동문선』 제14권 「칠언율시」에 수록되어 있다. 원제는 〈다시 이 상국李相國의 시를 차운하여 대존숙 장하丈下에 드림(復次李相國詩韻, 奉呈大尊宿丈下)〉, 『호산록』(『한불전』 12책, pp.22c~23a)의 제목은 〈復次李相國詩韻奉呈大尊宿丈下 俗弟子左拾遺林桂一上〉이다. 2) ㉠ 菴은 庵(동문선) 3) ㉠ 諸는 弟(호산록 12, p.22c) 4) ㉠ 雷는 雷(동문선, 호산록 12) 5) ㉠ 欲이 누락됨(호산록 12) 6) ㉠ 卷은 捲(동문선), 卷(호산록)

이장용의 또 다른 헌시

李藏用又獻詩曰[1)]

국화 밭 솔밭 길 어느 쪽도 아득한데	菊園松徑兩茫然
홍진에 사모관대 다시 또 몇 년인가	烏帽黃塵復幾年
솜털처럼 얽힌 속연 오래도록 비웃다가	長笑俗緣紛似絮
연꽃같이 맑은 선격 홀로 어여뻐라	獨憐禪格淨如蓮

록되어 있다.

205 유유민·뇌차종(劉雷) : 동진東晉 때 여산廬山의 고승 혜원은 여산에 동림정사東林精舍를 열고, 불교역경佛敎譯經에 전념했으며, 뜻을 같이하는 인사들을 모아 '백련사白蓮社'라는 결사를 조직했다. 본문의 유뢰는 염불결사에 동참한 여러 인물 가운데 유유민, 뇌차종의 성을 특별히 인용한 것이다. 이외에 주속지, 종병 등 백여 명의 결사인이 있다. 여기서는 함께 백련결사에 동참한 여러 선비를 가리킨다.

206 장저·걸닉(沮溺) : 춘추시대 초나라 은자인 장저長沮와 걸닉桀溺. 공자가 제자를 데리고 천하를 주유周遊하다가 초나라에 들렀을 때 장저와 걸닉이 짝을 지어 밭을 갈고 있는 것을 보고는 자로子路에게 나루터가 어디 있는지 물어보게 했던 고사가 『논어』 「미자微子」에 나온다.

흥이 일면 구름처럼 가거니 오거니 따라하고	興來欲學雲徐返
늙어가며 달 차는 게 이리도 빠른가 놀란다네	老去還驚月屢圓
멀고 아득한 향사는 공연히 꿈에 나타나	香社迢迢空役夢
그리움 가눌 길 없어 시편을 채우노라	不禁幽思滿詩篇

| 제자 낙헌노인 이장용 올림 | 弟子樂軒老人李藏用上 |

1) 『동문선』 제14권 「칠언율시」에 수록되어 있다. 원제는 〈임 습유의 운을 또 써 드림(用林拾遺韻又呈)〉. 『호산록』(『한불전』 12, p.23a)의 제목은 〈用林拾遺韻又呈 弟子樂軒老人李藏用上〉이다.

평장사平章事 유경[207]의 헌시
平章事柳璥獻詩曰[1)]

천덕[208] 당년에 귀밑 파란 소년들	天德當年鬢兩青
어깨동무로 곳곳에서 정답게 놀았지	肩隨處處幾論情
백련의 꿈은 밤마다 꾸었지만	白蓮魂夢無虛夕
황각의 공명으로 반평생 그르쳤네	黃閣功名誤半生
선정 파하고 몸 누이니 소나무 달은 희고	定罷側身松月白
재 마치고 발 씻으니 돌 틈 맑은 샘물	齋餘洗足石泉淸
붉은 낙엽으로 이끼 낀 길 막지 마시라	莫教紅葉封苔徑
문서 던지고 어느 훗날 당도할 수 있으리니	投刺[2)]他時倘可行

207 유경柳璥 : 1211~1289년. 고려 후기의 문신. 과거에 급제해 고종 때 대사성大司成에 이르렀다. 유천우兪千遇와 함께 오랫동안 정방政房에 있으면서 특히 최항崔沆의 신임을 받았다. 최항이 죽고 그의 아들 최의崔竩가 뒤를 이어 국정을 좌지우지하며 행패를 부려 민심을 잃게 되자, 1258년 별장 김준金俊 등과 모의해 최의를 죽이고 왕실의 권위를 회복하였다. 최씨 무신정권을 타도한 공으로 좌우위상장군左右衛上將軍이 되어 우부승선右副承宣을 겸임하고 추성위사공신推誠衛社功臣에 봉해졌다. 1269년 대사성 김구金坵 등에게 임연林衍이 김준을 죽이고 공신이 된 사실을 비난했다가 이를 엿들은 환관 김경金鏡의 고발로 흑산도에 유배되었는데, 얼마 뒤 강화로 이배되었다. 1270년 삼별초三別抄가 봉기했을 때 강화도에서 탈출해 돌아와, 삼별초와 내통할 것을 두려워하던 왕이 크게 기뻐하며 후대하고 평장사 판병부사平章事判兵部事로 임명하였다. 문장에 뛰어나 신종·희종·강종·고종 등 4대의 실록 편찬에 참여했으며, 도합 4회에 걸쳐 지공거知貢擧를 역임하였다. 이존비李尊庇, 안향安珦, 안전安戩, 이혼李混 등이 모두 문생門生이다. 시호는 문정文正이다.

208 천덕天德 : 금나라 해릉양왕海陵煬王의 연호(1149~1153).

속제자 유경 올림 俗弟子柳璥上

1) 『동문선』 제14권 「칠언율시」에 수록되어 있다. 원제는 〈임 습유가 와서 참사시를 보이기에 써서 드리다(林拾遺來示參社詩因書以呈)〉. 『호산록』(『한불전』 12책, p.23b)에 수록된 제목은 〈林拾遺來示參社詩因書一首連呈 俗弟子柳璥上〉이다. 2) ㉘ 剌는 劾(동문선), 覤(호산록). 핵劾은 죄상을 적은 문서.

김구金坵가 멀리 만덕산 대존숙 장하에 보낸 시

金坵遙寄萬德山大尊宿丈下詩曰[1]

백련의 꽃이 피어 불도의 성가 남다르니	白藕花開道價殊
동림의 연사요 또한 서호로다	東林蓮社又西湖
삼한의 바다 위로 그 누가 옮겨 심었나	三韓海上誰移種
만덕산에 비로소 활짝 피었구나	萬德山中始盛敷
도피안 기약하는 결사인은 몇몇인가	結社幾人期到彼
한 구절 기미 던져 저를 거둬 주시기를	投機一句願容吾
평생토록 눈살 찌푸린 나그네[209] 아니니	平生不是攢眉客
유유민·뇌차종의 계원 아니라 부르지 마오	莫作劉雷契外呼

속제자 판비서성사 학사 지제고 김구 올림

俗弟子判秘書省事學士知制誥金坵上

1) 『호산록』(『한불전』 12, p.23bc)에는 다음과 같은 제목으로 수록되어 있다. 〈습유 임군 계일이 평장 이공의 말에 "왕문공 우칭의 서호 연사시에 이르기를 '꿈과 같은 내 몸이 이것도 우연이라 수고로운 삶이 40 하고도 또 세 해이네. 부질없이 대궐 안의 붉은 작약을 자랑하니 어찌 동림사의 흰 연꽃 심음만 하랴' 했으니, 그 나이와 벼슬이 왕공과 서로 맞아 초연이 자연을 그리는 뜻이 있다." 함을 듣고, 드디어 1수를 화답하여 멀리 만덕산의 대존숙께 드립니다. 나도 이 법문 중에 향한 지가 오래기에 곧 왕공 시구 중의 吾 자로 운을 삼아 한 수를 이루어 뒤에 붙여 보냅니다. 또 바라옵건대, 다음날에 선림에서 언제 보았느냐고 말하지 마시기를 바랄 뿐입니다. 속제자 판비서성사 학사 지제고 김구 올림(拾遺林君桂一 因平章李公語及王文公禹偁西湖蓮社詩云 夢幻吾身是偶然 勞生四十又三年 謾誇西掖吟紅藥 何以東林種白蓮 感其年官正與王公詩相契 悄然有煙蘿之志 遂和成一首 遙寄萬悳山大尊宿丈下 予亦於此法門中 嚮注久矣 輒取王公詩首句中吾字爲韻 課成一篇 連附以寄 且冀他年不以林下何曾見謂耳 俗弟子判秘書省事學士知制誥金坵上〉

---

209 눈살 찌푸린 나그네(攢眉客) : 동진東晉 때의 고승 혜원慧遠이 여산廬山에 백련사白蓮社를 짓고 도연명陶淵明에게 들어오기를 권하였으나 도연명은 눈살을 찌푸리고(攢眉) 가 버렸다는 고사가 있다. 곧 도연명을 가리킨다. 『사문유취事文類聚』 전집 권25 「선불부仙佛部」

김녹연金祿延[210]의 헌시

金祿延獻詩曰[1)]

눈앞의 번뇌 세상 어지러운 온갖 일에	塵勞眼底事紛然
헛되이 골몰하여 육십 년을 허비했네	汨沒虛消耳順年
작약 읊는[211] 창자에서 비단 토할 필요 없고	吟藥不須腸吐錦
경을 읊는 혀에서 연꽃 피기 바라올 뿐[212]	念經唯[2)]冀舌生蓮
그대 선업의 꽃 일찍이 피어남 부러웁고	羨君白業花曾秀
내 현문의 열매 아직 맺지 못함 부끄럽네	愧我玄門果未圓
단지 향사에 이름 하나 걸기 위해	只[3)]爲掛名香社裏
억지로 거친 시구 지어 가작에 붙인다네	強將荒[4)]句續嘉篇

속제자 중사인 지제고 김녹연 올림   俗弟子·中舍人知制誥金祿延上

1) 『동문선』 제14권 「칠언율시」, 김녹연金祿延, 〈좌습유의 결사시結社詩를 보고 감탄을 못이겨 화운하여 드림(伏覩左拾遺結社詩不勝嘉歎依韻呈似)〉. 『호산록』12(p.24a)에는 〈伏覩尤拾遺結社詩不勝嘉歎依韻呈似 俗弟子·中書舍人制誥金祿延上〉. 2) ㉠ 唯는 只(호산록), 惟(동문선) 3) ㉠ 只는 唯(호산록), 只(동문선) 4) ㉠ 荒은 棄(호산록)

곽여필郭汝弼[213]이 대화상 장실에 봉정한 시

郭汝弼奉呈大和尙丈室詩曰[1)]

---

210 김녹연金祿延 : 고려 후기의 문신. 1258년 경상주도안찰사慶尙州道按察使로 임명되었으나 교만하고 학정과 착취가 심하였다. 1264년 예빈경禮賓卿으로 사신이 되어 몽고에 다녀왔으며, 관직이 우간의대부右諫議大夫에 이르렀다.

211 작약 읊는 : 중서성中書省에 재직한다는 의미로 보인다. 남제南齊 때 사조謝朓가 중서랑中書郞으로 있을 적에 중서성에 입직하면서 "붉은 작약이 뜰에서 번득이네.(紅藥當堦翻)"라고 작약시를 읊은 데서 연유한다.

212 경을 읊는 …… 바라올 뿐 : 구마라집이 평생에 설법說法을 잘하였는데, 죽은 뒤에 혀(舌)가 연꽃으로 화化하였다 한다.

213 곽여필郭汝弼 : 생몰년 미상. 고려 후기의 문신. 원종 때 좌정언左正言·비서감·중서사인中書舍人·전중감·간의대부를 지내면서 전후 일곱 차례에 걸쳐 원나라에 사신으로 다녀왔다. 충렬왕 초에 국학대사성國學大司成을 거쳐 전법판서典法判書가 되었다. 1279년에 동지공거同知貢擧가 되어 진사 33인과 명경 2인을 뽑았다. 그 해 전란 때문에 생긴 유망민流亡民을 불러 모으기 위하여 계점사計點使가 되어 전라도에 나갔다가 내고內庫의 처간處干을 부역시키지 말라는 왕명을 어긴 죄로 이듬해 파면되었다.

늙어가매 심지는 점점 어두워지니	老來心地漸昏然
결사하여 진리 닦음 장년에 해야 하지	結社修眞在壯年
묘법의 이름 들은 건 맹구우목 다름없고	妙法聞名如遇木
꽃과 열매 동시 피니 연화라 이름하네	花時同實故稱蓮
어리석고 놀란 집안의 아이들 위해	鬼[2]嬉屋裏癡而駭
크고 원만한 수레를 문 앞에 나열했네	車列門前大且圓
종사께서 길로 불러내 주길 바라며	但願宗師呼出路
노래 읊어 애오라지 좌습유 시편 이을 뿐	韻[3]風聊継[4]拾遺篇

속제자 기거랑 지제고 곽여필 올림　　俗弟子起居郎[5]知制誥郭汝弼上

1) 〈좌습유 법화결사의 시를 보고 탄미함을 이기지 못하여 차운하여 대화상께 올림(竊見左拾遺注花結社詩不勝歎美 次韻奉呈大和尙丈室 俗弟子起居卽知制誥郭汝弼上)〉(호산록 12, p.24b) 2) 鬼는 兒(대흥사본 호산록, 『한불전』6) 3) ㉠韻은 歕(호산록) 4) ㉠継는 繼(호산록, 『한불전』12) 5) ㉠郞은 卽(호산록, 『한불전』12)

시령始寧(유경)[214]의 헌시

【缺】始寧獻詩曰[1)]

한 잎 지자 가을 오니 호연한 흥 일어나네	一葉秋來起浩然
해 가고 해 오고 몇몇 해가 지났던가	年經年復幾年年
어찌 알리, 누항 속의 흔들리는 버들가지	那知巷陌搖搖柳
원래는 진흙에 핀 깨끗한 연꽃임을	元是淤泥濯濯蓮
흰 국화 울타리에 대숲 소리 부서지고	白菊籬邊篁韻碎[2)]
붉은 이끼 뜰 가에는 나무 그늘 둥글둥글	紫苔庭畔樹陰圓
장사[215]의 일척안[216]이 비록 있다 하나	長沙隻眼雖云在
한 점의 무소뿔[217]로 짧은 시구 드러내네	一點靈犀露短篇

214 시령始寧 : 시령은 문화文化의 옛 이름. 문화文化 유씨柳氏인 유경柳璥(1211~1289)이다.

215 장사長沙 : 장사부長沙傅. 서한西漢의 가의賈誼, 문제 때 가의가 귀양 가서 장사왕長沙王의 태부太傅가 되었다.

216 일척안(隻眼) : 독특한 견해를 비유하는 말. 선가禪家에서 범부의 육안이 아니라 진실한 정견正見을 갖춘 혜안慧眼이라는 의미로 쓴다. 정문안頂門眼 혹은 활안活眼이라고도 한다.

217 무소뿔(靈犀) : 물소는 뿔 가운데에 실 같은 흰 무늬가 있는데, 양쪽 뿔을 관통하여 신기하게 감응한다는

속제자 집현전 대학사 겸 상장군 시령 올림
俗弟子集賢殿大學士兼上將軍始寧上[3]

1) 『동문선』 제14권 「칠언율시」에는 "석시령釋始寧"으로 수록되어 있다. 제목은 〈앞서 왕문공 시 첫째 연 중의 '생生' 자로 시운을 삼았더니, 약성(중서성)의 제랑諸郞들이 모두 임 습유의 운을 썼기에 다시 그 운에 좇아서 드리다(前用王文公起聯中生字爲韻, 似聞藥省諸郞皆次林拾遺詩韻, 依樣更呈)〉이다. 『호산록』(『한불전』 12, p.24b)의 제목은 〈前用王文公起聯中生字爲韻 似聞藥省諸郞 皆次林拾遺依樣更呈 俗弟了始寧上〉이다. 시령을 승려로 보는 것은 오류다. 2) 『호산록』에는 협주가 있다. "近得燕京白菊 馨色風味都奇絶 培養供佛 欲分丈下故語及此耳." (요사이 연경의 흰 국화를 얻었는데 향기 색깔 멋이 다 절묘하여 재배하여 부처님께 공양했는데 스님께 나누어 드리고 싶어서 한 말이다.) 3) 『동문선』에는 "석시령"으로 되어 있으나, 『호산록』에는 〈前用王文公起聯中生字爲韻 似聞藥省諸郞 皆次林拾遺依樣更呈 俗弟子始寧上〉으로 됨. 승려가 아닌 속제자가 분명하다.

정홍鄭興[218]의 헌시
鄭興獻詩曰[1]

평생의 출사·은거 어떻게 헤아리리	平生出處若爲量
반벽 푸른 등에 밤기운 서늘하다	半壁靑燈夜意凉
만 호의 풍진은 어찌 저리 분주하고	萬戶風塵何擾擾
한 숲의 연기와 달 어찌 이리 아득한가	一林煙月奈茫茫
숲속 잔나비는 좌선 바위에 선뜻 자리하고	洞猨不避安禪石
강 해오라기는 때때로 강론 법당에 나명들명	江鷺時來撰疏堂
훗날 은거할 때 옷 떨치고 찾아가서	雲臥他年拂衣去
즐거이 물병과 석장에 한가로움 맡기리라	好於甁錫付閑忙

속세사 동문원 녹사 정홍 올림　　　俗弟子同文院錄事鄭興上

1) 『동문선』 제14권 「칠언율시」에 수록되어 있다. 원제는 〈낙헌·나재 두 정승이 여러 경대부와 함께 시를 지어 결사한다 하기에 나도 반가이 여겨 장구를 지어 부치다(興似聞樂軒懶齋二相國 與諸卿大夫作詩結社 予亦喜幸 偶成長句寄呈)〉 6수 중 첫째 수. 『호산록』(『한불전』 12책, p.25a)에는 이 중 제1수, 제2수가 수록됨. 제목은 〈홍이 낙헌과 나재 두 상국이 여러 경대부와 시를 지어 결사를 했다고 들었으니, 저 역시도 기쁩니다. 우연히 장구 4운의 2수를 지었기에 편에 따라 올립니다. 대존숙께서는 무졸한 곳에는 붓을 들어 잘라내기에 인색하지 마시고 연판장 말미에 부처 연사의 학적 중에 이름이 들게 하시면 얼마나 다행이겠습니까(興似聞樂軒懶齋二相國 與諸卿大夫作詩結社 子亦喜幸 偶成長句四韻二首 因風寄呈 惟大尊宿 每蕉拙處 不惜落筆刪去 以付板尾 得預名於蓮社籍中 何幸之大 俗弟子同文院錄事鄭興上〉〉.

설이 있으므로, 양자의 마음이 서로 통하는 것을 비유하는 말로 쓰인다.

[218] 정홍鄭興 : 미상

우면于勉이 용혈 대존숙龍穴大尊宿 장실에 드린 시

于勉呈龍穴大尊宿丈室詩曰[1)]

동굴에서 공부함이 편치 않았을 터	穴處功夫不自然
작은 구름 기운[219] 자주 불어 풍년을 빚어내네	屢噓膚寸釀豊年
남은 물결은 백성의 풀까지 미치고	餘波遞[2)]及民編草
이채로운 은혜는 멀리 상부의 연을 적시네	異渥遙漸相府蓮
어찌 홀로 선림에만 윤택함을 베풀리오	豈獨禪林先借潤
교해도 함께 간하여 다시 원만함 이루었네	幷看教海更成圓
일찍이 태학에서 따를 때 학맥 전하셨는데	早從鴉泮曾傳脉
이제야 마음 담아 졸시를 올립니다	注意如今獻惡篇

진도현령 우면 올림   珍島縣令于勉上

1) 『호산록』 『한불전』 12책, p.25b)에는 〈차운하여 용혈 대존숙님께 올리다. 진도현령 우면 올림(次韻寄呈龍穴大尊宿丈室珍島縣令于勉上)〉이라는 제목으로 수록되어 있다. 2) 옙 遞는 逮인 듯하다.

김서金惰[220]가 용혈 대존숙 장실에 드린 시

金惰寄呈龍穴大尊宿丈室詩曰[1)]

아버지께 등과 시절을 일찍이 듣자오니	膝下嘗聞桂苑春
노스님도 함께 급제 명단에 있었다지요	老禪同是牓中人
동굴 속 와룡의 법뢰 소리 우렁차고	臥龍一穴法雷殷
중천에 뜬 학이 달 읊는 시 새로워라	鳴鶴半天詩月新[2)]
도력 높은 생애에 석장과 짚신 남아 있고	道富生涯餘杖履[3)]

219 작은 구름 기운(膚寸) : 원래는 옛 척도의 이름. 네 손가락 넓이를 부膚라 하고, 한 손가락의 넓이를 촌寸이라 한다. 여기에서 전성되어 비오기 전에 구름 기운이 조금 모이는 것을 가리킨다.

220 김서金惰 : 미상~1284년. 고려 후기의 문신. 1271년 세자 왕심王諶(충렬왕)이 원나라에 볼모로 갈 때 호부낭중으로 시종하였으며, 이듬해 충렬왕을 따라 귀국하여 사의대부司議大夫가 되었다. 재임 중 왕의 인사관리에 반대하여 한때 파면되었다가, 1277년 국자감좨주國子監祭酒로서 원나라에 하정사賀正使로 파견되었다. 그 뒤 전법판서典法判書에 올랐고, 1284년에는 왕의 총애를 받던 정화원비貞和院妃의 압량사건壓良事件을 왕지王旨에 따라 판결하기도 하였다.

결사의 고상한 뜻 여러 관리 함께했네	社高投契遍簪紳
낭주에 다행히 세교 맺은 집 있으니	朗州幸有通家好
차 마실 때 외려 싫은 손님이라 막지 마시길	茶席猶堪備惡賓

속제자 낭주 수령 김서 올림 　　俗弟子朗州守金惰上

1) 『동문선』제14권 「칠언율시」에 〈용혈 대존숙 장실에 부치다(寄呈龍穴大尊宿丈室)〉라는 제목으로 수록되어 있다. 『호산록』(『한불전』 12책, p.25c)에는 〈寄呈龍穴大尊宿丈下 俗弟子朗州守金惰上〉라는 제목으로 수록되어 있다. 2) ㉾ 詩月新(동문선)은 月一新(호산록) 3) ㉾ 履는 履(동문선), 屨(호산록)

정흥의 또 다른 헌시

鄭興又獻詩曰[1)]

단좌하며 설법함이 허다한 해라	端居演法許多春
은밀한 교화로 만민 윤택 멀리서 아네	密化遙知澤萬民
산중의 나물 뜯어 진수성찬 삼고	林下摘蔬甘美食
시냇가 풀을 깔아 화려한 방석 꾸미네	溪邊藉草侈文茵
남악부터 내려온 의발 서로 전하고	來從南岳相傳鉢
늘 서풍을 만나면 공연히 티끌 피해[221]	常遇西風謾避塵
나 언제나 띠풀 엮어 은거 터 점지해	卜隱何年結茅草
지팡이 기대 파람 불며 도도히 두건 젖힐까	倚筇長嘯岸綸巾

제자 동문원 녹사 정흥 올림　　弟子同文院錄事鄭興上

1) 『동문선』제14권 「칠언율시」에 수록되어 있다. 원제는 〈낙헌·나재 두 정승이 여러 경대부와 더불어 시를 지어 결사한다 하기에 나도 반가이 여겨 장구를 지어 부치다(興似聞樂軒懶齋二相國 與諸卿大夫作詩結社 予亦喜幸 偶成長句寄呈)〉 6수 중 제3수. 『호산록』(『한불전』 12책, p.26a)에는 4수 중 제1수가 〈次韻寄呈 弟子同文院錄事鄭興上〉라는 제목으로 수록되어 있다.

---

221 늘 서풍을 …… 티끌 피해 : 진晉나라 왕도王導가 유량庾亮과 사이가 좋지 않았는데, 유량이 서울 서쪽 무창武昌에 있어서 서풍이 불 때마다 왕도가 부채로 낯을 가리며, "원규元規(유량의 자)의 티끌이 사람을 더럽히네." 하였다는 고사가 있다.

대정大正 4년(1915) 을묘년 봄에 화엄암華嚴庵에서 등서謄書하다【중간중간에 오자나 낙자가 있으니 보시는 분은 용서하시기를】

大正四年乙卯春謄書于華嚴庵【間有誤落, 觀員恕之】

만덕사지

⟨하⟩

萬德寺志 下

만덕사지 제4권
萬德寺志 卷之四

다산茶山 감정

기어 자굉騎魚慈宏 모음

철경 응언掣鯨應彦[1] 교정

茶山 鑑定

騎魚慈宏 輯

掣鯨應彦 校

---

[1] 철경 응언掣鯨應彦 : 생몰년 미상. 19세기 후기의 승려. 속성은 김金씨, 영암靈岩 출생. 만덕산萬德山 백련사로 출가하여 승려가 되었고, 연파蓮坡 법사의 법을 이어받았다. 아암 혜장兒庵惠藏의 문도이며 정약용과도 교분이 있었다. 아암이 그를 처음 보았을 때 "어찌 그리 그대를 본 것이 늦었는가? 그대를 기다린 지 오래다."라고 하여 그가 큰 법기法器임을 알아보았다고 한다. 다산 정약용도 그에게 7언 16구에 이르는 장시 1수를 지어 주는 등 애정을 표한 바 있다. 대사의 문인으로는 쌍련雙蓮과 성관性貫 등이 있다. 『동사열전』 「철경강사전」에는 문집 2권이 있다고 하였으나 현재 전하지 않는다.

조선 개국 초에 왜구가 바닷가에 침입하여 절이 불타 무너졌다. 세종 12년 경술【명明 선종宣宗, 선덕宣德 5년(1430)】에 행호行乎 대사가 도량을 중건하니 규모와 양식(제도)이 크고 넓어 옛 규모를 다 복원하였다.

홍문관 대제학 윤회尹淮가 시은「백련사기白蓮寺記」:
【"그 성쇠를 따라"의 윗부분은 앞에 소개하였다.[2]】우리 조선은 성신聖神이 계속 이으시어 바닷가 산이 맑고 평안하여 풍진風塵에 놀라지 않았다. 이에 천태종의 영수領袖인 호 공乎公이 이 절에 놀러갔다가 황폐함을 보고 석장을 머무르며 길게 탄식하고 분연히 서원을 발하셨다. 그리고 그 도제徒弟인 신심信諶 등에게 부촉하여 여러 선남자와 선여인에게 시주를 권유하도록 하였다. 경술년(1430) 가을에 일을 시작하여 병진년(1436) 봄에 공사를 마쳤다. 불전佛殿과 승료僧寮는 거의 태평한 시절의 옛 모습을 복원하였고, 작법作法과 축리祝釐는 곧 예와 비교해도 더 나을 정도였다.

대사의 속성은 최씨崔氏로 문헌공文獻公의 후예이고 고죽孤竹의 사족士族이다. 일찍이 출가하여 계행이 고절하였고 묘법法妙을 돈오하여 치납緇衲(승려)들이 우러러보았다. 성품은 순효하여 노모를 모실 때 살아서는 봉양하고 돌아가시자 장사를 치름에 그 마음을 힘써 다하였으니 다른 승려와 비할 바가 아니었다. 두류산의 금대사金臺寺와 안국사安國寺, 천관산의 수정사水淨寺는 모두 거주하던 곳인데 백련사는 가장 늦게 머무신 곳이다.

○이청 안案 : 왜구가 우리 땅에 침입한 것은 실제로는 고려 말이다.【정지鄭地[3]가 진도 싸움에 있었다.】조선 초에는 왜구의 환란이 혹시 비인庇仁과 남포藍浦 등지에 있었는지 모르나 강진 해남이 봉격鋒鏑(병화)을 입었다는 기록은 국승國乘에는 보이지 않는다. 곧 백련사가 병화로 훼손된 것은 고려 말이 아닌가 의심스럽다.

○또 다른 고찰 : 원묘가 창건한 것은 금金 대안大安 3년(1211) 이후로 행호行乎 대사가 중수하고 일을 마친 해【세종世宗 18년 병진, 명明나라 영종英宗 정통正統 원년(1436)】로부터 225년이다.

---

2 앞에 소개하였다 :『만덕사지』권2에 수록되어 있다.(90쪽, 윤회尹淮의「백련사기白蓮寺記」참조. "本朝大提學尹淮白蓮寺記曰 ~ 寺亦隨其盛衰【此下見行乎大師條】")

3 정지鄭地 : 1347~1391년. 고려 후기의 무신. 순천, 낙안, 영광, 광주, 담양, 남원, 남해 관음포에서 왜적을 대파했고 요동 정벌 때 이성계의 위화도회군에 동조했다.

至我國初, 倭寇海壖, 寺以燹毀. 至世宗十二年庚戌【明宣宗宣德五年】有行乎大師, 重建道場, 制度宏敞, 悉復其舊.

弘文館大提學尹淮撰白蓮寺記曰:[1]【隨其盛衰以上見前】唯[2]我朝鮮, 聖神繼作, 海岳淸寧, 風塵不驚. 乃有天台領袖乎公[3] 游涉[4]是寺,[5] 見其荒圮, 駐錫長吁, 奮發誓願.[6] 囑其徒弟信諶等, 誘掖諸善檀越.[7] 經始於庚戌之秋, 訖功於丙辰之春. 佛殿僧寮, 幾復昇平之舊. 作法祝釐, 則[8]迨將軼古而過之. 師俗姓崔氏, 文獻公之裔孫, 孤竹士族也. 䆃歲出家, 戒行高絶, 頓悟法妙,[9] 緇衲景仰.[10] 性純孝事老母, 生養死葬, 務盡其心, 非他釋子比. 頭流山之金臺安國, 天冠山之水[11]淨, 皆其所居,[12] 而白蓮其寂後者云.[13]

○ 晴案 : 倭寇之侵我坤, 維實在高麗之末【鄭地有珍島之戰】至我國初, 倭患或在於庇仁藍浦等地, 而康津海南之被其鋒鏑, 不見國乘. 則白蓮寺之毁于兵燹, 疑在高麗之末也.

○ 又按 : 圓妙創建在金大安三年下, 距行乎大師重修訖功之年【世宗十八年丙辰大明英宗正統元年】爲二百二十五年也

1) ㉡『동문선』 권81.「記」편에「萬德山白蓮社重創記」라는 제목으로 수록되어 있다. ㉢ 2) ㉢ 唯는 惟(동문선) 3) ㉢ '天台領袖乎公'은 '天台領袖都大禪師乎公'(동문선) 4) ㉢ 涉는 陟(동문선) 5) ㉢ 是寺는 白蓮寺(동문선) 6) ㉢ '奮發誓願'은 '奮發興廢 復古壽君福國之誓願'(동문선) 7) ㉢ 檀越 뒤에 "量度經營 且遣信諶 奉書于孝寧大君 請爲大功德主 大君於是欣然相許 不謀而同 施錢財 出氣力 人競樂趨 不遠而至 長興府人前都官佐郞曹隨 康津縣安逸戶長姜濕 爲最先焉"이 있다.(동문선) 8) ㉢ 則이 없다.(동문선) 9) ㉢ 法妙는 妙法(동문선) 10) ㉢ 景仰 뒤에 "太宗恭定大王 嘗營雉岳山覺林寺 設大會以落之 聞師名 徵主斯席 又構大慈庵 於長嶺山 卞韓昭頃公之塋之側 命爲住持 今上踐祚 以判天台宗事召師 遣落世塵 不久 輒棄去 遁于山野 其雅尙類此"가 있다.(동문선) 11) ㉢ 水는 修(동문선) 12) ㉢ 居는 新(동문선) 13) ㉢ 云으로 생략된 내용은 "大君知某與師有舊 因俾某略記始末 故不敢辭 若夫大君與乎師 下至緣化檀越 聲未來世福 同躋佛土 受諸快樂 將目此而始"이나.(동문선)

홍문관 수찬 조종저趙宗著[4]가 지은 「백련사비白蓮寺碑」:
【앞부분 생략】강진 만덕산에 있는 백련사는 신라 때 창건되었는데 내려오는 중에 폐사로 황무지가 되어 몇 년이 흘렀는지 알 수 없다. 고려조 원묘 국사가 두류산에서 흘러 들어와 이 절의 남은 터를 보고 그 장소와 지세가 매우 훌륭한 것을

---

4 조종저趙宗著 : 호는 간재艮齋, 남악南岳. 문집으로 『남악집南岳集』이 있다. 문집에 불교 관련 글로는 백암 성총性聰에게 쓴 편지글과 「南漢山城新寺勸善文」이 수록되어 있다. 이 글은 보이지 않는다. 조종저에 대해서는 47쪽 각주 22번 참조.

보고 그 무리 원영元瑩과 지담之湛·법안法安 등에게 중수하는 일을 맡겼다. 금金 대안大安 3년 신미년(1211)에 짓기 시작하여 정우 4년에 공사를 마쳤다. 【그 사이가 대체로 6년이다.】 세운 법당은 서까래가 모두 80여 개였다. 이어 문인門人 천인天因 등과 함께 설법하고 경을 강론하자 원근의 승속들이 모여들어 다투어 나아가 예를 취했으며, 공경公卿과 목수牧守(수령)들이 그 소문을 듣고 결사結社하여 따르는 이가 거의 300여 명이었다. 고려 왕이 이를 듣고 정유년에 선사禪師라는 호를 내리시고 자주 포상의 교지를 내리고 세시명절마다 하사 물품이 매우 많았다. 이로 말미암아 본사는 동방의 제일도량이 되었다. 이후 11분의 대사를 전하여 무외 대사無畏大師에 이르기까지 계속 이 절에 머무르며 그 의발을 전승하고 도법(불법)을 천양하자 땅과 사람이 모두 세상에 이름이 드러났으니 세상에서 이 절을 중시한 것은 다른 절에 비할 바가 아니다.

우리 세종조에 들어와 왜란으로 절이 불타 잡초만 무성하였다. 천태 대사 행호行乎와 그 신도 신심信諶이 다시 짓고자 발원하여 경술년(1430)에 역사를 시작하여 병진년(1436)에 일을 마쳤다. 전각과 회랑, 요사채(殿宇廊寮)가 극히 크고 넓어 옛날과 비교해도 더 나을 정도였다. 【생략】 옛날에는 절 안에 원묘圓妙의 비가 있었으니 당시 학사 최자崔滋가 임금의 지시를 받아 지은 것이다. 지금 남아 있는 탑은 8기인데 그중 하나가 곧 원묘의 사리가 간직된 것으로 고려 왕이 책명冊名 하기를 '중진탑中眞塔'이라 하였다. 이 절의 승려 탄기坦奇가 본사의 실제 자취가 오래되어 잃어버릴까 염려하여 돌에 새기고자 나에게 글을 청해 왔다. 【현록대부 顯祿大夫 낭선군朗善君 오俁가 글씨를 쓰고, 가선대부嘉德大夫 낭원군朗原君 품偘이 글씨를 새기다. 숙종 7년 신유년(1681) 5월에 비를 세우다.

○『강진현지康津縣志』: 옛 비석은 있는 곳을 모르고 다만 받침돌만 있다. 숙종 무진년(1688)에 승려 탄기坦機가 다른 돌을 캐와 조종업의 비문을 다시 세울 때 옛 받침돌을 그대로 사용하였다.】

弘文館修撰趙宗著撰白蓮寺碑[1]曰,【節】康津萬德山有白蓮社, 始創於新羅, 中廢荒蕪, 不知年所. 麗朝圓妙國師, 自頭流來見寺遺址, 喜其處勢奇勝, 使其徒元瑩之湛法安等, 幹其重修之役. 經始於金大安三年辛未, 訖工於貞祐四年【其間凡六年】. 立屋凡八十餘椽. 仍與門人天因等說法談經, 遠近緇徒, 坌集爭就北面, 公卿牧守慕其風聲, 結社從游者, 殆三百餘人. 麗王聞之, 丁酉歲賜號禪師, 屢降褒旨,

歲時賜賚甚多. 由是本寺爲東方第一道場. 傳十一師, 至無畏大師, 繼居是寺而傳
其衣鉢, 闡揚道法. 故地与人俱顯于世, 世之重此寺, 非他山寺之比也. 入我世宗
朝, 寺燬于倭亂, 鞠茂草. 天台師行乎與其徒信諶發願重建. 庚戌筆役, 丙辰斷手.
殿宇廊寮極其宏敞, 殆軼古而過之.【節】寺中舊有圓妙碑, 其時學士崔滋奉敎所撰
者. 今有窣堵波八, 其一即圓妙舍利之藏, 而麗王冊名爲中眞塔者也. 寺僧坦奇,
恐本寺實跡久而亡泯, 欲刊之石, 請文于余.【顯祿大夫朗善君俁書, 嘉德大夫朗原君偘
篆. 肅宗七年辛酉五月立.
〇康津縣志云：古碑失所在, 但有趺. 肅宗戊辰, 僧坦機伐他石, 改竪趙文, 仍用舊趺.】

1) 비명의 원 제목은「全羅道康津萬德山白蓮寺事蹟碑」이다. 보물 1396호.

이후로 종풍이 오랫동안 적막해졌는데 명나라 천계天啓 말에 취여 삼우醉如三愚
대사가 다시 사자좌에 웅거하여 거듭 용상의 자리를 펼쳤다.

취여醉如 대사는 영정이 있는데 지금 세심암洗心菴에 있다.
〇근학謹學의 안 : 세심암洗心菴은 세심 조사洗心祖師가 일찍이 머물던 곳이다.
조사의 이름과 자가 전하지 않는데, 세심암을 창건하고 주석했기 때문에 그렇게
부른다. 세심암에 사리를 봉안한 탑이 있다.【한영翰英이 말하기를 사리는 절취당하였
다고 한다.】이에 세심암에 영정이 있는 것이다.

自玆以降, 宗風久寂. 大明天啓之末, 有醉如三愚大師, 復據狻猊之座, 重開龍象
之席.

醉如大師有影幀. 至今在洗心菴.
〇謹學案：洗心菴者, 洗心祖師之所嘗棲也, 其名字無傳. 翔建洗心菴居之, 因以
爲號. 於洗心菴中, 舍利安塔【翰英云, 舍利盜竊之.】仍有影幀在洗心菴.

이를 계승한 이래 의발을 서로 전하여 세세토록 맹주가 되었으니, 백련사 한 곳
은 드디어 취여醉如의 도량이 되었다. 이에 종통宗統을 나열하여 등불을 밝히고자

한다.

○자굉慈宏 안 : 본조(조선)의 승보는 만력萬曆 이래로 두 종파로 나뉜다. 하나는 청허淸虛 종파, 다른 하나는 부휴浮休 종파이다. 청허의 종파는 수십으로 나뉘어 퍼졌으나 그 큰 줄기는 둘이다. 하나는 소요 태능逍遙太能 종파이고, 다른 하나는 편양 언기鞭羊彦機 종파이다. 우리 취여 선사醉如先師는 곧 소요逍遙의 적손嫡孫이고 백련사의 맹주이다. 위의 소요로부터 아래의 아암兒菴에 이르기까지 마침 8대가 된다. 고려에 8국사가 있었고 본조에도 8대사가 있으니 그 수가 맞아떨어진다. 특히나 본조에서는 불교를 숭상하지 않은 고로 호를 내리거나 관직을 내리는 영광이 없었으니 이는 예전 같지 못한 점이다.

嗣茲以降, 衣鉢相傳, 世世主盟, 蓮社一區, 遂爲醉如之道場. 茲列宗統, 以昭燈光.

○慈宏案 : 本朝僧系, 自萬曆以來, 分爲二宗. 一淸虛宗也, 一浮休宗也. 淸虛之宗, 播爲數十而其大幹有二. 一逍遙太能宗也, 一鞭羊彦機宗也. 我醉如先師即逍遙之嫡孫, 而蓮社之盟主也. 上自逍遙, 下至兒菴, 適爲八葉. 在高麗則有八國師, 在本朝則有八大師, 其數相符. 特以本朝, 不崇佛敎, 故無賜號賜誥之榮. 此其所遜也.

제1 소요 대사逍遙大師는 청허淸虛의 저전嫡傳을 계승하여 취회醉華[5]의 아름다운 실마리를 열었다.

홍문관 대제학 백헌白軒 이경석李景奭[6]이 지은 「소요대사비逍遙大師碑」 :

---

5 취회醉華 : 제3 취여醉如 대사와 제4 화악華岳 대사인 듯하다.
6 이경석李景奭 : 1595~1671년 조선 중기의 문신. 평생 『소학』과 『논어』를 거울 삼아 수양했고, 노년에는 『근사록』과 주자서류를 탐독하였다. 문장과 글씨에 특히 뛰어났는데 시문은 경학에 근본을 둔 것이 주된 흐름이다. 17세기의 초기·중기에 해당하는 인조·효종·현종의 3대 50년 동안 시국의 안팎으로 얽힌 난국을 적절하게 주관한 명재상으로 보냈다. 저서로는 『백헌집』 등 유집 50여 권이 간행되었고, 조경·조익 등과 함께 『장릉지장長陵誌狀』을 편찬하였다.

옛날 서쪽 총령葱嶺으로 돌아가며 짚신 한 짝의 신령스런 자취를 남겼고, 동쪽 약산藥山을 건너면서 한마디의 묘한 자취를 전하였다. 하물며 사리를 봉안하는 일은 바로 부도浮屠(승려)가 숭상하는 일이니 어찌 빠뜨릴 수 있겠는가.

대사의 속성은 오吳씨, 법휘는 태능太能이며 호남 담양 사람이다. 가정嘉靖 41년(1562)에 태어났는데 때는 곧 임술년 늦가을 9월이었다. 어머니가 꿈에 '대승大乘'이라는 작은 글자를 보고 낳았는데 그 상호가 빼어나 신이한 징표에 부합하였다. 백양사에서 진사眞師에 의지하여 13세에 머리를 깎고, 황벽黃檗의 깊은 뜻을 받아, 많은 대중들에게 그 이름을 알렸다. 호는 타고난 성품 따라 소요한다는 의미로 지었고, 자취는 인연 따라 뒤섞여 거리낌 없이 노닐었다. 남국을 차례로 참방하다 부휴浮休에게 대장大藏(경전)을 공부하고 서산西山을 재차 방문하여 청정한 본원을 깨우쳤다. 금강산에 머문 지 수년에 우뚝 선 봉우리 같아 오를 길이 없었고, 일생 동안 옥게玉偈(게송)를 연창하니 맑은 거울(달)이 높이 올라 비춘 것 같았다. 신흥사神興寺를 복된 구역으로 새로 만들었고, 연곡총림燕谷叢林을 수승한 절경으로 다시 복구하였다.

원숭이가 산의 메아리처럼 응하여 앉아 듣고, 용상龍象(대덕)이 강물처럼 달려들어 서서 모이니, 절문을 가득 채우고 성황을 이루어 입실하였다. 영화를 멀리하는 초심으로 특별한 하사를 받아도 그곳에 머물지 않았으며, 일을 주관하는 탁월한 재능으로 큰 공을 이루어도 그곳에 거처하지 않았다. 깨달음의 근원을 깊이 탐구하여 미혹의 나루터에 보배로운 뗏목을 띄웠고, 참된 진리(眞筌)를 성대히 천양하여 고통의 바다에 자비의 배를 띄웠다. 적멸에 임하여 열반을 논하고 석장을 우뚝 세워 게송을 남기고는 완연히 평상시처럼 계시다 홀연히 입적하였다. 이때는 기축년(1649) 11월 21일로, 당시 나이는 88세, 선납禪臘은 73년이었다. 방안에 향기가 짙게 감돌고 처마에 서광이 밝게 비치는 가운데 모여든 납자가 수십 수백 명에 이르고 법우法雨가 널리 삼천세계를 적시었다. 신묘한 구슬이 축원에 응하여 다비 시에 튀어나와 쌍을 이루었고, 신선의 뼈대가 공중에 올라 높은 가지를 향하여 하나를 얻었다. 보배 누대의 정토에 탑을 세워 나누어 보관하는 것이 마땅하기에 보개寶盖와 금산金山의 성지에 나아가 각각 건립하였다. (입적한 지) 어느새 3년이 다가오자[7] 제자들이 천 리를 달려와서 남은 슬픔을 더욱

---

7 입적한 해는 1649년, 비문 작성은 1651년으로 햇수로 3년이라 볼 수 있으므로 三霜을 3년으로 해석하였다.

깊이 누르며 나의 말을 간절히 구하였다. 크게 웃는 소리가 들리는 듯도 하니 어찌 긴 말을 쓸 수 있으리오.

명銘은 다음과 같다.

무에 본래 무가 없는데	無本無無
유에 어찌 유가 있으리오	有何有有
멸은 멸이 아니고	滅不爲滅
우연히 짝이 있었을 뿐	偶然有偶
전생에 장수하는 것이 아니라	非壽於前
후생에 장수하리니	而壽於後
수명을 누가 더하리오	壽孰加焉
그 계심이 장구하리라	其存者久

第一逍遙大師, 承淸虛之嫡傳, 啓醉華之令緖.

弘文館大提學白軒李景奭撰逍遙大師碑曰,[1] 粤昔西歸葱嶺, 留隻履之靈蹤, 東涉[2]藥山, 傳一聲之妙蹟. 況當舍利之攸奉, 可闕浮屠之是崇. 師俗姓曰吳, 法諱太能, 湖南潭陽人也. 生於嘉靖之四十一年, 時乃壬戌之高秋九月. 阿孃夢而大乘小字, 厥相秀而異徵同符. 依眞師於白羊, 十三祝髮, 服玄旨於黃檗,[3] 億兆知名. 號因任性而逍遙, 跡混隨緣而放曠. 歷參南國, 受大藏於浮休, 再訪西山, 悟本源之淸淨. 棲金剛者數載, 孤峰絶攀. 演玉偈於一生,[4] 明鏡揭照. 神興祇樹, 翔新制於福區, 燕谷叢林, 修舊觀於勝境. 坐聽獅[5]猴之山應, 立致龍象之川奔, 爛其盈門, 盛矣入室. 辭榮夙志, 被殊錫而罔居,[6] 辦事宏才,[7] 成鉅功而弗處.[8] 深探覺源,[9] 浮寶筏於迷津, 茂闡眞詮,[10] 泛慈航於苦海. 論涅槃於臨寂, 卓錫杖於垂辭, 宛然其常, 焂爾而化. 寔惟己丑十一月二十一日也. 行年九旬小[11]二, 禪臘七耋[12]加三. 房櫳馥而香氣濃,[13] 簷宇晃而[14]祥光擁.[15] 衲衣全集, 十百其人, 法雨普沾[16]三千之界. 神珠應祝, 躍闍毗而成雙, 仙骨騰空, 指高標而得一. 珍臺淨土, 宣鷹塔之分藏, 寶蓋金山, 即雞[17]園而各建. 其弟子等 三霜奄及 千里委來, 挹[18]餘悲而愈深,[19] 求拙語之誠切, 如聞大笑 曷稱長言. 銘曰, 無本無無, 有何有有. 滅不爲滅, 偶然有偶. 非壽於前, 而壽於後. 壽孰加焉, 其存者久.

1) 이 비문은 『백헌집白軒集』에는 수록되지 않았다. 소요당 대사 부도비는 김제 금산사 부도전에 있다.(효종 2년, 1651). 이지관 편 『역대고승비문』에 수록된 「김제금산사 소요당태능대사비문」(p.138)은 『조선금석총람』을 저본으로 수록하였다. 『한불전』 8책 pp.199~200, 『소요당집』에는 「소요비명병서」로 수록되어 있다. 여기서는 세 이본을 대교하였다. 한편 『동사열전』에 「소요종사전」이 별도로 수록되어 있다.(『한불전』 10책, p.1020) 「철원보개산소요당태능법사비문」(역대 p.142)은 이와 다른 내용으로 『동주집東州集』을 저본으로 하였는데 이민구(李敏求, 1589~1670) 찬이며 1649년 이후 제작된 것으로 추정된다. 2) ㉮ 涉은 陟(『역대고승비문』, 이하 역대) 3) ㉯ 檗은 蘗(『한불전』, 역대) 4) ㉰ '孤峰絶攀 演玉偈於一生'은 '演玉偈於一生 孤峰絶攀'(역대) 5) ㉱ 獼는 獮로 된 이본도 있다.(『한불전』, 역대) 6) ㉲ 居는 屆(역대) 7) ㉳ 才는 材(역대) 8) ㉴ 弗處는 □家(역대) 9) ㉵ 源은 苑(역대) 10) ㉶ 詮은 筌(『한불전』) 11) ㉷ 小는 少(역대) 12) ㉸ 耄은 袤(『한불전』) 13) ㉹ 濃은 凝(역대) 14) ㉺ 晃而는 而晃(역대) 15) ㉻ 擁은 拂(『한불전』) 16) ㊀ 沾은 霑(역대) 17) ㊁ 雞는 鷄(『한불전』, 羅(역대) 18) ㊂ 挹은 抱(역대) 19) ㊃ '千里委來 挹餘悲而愈深'은 '抱餘悲而愈深 千里委來'(역대)

제2 해운 대사海運大師는 소요逍遙의 문하에서 의발을 전수받고 취여醉如의 방에 등불을 전하였다.

승정원 우승지 홍기섭洪起燮[8]이 지은「해운대사비海運大師碑」:
해운海運 대사가 입적한 지 지금 벌써 169년이 되었다. 그 성씨와 고향은 고증할 수 없다. 다만 연파 혜장蓮坡惠藏이 일찍이 대사 문중에서 옛 기록을 보았다 하는데 그 내용은 이러하다.
"청련 원철靑蓮圓徹 대사가 대둔사에서 큰 법회를 열었을 때 소요 태능 또한 대둔사에 이르렀다. 해운 경열海運敬悅은 그 해 태능에게 의발을 전수받았으니 당시 나이 28세였고, 67세에 입적하였다."
이제 살펴보니 청련靑蓮 대사가 큰 법회를 연 해는 곧 만력萬曆 36년 정미년(1607) 겨울이다. 그런즉 경열은 만력 8년 경진년(1580) 생으로 숭정崇禎 갑신년 지나 3년 후인 병술년(1646)에 입적하였다. 그가 의발을 전수받은 해는 소요당의 나이 46세 때, 입적한 해는 소요당의 나이 85세 때였다. 소요당이 88세에 입적했으니 경열이 먼저 세상을 떠난 셈이다. 이들 스승과 제자 두 사람은 서로 함께할 때에 오히려 '어진 이를 보는 것'[9]처럼 하였

---

8 홍기섭洪起燮 : 1776~1831년. 조선 후기의 문신. 1802년 정시문과에 병과로 급제하여 1810년 수찬이 되었으며, 1812년 교리로 승진하였다. 이듬해 사은정사謝恩正使 이상황李相璜과 함께 서장관書狀官으로 청나라에 다녀왔으며, 1818년 대사간, 1821년 대사성을 거쳐, 다시 대사간이 되었다. 이후 한성부판윤, 형조판서, 예조판서 등 여러 관직을 역임하였다. 내의원제조內醫院提調로서 왕세자가 병으로 죽자 양사兩司의 탄핵을 받았고 대호군으로 재직 중 사망하였다.

9 어진 이를 보는 것 : 『논어』「이인里仁」"공자가 말하기를 '어진 이를 보면 그와 같아지기를 생각하고, 어질지 못한 사람을 보면 안으로 자기를 돌아보라(子曰 見賢思齊焉 見不賢而內自省也)'라고 하였다."

다. 그 자잘한 일이야 비록 일실되었지만 어찌 상심할 일이겠는가? 소요당의 문도가 수백 명에 이르지만 오직 경열만이 홀로 그 종지를 얻었다. 고로 법호를 해운海運이라 하였다. 해운이란 봉새가 옮겨간다는 말이고, 봉새가 옮겨간다는 말은 소요한다는 말이다. 소요당의 전법이 곧 해운이 아니겠는가?

그러므로 (소요당이) 마음을 전하고 법을 전하며 부른 게송은 이러하다.

유성과 폭죽이라 기봉은 드높고	飛星爆竹機鋒峻
돌이 갈라지고 벼랑 무너지듯 그 기상 높도다[10]	裂石崩崖氣像高

또

쇠망치 그림자에 허공이 찢겨지니	金鎚影裏裂虛空
놀란 진흙소가 해동을 지나누나[11]	驚得泥牛過海東

또

선의 벼리, 교의 뼈대 그 누가 대적하리	禪綱敎骨誰能敵
중화의 달과 동이의 바람 누가 감히 수답하리[12]	華月夷風孰敢酬

또

위음나반은 다시 어디에 있는가	威音那畔更那畔
눈에 가득 연기 낀 달[13] 물속에 잠겼어라[14]	滿目煙光入水皆

---

10 유성과 폭죽이라 …… 기상 높도다:『소요당집』(『한불전』 8책, p.192) 〈贈悅闍梨〉의 일부이다.
11 쇠망치 그림자에 …… 해동을 지나누나:『소요당집』(『한불전』 8책, p.192) 〈贈悅闍梨〉의 일부이다.
12 선의 벼리 …… 감히 수답하리:『소요당집』(『한불전』 8책, p.196) 〈次悅闍梨寄法義上人韻〉의 일부이다.
13 위음나반은 …… 연기 낀 달: "威音那畔 滿目煙光"은『선가귀감』「曹洞家風」에 보인다.
14 위음나반은 …… 물속에 잠겼어라:『소요당집』(『한불전』 8책, p.196) 〈次悅禪人行脚韻〉의 1,2구이다.

그 전편이 모두 『소요당집』에 실려 있으니 이로써 해운을 징험할 수 있을 것이다. 명에 이른다.

큰 날개가 남으로 옮길 때	大翼南徙
삼천 리 바닷물을 치고 난다네	水擊三千
해운이 아니라면 어찌 노닐까	匪運曷游
전수받고 전수하네	是受是傳
별이 흐르고 폭죽 터지니	星飛竹爆
빛나는 등불 하늘에 가득	光燭長天
그 등불 여섯 번 타올라	六燃其燈
마침내 정암과 연파에 이르네	遂至晶蓮
진실로 참 진리 구하고자 한다면	苟求眞諦
저 새겨놓은 글을 보시게	視彼梓鐫

第二海運大師, 受鉢逍遙之門, 傳燈醉如之室.

承政院右承旨洪起燮撰海運大師¹⁾碑曰,²⁾ 海運師之沒, 今已百六十九年矣. 其姓氏鄕里, 皆無可考. 唯³⁾蓮坡惠藏, 嘗見師門古記曰. 靑蓮圓徹大師, 大芚大會之年,⁴⁾ 逍遙太能亦至芚寺. 海運敬悅, 以是年受衣鉢於太能. 時年二十八. 至六十七而寂. 今考靑蓮大會之年, 乃萬曆三十六年丁未之冬也. 然則敬悅, 以萬曆八年庚辰生, 以⁵⁾崇禎甲申之越三年丙戌寂. 其受衣也, 逍遙之年四十六. 其歸寂也, 逍遙之年八十五. 逍遙八十八而終, 則敬悅其先逝矣. 其師弟二人, 相与之際, 猶如見矣.⁶⁾ 其小事雖逸, 奚傷焉. 逍遙門徒數百餘人, 惟敬悅獨得其宗. 故號之曰海運. 海運者鵬徒也, 鵬徒者逍遙也. 逍遙之傳, 非即海運乎. 故其傳心傳法之偈曰, 飛星爆竹機鋒峻, 裂石崩崖氣像高.⁷⁾ 又曰, 金鎚影裏裂虛空, 驚得泥牛過海東.⁸⁾ 又曰, 禪綱敎骨誰能敵, 華月夷風孰敢酬.⁹⁾ 又曰, 威音那畔更那畔, 滿目煙光入手皆.¹⁰⁾¹¹⁾ 其全篇, 皆載逍遙集中, 斯可以徵海運也.¹²⁾ 銘曰, 大翼南徙, 水擊三千, 匪運曷游,¹³⁾ 是受¹⁴⁾是傳. 星飛竹爆, 光燭長天. 六燃其燈, 遂至晶蓮. 苟求眞諦, 視彼梓鐫.¹⁵⁾

1) 『동사열전』(『한불전』 10책, p.1020) 「소요종사전」에 "그에게서 선종禪宗을 전수받은 제자는 침굉 현변枕肱

懸辯이고 교종敎宗을 전수받은 제자는 해운 경열海運敬悅이다."라고 하였다.『동사열전』에「해운선사전」이 있다.(같은 면) 2)『동사열전』에는 다산의 말로 인용되었다. 이지관 편,『역대고승비문』p.188「해남대흥사해운당경열대사비문」(1814)은『만덕사지』를 저본으로 소개한 것이다. 3) ㉠ 唯는 惟(동사열전) 4) ㉠ 年은 時(동사열전) 5) ㉠ 以가 없다.(동사열전) 6) ㉠ 矣는 賢(동사열전). 번역은『동사열전』에 따른다. 7) ㉠ 이하에 "對人殺活如王劒 凛凛威風滿五湖"가 있다.(동사열전) 8) ㉠ 이하에 "珊瑚明月冷相照 古今乾坤一笑中 拈花微笑 顧不在是乎 敬悅有詩 逍遙必和之 其詩曰 胷中法海幽難測 篇內玄樞遠莫酬"가 있다.(동사열전) 9) ㉠ 이하에 "又曰 水泡大地遺塵起 春夢空身妄識興"이 있다.(동사열전) 10)『동사열전』에는 '入水皆'.『동사열선』갑본의 정오표에 '入水皆'는 연자衍字로 소개되었다.(『한불전』) 11) ㉠ 이하에 "生死涅槃迷夢隔 劣形殊相病眸乘"이 있다.(동사열전) 乘은 다른 이본에서는 來로 보았다. 12) ㉠ 이하에 "海運有法嗣曰 醉如三愚 三愚之嗣曰 華岳文信 信之嗣曰 雪峰懷淨 淨之嗣曰 松坡覺暄 暄之嗣曰 晶巖即圓 圓之嗣曰 蓮坡惠藏 噫 宗在是矣"가 있다.(동사열전) 13) ㉠ 㫺游는 昌遊(동사열전) 14) ㉠ 受는 後(동사열전) 15) ㉠ 이하에 "門人十七人 醉如居首 丁公 追記而論之"가 있다.(동사열전)

제3 취여 대사醉如大師는 원묘圓妙의 도량을 중흥시키고 소요逍遙의 대업을 영원히 세우셨다.

예문관 직제학 혜포蕙圃 한치응韓致應[15]이 지은「취여대사비醉如大師碑」[16] :
대사의 법명은 삼우三愚, 속성은 정씨로 강진현 보암방寶巖坊 구정리九亭里 사람이다. 유년에 출가하고 만덕산 백련사에서 머리를 깎았다. 여러 조사를 차례로 참방하여 불전(內典)에 통달하였다. 해운 경열海運敬悅의 조실에서 염향拈香(開堂)했으니 경열은 소요 태능逍遙太能의 친도親徒(제자)이다. 대사의 안색은 붉고 윤기가 나서(渥丹) 해운이 호를 취여자醉如子라 내렸으니, 그것을 놀린 것이다. 본래 담론을 잘하여 듣는 사람이 심취하였다. 일찍이 대둔사 상원루上院樓에서 화엄의 종지를 연설할 때 청강한 사람이 수백 명이었다. 어떤 한 스님이 농기구를 들고 누각 판 아래 쉬다가 한두 마디를 몰래 듣고는 그 자리에서 돈오하였고, 어깨에 멘 농기구를 버린 채 당에 올라 눈물을 비저림 흘리며 지은 죄를 고백하고 오묘한 가르침(妙銓) 듣기를 청하였다. 대사는 그를 다독거리며 가르쳤고 마침

---

15 한치응韓致應 : 1760~1824년. 조선 후기의 문신. 1784년 정시문과에 장원급제한 뒤 바로 초계문신抄啓文臣으로 뽑혔고, 1792년 홍문록弘文錄·도당록都堂錄에 올랐다. 같은 해 지평이 되고 1795년 관동암행어사로 나가 원주·영춘 등지의 행정의 부패상과 관리들의 비위를 폭로하였다. 1799년 진하겸은사進賀兼謝恩使의 서장관書狀官으로, 1817년 동지사冬至使로, 형조판서가 된 1820년에는 진향사進香使로 다시 청나라에 다녀왔다. 1824년 함경도 관찰사로 재직 중 임지에서 세상을 떠났다. 시문詩文에 뛰어나 이유수李儒修·홍시제洪時濟·윤지눌尹持訥·정약전丁若銓·채홍원蔡弘遠 등과 죽란시사竹欄詩社라는 모임을 조직해 시로써 교유하였다. 저서로는『병산집甹山集』이 있다.

16 「취여대사비醉如大師碑」:『동사열전』의「취여종사전」(『한불전』10책, p.1021)에 같은 내용이 수록되어 있다.『역대고승비문』의「해남대흥사취여당삼우대사비문」(p.274)은『대둔사지』를 저본으로 한 것이다.

내 의발을 전수하였으니, 이분이 화악 문신華岳文信이다. 대사는 천계天啓 2년 임술년(1622)에 태어나 강희康熙 23년 갑자년(1684)에 생을 마쳤으니 세수는 겨우 63세로 6월 5일 시적하였다. 영정 2본이 있는데 하나는 백련사, 하나는 대둔사에 있다.

명銘에 이른다.

세상 모두 취할 때[17] 대사 역시 그러하나	世人皆醉師亦如
취한 듯 취하지 않고 어리석은 듯 어리석지 않네	如而不醉愚不愚
용혈암의 맑은 바람 아직도 여전한데	龍穴淸風猶有餘
눈물 흘린 자리는 아호라 불려지네	流涕之席稱鵝湖
방아 찧다 의발 받으니 노 행자[18] 다름없고	舂而受鉢行者盧
취해도 벌써 깨니 구름 수레[19] 아득하네	醉之旣醒邈雲車
옥무늬 찬란한 돌 거북 받침 화려하니	璘霏者石峯龜趺
비명을 청한 이는 법손 기어라네	乞銘者誰孫騎魚

第三醉如大師, 中興圓妙之場, 永樹逍遙之業.

藝文館直提學蕙圃韓致應撰醉如大師碑曰, 師法名三愚, 俗姓鄭氏, 康津縣寶巖坊九亭里[1]人也. 幼年出家, 落髮於萬德山之白蓮社. 歷參諸師, 淹通[2]內典. 拈

---

17 세상 모두 취할 때: 굴원이「어부사漁父辭」의 표현을 빌린 것이다. "세상 사람들이 모두 흐리다면 어찌하여 그 진흙을 휘저어서 흙탕물을 일으키지 않으며, 사람들이 모두 취했다면 어찌하여 그 술지게미를 먹거나 박주를 마시지 않고서, 무슨 까닭으로 깊이 생각하고 고상하게 행동하여 스스로 추방을 당하게 한단 말인가.(世人皆濁 何不淈其泥而揚其波 衆人皆醉 何不餔其糟而歠其醨 何故深思高擧 自令放爲)"

18 노 행자(行者盧): 육조 혜능六祖慧能(638~713년). 중국 선종의 제6조로 속성이 노盧씨. 시호는 대감 선사大鑑禪師. 남해南海 신흥新興에서 출생. 집이 가난하여 나무를 팔아서 어머니를 봉양했는데, 어느 날 장터에서『금강경』읽는 것을 듣고 발심하여 기주蘄州 황매산黃梅山으로 5조 홍인弘忍을 찾아가 노역에 종사하기를 8개월 한 후 의발을 전수받았다. 676년 남해 법성사法性寺에서 지광智光에게 계戒를 받고, 이듬해 소주韶州 조계曹溪에 있는 보림사寶林寺로 옮겨 법을 폈으며, 그곳의 자사刺史 위거韋據의 청으로 설법하였다. 신수神秀와 더불어 홍인 문하의 2대 선사로서, 후세에 신수의 계통을 받은 사람을 북종선北宗禪, 혜능의 계통을 남종선南宗禪이라고 하였는데, 이른바 오가칠종五家七宗은 모두 남종선에서 발전하였다. 사법嗣法제자에 하택 신회荷澤神會, 남양 혜충南陽慧忠, 영가 현각永嘉玄覺, 청원 행사靑原行思, 남악 회양南岳懷讓 등 40여 명이 있다. 그의 설법을 기록한 어록으로『육조단경六祖壇經』이 있다.

19 구름 수레(雲車): 구름 무늬로 장식한 수레. 귀한 이들이 타는 화려한 수레의 대유.

香於海運敬悅之室, 敬悅, 逍遙太能之親徒也. 師顏如渥丹, 故海運錫號曰醉如子, 盖戲之也. 顧善談論, 聽者心醉. 嘗於大芚之上院樓, 演說華嚴宗旨, 聽講者數百人. 有一僧, 負田器, 歇樓版下, 竊聽一二句, 立地頓悟. 捨揢[3]升堂, 涕泣[4]如雨, 陳其罪悔, 請受妙詮. 師撫而誨之, 卒傳衣鉢, 是爲華岳文信.[5] 師生於天啓二年壬戌, 卒於康熙二十三年甲子, 壽僅[6]六十三, 示寂在六月五日.[7] 有影幀[8]二本, 一在白蓮社, 一在大芚寺. 銘曰, 世人皆醉師亦如, 如而不醉[9]愚不愚. 龍穴淸風猶有餘, 流涕之席稱鵝湖. 春而受鉢行者盧, 醉之旣醒邀雲車. 璘霫者石崒[10]龜趺.[11] 乞銘者誰孫騎魚.[12]

1) ㉠ 里는 子(동사열전) 2) ㉠ 通은 過(동사열전) 3) ㉠ 揢은 擔(동사열전) 4) ㉠ 涕泣는 泣下(동사열전) 5) ㉠ 이하에 "昔陸象山 於鵝湖講席 講義利二字 四座垂泣 六祖慧能 本於槽廠下春米 六十[卒]授五祖衣鉢 斯足以匹美也"가 있다.(동사열전) 6) ㉠ 僅이 없다.(동사열전) 7) '示寂在六月五日'은 '六月五日示寂'(동사열전) 8) ㉠ 幀이 없다.(동사열전) 9) ㉠ 不醉를 醉不로 정정한 『동사열전』이본이 있다.(『한불전』 10책, p.1021) 10) ㉠ 崒는 華(동사열전) 11) ㉠ 趺는 跌(동사열전). 跌로 바로 잡은 이본도 있다. 12) ㉠ 이하에 "塔銘 都承旨韓致應撰 門人華岳等十人"이 있다.(동사열전)

제4 화악 대사華岳大師는 의발을 삼우三愚에게 받은 후로 만덕사에 자주 출입하였다.

성균관 대사성 한치응韓致應이 지은 「화악대사[20]비華岳大師碑」[21] :
대사의 성은 김씨金氏, 법명은 문신文信이며 해남 화산현花山縣 사람이다. 유년에 대둔사에 출가하고 머리를 깎았다. 본래 방망이(椎)와 망치(鹵=櫓) 글자도 구분 못하고[22] 농기구를 팔고 다니며 구차하게 죽으로 배를 불렸다. 하루는 너무 힘들어 상원루上院樓에 이르러 짐을 내려놓고 쉬고 있었다. 이때 마침 취여 삼우醉如三愚 선사가 대중을 모아 놓고 화엄의 종지를 강론하고 있었다. 대사는 누대

20 화악 대사華岳大師 : 1629~1707년. 법명은 문신文信이고 호는 화악華岳이며, 대흥사 13대종사十三大宗師의 한 사람이다. 자세한 생애는 본문 참조.

21 「화악대사비華岳大師碑」 : 『동사열전』에 「화악조사전華岳祖師傳」으로 수록되어 있다. 부분적인 차이가 있다.(『한불전』 10책, p.1023). 『역대고승비문』에 수록된 「해남대흥사화악당문신대사비문」(p.288)은 『대둔사지』를 저본으로 한 것이다.(『만덕사지』와 같은 내용). 이외에 같은 책에 수록된 「해남대흥사화악당문신대사비문」은 이와 별도의 내용으로 아암 혜장의 『아암유집』(華嶽大師碑銘幷序)이 저본이다. 이외에 『다산시문집』(권 제17 비명 편)에 「華嶽禪師碑銘」으로 수록되어 있다.

22 방망이(椎)와 망치(鹵=櫓) 글자도 구분 못하고 : '어로불분魚魯不分'과 같은 의미. 고기 어와 노나라 노를 분간 못하듯이 망치와 방망이 글자도 구분 못하는 무식한 사람을 말한다.

마루에서 조용히 듣고 있다가 그 자리에서 문득 깨닫고, 짊어지고 있던 모든 농기구를 동료에게 주고는 올라가 무릎을 꿇고 눈물을 펑펑 쏟으며 과정課程을 받을 수 있도록 청하였다. 삼우가 크게 기특하게 여겨 그 소원을 들어주자, 이날 사방의 대중들이 모두 놀라워했다. 대사는 매양 밤이면 솔방울을 주워 불을 때며 5경에 이르도록 책을 읽었다. 이윽고 3년이 되자 동기들은 모두 뒤로 처지고 말았다. 대사는 사방으로 구름같이 떠돌면서 이리저리 연구하며(參五) 인가를 받았다. 배움이 완성되자 드디어 취여의 조실에서 염향拈香(開堂)하였다. 이때 사미들이 폭주하여 대둔사에서 강회講會하는 날에는 배우려는 자들이 수백 명에 이르렀다. 당시 북방의 월저 선사月渚禪師가 남으로 돌다가 대둔사에 이르러 선사와 함께 선지禪旨를 논하였다. 그가 종주가 될 인물임을 알고 거느리던 대중을 모두 이끌고 월저月渚에게 사양하니, 강석에 모인 자들이 크게 놀라워했다. 대사는 타일러 말하기를 "너희들이 알 바 아니다." 하면서 손을 잡아 넘겨주었다. 방장실로 돌아온 이후 문을 잠그고 면벽수도하며 그 모임을 마치게 했다. 월저는 돌아와 말하기를 "내가 남방에 갔을 때 육신보살肉身菩薩을 보았다."라고 하였다. 대사는 숭정崇禎 2년 기사년(1629)에 태어나 강희康熙 정해년【즉 46년(1707)】 6월 26일 시적하였으니 세수는 79세였다. 바야흐로 시적하실 때 두륜산에 천둥이 치고 다비를 끝내고는 사리 두 알을 얻었다.

명銘은 이러하다.

삽 사시오 하는 소리	有嚁買鍤
저 숲에서 울리더니	鳴彼中林
가느다란 매미 소리	有嘒者蟬
허물 벗고 울어 댄다	旣蛻旣唫
황매23의 법의를	黃梅衣法
방아꾼이 받았나니	舂者受之
소림에 면벽으로	少林有壁

---

23 황매黃梅 : 중국 선종의 5조 홍인弘忍(602~675)을 말한다. 대사는 기주蘄州 황매현黃梅縣 사람으로, 4조 도신道信을 만나 그 심인心印을 받았다. 671년에 6조 혜능慧能에게 법을 전하고, 당唐 상원上元 2년에 74세로 입적하였다. 대중이 대만 선사大滿禪師라 시호하고, 황매산 동산에 탑을 세웠다. 황매黃梅는 5조 홍인의 별호이고, 황매산은 호북성 기주에 있는 산 이름이다. 본문에서 방아꾼은 육조 대사를 가리킨다.

강석24을 거두었네	遂撤皐比
이를 겸양이라 하나니	是謂能讓
그 아니면 누가 굽히리	匪伊有詘
낮아도 넘을 수 없으니	卑不可踰
생불이라 부르노다	號爲生佛
청정하고 따뜻하고	惟淨惟暄
원만하고 깊으시며	惟圓惟藏
등불 서로 이어지니25	燈燈相繼
5대에 이르러 번창하네	五世其昌
백 세 지난 후에	百世之後
비로소 비석에 새기나니	始刻貞珉
이 게송으로 인하여	繫玆伽陀
후인들에게 알리리라	以詔後人

第四華岳大師, 衣鉢旣受於三愚, 甁錫屢至於萬德

成均館大司成韓致應撰華岳大師碑曰, 師姓金氏, 法名文信, 海南花山人也. 幼年出家於大芚寺落髮. 顧椎鹵不識字. 爲貿田器行,[1] 且粥[2]以取飽. 一日憊甚, 至上院樓下, 舍[3]擔而休焉. 時醉如三愚禪師, 集大衆, 講華嚴宗旨. 師在樓版下, 竊聽之, 立地頓悟. 悉以所負田器, 付其伴, 升[4]而跽[5]涕簌簌, 請受課程. 三愚大奇之, 許如其所願, 是日四座洒然. 師每夜拾松子爲燎, 讀書達五更. 旣三年, 同列皆歜. 雲游四方, 參伍印證. 學旣成, 遂於醉如室中拈香. 於是沙彌[6]輻輳. 芚寺講會之日, 學者[7]數百人. 時北方月渚禪師, 南游至芚師,[8] 与論禪旨, 知其可宗, 悉以其[9]所領大衆, 讓于月渚, 學者大駭. 師喩之曰. 微爾等所知也, 挈以予之.[10] 自掃[11]一室, 杜門面壁, 俾終其會. 月渚歸曰.[12] 吾至南方, 見肉身菩薩云. 師生於崇禎二年己巳, 以康熙丁亥【即四十六年】[13]六月二十六日示寂, 壽七十九. 方示寂,[14] 頭輪雷鳴, 旣茶毗, 得舍利二粒.[15] 銘曰,[16] 有嚾買鎕, 鳴彼中林, 有嘒[17]者蟬, 旣蛻旣唫.

---

24 강석(皐比) : 고비는 호랑이 가죽을 말한다. 북송北宋의 장재張載가 『주역』을 강론할 때, 이것을 깔고 앉은 데서 강석講席 또는 사석師席을 가리키게 되었다.

25 이후 법맥이 설봉 회정雪峰懷淨, 송파 각원松坡覺喧, 정암 즉원晶巖即圓, 연파 혜장蓮坡惠藏으로 이어진다.

黃梅衣[18]法, 春者受之. 少[19]林有壁, 遂撤皐比. 是謂能讓, 匪伊有詘.[20] 卑[21]不可踰, 號爲生佛. 惟淨惟暄, 惟圓惟藏. 燈燈相繼, 五世其昌. 百世[22]之後, 始刻貞珉. 繫兹伽陀, 以詔後人.[23]

1) ㉠ 行 앞에 且가 있다.(동사열전) 2) ㉠ 粥은 鬻(동사열전) 3) ㉠ 舍는 捨(동사열전) 4) ㉠ 升 다음에 樓가 있다.(동사열전) 5) ㉠ 跪는 跪(동사열전) 6) ㉠ 沙彌는 學者(동사열전) 7) ㉠ 學者는 衆至(동사열전) 8) ㉠ 師를 寺로 정정한 『동사열전』이본이 있다.(『한불전』 10책, p.1023) 9) ㉠ 其가 없다.(동사열전) 10) ㉠ 挈以予之는 『동사열전』에 없다. 『아암유집』의 비문에는 있다. 11) ㉠ 掃는 歸(동사열전) 12) ㉠ 曰 앞에 語人이 있다.(동사열전) 13) ㉠ '康熙丁亥[即四十六年]'이 '康熙四十六年'으로 됨(동사열전) 14) ㉠ 寂 다음에 之時가 있다.(동사열전) 15) ㉠ 粒은 枚(동사열전) 16) ㉠ 혜장의 비문, 정약용의 문집에는 다음과 같은 명이 수록되어 있다. "有趙□齻 買錡□□ 酒釋其劇 涕洟衝從 飢不値饙 害餲害饛 蟾蜍夜隮 碧落穹隆 槽廠閴寥 醉杵嶜崟 知爾者寡 褒如其韓 不若大驚 萬壑生風 百年而逅 昭若發矇" 17) ㉠ 嘩는 嚶(동사열전) 18) ㉠ 衣는 依(동사열전) 19) ㉠ 少는 山(동사열전) 20) ㉠ 詘은 出(동사열전) 21) ㉠ 卑는 早(동사열전) 22) ㉠ 世는 歲(동사열전) 23) ㉠ 이하에 "碑乃韓致應所撰也 門人 有雪峰碧霞等二十一人 安眞影于上院影閣"이 있다.(동사열전)

제5 설봉 대사雪峰大師는 향기가 전단향보다 멀리 퍼지고 공경恭敬하는 자세는 반드시 고향(桑梓)[26]에서도 펼쳐졌다.

홍문관 부제학 김진상金鎭商[27]이 지은 「설봉대사비雪峰大師碑」[28] :
대사의 자는 윤중允中, 호는 설봉雪峰이며 회정懷淨은 법명이다. 속성은 조씨曹氏로 낭주朗州 사람이다. 어머니 김씨가 숙종 4년(1678) 정월 대보름(上元日)에 대사를 낳았다. 9세에 달마사達摩寺 조명 장로照明長老에게 나아갔고, 16세에 머리를 깎고 화악 문신華岳文信 대사에게 나아가 법을 받았다. 또 여러 경전을 두루 살펴 깨달음을 증득하는 데 걸림이 없었으며 글을 분석하는 데 정교하고 치밀하였다. 선림의 종주라고 불리던 남방의 여러 스님들도 대사의 설법을 한 번 듣고는

---

26 고향(桑梓): 상재는 『시경詩經』「소아小雅」〈소변小弁〉에 "뽕나무와 가래나무도 반드시 공경하거늘 우러러볼 곳은 아버지 아님이 없고 의지할 곳은 어머니 아님이 없도다.(維桑與梓 必恭敬止 靡瞻匪父 靡依匪母)" 한 데서 나온 말로 부모가 살던 고향을 뜻한다.

27 김진상金鎭商: 1684~1755년. 조선 후기의 문신. 1699년 진사가 되고 1712년 정시 문과에 병과로 급제하였다. 여러 벼슬을 거쳐 1735년 부제학副提學, 1738년 대사성, 1740년 대사헌을 거쳐 1753년 좌참찬에까지 이르렀다. 글씨에 능하여 많은 비문을 썼다. 문집으로 『퇴어당유고退漁堂遺稿』가 전하는데 문집에 이 비문은 수록되지 않았다.

28 「설봉대사비雪峰大師碑」: 『동사열전』에 「설봉종사전雪峰宗師傳」이 수록되어 있다.(『한불전』 10책, p.1025). 『역대고승비문』의 「해남미황사설봉당회정대사비문」(p.404)은 "搨本"을 저본으로 하였다. 『동사열전』과 『만덕사지』 내용은 비문에서 생애 일부를 발췌한 것이다. 『동사열전』과 『만덕사지』 상호간에도 발췌한 내용이 다르다.

경복하지 않는 이가 없었다. 대사의 성품은 박애하여 사람들과 함께 근심과 즐거움을 함께 나누었고 평소에는 입을 닫고[29] 적묵함으로 스스로를 지켜 나가니 사람들은 그 깊은 속을 들여다볼 수 없었다. 또 외면을 꾸미는 일을 달가워하지 않아 두건과 납의가 남루해도 기워 입지 않았으며 수염과 머리를 때때로 깎지 않아 쑥대머리 같았다. 사람들이 세를 범한 것을 나무라면 문득

평소 소탕하여 거리낌이 없나니	生平疎逸無拘檢
주점이나 다방에 마음껏 노니노라	酒肆茶坊信意游
한나라도 진나라도 내 알 일 아니니	漢地不收秦不管
나귀 타고 다시 또 양주를 지나가네	又騎驢子過楊州

라는 시를 큰 소리로 읊으며 조금도 변함이 없었다. 이를 통해 그 흉중에 품은 뜻이 큰 것을 알 수 있다. 젊어서는 시사詩詞에 능했는데 만년에는 더 이상 짓지 않았다. 오직 선교禪敎 강설에 전념하니 사방에서 배우기를 청하는 이들이 매일 같이 찾아왔다. 그 사이 과도한 노고로 병을 얻어 해도海島에 들어가 초암을 짓고 머물렀는데 편액을 야은野隱이라 하였다. 무오년(1738)은 대사의 회갑(周甲)인데【건륭 3년】 4월에 가지산迦智山에서 병환을 얻은 후 달마산 보현암普賢菴으로 수레를 타고 돌아와 6월 8일 시적하였다. 그 전날 대야에 세수하고 앉아 스님들을 모아 놓고 경을 외우게 하였다. 한밤에 숨이 잦아들고 갑자기 끊어지려 하자, 시자가 울며 가르침을 청하였다. 대사는 돌아보며 천천히 말하기를 "인간 생사는 밤 이어 아침 오듯 평상의 이치인데 어찌 슬퍼하느냐."라고 하며 게송 한 수를 읊었다.

뜬구름 온 곳 없고	浮雲來無處
갈 때도 자취 없네	去也亦無蹤
구름 오간 자취 자세히 보라	細看雲來去
다만 하나의 허공일 뿐이네	只是一虛空

---

29 평소에는 입을 닫고 : 원문의 '塞兌'는 『도덕경道德經』의 "눈을 막고 문을 닫으면 죽을 때까지 힘들지 않다.(塞其兌 閉其門 終身不勤)"에서 유래한 말로 욕심이 나오는 이목구비를 막는다는 의미다.

아침이 되자 가부좌한 채로 천화하셨다. 사흘 지나 다비(闍維)하여 사리 한 알과 영주 1매를 얻어 미황사로 가지고 가서 탑(窣堵坡)을 세웠다.
명銘은 이러하다.

옛날 대사를 방문했을 때	昔余之訪師
만나지 못하고 떠나오며	不遇而去也
중봉 구름 바라보며 생각을 부쳤었지	望中峰之雲而寄想
바야흐로 대사 가부좌하여	方師之趺坐
갑자기 천화하시니	儵然而化也
허공 구름 가리키며 스스로 비교했네	指虛空之雲而自況
대사가 곧 구름인가	師即是雲
구름이 곧 대사인가	雲即是師
대사인가 구름인가	師耶雲耶
나 도통 모르겠네	吾不能知

○『아암한화兒菴閑話』: 설봉雪峰이 일찍이 보림사寶林寺에서 미황사美黃寺로 거처를 옮길 때, 가마(肩輿)를 타고 휴우령休牛嶺을 지나가다가 가마에서 내려 몸을 굽히며 지나가면서 말하기를, 만덕사는 스승의 도량이니 공경하지 않으면 안 된다고 하였다.

第五雪峰大師, 馨香遠布於栴檀, 恭敬必伸於桑梓.

弘文館副提學金鎭商撰雪峰大師碑曰, 師字允中, 號雪峰, 懷淨其法名也. 俗姓曹氏, 朗州人. 其母金, 以肅廟四年上元日生師. 九歲投達摩之照明長老, 十六落髮, 就華岳信大師受法.[1] 又參互諸經, 證悟無礙, 辨析精微. 南方諸比丘, 號爲禪林宗主者, 一聽師言, 莫不敬服. 素性博愛, 同人憂樂, 而平居塞兌,[2] 寂默自持, 人不[3]能窺其涯岸. 又不屑於飾外, 巾衲襤褸而不補綴, 髭髮有時不剪, 鬖鬆如也. 人或譏其越戒,[4] 則輒朗吟.[5] 生平疎逸無拘檢, 酒肆茶坊信意游,[6] 漢地不收秦[7]不管, 又騎驢子過[8]楊州之詩, 而不少變, 此可見其胷懷之落落也.[9] 少長於詩詞, 晚乃廢業, 唯以講說[10]禪敎爲事, 四方請學者日至.[11] 間有幽憂之疾, 入海島, 結艸菴¹²⁾而居, 扁曰野隱. 歲戊午, 師周甲也【即乾隆三年】. 四月自迦智山感疾, 輿歸于達摩之普賢菴, 以六月八日示寂. 其前夕, 頮盥而坐, 令緇徒誦經. 夜分¹³⁾氣奄, 奄欲盡, 侍者¹⁴⁾涕泣請教. 師顧而徐曰, 人之生死, 猶夜朝常理, 何悲. 仍吟一偈曰, 浮雲來無處, 去也亦無蹤, 細看雲來去,¹⁵⁾ 只是一虛空. 至朝趺坐而化. 越三日闍維, 得舍利一粒, 靈珠一枚, 就美黃寺, 建窣堵坡. 銘曰, 昔余之訪師, 不遇而去也, 望中峰之雲而寄想. 方師之趺坐, 脩然而化也, 指虛空之雲而自況. 師即是雲, 雲即是師. 師耶雲耶, 吾不能知.

○兒菴閒話云：雪峰嘗自寶林寺, 移錫于美黃寺, 以肩輿過休牛嶺, 下輿鞠躬而過之曰, 萬德是先師之道場, 不敢不敬.

1) 옐 法 다음에 "旣密傳其旨"가 있다.(동사열전) 2) 옐 兒는 允(역대) 3) 옐 不은 莫(역대) 4) 옐 越戒는 之(동사열전) 5) 옐 吟은 唫(역대) 6) 옐 游는 遊(동사열전) 7) 옐 秦은 泰(역대) 8) '又騎驢子過'가 없다.(동사열전) 9) 옐 이하 내용은『동사열전』에서는 짧게 압축되어 있다. "間入海島 結幕而居 扁曰野隱 盖托以養病 而實藏名晦跡也 歲戊午 師回甲也 六月八日 示寂 前夕 吟一偈曰 浮雲來無處 去也亦無蹤 細看雲來去 只是一虛空 闍維得舍利一粒 靈骨一枚 就美黃寺 建塔立碑 碑 弘文舘副提學金鎭商撰 門人 松坡珍桌等十六人" 10) '晚乃廢業 唯以講說'은 '晚乃曰 佛法無多字 安用文爲 遂一巾廢棄 惟講說'(역대) 11) 옐 이하에 "戶外之屨常滿也"가 있다.(역대) 12) 옐 艸菴은 草屋(역대) 13) 옐 分은 令(역대) 14) 옐 者가 없다.(역대) 15) 옐 來去는 去來(역대)

제6 송파 대사松坡大師의 진원은 설봉·화악(雪華)으로 거슬러 올라가고, 적통을 정암·연파(晶蓮)에게 전하였다.

세자익위사世子翊衛司 부솔副率 동강桐岡 이의경李毅敬³⁰이 지은 「송파대사³¹비松

---

30 이의경李毅敬：1704~1778년. 조선 후기의 문신·학자. 전라남도 강진에서 태어나 윤동수尹東洙의 문하에서 수학하였다. 어려서부터 구속되기를 싫어하여 집착함이 없이 돌아다니다 27세에 공부를 시작, 윤동수 문하의 손꼽히는 제자가 되었다. 1748년 익위사부솔翊衛司副率을 제수 받아 사도세자思悼世子의 스승이 되었다. 1762년 사도세자가 비명에 죽자 벼슬에서 물러났다. 주부主簿가 제수되고 수직壽職으로 첨지중추부사僉知中樞府事가 내려졌으나 평생 이를 받지 않았고, 죽는 날에도 그의 명정에 익위사부솔이라고만 쓸 것을 유언하였다. 강진의 월강사月岡祠에 봉향되었으며, 내부협판內部協瓣이 증직되었다. 저서로는『동강유고』,『오복편람五服便覽』이 있다. 본문의 이 글은 문집에는 수록되지 않았다.

31 송파 대사 :『동사열전』에 별도의 소개는 없다. 「해운선사전海運禪師傳」에 "문신의 법을 이은 제자는 설봉 회정雪峰懷淨이고 회정의 법을 이은 제자는 송파 각훤松坡覺暄이며, 각훤의 법을 이은 제자는 정암 즉원晶巖即圓이고 즉원의 법을 이은 제자는 연파 혜장蓮坡惠藏이다."라고 하였다. 「화악조사전華岳祖師傳」에는 "설봉 회정雪峰懷淨과 송파 각훤松坡覺暄, 정암 즉원晶巖即圓과 연파 혜장蓮坡惠藏 진리의 등불 서로 이어 오더니"라고 하였다. 「정암선사전晶岩禪師傳」에는 정암이 "사집四集과 사교四敎는 송파 각훤松波覺暄 스님의 가르침을 받았고, 대교大敎와 현담玄談은 연담 유일蓮潭有一 스님에게 배웠다."라고 하였다.

坡大師碑」:

대사의 법명은 각훤覺喧, 당호는 송파松坡, 속성은 김씨로 대대로 영암에 살았다. 모친 박씨는 평소 보살행을 받든 분으로 병인년(1686) 2월 5일에 대사를 낳았다. 유년시절 여러 아이들과 놀 때면 혹 돌을 모아 탑을 쌓거나 흙을 뭉쳐 절집을 만들거나 하며 스스로 불사佛事에 빠져 놀았다. 어머니가 돌아가시자 미황사美黃寺 설봉雪峰 대사에게 몸을 의탁하였는데, 설봉은 곧 서산西山의 5세손이고 선가禪家의 적전嫡傳이시다. 설봉은 대사의 골상이 비범한 것을 보고 사람을 얻었다고 깊이 생각하시고 법을 전하는 일에 기뻐하였다. 당시 대사는 13세였다. 15세에 머리를 깎았는데 재주와 지식이 통달하고 총명하였고, 삼장三藏 경교經敎 외에도 여러 학설과 역사에도 널리 통하였다. 입실하여 대중을 거느린 이후 여러 산중을 두루 돌아다닌 것이 40여 년이었다. 만년에는 대중을 물리치고 바다 섬에 깊이 들어가 결가부좌하며 선정을 닦은 것이 4,5년이다. 본사에서 돌아오기를 간절히 요청하여 명적암明寂庵으로 돌아왔다. 하루는 시자를 불러 말하기를,

세계에는 성주괴공이 있고	界有成住壞空
몸에는 생로병사가 있도다	身有生老病死
시작이 있으면 반드시 끝이 있으니	有始者必有終
이것은 무상의 체로다	此無常之體也

하고, 이어 게송을 부르길,

허깨비 몸은 꿈속 화택이요	幻身夢宅欤
물속 달과 허공 꽃이로다	水月空花也
그대 다만 한번 보라	請君試但看
어느 곳에 오고감이 있으리	何處有來去

하며 붓을 던지고 단정히 앉아 평안하게 입적하시니, 때는 8월 7일이었다.

第六松坡大師, 㴖[1]眞源於雪華, 垂嫡統於晶蓮.

世子翊衛司副率桐岡李毅敬撰松坡大師碑曰, 大師法名覺暄, 堂號松坡, 俗姓金氏, 世居靈巖. 母朴氏, 平生奉菩薩行, 以丙寅二月初五日生. 髫齓与羣兒游戲, 或聚石爲塔, 或搏土作刹宇, 自能游¹⁾於佛事. 中及慈母棄背, 投美黃寺雪峰大師. 大師即西山五世孫, 禪家嫡傳也. 雪峰見師骨相超凡, 深以得人, 傳法爲喜. 師時年十三. 十五剃染, 才識通敏, 三藏經敎之外, 亦能旁通于史. 遂入室領衆, 游徧諸山者四十餘年. 晚來捨衆, 深入海島, 結跏習定四五載. 本寺請歸至懇, 乃返錫于明寂. 一日忽喚侍者謂曰, 界有成住壞空, 身有生老病死, 有始者必有終. 此無常之體也. 因作偈曰, 幻身夢宅㰅, 水月空花也. 請君試但看, 何處有來去. 放筆端坐, 泊然而逝, 時八月初七日也.

1) ㉯ 游는 遡의 이체자.

제7 정암 대사晶巖大師. 호랑이와 표범은 자비로운 가르침을 엎드려 빌고, 용상龍象들은 원묘圓妙의 누대에 모여들었다.

승정원 우승지 홍기섭洪起燮³²이 지은 「정암대사晶巖大師³³비碑」³⁴ :
정암晶巖 선사의 법휘는 즉원即圓, 자는 이우離隅로 동방 제7조 청허 휴정淸虛休靜의 종宗이 또한 7대를 전하여 정암晶巖이 되었다. 속성은 김씨로 본래 변진弁辰(변한) 왕의 후예이다. 대대로 영암 송지방松池坊에 살았다. 건륭乾隆 무오년(1738)에 태어났고 3세에 어머니를 잃고 9세부터 절에서 자랐으니 미황사 재심再心 스님의 은혜였다. 16세에 머리를 깎고 법명을 받았으며, 20세부터 여러 절을 유력하며 수학했다. 사집四集과 사교四敎는 송파 각훤松坡覺暄에게 배웠고, 대교大敎와 현담玄談은 연담 유일蓮潭有一에게 배웠다. 30세가 채 되지 않았을 때 송파松坡에게 법통을 이어 받고, 40세가 되어서는 정련井蓮³⁵에게 나아가 참선하였

---

32 홍기섭洪起燮 : 1776~1831년. 조선 후기의 문신. 144쪽 각주 8번 참조.

33 정암 대사晶巖大師 : 『동사열전』에 「정암선사전晶岩禪師傳」이 수록되어 있다.(『한불전』 10책, p.1030). 내용은 같은데, 『동사열전』에는 마지막에 "비명은 열수洌水 정약용丁若鏞이 지었다.(碑 洌水丁若鏞撰)"라는 기록이 있다.

34 「정암대사비晶巖大師碑」 : 『역대』 「강진만덕사정암당즉원대사비문」은 『대둔사지』 저본(p.614), 『만덕사지』 저본(p.618)을 수록하였다. 두 저본의 내용은 같다.

35 정련井蓮 : 『동사열전』에는 설봉으로 나오는 것으로 보아 정련은 설봉의 다른 이름인 듯하다.

다. 대사를 따라 배우는 제자들이 구름처럼 모여들었고 법호를 받은 이도 벼나 삼대처럼 많았다. 건륭乾隆 갑인년(1794) 5월 13일 궁복도弓福島의 중암中菴에서 시적示寂하였다. 5년 후 아암 혜장兒菴惠藏이 영정을 모셔 놓고 향을 살랐으니 아암이 대사의 적전嫡傳이었기 때문이다.

정암晶巖은 비록 대중을 거느리고 경을 강설하기는 하였지만 그 마음은 곧 자비를 실천하는 데 전념하였고 베풀어 주는 것으로 업을 삼았다. 파손된 모자와 해진 가사[36]를 입고 옷깃을 잡으면 팔꿈치가 보여 바라보면 꼭 춥고 배고픈 걸인 같았다. 친척과 제자들이 좋은 옷을 가져오면 흔쾌히 받아 놓고는 오래지 않아 밖으로 나가 헌옷으로 바꾸어 입고 오곤 하였다. 하루는 어떤 걸인이 찾아왔으나 이가 많다 하여 대중들이 함께 절문 밖으로 쫓아냈다. 정암은 그를 방장실로 데려와 따뜻한 방에서 한 이불을 덮고 잤다. 무릇 사람이라는 이름을 가진 이가 대사 앞에서 한번 입을 열면 그 구하는 바를 얻지 못함이 없었다. 그러므로 옷궤에 남은 옷이 없었고 항아리에 남은 곡식이 없었다. 이에 걸인 수십 명이 송지松池[37]의 시장에 모여 약속하기를 "만약 정암 선사 방으로 가서 옷이나 곡식을 구걸하는 사람은 우리 모두 내치고 사람 같지 않게 볼 것이다."라고 하였으니 대사의 베풀어 주는 명성이 이와 같았다. 항상 해 저물녘 홀로 돌아올 때는 호랑이가 옷을 잡아끌어 장난치는데 마치 기르는 강아지가 주인을 맞이하는 것 같았다. 정암이 지팡이를 휘둘러 못하게 하였지만 호랑이는 절문 앞에 이르러서야 어정거리며 꼬리를 흔들며 돌아갔다. 대사의 자비가 중생을 감응시킴이 이와 같았다. 불법은 뿌리를 베어내는 것(割根)을 귀하게 여기는 고로 부처님도 똥 막대기(乾屎橛)[38]로 여기니 이미 법을 체득했으면 거침없이(浩然) 잊는 것이 상례이다. 그런데 정암의 문하에 한 번 노닌 자는 모두 종신토록 애모하고, 이야기가 대사에 이르면 반드시 슬픈 낯빛으로 눈물을 머금으며 그 자애로움을 이야기하기에 끝이 없었으니 여기에는 깊은 뿌리(根)가 있는 것이다.

정암은 또 척독尺牘(편지)을 잘 써서 한 글자 반 어구로도 사람의 마음을 감동시

---

36 해진 가사(壞衣) : 가사는 흙빛으로 염색하기 때문에 원문 '괴의' 자체가 가사를 의미하기도 한다.

37 송지松池 : 소나무 연못이란 의미인데 그 지역의 시장이 열리는 지명인 듯하다.

38 똥 막대기(乾屎橛) : 선가의 용어. 『선문염송』제25권 1078칙 '간시궐乾屎橛' 조항에 "운문에게 어떤 스님이 묻기를 '어떤 것이 부처입니까?' 하자, 선사가 대답하기를 '마른 똥 막대기니라.' 하였다(雲門 因僧問 如何是佛 師云 乾屎橛)."라고 하였다.

키기에 충분하였다. 필체는 굴곡지고 기괴하여 속류들이 미칠 바가 아니었다. 제자 중 이름난 이가 13명이다.

명銘은 이러하다.

여섯 창(육근)을 닫지 못해 주인공이 치달리니	六牖不扃主人馳
오탁악세 모든 이가 탐진치에 빠지누나	五濁胥汩貪嗔癡
호랑이 조복시켜도 외려 멋대로 노닐고	貚虎可伏猶自私
해조음 팔만법문에도 실행은 막혀 있네	潮聲八萬行則陂
누가 힘써 행할까. 즉원 선사라	疇其力行圓禪師
난 추워도 남은 따뜻, 난 곯아도 남은 배불리	寒自暖他飢救飢
범이 와서 매달리고 걸인들도 자비 베푸니	攫者來攀鄙夫慈
아, 굽은 길 택했어라, 곧은 길 놔두고	嗟于曲徑不于逵
애도하고 슬퍼하며 겨우 비명 짓노라네	是悼是惜鑱于碑

○『연사제명록蓮社題名錄』: 건륭乾隆 병오년(1786) 봄, 정암晶巖 대사는 수도암修道菴에서 가르침을 베풀었는데(豎拂) 따르는 제자는 석홍釋泓, 시연示演 등 50여 명이었다.

○자굉慈宏의 안 : 정암晶巖은 한평생 여러 차례 만덕사에 머물렀으니 다만 50여 명에 그치지 않을 것이다.

第七晶巖大師, 虎豹伏慈悲之教, 龍象聚圓妙之樓.

承政院右承旨洪起爕撰晶巖大師碑曰, 晶巖禪師, 法諱即圓, 字離隅. 東方第七祖清虛休靜之宗, 又七傳而爲晶巖也. 姓金氏, 本弁辰王之遺裔, 世居靈巖松池坊. 以乾隆戊午生, 三歲而喪其母, 九歲而穀於寺, 美黃再心之恩也. 十六薙而名, 二十游[1]而學, 四集四教, 松坡覺暄之誨也. 大教玄談, 蓮潭有一之授也. 未[2]而立, 受[3]法於松坡, 既[4]不惑, 參禪於井蓮.[5] 弟子[6]從學者, 如雲霧, 其受號者, 如稻麻. 以乾隆甲寅五月十三日,[7] 示寂于弓福島之中菴. 後五年兒菴惠藏, 設象而拈香, 是其嫡傳也. 晶巖雖領衆說經, 乃其心專以慈悲爲務, 舍施爲業. 破帽壞衣, 捉衿見肘, 望之[8]若寒乞然. 親戚弟子, 或贈以袍襴. 欣然受之, 未幾出游,[9] 以故衣還.

問之從者, 施於寒矣. 一日有丐者, 至性多蟊, 衆共出之於[10]戶外. 晶巖引入丈室, 与之溫處, 同衾而宿焉. 凡以人爲名者, 一開口, 無不獲其所求. 以故笥無在[11]衣, 瓶無儲粟. 於是乞人數十, 會于松池[12]之市, 約曰有往求絲穀[13]於晶巖禪師之室[14]者, 衆共棄不齒, 其以舍施名如此. 嘗日暮獨歸, 有於菟隨之攀衣爲戲, 一似畜狗之迎其主者. 晶巖以杖撓止之, 及門徊[15]徨搖尾而去. 其慈悲之感於物如此.[16] 佛法貴割根故, 以世尊爲乾屎橛, 既得法, 浩然相忘例也. 乃一游[17]晶巖之門者, 皆[18]終身愛慕, 語及之, 必戚色含涕, 說其慈不已, 有深根焉. 晶巖又善尺牘, 隻字半句, 有足以感動人心. 筆體紆回奇怪, 非俗流可及. 弟子知名者十三人.[19] 銘曰, 六牖不扃主人馳, 五濁胥汩貪嗔癡. 貙虎可伏猶自[20]私, 潮聲八萬行則陂. 疇其力行圓禪師, 寒自暖[21]他飢救飢 攫者來攀鄙夫慈, 嗟于曲徑不于達, 是悼是惜鑱于碑.[22]

○蓮社題名錄云 : 乾隆丙午春, 晶巖大師, 曁拂於修道菴, 弟子從者釋泓示演等五十餘人.

○慈宏案 : 晶巖一生, 屢居萬德, 不唯是也.

1) ㉠ 游는 遊(동사열전) 2) ㉠ 未는 長(동사열전) 3) ㉠ 受는 授(동사열전) 4) ㉠ 既는 即(동사열전) 5) ㉠ 井蓮은 雪峰(동사열전) 6) ㉠ 子 다음에 之가 있다.(동사열전) 7) ㉠ '五月十三日'은 『동사열전』에 없다. 8) ㉠ 之가 없다.(동사열전) 9) ㉠ 游는 遊(동사열전) 10) ㉠ 於가 없다.(동사열전) 11) ㉠ 在는 餘(동사열전) 12) ㉠ 池는 旨(동사열전) 13) ㉠ '求絲穀'은 '得穀'(동사열전) 14) ㉠ 室 다음에 中이 있다.(동사열전) 15) ㉠ 徊는 彷(동사열전) 16) ㉠ '慈悲之感於物如此'는 '慈悲感物又如此'(동사열전) 17) ㉠ 游는 遊(동사열전) 18) 『동사열전』에는 皆가 없다. 19) ㉠ 이 부분이 『동사열전』에는 "知名者 曰蓮坡惠藏 每五月十二日 以忌設齋而會議 立晶岩之碑 是以遣人千里 乞余銘 余銘曰"로 되어 있다. 20) 『동사열전』에는 自가 누락됨. 21) ㉠ 暖은 煖(동사열전) 22) ㉠ 이하에 "碑 洌水丁若鏞撰 門人五六人"이 있다.

제8 연파 대사蓮坡大師는 지혜를 타고난 분으로 천인(囚公)을 직접 이었고 화려한 명성이 멀리 중국까지 미쳤다.

다산초부茶山樵夫 정약용이 지은 「연파대사탑명蓮坡大師塔銘」[39] :
아암 화상兒菴和尙은 본이 김씨이고 아명(小字)을 팔득八得이라 하였다. 혜장惠藏

---

39 「연파대사탑명蓮坡大師塔銘」: 『동사열전』에 「蓮坡講師傳」이 수록되어 있다. 『한불전』 10책, p.1033) 『역대고승비문』에는 「해남대흥사연파당혜장대사비문」(p.670)이 수록되어 있는데 이는 아암 혜장의 문집 『아암유집』의 「蓮坡大師碑銘」을 저본으로 하였다. 『만덕사지』의 비명과 『동사열전』은 『아암유집』의 부록에 수록된 정약용의 글을 일부 발췌한 것이다.

은 그 법명이며 자는 무진無盡이고 본래의 호는 연파蓮坡이다. 색금현塞琴縣 화산 방花山坊 사람인데 색금은 옛 백제의 남쪽 경계 지역이다. 태어난 곳도 한미하고 집 또한 가난하였다. 어려서 출가하여 대둔사에서 머리를 깎고 월송 재관月松再觀에게 구족계를 받고 춘계 천묵春溪天默을 따라 배웠다. 천묵은 외전外典에 해박한 분이었는데, 아암의 기민하고 총녕함이 무리 중에서 뛰어나 배운 지 몇 년 만에 이름이 치림緇林(승단)에 떠들썩하였다. 생각해 보면 그는 몸집도 작고 투박한데다 어리숙해 보여 스님(阿闍梨)은 안 어울리는 것 같았다. 마을의 벼슬아치와 선비들이 모두 그를 '팔득'이라 불렀는데 이는 대개 그 재주를 아껴 친근하게 여겼기 때문이다. 이미 성장해서는 널리 불서를 읽었고 연담 유일蓮潭有一과 운담 정일雲潭鼎馹을 차례대로 모셨다.

27세에 정암 즉원晶嚴即圓에게 염향하고 (개당하니) 곧 소요逍遙의 종파로 화악 문신華岳文信의 적통을 이었다. 아암은 여러 스님을 따라 경을 배웠는데 비록 머리를 숙이며 강설을 들었지만 입으로 '쯧쯧(咈咈)'하였는데 이는 그들을 비웃는 소리이다. 오직 연담의 수차手箚(직접 쓴 차자)와 구두 강론에는 곧 혀를 차지 않았다. 나이 겨우 삼십에 두륜산의 큰 법회에 주맹이 되었는데 모인 이가 100여 명이었다.

가경嘉慶 신유년(1801) 겨울에 나는 강진으로 귀양을 왔다. 5년(1806)이 지난 을축년 봄에 아암이 백련사로 거처를 옮겨 왔다. 그해 가을 나는 보은산방寶恩山房에 머물고 있었는데 아암이 여러 차례 방문하여 『주역』을 논의하였다. (그 후) 4년이 지난 봄에 나는 다산에 초막을 지었는데 초막은 대둔사와 가깝고 성읍에서는 멀었으므로 왕래가 더욱 잦아졌다. 그리하여 은미한 표현과 오묘한 뜻이 크게 펼쳐질 기회를 얻었다.

아암은 외전 가운데 『논어』를 매우 좋아하여 그 지향과 취지를 연구 탐색하여 조금이라도 미진한 부분이 없기를 바랐다. 역법(碁閏)의 수, 율려律呂의 도와 성리학의 여러 책에 모두 상세하게 고찰하고 연마하여 세속의 선비들이 미칠 바가 아니었다. 성품은 시를 좋아하지 않아 지은 작품이 거의 없다. 또한 받는 즉시 급히 짓지는 못했으나 받은 것이 있으면 반드시 화운和韻하여 사람들을 놀라게 하였다. 또한 변려문에 더욱 능통하여 율격에 정밀하고 엄격했으며 불서 가운데는 오직 『수능엄경首楞嚴經』과 『기신론起信論』을 좋아하였고, 『조왕경竈王經』이나 측간의 주문(厠呪)은 전혀 입에 올리지 않아 스님들이 병통으로 여겼다.

제자 중에 법을 얻은 이가 네 명40으로 수룡 색성袖龍頤性,41 기어 자굉騎魚慈宏, 철경 응언掣鯨應彦,42 침교 법훈枕蛟法訓43이다. 의발을 전수한 이후 아암은 곧 기력이 쇠해졌는데 이 때 나이 35세였다. 시에 빠지고 술에 몸을 맡겨 소요하며 이럭저럭 산 것이 또 4, 5년이었다. 신미년 가을 병을 얻은 후 9월 열엿새 북암北菴에서 시적하니 나이 겨우 40이었다. 그해 봄 아암은 〈장춘동 잡시長春洞雜詩〉 20여 편을 지어 나에게 보여 주었는데 그 둘째 연에

잣나무 공부로 누가 힘을 얻었나	柏樹工夫誰得力
연화세계는 다만 이름만 들리네	蓮花世界但聞名
미친 노래는 매번 근심 중 흘러나오고	狂歌每向愁中發
맑은 눈물은 주로 술 취한 뒤 흘리누나	淸淚多因醉後零

라 하였다. 그 뜻을 아는 이들은 이를 슬퍼했다. 이듬해 겨울에 그 문도가 행장을 가지고 와서 말하기를 "저희 스님은 탑을 세우지 않으면 안 되며 선생께서 그 명銘을 짓지 않으면 안 됩니다." 하기에, 나는 "그렇소." 하고 대답하였다. 명銘은 다음과 같다.

찬란한 우담화여	燁燁優鉢
아침 화려 저녁 시들	朝華夕蔫
훨훨 금시조여	翩翩金翅
앉았다가 날았다가	載止載騫

---

40 네 명 : 원래 정약용의 비명에는 일규 요운逸虯擾雲이 추가되어 다섯 명이다. 『동사열전』에는 수룡 색성, 철경 응언, 침교 법훈 세 명이 제시되어 있다.

41 수룡 색성袖龍頤性 : 1777~?. 조선 후기 대흥사 승려. 속성은 임任씨, 해남 사람. 두륜산頭輪山 모윤慕閏 문하에서 승려가 되었다. 외전外典을 잘 알았으며, 경학經學을 정연精研하여 이성理性의 이치에 대해 깊이 연구하였다. 연파蓮坡의 법인法印을 전해 받을 때 수룡이라는 당호를 내려주며 서문을 썼고, 다산 정약용이 게송을 지어 주었다. 저서에는 문집 1권이 있으나 현재 확인되지 않는다. 대사의 문인으로는 서주 의수犀舟懿修·철선 혜즙鐵船惠楫·태호 세관太湖世觀이 있다.(『동사열전』「수룡강사전」)

42 철경 응언掣鯨應彦 : 권두의 각주 1번 참조.

43 침교 법훈枕蛟法訓 : 생몰년 미상. 조선 후기 대흥사 승려. 18세기 후반부터 19세기 초반에 활약했을 것으로 추정된다. 『동사열전』에 독립된 항목이 없이 아암 혜장兒庵惠藏(1772~1811)의 의발을 전해 받은 제자 중의 한 분으로 소개되어 있다.

슬프다, 모두 고결한데	哀玆都潔
글 있으나 전하지 않네	有書無傳
그대와 함께 가서	與爾偕征
손수 현묘한 열쇠 열었다네	手啓玄鍵
고요한 밤 낚시 드리우니	靜夜垂釣
밝은 달만 배에 가득	明月滿船
저무는 봄 입 다무니	殘春緘口
산림이 고요쿠나	山林寂然
그 이름 수동壽童인데	是名壽童
하늘은 나이에 인색했네	天嗇其年
스님 이름에 선비 행실	墨名儒行
군자들도 사랑했네	君子攸憐

○『연사제명록蓮社題名錄』: 가경嘉慶 갑자년(1804) 겨울 11월에 연파蓮坡 대사가 세심암洗心菴에서 불자拂子를 세우고 그다음 해 을축년(1805) 6월에 대둔사로 돌아왔다. 이때 따르던 제자는 색성賾性, 자굉慈宏, 응언應彥, 법훈法訓 등 수십 명이었다.

○『대둔지大芚志』: 가경嘉慶 임신년(1812) 봄 중국의 학사 담계 옹覃溪翁[44] 공의 시집 6책을 연경燕京에서 동쪽 두륜산으로 보내왔으니 이는 진실로 장 공藏公의 명성이 중국까지 미쳤기 때문이다. 【옹 공翁公은 휘가 방강方綱, 자는 정삼正三이다.】

○가경嘉慶 신미년(1811) 가을에 연파 혜장蓮坡惠藏이 시적하셨다. 그해 겨울 우리 사신이 연경에 들어갔을 때 내각학사(閣學) 완원阮瑗과 옹 공翁公의 아들 수곤樹崑이 담계 옹覃溪翁의 『복초재시집復初齋詩集』 2부를 그 (사신의) 자제에게 주었다. 상상上庠이 말했다. "귀국에 고승이 있소?"

"아암 혜장이란 분이 있는데 내전과 외전에 통달하여 명성이 동방에 최고입니

---

44 옹방강翁方綱: 1733~1818년. 추사 김정희와 교류를 나누었던 청나라의 서예가, 문학가, 금석학자. 호는 담계覃溪. 조선 후기 실학자의 학문에 큰 영향을 주었다. 글씨는 구양순歐陽詢·우세남虞世南을 사숙했는데 법도를 엄격하게 지켰으며 예서에도 뛰어났다. 저서로는 『양한금석기兩漢金石記』, 『한석경잔자고漢石經殘字考』, 『초산정명고焦山鼎銘考』, 『소미재난정고蘇米齋蘭亭考』, 『복초재문집復初齋文集』, 『석주시화石洲詩話』 등이 있다.

다."

그가 말하였다. "귀국에 큰 절이 있소?"

"대둔사가 있는데 동방의 종원宗院입니다."

그가 말하였다. "장 공藏公은 어느 절에 있소?"

"대둔사에 있습니다."

그가 말하였다. "그 사람을 얻고 또 그 땅을 얻었으니 이에 가히 이 책을 줄 만하구려. 『담계시집覃溪詩集』 1부는 항주杭州의 영은사靈隱寺에 보관하고, 이제 또 1부를 어디에 둘까 근심하던 차에 다행히 대둔사에 보관하기로 하니 오래 전할 수 있겠구려."

사신이 돌아와서 소문을 들으니 장 공은 이미 세상을 뜬 후라 다른 산에 기증하려 하다가 수룡 색성褎龍賾性과 기어 자굉騎魚慈宏이 아직 대둔사에 있다는 말을 듣고 마침내 『담계시집』 6책을 대둔사에 두었으니 때는 계유년(1813) 겨울이었다. 이보다 앞서 화원花源의 감목관監牧官 황정黃庭 이태승李台升이 아암과 더불어 물외의 시주詩酒를 통한 친교를 맺었는데 서울에 돌아가 진신薦紳들에게 이름을 전파하니 마침내 그 이름이 중국에까지 알려지게 된 것이다. 그후 또 담계가 쓴 『석판금강경石板金剛經』을 보내 와서 (대둔사에서는) 담계를 위해 복을 빌고(祝釐) 함께 상원上院에 보관하였다.

第八蓮坡大師, 夙慧直紹於因公, 華聞遠布於中國.

茶山樵夫丁鏞¹⁾撰蓮坡大師塔銘曰, 兒菴和尙, 本金氏, 小字八得, 惠藏其法名, 字曰無盡, 本號蓮坡. 塞琴縣之花山坊人, 塞琴古百濟南徼. 生地微, 家且貧. 幼而出家, 落髮於大芚寺. 受月松再觀²⁾恩,³⁾ 從春溪天默學. 天默能⁴⁾淹貫外典, 而兒菴警慧出羣,⁵⁾ 學之數年, 名噪緇林. 顧短小樸樕, 不類闍梨. 鄕中薦紳先生, 皆呼之曰八得, 蓋愛其才而狎之也.⁶⁾ 旣長廣受佛書, 歷事蓮潭有一, 雲潭鼎馹.⁷⁾ 年二十七, 拈香於晶巖卽圓,⁸⁾ 卽逍遙之宗, 華岳文信之嫡傳也. 兒菴從諸師受經, 雖低首聽說, 及出戶,⁹⁾ 覺口中有聲曰咥. 咥也者,¹⁰⁾ 哂之也. 惟¹¹⁾蓮潭手箚口授, 則不咥¹²⁾也. 年甫三十, 主盟於頭輪大¹³⁾會, 會者百有餘人. 嘉慶辛酉冬, 余謫康津. 越五年乙丑春, 兒菴來棲于白蓮社. 是年¹⁴⁾冬, 余棲寶恩山房, 兒菴數相過談易. 越四年春, 余結廬于茶山, 与大芚近而遠於城邑, 其來彌數. 微言妙義, 得弘敷焉.¹⁵⁾ 兒菴於外典, 酷好論語,¹⁶⁾ 究索志趣, 期無遺蘊. 若朞閏之數, 律呂之度, 及 性理諸書, 皆精核硏磨, 非俗儒可及. 性不喜詩, 所作絶少. 又不能副急, 有贈必 追和之, 乃驚人. 尤工駢儷, 律格精嚴. 於佛書唯¹⁷⁾好¹⁸⁾首楞嚴起信論. 而竈經厠 呪, 未或被脣, 髡者病之. 弟子得法者四.¹⁹⁾ 曰袖龍頤性, 騎魚慈宏, 掣鯨應彦, 枕 蛟法訓.²⁰⁾ 旣授衣鉢, 兒菴乃老,²¹⁾ 時年三十五. 酖詩縱酒, 逍遙偃仰者四五年. 辛未秋得疾, 以九月旣望, 示寂於北菴, 其臘僅四十. 其年春, 兒菴以長春洞雜詩 二十篇示余. 其二聯曰, 柏樹工夫誰得力, 蓮花世界但聞名, 狂歌每向愁中發, 淸 淚多因醉後零. 知者悲之.²²⁾ 厥明年冬, 其徒以其狀至曰, 吾師不可以不塔, 先生 不可以不銘. 余曰, 然. 銘曰, 燁燁優鉢, 朝華夕蔫. 翩翩金翅, 載止載騫. 哀玆都 潔, 有書無傳. 與爾偕征, 手啓玄鍵. 靜夜垂釣, 明月滿船. 殘春緘口, 山林寂然. 是名壽童, 天嗇其年. 墨名儒行, 君子攸憐.

○蓮社題名錄云：嘉慶甲子冬十一月, 蓮坡大師竪拂於洗心菴. 厥明年乙丑六月, 還于大芚寺. 弟子從者, 蹟性慈宏應彦法訓等數十人.

○大芚志曰：嘉慶壬申之春, 中朝學士覃溪翁公詩集六冊, 厥自燕京, 東出頭輪, 寔由藏公名達中國【翁公, 諱方綱, 字正三】.

○嘉慶辛未秋, 蓮坡惠藏示寂. 是年冬, 我使入燕. 阮閣學瑗及翁公之子樹崑, 以 覃溪翁公復初齋詩集二部授其子. 上庠曰, 貴國有高僧乎. 曰, 有兒菴惠藏者, 淹 通內外, 名擅東方. 伊曰, 貴國有大刹乎. 曰有大芚寺, 爲東方宗院. 伊曰, 藏公在 何寺. 曰在大芚. 伊曰, 得其人, 又得其地, 斯可以授之矣. 覃溪詩集一部, 藏於 杭州之靈隱寺, 今又以一部相²³⁾恩, 幸藏大芚, 以壽其傳. 歸而聞之, 藏公已逝矣. 欲付他山, 聞裒龍蹟性騎魚慈宏, 猶在芚寺. 遂以覃溪詩集六冊, 歸之芚寺. 時維 癸酉之冬也. 先是花源監牧官李黃庭台升, 与兒菴, 爲物外詩酒之交, 及歸京城, 延譽薦紳間, 遂至於名達中國也. 其後又有覃溪所書石板金剛經出來, 爲覃溪祝 釐, 幷藏上院.

1) 丁若鏞을 열수洌水 정용丁鏞이라 쓰기도 한다. 2) ㉠ 觀 다음에 其가 있다.(동사열전) 3) ㉠ 恩이 없 다.(동사열전) 4) ㉠ 能이 없다.(동사열전) 5) ㉠ 輩은 衆(동사열전) 6) ㉠ "顧短小樸猷~盖愛其才而狎之也" 는 생략되었다.(동사열전) 7) ㉠ 이 다음에 "晶巖卽圓"이 있다.(역대) 8) ㉠ '晶巖卽圓'은 '晶巖之室'로 되어 있다.(역대) 9) ㉠ 戶 다음에 외가 있다.(동사열전) 10) ㉠ '曰吓吓也者'는 '曰吓吓吓 吓也者'로 되어 있다.(역 대) 11) ㉠ 惟는 唯(동사열전, 역대) 12) ㉠ 吓는 吓吓(역대) 13) ㉠ 大는 之(역대) 14) ㉠ 是年 앞에 "渴欲 相見 顧余謝客~眞不足以自智請益 余莫之應"이 누락되었다.(역대) 15) ㉠ "嘉慶辛酉冬~微言妙義得弘 敷焉"은 생략되었다.(동사열전) 16) ㉠ 論語 앞에 周易이 있다.(동사열전) 17) ㉠ 唯는 篤(동사열전) 18) ㉠ 唯 好는 惟信(역대) 19) ㉠ 四는 五(역대) 20) ㉠ 이 다음에 "逸虯擾雲"이 있다.(역대) 한편 "弟子得法者四~枕 蛟法訓" 부분이 『동사열전』에는 "有三徒曰 袖龍頤性 掣鯨應彦 枕蛟法訓"으로 되어 있다. 21) ㉠ 이하 부 분은 "辛未秋 得病 九月旣望 示寂于北庵 其壽四十 立碑于頭輪山 碑 洌水丁若鏞撰 文集一卷 行于世 建

影閣于上院庵"으로 약술하였다.(동사열전) 22) ㉰ 이후에 "示寂之日 頭輪雷鳴 於是以柏樹之句 名聞中國 閣老翁覃溪先生 深喜得人 以其詩集六冊 手書石板 金剛經一卷 己像一軸 因東使寄送 是亦一未曾有也" 가 생략되었다.(역대) 23) ㉱ 相은 글자체가 桐과 비슷하다.

이상 8대사 외에 이 산에 주석한 이는 취여醉如의 문인 아닌 분이 없었다.

용계龍溪 선사 : 법휘는 조기照機, 벽하 대우碧霞大愚의 법을 이은 분으로 화악 문신華岳文信의 법손이다. 항상 세심암洗心菴에서 불자를 세우고 경을 강의하였다. 「세심암중수기洗心菴重修記」를 지었으니 때는 건륭乾隆 17년 임신(1752)이다.

제하濟河 선사 : 법휘는 두즙斗楫, 설봉雪峰의 법을 이은 분으로, 월인月印의 스승이다. 항상 세심암에서 대중을 거느리고 경을 강의하였는데 모인 이가 역시 많았다.

월인月印 선사 : 법휘는 총신聰信으로 건륭乾隆 연간의 인물이다. 본래는 미황사 승려였는데 항상 본사에 주석하였다. 글씨를 잘 써서 이름이 났고, 입적 후 그 문도들이 탑을 건립하였다.
○태삼泰森의 안 : 월인月印은 제하濟河의 법제자이고 설봉雪峰의 법손이다. 나(森)는 월인에게 계를 받았으므로 감히 잊을 수 없다. 승가에 네 부류의 스승이 있으니 은사恩師, 법사法師, 명사名師, 선사禪師로 계사戒師는 곧 명사名師이다.

청담淸潭 선사 : 법명은 석홍碩泓으로 정암晶巖이 직접 가르친 제자다. 역시 미황사의 승려로서 본사에 상주했다. 얼굴에 완두콩 흔적이 있어 다산이 놀려 말하기를 '괴석선사怪石禪師'라 하였다.

망해望海 선사 : 법명은 하일賀鎰로 정암이 직접 가르친 제자이다. 본사에서 머리를 깎았다. 영정이 세심암에 있다. 연담蓮潭 대사는 사리에 통달한 이라 불렀고, 아암兒菴 화상은 함께 이야기 나누는 상대로 허락하였다.
○근학謹學 안 : 망해望海는 나의 법사法師이다. 불상을 개금改金한 공이 있다.

해월海月 선사 : 법명은 최정㝡定으로 진봉 심우珍峰深宇에게 법을 받았다. 심우는 월호 연명月湖演明에게 은사의 덕을 입었다. 본래 대둔사의 스님으로 항상 본사에 머물렀다.
○승찬勝粲 안 : 해월海月은 나의 법사이다. 월호 선사月湖禪師는 화악華岳에게 법을 받았다.

八師之外, 住錫茲山者, 無非醉如之門人.

龍溪禪師, 法諱照機, 碧霞大愚之嗣, 華岳文信之孫也. 嘗於洗心菴, 暨拂談經. 著洗心菴重修記, 時維乾隆十七年壬申也.
濟河禪師, 法諱斗楫, 雪峰之嗣, 月印之師也. 嘗於洗心菴, 領衆談經, 會者亦多.
月印禪師, 法諱聰信, 亦乾隆間人也. 本美黃之僧, 嘗住本寺. 有善書之名, 既沒, 其徒建塔.
○泰森案 : 月印者濟河之嗣, 雪峰之孫也. 森也受戒於月印, 故未敢忘也. 僧家有四師, 曰恩法名禪, 戒師即名師也.
清潭禪師, 名碩泓, 晶巖之親徒也. 亦以美黃之僧, 常住本寺. 面有豌豆之痕, 故茶山戲之曰, 怪石禪師.
望海禪師, 名賀鎰, 晶巖之親徒也. 於本寺落髮. 有影幀在洗心菴. 蓮潭大師稱其解事, 兒菴和尚許其談論.
○謹學案 : 望海者, 不佞之法師也. 有改金之功.
海月禪師, 名寂定. 受法於珍峰深宇, 深宇受恩於月湖演明. 本大芚之僧, 常住本寺.
○勝粲案 : 海月者, 不佞之法師也. 月湖禪師受法於華岳.

만덕사지 제5권
萬德寺志 卷之五

다산茶山 감정
백하 근학白下謹學 엮음
별악 승찬鼈岳勝粲 교정

茶山 鑑定
白下謹學 編
鼈岳勝粲 校

절에는 동서東西로 두 원院이 있다. 동원東院은 전우殿宇와 방료房寮가 거의 20을 채웠고, 서원西院은 그것의 절반이다. 모두 행호行乎가 중건한 것이다.

대웅보전, 시왕전, 나한전【응진당應眞堂으로도 부름】, 극락전, 천불전【지금의 비전碑殿 북쪽에 있음】, 동전東殿【효령대군이 머물머 쉬던 방. 지금 오죽선烏竹田이 됨】, 약사전, 관음전【현재의 지사방知事房】, 명속전明績殿【지금의 비전碑殿】, 팔장전八藏殿【지금의 판전判⁴⁵殿】, 회선당會禪堂, 승당僧堂, 동상실東上室, 서상실西上室, 망해당望海堂, 영월료迎月寮, 송월료送月寮, 신방新房, 진여문眞如門, 만경루萬景樓.
○이상은 곧 동원東院의 옛 모습이다. 수백 년 이래 조금씩 무너지고 훼손되어 남아 있는 것이 지금은 많지 않다.

팔상전八相殿【법당명】, 청운당靑雲堂, 백운당白雲堂, 망월전望月殿, 명원루明遠樓.
○이상은 곧 서원西院에 남아 있는 이름이다. 서원이 무너지고 황무지가 된 것은 그 햇수가 오래되었다. 방료房寮의 이름을 노승도 다 아는 이가 없다.

寺有東西二院. 其東院, 殿宇房寮恰滿二十, 其西院半之, 皆行乎之所重建也.

大雄寶殿, 十王殿, 羅漢殿【亦名應眞堂】, 極樂殿, 千佛殿【在今碑殿北】, 東殿【即孝寧大君棲息之房, 今爲烏竹田】, 藥師殿, 觀音殿【今之知事房】, 明績殿【今碑殿】, 八藏殿【今判¹⁾殿】, 會禪堂, 僧堂, 東上室, 西上室, 望海堂, 迎月寮, 送月寮, 新房, 眞如門, 萬景樓.
○已上即東院之舊觀也. 數百年來稍稍頹毁, 存者今無多矣.
八相殿【法堂名】, 靑雲堂, 白雲堂, 望月殿, 明遠樓.
○已上即西院之遺名也. 西院之毁爲荒原, 年紀已久. 其房寮名號, 老僧亦無能盡知者.

1) 판 判은 板의 오자로 보인다.

절의 누각도 도중에 허물어졌는데 조선 효종 때 현오玄悟 스님이 중수하였다.

---

45 判 : 判은 板의 오자로 보인다.

○『강진현지康津縣志』: 명원루明遠樓는 지금은 무너졌다. 만경루萬景樓는 정유왜란 때 불에 탄 것을 효종孝宗조에 현오玄悟 스님이 중수하였다.【이청 안 : 정유년에 왜구가 이곳까지 온 적이 없으니, 『강진현지』는 신빙성이 없다.】

寺樓中毀, 至我孝宗之時僧玄悟重修.

○康津縣志云 : 明遠樓今廢, 萬景樓火於丁酉倭亂, 孝宗朝僧玄悟重修【晴案. 丁酉倭寇未嘗至此, 縣志未允.】

건륭乾隆 25년【영조 37】경진년(1760) 2월(초1일) 승당僧堂에 불이 나 불전佛殿과 승료僧寮 수백여 칸이 모두 잿더미가 되었다. 그 이듬해 신사년(1761)에 원담圓潭과 윤철允哲 등이 재물과 장인을 모았으니 실제로는 중건한 것이다.

부솔副率 이의경李毅敬이 지은 「백련사중건기白蓮寺重建記」 요약 :
상장 집서上章執徐[46]【즉 경진년】2월에 백련사에 불이 나 불상만 겨우 건졌을 뿐 대웅전과 시왕전, 향로전, 승당, 선당, 정문, 종각, 만경루 등이 모두 재로 변했다. 중광대황락重光大荒落【즉 신사년(1761)】3월(澤天)에 역사를 시작하여 9월 25일 경신庚申에 함께 상량식을 거행하였다.
○태삼泰森의 안案 : 상량은 비록 신사년(1761) 9월이나 준공은 임오년(1762) 봄과 여름이다. 신사년의 역사에 일을 주관한 이는 원택圓澤, 윤철允哲【별좌別座 소임】전 주지 왈찰曰察【도감都監 소임】이다. 공이 있는 이로는 가선 지정嘉善智正 주지住持 혜철 붕관惠哲鵬寬【송사松事[47]를 범하여 전라수영全羅水營에서 죄를 받았다.】이며 이외에도 많아서 다 기록하지 못한다. 그때의 장관은 곧 강진현감 허휘許彙, 병마절도사 홍약수洪若水, 수군절도사 신사엄申思儼·신광익申光益 등이다. 서울에

---

46 상장 집서上章執徐 : 60갑자의 옛날식 표현. 上章은 일곱째 천간의 庚, 執徐는 다섯 번째 지지의 辰에 해당한다. 다음의 辛巳에 해당하는 중광대황락重光大荒落도 마찬가지이다.
47 송사松事 :『각사등록』의 기사 중 '금송사목禁松事目'에, "살아 있는 소나무를 자른 경우에 1그루 이상이면 도원릉수목률에 의거하여 장1백, 도3년에 처한다.(偸斫生松者 一株以上 依盜園陵樹木律 杖一百徒三年)"라는 구절이 있다.

서 힘을 써준 이는 홍문관 교리 신사운申思運 및 여러 분이다.

○설옥設玉 안 : 붕관鵬寬은 장사壯士이다. 전라수영에서 곤장을 맞고 물속으로 끌고 가자 피로 붉게 물들였으니 그 고통을 알 만하다. 붕관은 매번 법당을 지나면서 반드시 얼굴을 가리고 말하기를 "부처님이 신령하시면 어찌 이처럼 복을 구함에 화를 주십니까?" 하였으니 대개 웃으려고 한 말이었다.

至乾隆二十五年【我英宗三十七年】庚辰二月【初一日】, 僧堂失火, 佛殿僧寮數百餘間 悉爲灰燼. 厥明年辛巳, 圓潭允哲等, 鳩材募工, 實是重建.

李副率毅敬白蓮寺重建記略云, 上章執徐【即庚辰】大壯之月, 白蓮寺災, 佛像甫得扶護, 而大雄殿十王殿香爐殿僧堂禪堂正門鍾閣萬景樓盡咸焦土. 重光大荒落【即辛巳】月 値澤天, 役已經始, 而季秋之月二十五日庚申, 共擧脩梁.
○泰森案 : 上梁雖在辛巳之九月, 竣事在壬午之春夏也. 辛巳之役, 其主事者圓澤允哲【爲別座】前住持曰察【爲都監】. 其有功者嘉善智正住持惠哲鵬寬【以犯松事, 被罪於水營】, 多不盡錄. 其時官長, 則康津縣監許彙兵馬節度使洪若水水軍節度使申思儼申光益. 其在京宣力者, 弘文館校理申思運諸公也.
○設玉案 : 鵬寬壯士也. 被棍水營, 曳之水中, 血流水赤, 其苦可知. 鵬寬每過法堂, 必遮面而過之曰, 佛若有靈, 求福得禍, 如是乎. 盖戲言也.

지금 남아 있는 것은 예전에 비하면 참으로 적조하다. 다만 전각 4개, 방 4개만 남았을 따름이다.

대웅전, 극락전, 나한전【다른 이름은 진응당應眞堂】, 시왕전, 진여문【이상은 모두 신사년 건립】, 비전碑殿【옛날의 명적전明績殿】, 판전板殿【옛날의 팔장전八藏殿】, 약사전, 관음전【이상은 모두 화재를 겪지 않음】
○한영翰英의 안 : 진여문眞如門에도 고루鼓樓가 있다. 과거 만경루萬景樓의 편액을 이 문에 달았지만 과거의 만경루는 아니다.
○또 : 신사년에 건립하지 않은 것은 곧 승당僧堂, 선당禪堂, 만경루萬景樓뿐이다. 그러므로 나머지 전각과 요사는 이미 경진년 화재 이전에 오랫동안 무너지

고 훼손된 것이다.

○응언應彦 안 : 행호行乎가 중건한 해【정통正統 원년 병진(1436)】로부터 경진년(1760) 화재까지 그 사이가 325년이다.

今所存者, 比舊蕭條. 只有四殿四房而已.

大雄殿. 極樂殿. 羅漢殿【亦名應眞堂】. 十王殿. 眞如門【已上皆辛巳所建】. 碑殿【古之明績殿】. 板殿【古之八藏殿】. 藥師殿. 觀音殿【已上皆不經火災】.
○翰英案 : 眞如門亦有鼓樓. 故萬景樓之扁額, 縣於此門. 非古之萬景樓也.
○又按 : 辛巳未建者, 乃僧堂禪堂萬景樓而已. 然則其餘殿寮, 已於庚辰火災之前, 久已頹毀也.
○應彦案 : 自行乎重建之年【正統元年丙辰也】, 至庚辰之災, 其間爲三百二十五年也.

산 암자로 정교하게 지은 건물이 또한 옛날은 성했으나 지금은 쇠하니 신도들이 안타깝게 여기고 있다.

청련암靑蓮菴【동쪽 기슭에 있고 맑은 샘도 있다.】, 적련암赤蓮菴【절 남쪽】, 수도암修道菴【북쪽 기슭에 있다.】, 세심암洗心菴【수도암의 아래에 있다.】, 적조암寂照菴【절의 서남쪽】, 영축대靈鷲臺【절 서쪽에 있다. 옛날 종을 만들던 곳이다.】 서암西菴【절의 서쪽에 있다.】, 상일암上日菴【절 서쪽】, 백석암白石菴【절 서쪽에 있다. 지금은 적천이라 부르고 바위 위에 토굴이 있다.】, 조계암曹溪菴【서쪽 기슭의 서북쪽에 있다. 절에서 1리이며 살 깨무는 빈대(鼈蝨)로 무너졌다.】, 송광암松廣菴【동쪽 기슭의 동북쪽. 절에서 1리. 지금 석천石泉이 있다.】
○태삼泰森 안 : 지금 남아 있는 것은 오직 수도암修道菴과 세심암洗心菴 두 암자뿐이다.

정암 즉원晶巖卽圓 대사의 「수도암중수기修道菴重修記」 :
백련사에 수도암修道菴이 있다. 지난 을축년에 탄징坦澄 비구가 처음 건립하였고, 경오년 봄에 광우廣祐 수좌가 다시 수리하였다. 지금은 월인月印 대사가 다시 중수하였다. 개성 사람(松京人) 왕희철王熙喆과 김려백金麗白 등이 단월檀越 역할을 하였다. 건륭乾隆 50년 을사년(1785) 초봄(首春)에 기공하여 6월(季夏)에 준공하였다.

○자굉慈宏 안 : 을축년과 경오년은 연호를 표기하지 않아 현재 자세히 알 수 없다. 이 일에 이 산의 승려 양헌養軒이 실로 별좌別座를 하였다고 한다.

용계 조기龍溪照機 대사의 「세심암중수기洗心菴重修記」 :
건륭乾隆 17년 임신(1752) 2월에 공사를 시작하여 5월 5일 준공하였다. 이는 대개 네 번째 세운 것이다. 그 후 3년 갑술(1754) 5월 5일 세심洗心과 취여醉如 두 조사의 진영을 조실祖室에 봉안하였다.

회운 덕활會雲德濶의 「세심암중수기洗心菴重修記」 :
이 암자는 무너지고 세워지고를 현재까지 네다섯 번 하였다. 처음에 세운 이는 세심 조사洗心祖師이나 그 이후로는 고증할 수 없다. 건륭乾隆 44년 기해년(1779) 봄 다시 중수하여 초하初夏(4월)에 준공(覆簣)[48]하였다. 당시 주지는 찰연察演으로 나에게 기문을 청한 이는 만응萬應이다.

其山菴, 精修之室, 亦舊盛今衰, 信者以哀.

青蓮菴【在東麓, 亦有清泉】 赤蓮菴【在寺南】 修道菴【在北麓】 洗心菴【在修道之下】 寂照菴【在寺之西南】 靈鷲臺【在寺西, 即古鑄鍾之處】 西菴【在寺西】 上日菴【在寺西】 白石菴【在寺西. 今稱滴泉. 巖上有土窟】 曹溪菴【在西麓之西北. 距寺一里. 寺以鼇蝨毀】 松廣菴【在東麓之東北. 距寺一里 今有石泉】
○泰森案 : 今所存者, 唯修道洗心兩菴而已.
晶巖大師即圓修道菴重修記曰 : 白蓮社有修道菴, 往在乙丑之年, 坦澄比丘初建之, 庚午之春, 廣祐首座重葺之. 今也月印大師又重修之. 松京人王熙喆金麗白等

---

48 준공(覆簣) : 흙 한 삼태기를 부어 산을 만든다는 말로 적소성대積小成大의 뜻과 같다. 여기서는 마지막 한 삼태기를 부은 것으로 해석된다. 『논어』 「자한子罕」에 "비유하자면, 산을 만들 적에 마지막 한 삼태기의 흙을 붓지 않아 산을 못 이루고서 중지하는 것도 내 자신이 중지하는 것과 같으며, 평지에 흙 한 삼태기를 부어 산을 만들기 시작해서 점점 만들어 나가는 것도 내가 해 나가는 것과 같다.(譬如爲山 未成一簣 止 吾止也 譬如平地 雖覆一簣進 吾往也)"에서 유래하였다.

寔爲檀越. 乃乾隆五十年乙巳之歲, 起功於首春, 竣事於季夏.
○慈宏案 : 乙丑庚午不標年号, 今不可詳也. 是役也, 山之僧養軒, 寔爲別座云.
龍溪大師照機洗心菴重修記曰 : 乾隆十七年壬申二月起功, 五月五日訖役, 斯盖第四建也. 越三年甲戌五月五日, 洗心醉如, 兩祖師眞影, 奉安于祖室.
會雲德潤洗心菴重修記曰 : 此菴廢興, 今至四五. 初建者洗心祖師, 其餘無徵焉. 乾隆四十四年己亥之春, 又重修之, 至初夏而覆簀. 時住持者察演, 請余記者萬應.

용혈龍穴 정람精藍은 천인天因, 천책天頙, 정오丁午 세 국사가 정교하게 닦은 사원인데 지금은 다만 황폐하게 무너진 누대와 초석만이 무성한 풀에 덮여 있다.

다산초부茶山樵夫의「유용혈기游龍穴記」:
가경嘉慶 무진년(1808)에 다산茶山에 머물기 시작하다. 매년 산꽃이 활짝 필 때면 한 번씩 용혈龍穴에 노닐었는데, 이를 해마다 상례로 삼았다. 다만 보이는 것은 골짜기가 휑하고 허전한데, 소라 껍데기같이 생긴 부분은 용혈이요, 쏴쏴 소리 내며 세차게 쏟아져 절벽 따라 흘러내리는 것은 용천龍泉이다. 용천의 동쪽에 평탄한 땅이 한 구역 있으니 용혈암의 옛 터이다. 동굴 입구 옆에는 깎아 놓은 듯한 높은 대(崇臺)가 있는데 옛날에 누각을 세웠던 자리일 따름이다. 용혈에서 남쪽으로 고개 하나를 넘고 산을 따라 서쪽으로 수백 보를 가면 상사동上寺洞이라는 골짜기가 나온다. 다시 시내를 따라 돌계단을 밟고 올라가면 작은 바위 동굴이 서쪽 벼랑 끝에 있고 이를 따라 들어가면 평탄한 땅 한 구역이 나오는데 용혈암의 옛 터라고 한다. 그 남쪽 봉우리 위에 평탄하고 넓은 대가 있는데 그 바위는 자연스레 생긴 것을 사람이 약간 가공한 것으로, 앉아서 주변을 조망할 만하다. 동쪽 벼랑 옆에도 작은 대가 있으나 모두 이름이 없어 매번 이곳에 올 때마다 슬프게 여긴 지 오래다.
계유년(1813) 봄에 이청이 서울에 갔을 때 천인天因과 정오丁午의 행적 자료를 얻어 돌아왔다. 이에 천인이 용혈암에서 시적하였고, 천책이 천인을 이어 주석한 것을 알게 되었다. 당시 공경, 학사, 수령들이 모두 속제자라 스스로 칭하며 용혈 대존숙龍穴大尊宿에게 시를 헌정하였다. (생각해 보면) 두 스님이 바야흐로 조용히 쉴 때 가벼이 거동하거나 생각하지 않으셨을 것이다. 또 동굴 밖을 보면 일산을 접고 말안장을 푼 사람과 말들이 빼곡히 서 있고, 두 손을 공수하며 명을 기다리는 이들이 벌떼처럼 빽빽하였을 것이니 그 성대함이 어떠했으리오. 정오는 처음에는 용혈에 거주하다 그 후 괘탑암掛塔菴에 거주하였다. 괘탑암은 지금은 윗절(上寺)이라 부른다. 그 남쪽 봉우리에 대가 있는데, 정오가 지은 것으로 이름을 능허대凌虛臺라 한다. 그 동쪽 벼랑에도 작은 내가 있는데 이 또한 정오가 지은 것으로 이름을 초은정招隱亭이라 한다. 능허대는 원정元貞 을미년(1295)에 완성하고, 초은정은 대덕大德 정유년(1297)에 완성하였다. 지금으로부터 500년을 지나지 않았는데 풀숲에 황폐해진 것이 이와 같으니 슬프도다.

갑술년(1814) 봄에 삼초 정호三超正浩와 기어 자굉騎魚慈宏이 마침 다산에 왔기에 함께 용혈에 노닐면서 정오의 시에 차운하였다. 이것을 기록하여 그들에게 주었다.

至若龍穴精藍, 即天因天頙丁午三國師精修之院. 今唯荒臺破礎鞠爲茂草.

茶山樵夫游龍穴記曰, 嘉慶戊辰, 始寓茶山. 每山花盛開, 一游龍穴, 歲以爲常. 但見谽谺詼譎, 如螺蝛之殼者, 爲龍穴. 琮琤激瀉, 沿於絶壁而下者, 爲龍泉. 龍泉之東有一區夷坦之地者, 爲龍穴菴舊址. 洞門之側, 崇臺如削者, 爲昔時樓閣之所建而已. 由龍穴而南踰一嶺, 沿山而西行數百武, 有谷曰上寺洞. 沿溪躡磴而上, 有小石竇在西崖之側, 由竇而入得一區夷坦之地, 曰此古菴之址. 其南峰之上有臺平廣, 其石天成而補之以人功, 可坐可眺. 東崖之側, 亦有小臺, 悉皆無名, 每至爲之怊悵者良久. 癸酉春, 李晴游京師, 得天因丁午實跡而還. 乃知天因示寂於龍穴, 而天頙継居之也. 當時公卿學士守令, 皆稱俗弟子, 獻詩于龍穴大尊宿. 二僧方且偃息, 不輕動想. 見洞門之外, 弛盖解鞍, 人馬簇立, 拱手以竢命者, 密如蜂屯, 何其盛也. 丁午始居龍穴, 其後居掛塔菴. 掛塔菴者, 今之所謂上寺也. 其南峰有臺者, 丁午之所築, 名之曰凌虛臺也. 其東崖有小臺者, 亦丁午之所築, 名之曰招隱亭也. 臺成於元貞乙未, 亭成於大德丁酉. 距今不過五百餘年, 而其蕪沒如此, 悲夫. 甲戌春, 三超正浩騎魚慈宏, 適至茶山, 與游龍穴, 次韻丁午之詩, 遂書此以予之.

인근 여러 산의 수행 도량으로 본사에 소속된 암자가 예전에는 많았으나 지금은 쇠락하여 남아 있는 곳이 몇 되지 않는다.

석문암石門菴【절 서쪽 10리에 있다.】, 합장암合掌菴【절 서쪽 10여 리】, 응진암應眞菴【절 서쪽 14리. 현재 나한羅漢 석상이 암석 사이에 누워 있다.】, 죽림암竹林菴【절 서쪽 20리】, 망월암望月菴【절 서쪽 20리, 주작산朱雀山에 있다.】 천불암千佛菴【절 남쪽 50리로 좌곡佐谷에 있다. 일찍이 부도가 있었는데 지금은 송씨宋氏의 묘지가 되었다.】, 고성암高聲菴【절 북쪽 20리, 강진현 성의 북쪽에 있다.】, 화방암花芳菴【절 동쪽 30리, 화방산花芳山에 있다.】

○자굉慈宏 안 : 석문암石門菴 옛 터는 민보民堡를 축성하여 변방을 방어할 만한데 이를 강구하지 않으니 안타깝다. 합장암合掌菴은 절벽에 매달려 있다. 문곡文谷 김수항金壽恒, 삼연三淵 김창흡金昌翕, 약천藥泉 남구만南九萬 등의 시가 있다. 그 남쪽에 용연龍淵이 있는데 낚시도 할 수 있고 씻을 수도 있는 진정 신기한 곳이다.

○지일智日 안 : 지금 남아 있는 것은 오직 고성암高聲菴, 화방암花芳菴 두 암자뿐이다.

○『동국여지승람』: 합장암合掌菴은 소석문小石門 위에 있다. 그곳에 석굴石窟이 있는데 두 바위의 가운데가 터져 마치 합장하는 모양이다. 예전에는 승암僧菴이 있었으나 도중에 허물어졌다. 현종 무신년(1668) 겨울 남구만이 금성錦城(현 광주)으로 귀양 왔다가 절경이라는 소문을 듣고 와서 보았다. 그러나 다만 옛 터만 있고 황폐해짐을 애석하게 여겨 이를 시문에 담아 강진, 영암, 해남 등 세 고을의 군수들에게 중수를 부탁하였다. 그 후 또 무너져 무인년(1698)에 관찰사 유득일兪得一이 본읍(강진)에 명하여 수리하도록 하였다.

○남구만南九萬이 세 읍의 태수에게 보낸 글[49] :
일전에 내가 바닷가 여러 산을 가서 보니, 낭주朗州(지금의 영암)와 금릉金陵(지금의 강진)이 교차하는 곁에 바다와 산이 있고, 옥 같은 봉우리가 수십 리에 걸쳐 아름답게 서 있는데, 두 냇물이 그 안에서 흘러나와 산을 세 등분 하고 있었습니

---

[49] 세 읍의 태수에게 보낸 글 : 남구만의 문집 『약천집藥泉集』 제27, 「서」에 수록되어 있다. 원제는 「贈靈巖權迪康津李馥海南韓翊周三太守詩序」이다. (영암 권적·강진 이복·해남 한익주 세 태수에게 준 시의 서문)

다. 그 (물이 나오는) 구멍을 대석문大石門, 소석문小石門이라 하는데, 소석문 위에 수천 길이 되는 바위가 있고 그 가운데가 터진 것이 마치 우바새가 합장하는 모양이며, 작은 암자가 그 사이에 있었습니다. 절 앞으로는 두 석봉이 깎아지른 듯 서 있어 먼 하늘에서 불어오는 비바람의 충돌을 막아 주고, 차가운 샘물은 바위굴에서 흘러나오는데, 가장 깊은 곳은 맑게 깊은 못이었으니 한 움큼 떠 마시면 사람의 폐부를 상쾌하게 하였습니다. 동백 두 그루가 암자 앞뒤로 있는 바위에 뿌리내려 그것을 덮고 있었고, 앞으로는 용추龍湫에 임하였는데, 푸른 바다를 바라봄에 청의靑衣의 여러 섬과 끝없이 넘실거리는 파도가 눈에 들어오니, 이는 참으로 천하의 기이한 곳이며, 또한 암자는 두어 칸에 불과하여 겨우 두세 스님이 머물 만하였습니다. 바위로 오르는 길은 돌 틈을 따르고 벼랑의 중턱을 뚫으며 빙글빙글 왕복하여 두 발을 함께 디딜 수 없어 간담이 서늘하고 혼백이 두려움에 떨었습니다. 암자 앞에 길이 끊어진 곳에 이르면 외나무다리를 따라 재빨리 건너 가는데 깊은 골짜기를 내려 보면 오싹하게 머리털이 서니, 진실로 명승지는 험한 곳에 있다는 말이 딱 맞는 듯합니다. 다만 땅이 좁고 멀어 화식하기에 불편하므로, 스님들은 흩어지고 암자는 비어 집과 마당이 황폐해져 그 기이한 경치에 걸맞지 않았습니다.

나는 이에 시로써 세 분의 원님(明府)에게 받들어 청하노니 승려를 모집하고 재차 수리하여 부역을 면제해 주고 절을 지키게 하여, 유람하는 사람들이 두루 보고 실컷 감상하게 해 주기를 바랍니다. 세 분의 태수에게 부탁하는 까닭은 낭주와 금릉은 땅이 맞닿아 있고, 당악棠岳(지금의 해남)은 그 치소治所가 가깝기 때문입니다. 이 땅은 비록 바닷가 변경이지만 만약 새롭게 집을 짓고 면목을 일신하면 그 기이함이 더욱 높아지고 그 뛰어남이 더욱 깊어질 것이니 천하에 이름을 드날리고 강토에 자취를 드러낸다면 보타락가산이 어찌 남쪽 바다(南溟)에서만 일컬어지겠습니까.

무신년(1668) 납월 20일에 의춘자宜春子는 금성錦城 훈련청訓鍊廳에서 촛불을 잡고 서신을 써서 낭주와 금릉·당악의 세 원님에게 받들어 올립니다.

황학루 무너져[50] 학 의지할 곳 없다더니   曾聞樓碎鶴無依

---

50 황학루 무너져 : 황학루黃鶴樓는 중국 호북성湖北省 무창현武昌縣 서쪽에 있는 유명한 누대로 명사들의

이제 보니 암자 무너져 스님 돌아오지 못하네	今見菴頹僧未歸
명철하신 세 원님께 말씀 올리나니	寄語神明三太守
곱게 단장하여서 꽃향기 다시 날리시기를	可能雕飾更芳菲

『강진현지康津縣志』: 고성사高聲寺는 현의 서북쪽 2리에 있다. 옛 터에 천휘天輝 스님이 중건하였다.
○응언應彦 안 : 천휘天輝는 우리 현종 때 스님으로 고금도古今島 관왕묘關王廟를 증수하신 분이다.
○『동국여지승람』: 만덕산에 운제사雲際寺가 있는데 이 또한 본사(만덕사)에 속한 암자이나 고증할 절터가 없다. 이제 만덕산 북쪽 석각石角 사이에 옛 절의 터가 있는데 혹 운제사의 터가 아닌가 한다.

『강진현지』: 나한사挐漢寺는 니발산尼鉢山에 있다. 산에는 큰 굴이 있는데 병화兵禍를 피할 만하다.
○응언應彦 안 : 니발산尼鉢山은 화방산花芳山으로도 부른다.(니발산은 속칭 니마산 尼摩山이라고도 한다.) 나한사挐漢寺는 곧 지금의 화방암花芳菴인데, 암자 북쪽에 지금도 큰 굴이 있다.

鄰近諸山之修院, 爲本寺屬菴者, 舊盛今衰, 存者無幾.

石門菴【在寺西十里】合掌菴【寺西十餘里】應眞菴【寺西十四里, 今有羅漢石軀相, 枕藉于巖石之間】竹林菴【寺西二十里】望月菴【寺西二十里在朱雀山】千佛菴【寺南五十里, 在佐谷. 尙有浮屠, 今爲宋氏墓地】高聲菴【寺北二十里在縣城之北】花芳菴【寺東三十里在花芳山】
○慈宏案 : 石門菴舊基, 宜築民堡, 可爲關防. 惜乎其不講也. 合掌菴懸於絶壁. 有金文谷【名壽恒】金三淵【名昌翕】南藥泉【名九萬】諸公之詩. 其南有龍淵, 可釣可濯眞奇境也.
○智日案 : 今所存者, 唯高聲花芳兩菴而已.

누정시가 다수 있다. 당나라 최호崔顥의 〈登黃鶴樓〉가 유명하며, 이백도 시를 남겼는데 특히 〈취한 뒤에 정십팔丁十八에게 답하다〉 시에 "높은 황학루 이미 부서졌으니 황학과 선인 의지할 곳 없어라.(黃鶴高樓已 搥碎 黃鶴仙人無所依)"라고 한 구절이 있다.

○輿地勝覽云：合掌菴, 在小石門之上. 有石窟, 兩巖中坼如合掌形. 古有僧菴, 中頹. 顯宗戊申冬, 南九萬適來錦城, 聞其勝往見. 唯有古址, 惜其荒廢, 以詩文囑康津靈巖海南三邑倅重新之. 其後又廢, 戊寅歲觀察使俞得一令本邑修建.

○南九萬寄三邑文曰：日者僕往觀海上諸山, 朗州金陵之交, 傍¹⁾海而有山. 玉峰麗立數十里, 兩川出其中, 分其山爲三. 號其竅爲大小石門. 其小石門之上, 有巖幾千丈, 中坼如優婆合掌狀, 小菴寄其間. 二石峰削立於前, 以防遙空風雨之衝. 玉泉冷冷, 瀉出于巖窟, 寂深處湛然一泓. 酌而飲之, 爽人肺腑. 冬柏二樹, 布根于菴之前後石上以覆蓋之, 前臨龍湫. 平看滄海, 送目青衣諸島, 以及浩漾²⁾無窮焉, 盖天下奇處也. 且菴纔數楹無餘地, 堇可容二三僧棲息. 上巖之路, 緣石罅穿崖腹, 盤旋往復, 足不得並趾, 駭膽而慄魄. 至菴前路絶, 從獨木橋, 略徇以過, 俯視深壑, 慣然髮豎, 眞所謂勝地在險. 第地窄且逈, 不便化食, 僧散菴空, 宇庭荒廢, 無以稱其奇. 僕兹以詩奉請三明府, 募僧重理, 免役而守之, 使遊觀之人, 縱覽而飫賞. 所以請三明府者, 朗與金以其地交, 棠以其治近也. 兹地雖濱³⁾海荒裔也. 若使新其結構, 改其面目, 高益其奇, 深益其勝, 馳名寰區,⁴⁾ 著跡⁵⁾輿圖, 則彌陀伽洛, 豈獨稱於南溟也哉. 時戊申臘月二十日, 宜春子在錦城訓鍊廳, 秉燭拜書, 奉呈朗州金陵棠岳三明府. 詩曰, 曾⁶⁾聞樓碎鶴無依, 今見菴頹僧未歸, 寄語神明三太守, 可能雕餙更芳菲.

康津縣志云：高聲寺在縣城西北二里. 古有址, 僧天輝重建.

○應彥案：天輝者, 我顯宗時僧, 增修古今島關王廟者也.

○又按輿地勝覽：萬德山又有雲際寺, 此亦本寺之屬菴. 然遺址無可考. 今萬德山北石角之中, 有古寺遺址, 或是雲際之墟也.

康津縣志云：翠漢寺在尼鉢山 山有大窟, 可避兵.

○應彥案：尼鉢山亦稱花芳山【亦云離鉢山俗稱尼摩山】翠漢寺即今之花芳菴也, 菴北今有大窟.

1) ㉱ 傍은 旁(약천집) 2) ㉱ 漾은 瀁(약천집) 3) ㉱ 濱은 瀕(약천집) 4) ㉱ 區는 宇(약천집) 5) ㉱ 跡은 迹(약천집) 6) ㉱ 曾은 昔(약천집)

바다 건너 여러 산에 이르면 공들여 지은 여러 암자가 모두 본사를 종찰로 받들어 세시歲時마다 방문하며 서로 부속附屬하였다.

완도에 관음굴觀音窟, 지장암地藏菴【훼손됨】, 부도암浮圖菴이 있다.
○청산도靑山島에 백련암과 봉대암鳳臺菴【훼손됨】이 있다.
○근학謹學 안 : 관음굴觀音窟은 곧바로 청해淸海에 임해 있다. 탐라耽羅를 바라보면, 해시海市에 신기루가 둥글 겹겹 절묘하여, 바라보면 진실로 신선의 경치이다. 『동국여지승람』: 법화암法華菴은 완도에 있다. 절 동쪽에 전석계全石溪, 천연대天然臺, 상왕봉象王峰이 있다.
○또 말하노니, 송강암松岡菴, 부도암浮圖菴, 취영대翠映臺는 모두 완도에 있다.
○근학謹學의 안按 : 법화암法華菴과 송강암松岡菴은 이제는 이름을 들어볼 수 없다. 이들은 혹시 관음굴과 지장암의 옛 이름이 아닌가 하나 알 수 없다.

至於越海諸山, 其精修諸菴, 皆以本寺, 仰爲宗院, 歲時修聘, 以相附屬.

莞島有觀音窟, 地藏菴【毁】浮圖菴.
○靑山島有白蓮菴, 鳳臺菴【毁】
○謹學案 : 觀音窟直臨淸海. 平瞰耽羅, 蜃樓海市, 多瓌奇絶, 觀眞仙境也.
興地勝覽云 : 法華菴在莞島中. 寺之東有全石溪天然臺象王峰.
○又云 : 松岡菴浮圖菴翠映臺俱在莞島.
○謹學按 : 法華菴松岡菴, 今未聞其名. 此或是觀音窟地藏菴之舊名欤, 未可詳也.

산문에 남아 있는(留鎭) 비석과 탑은 또한 온전한 것도 있고 무너진 것도 있다.

최자崔滋의 비【훼손됨. 앞에 소개함】, 조종저趙宗著의 비【현재 비전 앞에 있다.】, 중진탑中眞塔【원묘 국사圓妙國師 사리를 보관. 고려 왕이 중진탑이라는 이름을 내림】, 보조탑普照塔【절 밖 동쪽 기슭에 있다.】, 호설탑虎齧塔【곧 네 탑 중 하나이다.】, 이름 없는 탑 3개【호설탑과 함께 4부도라 부름】, 소년탑少年塔【절 안 동쪽 기슭 물방아골(水碓谷) 위에 있다.】, 진지탑鎭地塔【절 남쪽 연소蓮沼 밑에 있다.】, 월인탑月印塔【근세의 대사大師 총신聰信의 부도이다.】
○태삼泰森의 안 : 옛 기록에 모두 말하기를 탑이 8개라 하였다. 오직 월인탑月印塔만이 최근에 지어진 것이다.

○설옥設玉 안 : 진지탑鎭地塔은 옛날 삼보방三寶房의 남은 터이다. 옛날에 전해지기를 효령대군이 동전東殿에 머물 때 수령이나 빈객이 이곳에서 통자通刺[51]하고 감히 바로 들어가지 못했다고 한다. 절문을 받쳤던 주춧돌이 아직도 풀 속에 남아 있다.

○한영翰英 안 : 호설탑虎囓塔은 4부도의 하나이다. 20년 전 어떤 사나운 호랑이가 탄환에 맞아도 죽지 않고 탑 앞으로 달려와, 사람처럼 서 있는 돌을 보고는 머리를 쳐들어 그 모서리를 깨 물으니 돌탑이 한 자 정도 깨어졌다. 이로 인해 '호설탑'이라 부른다.

碑塔之留鎭山門者, 亦有成毀.

崔滋碑【毀, 見上】. 趙宗著碑【在今碑殿前】. 中眞塔【圓妙國師舍利之藏也. 高麗王賜名曰中眞塔】. 普照塔【在寺外東麓】. 虎囓塔【卽四塔之一】. 無名塔三【与虎囓塔共名四浮圖】. 少年塔【在內東麓水碓谷之上】. 鎭地塔【在寺南蓮沼之下】. 月印塔【近世大師聰信之浮圖也】.
○泰森案 : 古記皆云. 窣堵坡八. 唯月印塔. 爲近日所建.
○設玉案 : 鎭地塔者. 故三寶房之遺址也. 古稱孝寧大君住東殿時, 官長賓客, 到此通刺, 不敢直入. 寺門尙有石礎在艸中.
○翰英案 : 虎囓塔者, 四浮屠之一也. 二十年前, 有猛虎中丸不死, 走至塔前, 見白[1]立如人, 仰而囓其雷【卽石簷】. 石缺者尺許. 因名之曰虎囓塔.

1) 옐 白은 혹시 石이 아닌가 한다.

내, 연못, 바위, 굴에도 역시 기묘한 경치가 많다.

행호토성行乎土城【절의 좌우 어깨 부분】, 칠성대七星臺【수도암修道菴 서쪽에 있다. 북두칠성에게 제를 올린다.】, 만경대萬景臺【만경루萬景樓의 옛 터】, 동지東池【절 남쪽에 있다. 지금은 없다.】, 백련지白蓮池【약사전藥師殿 뒤에 있다.】, 관채굴卝採窟【산 북쪽에 있으니 곧 호랑이굴이다. 예전에 철을 캐던 곳으로 토박이들은 쇠판굴衰判窟이라 한다.】, 금수굴金水窟【산 북쪽에 있다.】, 정석丁石【산의 서쪽 다산茶山 가운데 있다. 곧 승지承旨 정약용丁若鏞이

---

51 통자通刺 : 명함을 내밀고 면회를 청함.

귀양살이 하던 곳이다.】

○이청李晴의 안 : 만덕산은 북쪽이 막히고 험한 산이 좌우로 감싸고 있어 산세가 가파르다. 그 물이 흘러 나가는 입구는 방어할 만한 땅으로 수십 장丈에 지나지 않으니 이 역시 민보民堡를 설치할 만한 땅이다. 다만 우물물이 부족하고 건초를 잇기가 힘들어 오랫동안 버티기는 힘들다. 산의 좌우 어깨 부분에 토성의 남은 터가 있는데 이는 이 절에 있던 행호行乎 선사가 당시 효령대군을 위해 토성土城을 쌓고 문 하나를 앞에 내어 출입하도록 하였다.

○응언應彦의 안 : 백련지白蓮池는 무염 국사無染國師가 팠다고도 하나, 이는 시골 사람들의 근거 없는 말이다.

○근학謹學의 안 : 금수굴金水窟은 곧 여러 집이 피난할 만한 곳이다. 아직도 토굴의 흔적이 남아 있다. 다만 장마가 질 때는 물이 굴에 떨어져 가득히 차는 것이 흠이다.

以至臺池巖窟, 亦多奇勝.

行乎土城【寺之左右肩】 七星臺【在修道菴之西, 以祭七星】 萬景臺【萬景樓古基】 東池【在寺南. 今廢】 白蓮池【在藥師殿後】 卜採窟【在山北卽虎穴也. 昔嘗採銕, 故土人謂之裵判窟】 金水窟【在山北】 丁石【在山西茶山中. 卽承旨丁鏞謫居處】

○晴案 : 萬德山, 北阻巖巘, 左右回抱, 山勢陡絶, 其水口可防之地. 不過數十丈, 此亦民堡之地. 但水泉不足, 蒭茭難継, 不可爲久圖. 山之左右, 肩尙有土城遺址, 居僧謂行乎禪師, 時孝寧大君, 爲築土城, 前出一門, 以通出入.

○應彦案 : 白蓮池, 或稱無染國師所鑿. 此野人無稽之言也.

○謹學案 : 金水窟卽數家避亂之處也. 尙有土坑遺痕, 但水潦之時, 泉溜滿窟, 是其病也.

동부洞府(골짜기)는 비록 작으나 아름답고 기묘한 나무가 많아 자랑할 만하다.

비자나무(榧)【골짜기가 온통 비자나무다. 건릉조健陵朝(정조)에 화성華城을 쌓을 때 큰 나무를 베어 바닷길로 실어 갔다.】, 유다油茶【겨울에 피는 꽃은 적고 봄에 피는 꽃이 많다. 이곳 사람들은 이것을 동백冬柏이라 부른다.】, 차茶【차의 품질이 매우 좋다. 근래에 채취하는 사람이 점차 많아져 승려들이 감당할 수 없을 정도다. 차 또한 그 때문에 줄어들었다.】, 후박厚朴나무【사실 여부는 모르나 근방의 약 파는 이들이 많이 채취해 간다.】, 생달㭴樿나무【『본초강목本草綱目』에 있으나 어떤 나무인지 모른다. 그러나 그 기름은 악창이나 옹독癰毒을 낫게 한다. 잎은 후박나무와 비슷하다.】

○태삼泰森의 안 : 차와 비자는 사방에서 바치라고 요구하므로 절의 스님들이 병통으로 여겼다. 이것이 점점 줄어들고 무성하게 자라지 못하는 이유다.

洞府雖小, 嘉樹奇木, 亦多可稱.

榧【滿谷皆榧. 健陵朝華城之役, 伐其大者, 由海路運之】. 油茶【冬華者少, 春華者多. 土人謂之冬柏】. 茶【茶品甚佳. 年來採者漸多, 僧不能堪. 茶亦以衰】. 厚朴【不知眞僞而近方賣藥者多採之】. 㭴樿【其在本草, 不知爲何木. 然其油能治惡瘡癰毒. 葉似厚朴】.

○泰森案 : 茶与榧子, 徵求四集, 寺僧病之. 此其所以衰耗而不能茂盛者也.

오래된 자취와 기이한 완상품이 전란의 화재로 훼손되어 남아 있는 것이 얼마 없다.

'불법인佛法印'은 '불법승삼보佛法僧三寶' 다섯 자를 새긴 도장이다. 이것은 효령대군이 이곳에 머물 때 새긴 것이다. 대군은 만년에 수륙도량水陸道場을 개설하였는데 본사에 샘물이 부족하여 능주綾州 쌍봉사雙峰寺로 옮겨 설치하였다. 팔도에 공문을 보낼 때(行關) 모두 이 인장을 사용하였다. 일을 마치고 본사에서 돌려받아 보관하려 했으나 쌍봉사의 승려가 돌려주지 않았고, 송사를 하였으나 이기지 못하여 그 인장이 쌍봉사에 있다.

'김생金生 글씨'는 신라 명필 김생의 글씨다. 절문의 편액 '만덕산 백련사萬德山白蓮社' 여섯 자는 그 획의 첫머리가 모두 세모꼴 형태(三稜狀)로 그려졌고, 마치 굵은 철사(鐵條)와 같아서 눕거나 굽이진 모양(偃仰紆餘之態)이 없다. 옛말에 왜구들이 방화했는데 그것이 김생의 글씨인 것을 알고는 다시 물을 뿌려 불을 껐다고 한다.

○정약용의 시[52] :

절문엔 김생 글씨	門帖金生筆
누각엔 도보[53] 글씨	樓懸道甫書
세대 멀어 가짜인지 의심하지만	世遙疑有贋
대단한 그 이름 허전 아니리	名重覺無虛

○다산茶山이 말한다 : 이제 최자崔滋의 비문에 비추어 보니 이 절의 본명은 만덕사인데 원묘 국사가 보현도량을 개설한 이후 백련사라 개명하였다. 그러므로 금金 애종哀宗 천흥天興 원년 이전에는 본래 백련사라는 이름이 없었다. 신라의 김생金生은 당나라 때 사람인데 어떻게 300년 전에 백련사라는 편액을 미리 써 놓고 원묘가 오기를 기다렸다는 말인가? 또한 김생의 필법은 아름답고 화려하여 희열을 느끼게 하는데 지금 걸린 여섯 글자는 네모 판에 협도夾刀로 새긴 어린아이 장난에 불과하다. 안타깝구나, 바로잡는 사람이 없음이여. 가짜가 사람을 속이기 쉬움이 대개 이와 같다. 원교員嶠의 필적이라 한 것은 이광사李匡師(자는 도보道甫)의 글씨이다. 대웅보전大雄寶殿, 진여문眞如門, 만경루萬景樓, 명부전冥府殿, 향로전香爐殿, 세심암洗心菴, 수도암修道菴은 모두 그가 직접 쓴 글씨다.

其古蹟奇玩, 毀于兵燹, 存者無幾.

佛法印者, 印文五字, 曰佛法僧三寶. 此乃孝寧大君來駐時所鑄. 大君晚年設水陸道場, 以本寺水泉不足, 移設於綾州雙峰寺. 其八道行關之時皆用此印. 事畢欲還鎭本寺, 而雙峰僧執不還, 訟之不克, 其印在雙峰.

金生筆者, 新羅名筆金生之書也. 寺門之額曰萬德山白蓮社六字, 其畫頭皆作三

---

52 정약용의 시 : 『茶山詩文集』 제5권에 수록된 시 〈산행잡구山行雜謳〉 20수 중 제18수이다.

53 도보道甫 : 서예가 이광사李匡師(1705~1777)의 자. 조선 후기의 문인, 서화가. 호는 원교圓嶠(員嶠, 圓喬) 또는 수북壽北. 소론이 영조의 등극과 더불어 실각함에 따라 벼슬길에 나가지 못했으며, 50세 되던 해인 1755년 소론 일파의 역모사건에 연좌되어 부령富寧에 유배되었다가 신지도薪智島로 이배移配되어 그곳에서 일생을 마쳤다. 정제두鄭齊斗에게 양명학陽明學을 배웠고, 윤순尹淳의 문하에서 필법을 익혔다. 시·서·화에 모두 능하였으며, 특히 글씨에서 그의 독특한 서체인 원교체圓嶠體를 이루고 후대에 많은 영향을 끼쳤다. 서예의 이론을 체계화시킨 『원교서결圓嶠書訣』을 비롯하여 『원교집선圓嶠集選』 등의 저서를 남겼다.

稜狀, 如鐵條無偃仰紆餘之態. 古稱倭寇放火, 知其爲金生筆, 還以水滅之.
○丁鏞詩云 : 門帖金生筆, 樓懸道甫書, 世遙疑有贗, 名重覺無虛.
○茶山云 : 今案崔滋碑, 此寺本名萬德寺. 至圓妙國師設普賢道場, 然後乃名曰白蓮社. 然則金哀宗天興元年以前, 本無白蓮社之名. 新羅金生, 唐代人也. 安得於三百年前, 預書白蓮社扁額, 以待圓妙之來乎. 且金生筆法, 姸麗可悅, 而今此六字, 乃是觚版所夾刀, 錐刻畵之兒戱. 惜乎, 無辨之者也. 贗物之易於欺人, 一往如此. 員嶠筆者, 李匡師道甫之書也. 大雄寶殿眞如門萬景樓冥府殿香爐殿洗心菴修道菴, 皆其手書也.

옛날과 지금의 시인 묵객으로 유람하며 제영시를 지은 자는 모두 기록할 수 없고 잠시 백 분의 일만 적는다.

古今騷人墨客之登臨題詠者, 不可勝紀. 姑擧百一.

혜일慧日 선사의 백련사 시詩	慧日禪師白蓮社詩曰
대낮 고요히 기대 눕나니	白日靜攲枕
해진 대자리에 명아주 침상	破簟一藜牀
대숲 바람 쉼 없이 불고 또 불어	竹風吹不斷
상쾌함에 모골이 서늘하구나	洒然毛骨涼
일어나 남쪽 포구 바라다보니	起坐望南浦
석양에 산 그림자 길기만 하다	夕陽山影長
잠깐 사이 저물녘 범종 울리니	須臾暮鍾動
옛 절 불단에 향기 풍기네	古殿聞佛香

○또 한 수	又曰
인연 따라 떠나고 머물다 보니	去住但隨緣

쏜살같이 또 한 해 지나갔구려	騰騰又一年
작은 뜰에 단풍이 쏟아질 즈음	小庭紅葉雨
선방에 백단향이 피어오른다	靜室白檀烟
자리 추워 아침공부 게을러지고	榻冷慵晨課
창 밝은데 낮잠은 나도 모르게	牎明得午眠
어찌 기약하리 늙은 눈으로	豈期垂老眼
절 연꽃 다시 또 볼 수 있음을	復對社中蓮

대제학 성임成任의 백련사 시 　　　大提學成任白蓮寺詩曰

북풍한설 몰아칠 때 꽃 피우더니	花發嚴風朔雪中
온 숲 붉게 물들었네 절문 동쪽에	深紅萬樹寺門東
춘하추동 으뜸은 봄날의 물색	四時獨占三春色
이쯤 되면 조물주도 공평치 못해	造物於今却未公

관찰사 임억령林億齡의 시 　　　觀察使林億齡詩曰

비로 막힌 금산사 행	滯雨金山寺
팔월 되자 조금 서늘타	微涼八月秋
누대 위엔 조석의 법고	樓頭朝暮鼓
나무 끝엔 고금의 목어	樹際古今舟

중봉 조헌重峰趙憲의 시[54] 　　　重峰趙憲詩曰

---

[54] 중봉 조헌重峰趙憲의 시 : 『중봉집重峰集』권1, 「시詩」편, 〈題康津萬景樓〉. 이 시에 대한 송강 정철松江鄭澈의 차운시가 있다. "一別修門月再彎 五雲歸夢五湖間 無人劃却鷄龍北 愁望難通木覓山"(『송강집』권1, 「시」편, 〈北岳(次趙汝式憲韻, 趙公時爲都事)〉)

능선은 그림이요 물은 활등이라	岡巒如畫水如彎
아득한 남쪽 바다 한눈에 들어오네	湖海蒼茫一望間
늦봄 저무는 겹겹의 봉우리들	恰似重峰三月暮
강가에서 멀리 두 서울의 산 뵈옵는 듯	臨江遙對兩京山

| 관찰사 이사명李師命의 시 | 觀察使李師命詩曰 |

높은 뫼 뒤에 우뚝 큰 강은 앞에	高山厭後大江前
행차 멈추고서 바위틈에서 참선하네	駐節仍參石竇禪
골짜기 그늘진 숲 태양 빛을 속이는데	洞府陰森欺白日
수려한 석봉에선 샘물 날려 떨어진다	石峰奇秀落飛泉
매달린 현판엔 절세의 김생 글씨이니	榜懸絶代金生筆
절의 창건은 신라 혁거세 시절이라	階創新羅赫世年
누각 가 동백나무 내 말 들어 보시게나	爲報樓邊冬柏樹
계당 신선 기다렸다 꽃 피움이 어떠하오	開花留待桂堂仙

| 삼연三淵 김창흡金昌翕의 시[55] | 金三淵昌翕詩曰 |

솔숲 호수가 석문교 돌아 나오는 길	松湖廻出石門橋
유유히 말을 모니 바닷가 멀리 뵈네	驅馬悠悠傍海遙
저문 비 맞으며 영축사에 올라 보니	暮雨上尋霧鷲寺
높은 누각 남으로 큰 조수 밀려오네	高樓南受合肥潮
오동 대숲 이은 창엔 푸른 기운 떠 있고	牕連梧竹浮蒼翠
파도 어우러진 종소리 적막을 흔드는데	鍾合波濤撼閴寥
오늘밤사 마땅히 높은 곳서 잠을 자고	今夜正[1]應高處宿
새벽녘 일렁이는 구름 빛 자세히 보리	細看雲物漲晨朝

---

55 삼연三淵 김창흡金昌翕의 시 : 『삼연집三淵集』 권1, 「시」 편에 〈萬德寺〉라는 제목으로 수록되어 있다.

1) 正은 定(삼연집)

부제학 김진상金鎭商의 시[56]	副提學金鎭商詩曰
사철 푸른 나무로 온 산 봄이요	冬靑春萬樹
산 가득 하얀 눈은 천만 년인데	山白雪千秋
편액엔 김생의 글씨 걸리고	榜揭金生筆
누대에선 서불의 배[57]를 맞누나	樓迎徐子舟
화순현감 정재원丁載遠의 시	和順縣監丁載遠詩曰
솔숲에서 두 손 모아 맞아주는 한 스님	叉手松間一衲邀
금릉(강진)의 옛 절이 고요하고 쓸쓸하네	金陵古寺靜蕭蕭
나무 그림자 기댄 돛배는 비 갠 섬 돌아들고	帆依樹影回晴島
누각 빛 안은 산은 저녁 물결에 떠가는데	山抱樓光汎晚潮
텅 빈 뜰 늙은 바위엔 푸르름 늘 방울지고	石老空庭常翠滴
높은 지대 돌계단은 바람에 흔들릴 듯	地高危磴欲風搖
천 년이라 여섯 글자 김생 글씨는	千年六字金生筆

---

56 부제학 김진상金鎭商의 시 : 『퇴어당유고退漁堂遺稿』 권3에 〈次萬德山白蓮寺林石川韻 幷小序〉로 서문과 함께 수록되어 있다. 서문의 내용을 소개한다. "余嘗聞此寺詩軸 有樓頭朝暮鼓 樹際古今舟一聯 世稱爲名句 而不知爲誰人作 只諷詠之 想見其境界 而恨不得其全篇 今至此寺 取見詩軸 軸有五絶諸作次石川韻矣 而押秋舟二字 余意舊聞一聯 似是石川作 而爲此詩原韻矣 然不載於軸中 可異也 以問於僧無知者 有淨信師者曰 石川詩 昔固有之 中間見失 小僧適記之 仍誦之曰 瀟雨金山寺 微凉八月秋 下聯云云 余於是 始得聞其全篇 而以爲奇遇也 噫 文章顯晦 固亦有數 而倘微信師之口傳 則顧何由旣晦而復顯乎 余觀是詩 韻格淸新 意境諧愜 當爲短篇中絶調 而使信師一朝歿焉 則詩將失傳矣 豈不可惜 遂錄其詩而記其顚末 仍次其韻爲二篇 並以授信師 俾傳於永久而勿失焉 寺有金生書萬德寺白蓮社六大字以爲額板 而筆法雄健奇古 當與此詩 並爲山門之寶云爾"

57 서불의 배(徐子舟) : 서자徐子는 서복徐福, 일명 서불徐市. 중국 진秦나라 때의 방사方士인 서불은 동해 삼신산에 불로초가 있다고 진시황을 속이고 동남동녀童男童女 수천 명을 배에 태우고 바다로 나가 소식이 없었는데, 나중에 알고 보니 일본에 도착했더라는 전설이 전한다. 혹 제주도에 왔다는 설화도 전한다.

푸른 하늘 당기는 은 갈고리[58] 만든 듯	猶作銀鉤挽碧霄

연담 유일蓮潭有一 화상의 시 蓮潭和尙有一詩曰

신선 땅은 옛 인연 중하다던데	仙境前緣重
이 몸의 행차는 벌써 두세 번	吾行已再三
봄 물결은 향기로운 나무 속으로	春潮芳樹裏
난간 바람은 옛 성의 남쪽에서라	風檻古城南
들리는 새 소리들 익숙한데다	聽鳥聲聲慣
만나는 스님마다 알 듯하구나	逢僧面面諳
차와 오이 손맞이 훌륭하오만	茶瓜厚客禮
머리 희끗 이 마음 부끄럽기만	頭白只心慚

정암 즉원晶巖即圓 대사의 시 晶巖大師即圓詩曰

강의 마치자 탑상에 시원한 바람	講輟淸風榻
가을 밝은 달 아래 한가히 자네	眠閒白月秋
노 젓는 소리에 놀라 깨어 보니	夢驚欸乃響
푸른 강 배 안에 누워 있는 듯	疑臥碧江舟

○또 한 수 又曰

비 그치자 푸른 숲 고요하더니	雨歇靑林靜
구름 걷히자 푸른 바다 길기도 하다	霞收碧海長
밝은 달 두둥실 보름날 밤에	月明三五夜

---

58 은 갈고리(銀鉤) : 아름다운 필체의 글씨를 뜻하는 말이다. 진晉나라 색정索靖이 서법을 논하면서 "멋지게 휘돈 것이 흡사 은 갈고리와 같다.(婉若銀鉤)"라고 초서草書를 평한 말에서 유래하였다.

| 애오라지 명향을 다시 사르네 | 聊復爇名香 |

아암 혜장兒菴惠藏 화상의 시[59]　　　　　　　　　兒菴和尙惠藏詩曰

백련이란 금박 글자 문 앞에 빛나는데	白蓮金字耀門前
천 년 동안 허음선 홀연히 떠오르네	忽憶千秋許飮禪
대숲에서 보이는 먼 바다 외론 돛배	竹裏孤帆遙見海
돌 틈에서 샘물 나누는 겹겹의 대통이라	石間層筧細分泉
혜공은 섬에 들어가 돌아온 날이 없고	慧公入島無歸日
원묘의 누대 중수 연도 기록지 않았네	圓妙修樓不記年
푸른 구름 높이 누워 세상사 잊노라니	高臥碧雲忘世事
한가히 노닐면서 갈홍[60]의 선도를 배우리라	閒蹤要學葛洪仙

고려 혜일慧日 선사의 만경루萬景樓 시　　　　　高麗慧日禪師萬景樓詩曰

백련사 이름난 절 경치도 좋아	白蓮名社勝
만덕산 온 산 가득 맑기만 하다	萬德一山淸
절문은 솔 그늘에 고요히 잠기고	門靜鎖松影
길손 오자 풍경 소리 그윽이 들려	客來聞磬聲
돛단배는 바다 따라 흘러가는데	帆從海上去
산새는 꽃밭 향해 울어 제치네	鳥向花間鳴
오래 좌정하다 되갈 길 잊어	坐久忘歸路
티끌세상 생각이란 애당초 없네	殊無塵世情

---

59 아암 혜장兒菴惠藏 화상의 시 : 『아암유집兒庵遺集』에 〈白蓮社次壁上韻〉으로 수록되어 있다.

60 갈홍葛洪 : 283~343? 남북조시대 진晉나라의 학자이자 도사. 자호는 포박자抱朴子. 관내후關內侯 등의 관직을 지내다가 물러나 나부산羅浮山에 들어가 양생술을 익혀 단약을 만들어 먹고 신선이 되었다고 한다. 저서로『포박자抱朴子』,『신선전神仙傳』이 있다.『진서晉書』권72「갈홍열전葛洪列傳」.

| 대제학 김뉴金紐의 명원루明遠樓 시 | 大提學金紐明遠樓詩曰 |

명원루 높은 만큼 보는 시야 새로워라	明遠樓高眼界新
푸른 바다 멀리 보니 티 없는 거울이라	遙看滄海鏡無塵
담장 기댄 길쭉한 대에 바람 소리 울리고	倚牆脩竹風前響
난간 근처 그윽한 꽃은 눈 속에 봄이로다	近檻幽花雪裏春
길손의 시편은 감흥 풀기 적당한데	客子詩篇堪遣興
산승은 다과 내어 사람을 붙잡누나	山僧茶果解留人
올라온 지 반나절 다시금 돌아갈 제	登臨半日還歸去
구름 안개 이로부터 꿈에 자주 나타나리	從此雲嵐入夢頻

| 사헌부 장령 윤효관尹孝寬의 수도암 시 | 司憲府掌令尹孝寬修道菴詩曰 |

깊은 바다서 날아온 서산 고고한 갈매기	西山孤鴨派源泓
시원한 눈썹에 세속 기운 전혀 없네	瀟洒眉毛不世情
축령의 풍광은 삼계를 맑게 하고	鷲嶺風光三戒淨
호계의 공업은 육진을 청정케 해	虎溪功業六塵淸
옥동 흐르는 물에 마음을 씻어내고	水流玉洞心肝洗
달 비친 금빛 물결에 도안이 밝아 오네	月印金波道眼明
고해 길손 찾아와서 낙안에 오르나니	苦海客來登樂岸
밤새 현담 나누어도 정신이 서늘하다	談玄夜夜爽神精

| 병조좌랑 윤지승尹持昇의 수도암 시 | 兵曹佐郎尹持昇修道菴詩曰 |

마주 본다고 어찌 능히 알리오	對面那能識
이름 듣고서 기이함 비로소 알았네	聞名始自奇
힘들게 올라 바다 잠깐 보고서	躋攀臨海暫
담소 나누며 누대 느릿 내려오네	談笑下樓遲

필력이 용처럼 솟구치는 곳	筆力龍騰處
범음에 호랑이 엎드리는 때	梵音虎伏時
대지팡이 날린 지 여태 팔십 년	飛筇猶八十
다시 또 만나자는 앞날의 기약	邂逅有前期

다산초부茶山樵夫가 만경루에 제題한 시 　　茶山樵夫題萬景樓詩曰

울퉁불퉁 언덕길에 누운 버들 다리	犖确坡頭臥柳橋
다산 동쪽 백궁61도 떨어지지 않은 곳	茶山東不百弓遙
비 기운 머금은 산은 봄 나무 펼치고	山含雨力舒春樹
구름을 적신 바다 저녁 밀물 들어 오네	海侵雲根納晚潮
좋은 차 집착하여 육우를 따라하나	癡欲品茶追陸羽
누가 연꽃 맑게 그려 삼료62와 짝하랴	淸誰畫藕配參寥
해마다 꽃구경 차 선루에 오르나니	年年花事禪樓上
내구마63 금빛 안장, 아침 조회 생각나네	內馬金鞍憶早朝

【삼연 김창흡의 시에 차운하다.】【次金三淵韻】

청담 석홍清潭碩泓의 세심암洗心菴 시　　清潭碩泓洗心菴詩曰

비 그친 연꽃 봉우리의 빛	雨後蓮峰色
청명하게 마음을 씻어 주네	淸明解洗心
구름 한 점 절벽으로 돌아올 때	微雲歸斷壑
먼 바다에 성긴 숲 아련 보이네	遠海見疎林

---

61 백궁百弓 : 가까운 거리를 말한다. 궁弓은 거리의 단위로 1궁은 6척, 또는 8척의 거리라 한다. 『儀禮』「鄕射禮疏, 度地論」.

62 삼료參寥 : 북송의 승려 화가 도잠道潛의 호. 전적 서법에 상세하고 시를 잘하였음. 소식蘇軾, 진관秦觀과도 친교가 있었고, 원풍 연간(1078~1085) 소식의 황주 유배 사이에도 그곳에 가서 교분을 가졌다.

63 내구마內廐馬 : 궁궐 마굿간의 말. 임금의 하사품으로도 사용함. 김창흡이 탔던 말을 가리키는 듯함.

춘삼월 지는 것이 애석도 하여	可惜三春晚
반나절 시심을 읊어 보나니	聊舒半日吟
덕 높은 스님들 예법 알아서	闍棃有禮數
몇 잔 술로 외론 나 위로해 주네	小酌慰孤襟

문곡文谷 김수항金壽恒의 합장암合掌菴 시   文谷金壽恒合掌菴詩曰

월출산 뭇 봉우리 흩어져 있는 곳	月出羣巒散不收
부용꽃 한 떨기가 반공중에 떠 있네	芙蓉一朵半空浮
벼랑에 지은 절집 어느 해 지었는지	懸崖置屋何年刱
꼭대기서 튀는 샘물 태고부터 흘렀겠지	絶頂飛泉太古流
돌 비탈길엔 겨우 새만 지나다니고	巖磴僅容孤鳥度
골짝 구름은 늘 노승 곁에 머무는데	洞雲長伴老僧留
가까운 귀양지⁶⁴의 뒤웅박 신세⁶⁵	湘潭咫尺成匏繫
한가한 도인과 함께 호탕한 유람	付与閒人爛漫游

삼연三淵 김창흡金昌翕의 합장암合掌菴 시   三淵金昌翕合掌菴詩曰

지난밤 석문에 내린 밤비 갓 개자	石門前夜雨初收
높은 곳 보이는 건 구름 기운만	高處唯看雲氣浮
깎아지른 일만 봉 온통 하얀 빛	削出萬峰皆雪色
뚫어 낸 양 협곡엔 시내 흐르네	鑿開雙峽有溪流
청천의 새 나는 길은 사람을 지나치고	靑天鳥道通人過

---

64 가까운 귀양지 : 원문 '湘潭'은 중국 호남성의 현 이름으로, 한때 장사군長沙郡에 속하기도 하였는데 한 문제漢文帝 때 가의賈誼가 장사왕 태부長沙王太傅로 좌천된 곳이라 하여 흔히 귀양지의 별칭으로 사용한다.

65 뒤웅박 신세 : 원문 '匏繫'는 무용지물無用之物을 비유하는 말이다. 『논어』 「양화陽貨」편에 "내가 어찌 뒤웅박처럼 한 곳에 매달린 채 먹지 못하는 그런 사람이 되어야 하겠는가.(吾豈匏瓜也哉 焉能繫而不食)"라는 공자의 말에서 유래한 것이다.

옥정의 신령한 샘 나그네 붙잡는데	玉井靈泉引客留
사령운66에게 묻자꾸나 여산 갔던 날	爲問謝公廬岳日
혜원 스님과 함께 노닐었는지67	亦能獲得惠師游

고려 혜일慧日 선사의 완도 시	高麗慧日禪師莞島詩曰
온 산 사방이 구름 연기로 막히니	一山四面鎖雲烟
솔문을 굳게 잠가 늘그막 지내려네	深閉松門向暮年
집 모퉁이 울리는 찬 바람 다만 있고	只有寒風鳴屋角
암자 찾아오는 유람객 전혀 없네	更無游客到菴前
이른 취침 늦은 기상 한거의 낙을 삼고	早眠晏起閒居樂
소박한 음식거리 본분 닦는 참선이라	渴飮飢餐本分禪
어리석고 못난 터라 남들이 외면해도	已得疎慵人不顧
조촐히 수행하며 인연을 따르리라	修行粗了半因緣

○또 한 수	又曰
맑은 새벽 한가로이 궤에 기대니	淸晨閑憑几
보고 들음 저절로 고요해진다	耳目自蕭條
주룩주룩 하늘에선 비가 내리고	乙乙空中雨
쩌렁쩌렁 구름 밖 나무꾼 소리	丁丁雲外樵
산에 들어 잔 댓가지 잘라내고서	邀山除竹亞
먼 샘물 끌어다가 약초에 뿌린다	澆藥引泉遙
가느다란 오솔길 이끼 무성해	細徑莓苔老

---

66 사령운謝靈運: 385~433년. 남북조시대 동진東晉과 송宋 양대에 걸쳐 활약했던 시인이자 문신. 송나라에 들어와 정치적으로 불우하여 정무를 돌보지 않고 명승을 유람하다가 관직에서 물러나 정교하고 섬세한 시어로 산수의 아름다움을 읊어 중국 산수시의 비조가 되었다.

67 혜원 …… 노닐었는지: 동진東晉의 고승 혜원 법사慧遠法師가 혜영慧永·유유민劉遺民·뇌차종雷次宗 등 18명과 여산廬山의 동림사東林寺에서 정토신앙 단체를 결성하고는 백련사白蓮社라 이름 하였다. 유자로는 사령운·도연명陶淵明·육수정陸修靖 등이 참여하였다.

누가 와서 적막함을 두드리려나	誰來叩寂寥

○그의 전석계全石溪 시　　　　　　　　　其全石溪詩曰

시내 바닥 온통 돌로 되어서	渾石爲溪底
맑고 깊은 물상들 아름다워라	澄涵物象嘉
봄꽃은 붉은 비단 씻어 내리고	春花濯紅錦
가을 잎은 붉은 주사에 담가 놓은 듯	秋葉蘸丹砂
물가 따뜻 물고기들 모여 노닐고	涯暖魚游聚
물결 투명 해오라긴 고기 잡누나	波明鷺掠斜
때때로 여기 와서 세수를 할 때	我來時盥漱
굽어보면 내 납의 무지개인 듯	俯見衲衣霞

○그의 천연대天然臺 시　　　　　　　　其天然臺詩曰

이끼 꽃 얼룩진 옛 돌길로	古磴蘚花斑
오고 간 세속의 자취 끊어져	塵蹤絶往還
수염 치켜든 소나무 기상 드높고	掀髥松偃蹇
수다스런 물줄기 졸졸 흐른다	饒舌水潺湲
형세는 세 단계로 나뉘고	形勢分三級
그윽하고 신기함 고루 갖추어	幽奇有萬般
자연스레 눈과 귀 맑아지나니	自然淸耳目
백 년의 한가로움 부칠 만하이	可寄百年閒

○그의 상왕봉 시　　　　　　　　　　　其象王峰詩曰

푸르고 무성한 나무들	蒼翠繁羣木

구름 노을 거쳐 간 지 몇 해이런가	雲霞閱幾年
달 뜨자 부처님 옥호가 밝고	月升佛毫朗
탑 돌자 상두도 함께 도누나	塔轉象頭旋
산골 물은 졸졸졸 게송을 읊고	澗水宣眞偈
바위 꽃은 법석 자리[68] 흩날리는데	巖花散梵筵
아름다운 그 이름 원묘부터니	佳名自圓妙
함부로 서로들 전하지 말게	勿謂浪相傳

정약용의 고성암高聲菴 시[69]	丁鏞高聲菴詩曰

우두봉 아래 작은 선방	牛頭峰下小禪房
대나무만 쓸쓸히 낮은 담장 올라서네	竹樹蕭然出短牆
작은 바다 세찬 물결 절벽으로 이어지고	襌海風潮連斷壑
고을 성안 연기불은 첩첩산중에 막혀 있네	縣城煙火隔重岡
둥그런 반찬 통엔 스님 죽 공양이요	團團菜榼隨僧粥
떨어진 책 상자에서 나그네 옷 꺼내노라	草草經函解客裝
청산 어디인들 머물지 못하랴만	何處青山未可住
한림의 춘몽이야 이미 아득해진 꿈이라네	翰林春夢已微茫

【가경嘉慶 신유년(1801) 강진에 귀양 와서 을축년(1805) 겨울에 이 암자에 머물렀다.】

【嘉慶辛酉謫康津, 乙丑冬棲本菴】

---

68 법석 자리 : 원문 '梵筵'. 범梵은 brahman의 음역으로 깨끗하다는 뜻. 이욕離欲, 청정清淨, 적정寂靜, 청결清潔로 의역하기도 한다. 불교의식이나 법회를 가리킨다.

69 정약용의 고성암高聲菴 시 : 『다산시문집』 제5권 「시」 편에 〈題寶恩山房〉이라는 제목으로 수록되어 있다.

만덕사지 제6권
萬德寺志 卷之六

다산茶山 감정
기어 자굉騎魚慈宏 엮음
철경 응언掣鯨應彦 교정

茶山 鑑定
騎魚慈宏 編
掣鯨應彦 校

무외無畏가 남긴 글은 오히려 선집(동문선)에 수록된 것이 많다. 『호산록』과 같은 완전한 유고집은 없으나 권말에 부록으로 실어 오래도록 전하고자 한다.

무외無畏가 지은 「법화경경찬소法華經慶讚疏」[70] :
감자씨甘蔗氏(석가모니)의 진신眞身은 상주常住하여 가고 옴이 없고, 『묘법연화경妙法蓮華經』의 실상實相은 깊고 깊어 사량하고 의론하기 어렵습니다. 한마디를 불러도 오묘한 인(妙因)은 이에 가득하고, 반 구의 게송을 베껴도 지극한 과(極果)는 몰록 원만하옵니다(頓圓).
생각건대 제자는 업식業識이 아득하고 신근神根(정신)이 어두우나, 다행히 두터운 인연으로 불법의 이름을 들었기에 우리 부처님께 귀의할 뿐 다른 분에게 귀의하지 않았고, 이 경을 읽었을 뿐 다른 글을 독송하지 않았습니다. 그러나 삼혜三慧를 내지 못하고 헛되이 사은四恩을 입은 것을 부끄럽게 여기고, 대법大法 유통流通의 공부에 기대어 중생 제도의 방편으로 삼고자 합니다. 이에 10부를 인쇄하고 거듭 사경하고, 겸하여 조촐한 음식을 진설하여 낙성식을 거칠게 마련하고자 합니다.
물이 흘러 바다로 향하듯 아주 작은 선업이 다함께 보리에 이르기를 바라옵고, 달이 떠서 공중에 머물듯 삼신三身이 마땅히 잠깐 사이에 응하시기를 바라옵니다. 먼저 바라옵기는 대범천(大梵), 제석천왕(帝釋), 세상을 보호하는 사천왕(護世四王), 용신팔부중龍神八部衆과 여러 선한 영기靈祇 등은 위엄의 광명을 길이 하여 나라를 호위하며, 업보를 바꾸어 진상眞常을 증득하기를 바랍니다. 다음으로 바라기는 주상 폐하 ……

無畏遺文, 尙多選載. 旣無全藁, 如湖山錄, 宜附卷尾, 俾壽其傳.

無畏撰法華經慶讚疏曰, 甘蔗氏之眞身, 常住無去無來. 妙蓮經之實相, 甚深難思難議. 稱一口而妙因斯滿, 書半偈而極果頓圓. 伏念弟子, 業識茫茫, 神根闇闇, 幸因緣之厚, 聞佛法之名. 歸吾佛而不餘處歸, 誦此經而不餘文誦. 然未能生於三慧,

---

70 「법화경경찬소法華經慶讚疏」: 『동문선東文選』 권111, 「소疏」편에 「法華經慶讚疏」라는 제목으로 수록되어 있다.

自慙虛受於四恩. 庶仗流通大法之功夫, 以爲度濟羣生之方便. 是用今者, 印成十部, 寫出兩重, 兼陳至薄之羞, 粗備落成之式. 水流趣海, 一毫善咸至菩提, 月現處空, 三身應可期俄頃. 先願大梵帝釋護世四王龍神八部諸善靈祇等, 長威光而護邦國, 轉業報而證眞常. 次願主上陛下云云.

무외無畏가 지은「사성법화경경찬소寫成法華經慶讚疏」[71]【홍홍洪 시중侍中을 대신하여】:
묘법妙法은 구경究竟의 말씀이요, 나머지 두 가지는 참이 아니니, 범부가 이를 잠깐이라도 들을 수 있다면 성불하지 못할 이가 없습니다. 서축西竺(인도)으로부터 동쪽으로 흘러온 이후 중화中華에서 네 가지에 의지하여(四依)[72] 홍포하니, 혹 1구의 게송을 암송해도 지옥이 비고, 혹 반 글자를 써도 천당으로 변합니다. 감응이 이미 이와 같은데 봉행에 어찌 이를 말미암지 않으리오.
제자는 다행히 복을 심는 깊은 인연에 힘입어 개권開權[73]하신 창도를 듣고, 참된 가르침(眞詮)을 손으로 써서 공양하리라 일찍이 마음으로 다짐하였으나 몸이 망경妄境을 따라 바삐 나아가는 바람에 그 서원을 이루지 못하였습니다. 그러나 유통하는 이익에 있어서 본래 나와 남의 차이가 없기에, 산림에 묻혀 사는 도인에게 부탁하여 대신 불승佛乘[74]을 금으로 쓰게 하니, 글자마다 법계 아님이 없어 삼천세계가 함께 상주하고, 티끌마다 모두 진여로서 사일四一[75]이 모두 오묘합니다. 이제는 장정이 완성되어 낙성落成[76]을 이에 설치하고 청정한 육화六和[77]의 스님들을 맞이하여 깊고 깊은 일곱 권의 문장을 전독하니 울금화(欝蔔)의 향이

---

71 「사성법화경경찬소寫成法華經慶讚疏」:『동문선東文選』 권111,「수소疏」 편에「寫成法華經慶讚疏代洪侍中」이라는 제목으로 수록되어 있다.

72 네 가지에 의지하여(四依): 부처 입멸 후 중생의 의지가 되는 4인의 도사導師. 첫째는 출세한 범부, 둘째는 수다원과 사다함, 셋째는 아나함, 넷째는 아라한이다.

73 개권開權: 방편을 열어 실체를 드러낸다는 의미다.

74 불승佛乘: 일체중생을 깨달음에 이르게 하는 부처의 궁극적인 가르침. 특히 보살을 위한 부처의 가르침이라는 뜻에서 보살승菩薩乘이라고도 한다.

75 사일四一: 네 종류의 진실한 지혜가 비추는 경계. 114쪽 각주 164번 참조.

76 낙성落成: 낙성연落成宴. 일의 완성을 축하하는 잔치.

77 육화六和: 육화경六和敬의 준말. 수행자가 서로 화합하고 경애하기 위한 여섯 가지 방법. ①신화身和(행동을 같이함), ②구화口和(다투지 않음), ③의화意和(뜻을 같이함), ④계화戒和(계를 함께 지킴), ⑤견화見和(견해를 같이함), ⑥이화利和(이익, 베풂을 같이함).

두루 풍기고, 제호醍醐의 맛으로 배부를 만합니다. 베풀어 지은 것은 비록 한 터럭의 개미보다 적지만 감통은 어찌 십력十力[78]을 갖춘 대용왕과 차이가 있겠습니까.

바라옵나니 삼전三殿[79]께서는 더욱 하늘의 복(天休)을 받아 사방에서 모두 토지의 공물(壤奠)을 바치게 하소서. 다음으로 바라옵기는 돌아가신 부모님이 삼악도(三途)의 열뇌熱惱[80]에 떨어지더라도 구름 사다리를 신속하게 밟아 맑고 시원한 상계上界에 노니는 것처럼 다시 연화품(蓮品)에 오르게 하소서. 저 어린아이와 아내(細君)에 이르기까지 오복의 행운을 더하고 후세에 서방 극락에 나게 하시며, 무지한 중생(群盲)들도 함께 큰 수레에 타도록 하소서.

無畏撰寫成法華經慶讚疏【代洪侍中】曰, 妙法爲究竟之說, 餘二則非眞. 凡夫得須臾之聞, 無一不成佛. 自西竺東流已後, 有中華四依者弘,[1] 或誦一偈而地獄空, 或書半字而天堂化. 感應旣其如彼, 奉行何莫由斯. 弟子幸憑種福之深, 獲聽開權之唱, 欲手寫眞詮而供養, 早誓于心, 奈身隨妄境以趨蹌, 未成其願. 然在流通之益, 本無自他之殊. 故請林棲之道人, 代以金書於佛乘. 字字無非法界, 三千並常, 塵塵盡是眞如, 四一咸妙. 今者粧飾旣周, 落成斯設, 邀淸淨六和之士, 轉甚深七卷之文, 蒼葍之香遍熏, 醍醐之味可飽. 施作雖尠於一毫微蟻子, 感通奚隔於十力大龍王. 願三殿益擁天休, 見四方咸執壤奠. 次願先亡考妣, 若墮三途之熱惱, 速躡雲梯, 如遊上界之淸凉, 更登蓮品. 洎予小子, 与其細君, 現增五福之祺, 後生西刹, 普及羣盲之類, 同乘大車.

1) 阅 弘은 서울대본에는 孔(弘의 이체자), 『동문선』에는 引(弘의 이체자)

---

78 십력十力 : 부처만이 가지고 있는 열 가지 지혜의 능력. ①처비처지력處非處智力(이치에 맞는 것과 맞지 않는 것을 분명히 구별하는 능력), ②업이숙지력業異熟智力(선악의 행위와 그 과보를 아는 능력), ③정려해탈등지등지지력靜慮解脫等持等至智力(모든 선정禪定에 능숙함), ④근상하지력根上下智力(중생의 능력이나 소질의 우열을 아는 능력), ⑤종종승해지력種種勝解智力(중생의 여러 가지 뛰어난 판단을 아는 능력), ⑥종종계지력種種界智力(중생의 여러 가지 근성을 아는 능력), ⑦변취행지력遍趣行智力(어떠한 수행으로 어떠한 상태에 이르게 되는지를 아는 능력), ⑧숙주수념지력宿住隨念智力(중생의 전생을 기억하는 능력), ⑨사생지력死生智力(중생이 죽어 어디에 태어나는지를 아는 능력), ⑩누진지력漏盡智力(번뇌를 모두 소멸시키는 능력). 이외에 보살이 지니는 열 가지 능력도 있다.

79 삼전三殿 : 궁궐의 3대 대전大殿. 황실이나 임금, 대왕대비, 왕비를 가리킨다.

80 열뇌熱惱 : 매우 심한 괴로움.

무외無畏가 지은 「사성금자법화경소寫成金字法華經疏」[81]:

부처님의 자비는 걸림이 없이 기미에 응하여(逗機) 교화를 베풀어도 어긋나지 않으며, 불법의 힘은 사량하기 어려워 복이 수명으로 변화함이 빠르니, 어찌 간절한 마음을 피력하여 그윽한 도움을 우러러 빌지 않으리오. 제자는 본래 선정과 지혜를 닦음이 없이 외람되이 사빈師賓[82]의 예를 받아, 임금의 두터운 후의에 보답하고자 매번 마음을 다하여 정성껏 기원해 왔습니다. 이에 하사하신 은덩이를 팔고 금박을 사서 이 가장 존귀한 『연화경(蓮典)』을 서사하며, 나아가 단연檀筵[83]을 진설하니, 참된 가르침(眞詮)이 변하여 글자마다 금이 흐르고, 깨달음의 빛(覺照)이 감돌아 물결마다 달을 안으니, 이와 같은 베푸심은 심상한 일이 아닙니다.

엎드려 바라옵기는 빨리 일승一乘의 명복(冥資)에 힘입고 또한 삼신三身의 은밀한 도움을 받기를. 우로雨露가 구궐에 항상 이어져 총명寵命이 더욱 새로워지고, 승여乘輿(임금)는 속히 삼한에 돌아와 흥륭의 시기가 영원하기를. 참다운 교화의 바람 부는 곳에 마른 나무 다시 소생하기를.

無畏撰寫成金字法華經疏曰, 佛慈無碍,[1] 逗機設化而不差, 法力難思, 轉福爲壽也斯速. 盡披丹懇, 仰丐玄扶. 弟子本無定慧之修, 濫受師賓之禮, 欲報上恩之偏厚, 每殫下愚以虔祈. 玆者以【缺[2]】所賜之銀槖, 貿爲金簿, 寫此寂尊之蓮典, 仍設檀筵, 轉眞詮而字字流金. 迴覺照而波波孕月, 如斯施作, 不是尋常. 伏願遄蒙一乘之冥資, 亦賴三身之密佑. 雨露恒承於九闥, 寵命唯新, 乘輿速返於三韓, 昌期有永. 眞風所被, 枯物還蘇.

1) ㉠ 碍는 㝵(동문선) 2) 임금 관련 내용으로 의도적인 공란이다.

무외無畏가 지은 「서사법화경소書寫法華經疏」[84]:

---

81 「사성금자법화경소寫成金字法華經疏」: 『동문선』 권111, 「소疏」 편에 「寫成金字法華經疏」라는 제목으로 수록되어 있다.

82 사빈師賓: 세자시강원世子侍講院에 딸린 사師와 빈객賓客.

83 단연檀筵: 불공하는 자리, 또는 부처님을 모신 자리라는 뜻인데, 전단栴檀은 향기가 많이 나는 나무로, 불상을 새기거나 불단佛壇을 만드는 데 쓰인다.

84 「서사법화경소書寫法華經疏」: 『동문선』 권111, 「소疏」 편에 「書寫法華經疏」라는 제목으로 수록되어 있다.

패엽貝葉(불경)은 실다운 말이 아닌 것이 없어 이익 됨이 비록 같지만, 오직 『연화경蓮華經』만이 홀로 묘한 이름을 얻었으니 공덕이 가장 수승합니다. 마땅히 힘써 널리 보호하여 유통을 도와야 할 것입니다. 우매한 자질을 받은 제자는 다행히 밝고 어진 시대에 태어나고 외람되이 스승의 지위에 거하여 사람들의 조롱을 받음이 부끄럽습니다. 하여 통법通法의 수승한 공덕에 의지하여 특별하고 무거운 은혜를 조금이라도 갚고자 먼저 금을 갖추어 베끼고 다음으로 먹을 갈아 썼습니다. 이에 낙성의 범연梵筵을 베풀고 방편을 연(開權) 웅전雄典을 삼가 전독轉讀하니, 자욱한 일곱 송이 연화 향은 요사한 기운을 변하게 하여 상서로운 구름이 일고, 자욱한 화로의 단향은 오묘한 공덕(妙供)으로 변하여 진찰塵刹에 가득합니다. 이 마음은 정성스럽고 저 하늘(天鑑)은 밝고 원만합니다.

엎드려 비옵건대 하늘이여, 긴 수명을 내리시고 날로 흥성한 덕업을 새롭게 하시고, 속히 어가(鑾輅: 鑾駕)를 돌려 영원히 목덕木德이 풍성히 일어나고, 즐거이 초위椒闈(궁중 내전)와 함께 다시 또 우리나라(桑墟)의 안녕을 점지해 주소서.

無畏撰書寫法華經疏曰, 緊貝葉無非實語, 饒益雖同, 唯蓮經獨得妙名, 功德寂勝. 宜勤弘護, 用助流通. 弟子稟來愚暗之資, 生幸仁明之代, 濫居師位, 愧被人譏. 庶憑通法之勝功, 小報非常之重惠, 先備黃金而寫, 次研黑墨而書. 玆設落成之梵筵, 敬轉開權之雄典, 七朶蓮花之芬馥, 變妖氛而作瑞雲, 一爐檀炷之氤氳, 化妙供而遍塵刹. 此心懇欸, 他鑒圓明. 伏願[1]天錫遐齡, 日新盛業, 速迴鑾輅, 永應木德之興昌, 嘉与椒闈,[2] 更卜桑墟之怗泰.

1) ㉑ 伏願 다음에 云云이 있다.(동문선) 2) ㉑ 闈는 闈(동문선)

무외無畏가 지은 「법화경열반경금광명경무량수경法華經涅槃經金光明經無量壽經 전독소轉讀疏」[85]:
부처님이 세상에 나오셔서 사람들에게 법을 베푸사 근기에 예리하고 둔한 차이가 있어 돈교頓敎와 점교漸敎의 다름이 있었다. 근원은 같은 맥에서 나왔어도 갈래는 천 갈래로 퍼져 갔으니, 『연화경』과 『대열반경』은 모두 실상을 담화하였고

---

85 「법화경열반경금광명경무량수경法華經涅槃經金光明經無量壽經 전독소轉讀疏」: 『동문선』 권111, 「소疏」 편에 「法華經涅槃經金光明經無量壽經轉讀疏」라는 제목으로 수록되어 있다.

『금광명경』과 『무량수경』은 별도로 요문要門을 열었도다. 그러나 부처는 물질로 보이는 것(色見)이 아니니 보신報身과 화신化身은 진신眞身이 아니요, 법은 스스로 홍포되는 것이 아니라 전수받아 유지하는 것이 쉽지 않다. 제자는 내 마음이 부처(自心佛)라는 (선종에) 어둡고 다른 교문敎文에도 막혔으니 어찌 일찍이 흙덩이를 놓고 사람을 쫓았겠습니까?[86] 다만 나무 밑에서 토끼를 기다릴 뿐입니다. 경전을 유통하는 일에는 참된 공덕이 있는 까닭에 책을 인출하여 혜명慧命을 잇고자 합니다. 이제 장엄을 마치니 실로 기쁨과 행복이 깊어집니다. 달친達嚫[87]을 희사하고 박채薄菜를 조촐하게 진설하며, 보리를 향하여 간략히 경사스런 법연(慶筵)을 베푸니 정성스런 이 마음 저 하늘 밝게 비추소서.

엎드려 비옵니다. 깨달음의 왕(覺王. 부처)과 경왕經王(법화경)의 음덕을 입고, 천제 황제의 너그러움을 입기를. 노정에 근심 없이 송도의 기슭(松麓)으로 돌아오시고, 일상의 생활에 길함이 있어 옥력玉曆(임금 수명)이 우리나라(桑丘)에서 멀리 비치시기를. 그리하여 미혹한 중생들과 모두 함께 정각正覺에 오르기를.

無畏撰法華經涅槃經金光明經無量壽經轉讀疏曰, 佛興於世, 法被于人, 由利根鈍根之異焉, 有頓敎漸敎之殊也. 源從一脉, 派出千支. 蓮花之與大涅槃, 俱談實相, 金光之與無量壽, 別開要門. 然而佛非色見也, 報化非眞, 法不自弘也, 傳持不易. 弟子昧自心佛, 封他敎文, 何曾放塊而逐人. 祇是守株而待兎. 以流通有眞功也, 故印出續慧命焉. 今畢莊嚴, 實深欣幸. 捨達親[1)]而粗陳薄菜, 向菩提以略設慶筵, 欵欵此心, 明明他鑒. 伏願云云. 被覺王經王之陰騭, 蒙天帝皇帝之優容. 跋涉無虞, 鑾輿穩還於松麓, 寢興有吉, 玉曆遐耀於桑丘. 普與羣迷, 同登正覺.

1) ㉠ 親은 嚫(동문선). 후자가 맞다.

무외無畏가 지은 「무량수여래관세음보살대세지보살無量壽如來觀世音菩薩大勢至菩

---

[86] 흙덩이를 놓고 사람을 쫓았겠습니까 : 천태 지자 대사의 『妙法蓮華經玄義』 권2上(T.33, 697a22)에 "如癡犬逐塊 徒自疲勞 塊終不絶. 若能妙悟實中 息覺觀風 心水澄淸 言思皆絶. 如黠師子放塊逐人 塊本旣除 塊則絶矣."라는 구가 있다.

[87] 달친達嚫 : ⓢdakṣiṇā의 음사. 시송施頌, 재시財施라고 번역한다. ①음식물을 받은 승려가 그에 보답하는 뜻으로 시주에게 설법하는 것. ②남에게 재물을 베푸는 것 혹은 그 재물.

薩 합안일탱점안소合安一幀點眼疏」[88] :

보신報身과 화신化身이 참다운 부처 몸이 아닐진대 하물며 그림으로 그린 것이야 말할 게 있겠습니까? 자비가 중생의 마음에 두루 하니 그 감응이야 사량키 어렵습니다. 그러나 그 가상假相을 빌지 않으면 어떻게 저 진신眞身을 느낄 수 있겠습니까.

제자는 덕과 재주가 보잘것없는데다 늙음과 병이 함께 이르렀음에도 외람되이 주지 자리를 차지하여 승가와 총림(僧叢)을 더럽힐까 두렵습니다. 이에 구중九重(궁궐)의 은혜를 갚고자 삼성三聖의 불상을 그렸습니다. 중앙에 세운 미타상彌陀像 한 구는 오봉五峰을 옥호로 삼고 사해四海를 눈으로 삼으니 홀연히 이곳으로 옮긴 것 같고, 좌우에서 따르는 보살상 두 구는 초승달을 눈썹으로 꽃 천 송이를 상투로 삼으니 완연히 그와 같습니다. 이에 간절한 정성을 담은 일심을 다 기울여 오안五眼의 광명을 점개點開하오니, 자금紫金 빛은 백억의 국토에 비추어 인연 있는 중생이 모두 제도되고, 감로는 삼천세계 밖까지 뿌려져 모든 중생이 자라납니다. 감응하심이 이미 이와 같으니 어떤 소원인들 이루지 못하겠습니까.

엎드려 빕니다. 길상吉祥이 거듭 모이고 재앙(悔吝)이 조용히 사라지기를. 행궁行宮은 안온하게 우리나라(桑墟)로 돌아오고, 정침正寢은 송도의 기슭(松麓)에서 항상 평안하소서. 바다 위 삼산三山의 세월은 천 년을 지나가고 천하(寰中) 사역四域의 거서車書(문물제도)는 모두 합하여 하나가 되게 하소서. 그다음으로 같은 소원을 비는 단나檀那의 무리, 이류중생異類衆生으로 윤회를 거듭하는 무리들이 모든 육도 윤회의 원인을 없애 길이 진흙과 모래(泥沙, 지옥)의 고통의 땅을 버리도록 하고, 자심自心의 과보를 성취하여 금은보배의 즐거운 나라(金寶樂邦)에서 함께 노닐게 하소서.

無畏撰無量壽如來觀勢音菩薩大勢至菩薩合安一幀點眼疏曰, 報化非眞佛體, 況圖畵之足云乎. 慈悲遍衆生心, 其感應則難思矣. 然不借其假相, 何能感彼眞身. 弟子德与才而兩虧, 老將病而俱至, 濫居主席, 恐汙僧叢. 玆者圖報九重之恩, 畵

---

[88] 「무량수여래관세음보살대세지보살無量壽如來觀勢音菩薩大勢至菩薩 합안일탱점안소合安一幀點眼疏」: 『동문선』 권111, 「소疏」 편에 「無量壽如來觀世音菩薩大勢至菩薩合安一幀點眼疏」라는 제목으로 수록되어 있다.

成三聖之像. 一彌陀中央而立, 毫五峰眼四海, 忽移於斯. 二菩薩左右而隨, 眉初月髻千花, 宛同於彼. 於是罄倒一心之誠懇, 點開五眼之光明, 紫金輝百億刹中, 有緣皆度, 甘露灑三千界外, 無物不滋. 應旣如斯, 願何不遂. 伏願云云. 吉祥荐集, 悔吝潛消. 行宮穩返於桑墟, 正寢恒安於松麓. 海上三山之歲月, 閱過于千, 寰中四域之車書, 混同爲一. 然後与同願檀那之輩, 及異生輪轉之流, 壞諸趣因, 永捨泥沙之苦域, 成自心果, 共遊金寶之樂邦.

무외無畏가 지은 「미타상점안경찬소彌陀像點眼慶讚疏」[89] :

진眞은 진眞이 아니요 상像은 상像이 아니니 부처의 몸(佛體)은 본래 말(표현)과 생각을 초월하고, 색을 색으로 알고 공을 공으로 아니 범부의 정(凡情)은 모름지기 형상形相에 의지합니다. 만약 진으로 말미암지 않고 상을 세우면 어찌 상에 즉하여 진을 요달할 수 있겠습니까. 그런 까닭에 삼세 여래와 시방 보살은 몸이 없으나 몸을 드러내어 일체의 색상色相을 드러내 보이시고, 상이 아니나 상을 만들어 십 종의 형의形儀를 지어 보이시는 것입니다. 옛것을 보수하거나 새것을 만들어 인연을 맺으면, 범부를 초월하거나 성과聖果를 증득하여 과보를 얻습니다. 또한 한 번 바라보고 한 번 절하는 이들에게 오통五痛[90]과 오소五燒[91]를 점차 여의도록 합니다.[92]

생각건대 이 보월산寶月山 백운암白雲菴에 있는 목조 아미타상은 저 금천계金天界 청련대靑蓮臺 위의 햇빛이 염부단閻浮檀[93]을 비추는 광경과 흡사합니다. 다만 전당이 완전하지 못하여 항상 비바람이 몰아쳐 황금은 다 벗겨지고 흑칠만 겨우

---

89 「미타상점안경찬소彌陀像點眼慶讚疏」: 『동문선』 권111, 「소疏」 편에 「彌陀像點眼慶讚疏」라는 제목으로 수록되어 있다.

90 오통五痛 : 오계五戒를 어긴 자가 받는 고통.

91 오소五燒 : 오계五戒를 어긴 자가 죽어서 받는 심한 고통을 불에 타는 것에 비유한 말. 오통과 오소는 현세에서 받는 업보를 오통이라고 하고, 미래세에 삼도三途에서 받는 업보를 오소라고 한다. 오악은 살생殺生·투도偸盜·사음邪婬·망어妄語·음주飮酒를 말한다.

92 진眞은 진眞이 …… 여의도록 합니다 : 이상은 사명 대사의 『사명당집四溟堂集』 권6에 수록된 「畫諸佛菩薩慶讚疏」를 일부 인용한 것이다.

93 염부단閻浮檀 : 강 이름. 위하爲河로 의역하기도 한다. 염부수 아래 강이 있어 염부단이라 한다. 참고로 염부단금閻浮檀金은 바로 이 강에서 나는 사금으로 적황색에 자줏빛의 윤이 난다고 한다.

남았으니, 아, 먼지에 버려져 묻혀 오랫동안 향불을 받들지 못했습니다. 제자는 어린 나이에 서방에 나아가기를 구하고 동방의 미혹함을 깨치고자 했는데, 일찍이 이 산에 이르러 비로소 유상遺像을 슬프게 뵈옵고 비통한 마음으로 고치겠다는 서원을 낸 후, 두루 도와줄 신도를 모았으니, 지극한 정성 헛되지 않아 과연 함께 수리할 단월檀越을 얻어 할 수 있는 일을 다 마쳤습니다. 장차 이지러지려는 망서望舒(달)를 채우려 다시 단월을 모으고 경사스러운 법석을 경건하게 편 뒤, 오안五眼을 점개點開하매 지혜의 광명이 널리 시방에 비추고, 삼신三身을 원만하게 갖추매 공덕의 윤택이 멀리 만세에 유전합니다. 이에 겨자 같은 공을 회향하면서 저 능감菱鑒이 샅샅이 비춰 주기를 기원합니다.

먼저 바라옵기는 주상전하의 옥력玉曆의 오랜 수명을 보전하고, 금륜金輪을 통어統御함과 같게 하고, 불일佛日이 하늘 한가운데 떠서 기울지 않으며, 조풍祖風이 어느 곳에서나 펼치지 않음이 없도록 하소서. 다음으로 바라옵기는 따라 기뻐하는 시주(檀那) 등이 현세에 연액年厄이나 월액月厄의 침해 없이 각자 수명을 더하고 후세에 금대金臺·은대銀臺에 올라 고매한 수행으로 진상眞常을 증득하게 하소서. 나아가 바라옵기는 육친六親, 구족九族, 사은四恩, 삼유三有, 법계法界의 모든 영가들이 큰 원력의 바다를 헤엄쳐서 한 사람도 정토에 나지 않는 이 없이 일곱 겹의 나무 밑(七重樹下)94을 경행經行95하여 모든 성인과 함께 원문圓門에 들어가게 하소서.

無畏撰彌陀像點眼慶讚疏曰, 眞非眞, 像非像, 佛體本絶於言思. 色知色, 空知空, 凡情要憑於形相. 若不因眞而設像, 何能卽像而達眞. 所以三世如來十方菩薩, 無身現身, 而示現一切色相, 非像作像, 而敎作十種形儀. 若修故若造新以締緣, 或超凡或證聖而獲報, 亦使一瞻一禮, 漸離五痛五燒. 唯1) 兹寶月山之白雲菴中, 有木造阿彌陀像, 髣彼金天界之靑蓮臺上, 流日耀閻浮檀光. 乃因殿堂之不完, 恒爲風雨之所打, 黃金盡壞, 黑漆猶存. 嗟乎委沒於塵埃, 久矣廢修於香火. 弟子早求西邁, 欲悟東迷, 昔曾遊至於此山, 始得傷瞻於遺像, 痛發改爲之誓, 旁求助辦之徒, 至誠不証, 果得同修之檀越, 能事已畢. 復滿將虧之望舒, 更集檀緣, 虔陳

---

94 일곱 겹의 나무 밑(七重樹下) : 『아미타경阿彌陀經』에서 극락세계에 일곱 겹의 나무 등이 있는데 모두 보배로 장식되어 있다고 한다.

95 경행經行 : 일정한 장소에서 이리저리 돌아다니는 것.

慶席, 點開五眼, 慧光普照於十方, 圓具三身, 德澤遐流於萬世. 持玆芥功以迴向, 冀彼菱鑒之照詳. 先願主上殿下, 保玉曆之遐長, 等金輪之統御, 佛日當中而不側, 祖風無外而不宣. 次願隨喜檀那等, 現歲無年厄月厄之或侵, 各增壽考, 後世陟金臺銀臺而高騖, 共證眞常. 然後願六親九族四恩三有法界羣亡等, 游泳大願海中, 無一人不生淨土, 經行七重樹下, 與諸聖同入圓門.

1) ㉡ 唯는 惟(동문선)

무외無畏가 지은「축상소祝上疏」⁹⁶【노도부인老道夫人을 위해 행함】:

중생이 모두 부처의 아들이나 오직 묘법妙法만이 세상에 출현하신 본마음을 나타내고, 온 국토가 왕의 신하 아님 없으니 노파라 하더라도 어찌 임금을 축원하는 작은 정성이 없으리오. 마땅히 하나로 나타낸 원승圓乘⁹⁷에 기대어 셋(三乘)을 합한 큰 복을 비옵니다. 엎드려 비옵건대 생산生産의 유무를 걱정하지 말고 오직 수선修善을 바삐 닦는 데 힘써야 합니다. 이제 연당蓮堂에 나아가 구순九旬의 여름 안거를 결제함에 명폐蓂陛⁹⁸를 위하여 하루 동안의 재과齋科를 진설하오니 해는 흉년이고 때는 어려워 비록 사사四事⁹⁹ 공양하는 단월의 인연은 비었지만 강은 맑고 달은 밝아 시방을 환하게 비추어 주는 듯합니다. 엎드려 바라옵나니 의상衣裳만 드리워도 백 가지 제도가 바로 잡혀 향년이 영원하고, 방패와 깃(干羽)¹⁰⁰을 가지고 춤추어도 오병五兵(군대)이 쓸데없어 나라와 함께 복을 누리게 하소서.【자굉 안 : 연당蓮堂은 만덕산 백련사를 말한다.】

無畏撰祝上疏【老道夫人行】曰, 衆生皆是佛子, 唯妙法乃暢出世之本懷, 率土莫非王臣, 雖老婆豈無祝君之微懇. 宜憑現一之圓乘, 用薦合三之洪祺. 伏念不虞生産之有亡, 唯務善修之恖遽. 今者適蓮堂, 結九旬之夏制, 爲蓂陛陳一日之齋科, 歲儉時艱, 雖四事檀緣之闕也, 江澄月朗, 想十方鑒照之洞然. 伏願云云. 垂衣裳而

---

96 「축상소祝上疏」: 『동문선』 권111, 「소疏」 편에 「祝上疏老道夫人行」이라는 제목으로 수록되어 있다.

97 원승圓乘 : 원만하고 흠 없는 가르침. 삼승三乘 중의 불승佛乘을 가리킨다.

98 명폐蓂陛 : 요임금의 궁중 섬돌에 명협蓂莢 잎이 하루 하나씩 돋아났다는 전설이 있다. 대궐을 가리킨다.

99 사사四事 : 수행승의 일상생활에 필요한 네 가지 물건. 의복, 음식, 침구(혹은 집), 탕약.

100 방패와 깃(干羽) : 고대 춤을 출 때 손에 쥐고 추던 도구. 문무文舞에는 꿩깃을 잡고 무무武舞에는 방패를 쥐고 춤을 춘다.

百度惟貞, 享年有永, 舞干羽而五兵不試, 與國咸休.【慈宏案. 蓮堂謂萬德山白蓮社】

무외無畏가 지은 「축상소祝上疏」[101]:
모든 부처님의 위신은 헤아리기 어렵나니 재화를 소멸하는 것이 어찌 어렵겠습니까. 대승大乘의 공력功力은 사량하기 어렵나니 복과 수명을 내려주심【또한】쉬울 것입니다. 마땅히 귀의하는 정성을 다 쏟아서 자비로운 도움을 기대합니다. 엎드려 생각건대 낮고 졸렬한 근기로 가장 오묘한(上妙) 수레(乘)에 참여하여 외람되이 교법을 전하는 졸렬한 장인이 되어 기쁘게도 진리를 숭상하는 성군을 만났습니다. 지금은 곧 접해鰈海(고려)에 이는 파란을 안정시키고자 온 궁위宮闈(궁전. 후궁)와 나란히 조회에 참여하였습니다. 무릇 앙려鴦廬[102]의 노불鑪拂(향로와 불자)을 맡고 있으니 어찌 도반들을 채근하여 훈근熏勤하지 않겠습니까. 게다가 도타운 정 가득한 조서를 받들었으니 감히 강유綱維를 늦추어 게을리하겠나이까. 그러므로 어가(乘輿)가 움직인 이후로 향화의 기도를 더욱 부지런히 하였는바, 이제 마침 새해를 맞이하여 다시 평소(尋常)의 기원을 펴고 송경과 참회(誦懺)에 더욱 힘써 자세히 비추어 주시기를 정성껏 비옵니다.
엎드려 바라옵건대 만승萬乘의 은혜와 영광을 홀로 받으셔서 송악(松麓)으로 편안히 돌아와 앉아서 천 년의 강락康樂을 누리시고 영원히 상허桑墟(고려)를 진압하시기를. 곤위坤闈(왕비)께서는 수명의 복을 더하시고, 진저震邸(동궁)께서는 태자(元良)의 경사를 품에 안기를 기원합니다.

無畏撰祝上疏曰, 諸佛威神之莫測, 殄災滅禍也何難. 大乘功力之巨思, 降福錫齡也【缺】[1] 易. 宜竭歸依之懇, 佇資提獎之慈. 伏念以下劣機, 參上妙乘, 濫爲傳敎之拙匠, 喜遇崇眞之聖君. 今則爲安鰈海之波瀾, 倂擧宮闈而朝覲. 凡任鴦廬之鑪拂, 盡策徒侶以熏勤. 況承綸綍之綢繆, 敢弛綱維而懶慢. 故自乘輿之動也, 益勤香火以祈焉. 今丁歲序之唯[2]新, 復申尋常之所禱, 肆加功於誦懺, 用輸誠於照詳. 伏願獨專萬乘之恩榮, 穩還松麓, 坐享千年之康樂, 永鎭桑墟, 坤闈增壽考之祺, 震

---

101 「축상소祝上疏」:『동문선』권111, 「소疏」편에 「축상소祝上疏」라는 제목으로 나온다.
102 앙려鴦廬 : 궁궐의 동서 양쪽에 위치한 익랑翼廊을 가리킨다.

邸擁元良之慶.

1) ㉭ 결자는 亦(동문선) 2) ㉭ 唯는 惟(동문선)

무외無畏가 지은 「축상소祝上疏」[103]:

자비는 문턱이 없으니 어찌 베풀어 주는 사랑을 늦출 수 있겠습니까. 세월(歲序)이 흘러 다시 오래 사시라는 축원이 간절한 때입니다. 제자는 본래 세 가지 힘(三力)[104]이 없고 다만 일심一心에 어두우나 다행히 숙연으로 외람되이 사빈師賓이 되어 늘 궁궐(內省)에 머물고 있으니 부처님과 조사님께 부끄러운 마음이 듭니다. 계옥桂玉[105]을 좀 먹은 지 3년이 되어 가니 사람들의 비방을 어떻게 그치며, 소나 말 같은 제가 사람 옷(襟裾)[106]을 걸치고 한때를 미혹하니 하늘의 책망을 받을까 두렵나이다. 이제 임금의 수레(乘輿)가 중국에 오래 머무른 데다 시절도 바야흐로 대한大寒을 맞이함에 별도로 하루의 훈근熏勤을 개설하여 시방十方에 햇볕이 쬐이기를 기원합니다.

엎드려 비옵기는 주상전하께서는 건곤乾坤의 상서로움이 거듭 이르러 연월年月의 액이 모두 사라지기를. 부처님·법·성현의 힘으로 함께 도와 일신에 번뇌 없기를 바라옵고, 황제, 황후, 황태자(儲副)의 은혜가 특별히 두터워 천 년이 지나도 쇠하지 않기를 바라오며, 아름다운 내전(椒闈)과 함께 빨리 돌아오셔서 상역桑域의 부흥을 앉아서 보게 하소서.

無畏撰祝上疏曰. 慈悲無碍,[1)] 奚遲拔與之私. 歲序云徂, 更切遐長之祝. 弟子本無三力, 固昧一心, 幸作宿緣, 而濫作師賓, 居常內省而迴慙佛祖, 蝉蠹桂玉者足三載, 何止人譏. 馬牛襟裾而惑一時, 恐遭天譴. 今者乘輿久留於中國, 時節方當

---

103 「축상소祝上疏」: 『동문선』 권111, 「소疏」 편에 「祝上疏」라는 제목으로 수록되어 있다.

104 세 가지 힘(三力): 이 글의 끝에 불력佛力, 법력法力, 성현력聖賢力이 나오는 것으로 보아 세 가지 힘은 이것을 말하는 듯하다. 사전적 의미는 부처님의 위력, 삼매의 힘, 행자의 본공덕력本功德力.

105 계옥桂玉: 땔나무와 곡식. 『전국책』에 "초나라의 음식은 옥보다도 귀하고, 땔감은 계수나무보다도 귀하다."라고 한 데서 나온 말이다.

106 사람 옷(襟裾): 원문 금거는 마우금거馬牛襟裾의 준말로 말이나 소 같은 금수가 사람의 옷을 입은 것을 말한다. 배움이 부족한 사람이라는 뜻의 겸사이다. 한유韓愈의 〈符讀書城南〉 시에 "사람이 고금을 통하지 못하면, 마소에 사람 옷 입혀 놓은 것과 같다.(人不通古今 馬牛而襟裾)"라는 말이 나온다.(『韓昌黎集』 권6)

於大寒, 別開一日之熏勤, 庶格十方之照了. 伏願主上殿下, 乾坤之祥荐至, 年月之厄都消. 佛力法力聖賢力以同扶, 一身無惱, 皇恩后恩儲副恩之獨厚, 千載不衰. 嘉与椒闈²⁾而速還, 坐看桑域之復興.

1) ㉠ 碍는 㝷(동문선) 2) ㉠ 闈는 圍(동문선)

무외無畏가 지은 「조사예참축상소祖師禮懺祝上疏」[107]:
한 사람 한 사람 전하여 감로甘露가 중국을 적신 후, 대대로 9대에 이르러 그 물결이 동한東韓에 흘러들었습니다. 유풍은 아직도 남아 있으니 참회의 법석을 의당 폐해서는 안 될 것입니다. 엎드려 생각하니 저는 요행히 성인의 시대에 외람되이 훌륭한 벼슬을 받았으나, 안으로는 관조觀照하는 공이 모자라고 밖으로만 위의威儀의 모습을 드러내니, 진실로 성불할 종자(佛種)를 끊은 자로서 외람되이 조사의 등불(祖燈)을 전하는 사람이 된즉, 이에 좋은 날을 맞이하여 훈범熏範을 간략하게 진설합니다. 일례一禮 일참一懺으로 업장業障·보장報障·번뇌장煩惱障이 사라지고, 삼지三止[108] 삼관三觀[109]으로 성공性空·상공相空·필경공畢竟空이 청정해지니, 이러한 베풂이 걸림 없이 비춰 주소서. 여러 조사의 가피를 넉넉히 받고 또한 다천多天(도솔천)[110]의 보호를 입어, 매사 길하지 않음이 없어 재화가 미연에 없어지고, 길이 아름다워 수명이 끝없이 이어지기를 기원합니다.

---

107 「조사예참축상소祖師禮懺祝上疏」: 『동문선』 권111, 「소疏」편에 「祖師禮懺祝上疏」라는 제목으로 수록되어 있다.

108 삼지三止: 천태종에서 공·가·중 삼관에 대응하여 세운 삼종의 지행止行. ①체진지體眞止; 공관에 대해 세운 것. 무명전도의 망념이 곧 실상의 진여임을 체득하는 것. ②방편수연지方便隨緣止; 가관에 대해 세운 것. 보살이 연을 따라 경계를 만남에 속제에 대해 마음이 편안하여 움직이지 않음. ③식이변분별지息二變分別止; 중관에 대해 세운 것. 생사와 열반, 유와 무 등 이변의 상들을 분별하지 않고 진속 이변을 쉼으로써 중제에 멈추는 것. 이상 세 가지 멈추는 행동을 말한다.

109 삼관三觀: 천태삼관天台三觀 중에서 차제삼관次第三觀을 말한다. 공간적으로는 공空은 공, 가假는 가, 중中은 중으로 독립되어 서로 관계가 없고, 시간적으로는 이 이치를 증득하여 아는 과정에 차례를 세워서 관하는 방법이다. 먼저 공제空諦의 이치를 관하여 견혹見惑과 사혹思惑의 추혹麤惑과 정의情意의 미혹을 끊어서 공지空智를 얻고, 다음에 가제假諦의 이치를 관하여 진사塵沙의 혹인 세혹細惑을 끊어서 가지假智를 얻는다. 다시 나아가 중제中諦의 이치를 관하여 견사와 진사의 근본인 무명無明의 세혹을 끊어서 중지中智를 얻는 것이다.

110 도사다천覩史多天: 욕계 6천六天 중 네 번째 하늘이다. 도솔천이라고도 한다. 장래 부처가 될 보살이 있는 곳이다.

無畏撰祖師禮懺祝上疏曰, 人傳一人, 甘露灑霑於中國, 世止九世, 餘波流及於東韓. 遺風猶有存焉, 懺席宜無廢也. 伏念幸逢聖際, 叨受懿封, 內虧觀照之功, 外現威儀之相, 誠爲斷佛種者, 濫作傳祖[1)]燈人, 玆値良辰, 略陳熏範. 一禮一懺, 業障報障煩惱障之滅除, 三止三觀, 性空相空畢竟空之淸淨, 如斯施作, 無昪照詳.【二字缺[2)]】優承諸祖之加, 亦被多天之護, 動固不吉, 災禍殄於未然, 永孚于休, 壽祺至於無極.

1) 옙 祖는 法(동문선) 2) 옙 결자는 伏願(동문선)

무외無畏가 지은 「축원자소祝元子疏」[111]:

『묘법연화경』은 우리 부처님이 스승으로 삼은 바이니 공경히 받듦이 의당 부처님보다 앞서야 할 것입니다. 원자元子(銅禁)는 곧 우리 임금이 남기신 몸이니 우러러 바라봄에 어찌 우리 임금과 달리 하리오. 그러므로 크게 드러냄에 더함이 있고 천축薦祝함에 더욱 삼가야 하리라.

제자는 덕은 세상을 돕기에 미약하고 도는 남을 훈도하기 부족한데 돌아보건대 만년에 경사스런 인연으로 태평성대 덕망 있는 태자(儲副)를 만났습니다. 태자께서는 삼한三韓의 왕업을 보전하기 위해 멀리 용정龍庭(중국)으로 나갔다가 만승萬乘의 황은皇恩을 돈독하게 받아 곡령鵠嶺(송도 송악산)으로 돌아온다고 합니다.【원元 세조 지원至元 9년, 고려 태자 심諶이 원나라에 조회하러 감】어제 이 말씀을 듣고 특별히 범채梵采[112]를 펼치고, 다시금 깊은 정성을 다함으로써 자비를 비옵니다. 여래가 오랫동안 이루신 먼 근원을 들면 곧 수량이 끝이 없고, 방편으로 널리 열어 보인 묘한 이치를 말하면 곧 세상의 이치가 상주합니다. 티끌같이 작은 재물 올리나니 밝은 거울로 자세히 비추어 주소서.

엎드려 기원합니다. 빛은 중리重离[113]를 비추고, 파도는 작은 바다에 맑아지게 하소서. 수명은 문득 거북이나 학과 같아 영원히 자손(宗支)을 굳게 하고, 인풍은 오랑캐를 감복시켜 조상의 공덕(祖烈) 크게 이어받게 하소서.

111 「축원자소祝元子疏」: 『동문선』 권111, 「소疏」 편에 「축원자소祝元子疏」라는 제목으로 수록되어 있다.

112 범채梵采: 각종 불사나 법회.

113 중리重离: 해가 겹친 것을 뜻하며, 부자父子가 왕위를 잇달아 상속함을 의미한다. 『주역』에 "밝음이 두 번 일어난 것이 이离이니 대인이 보고서 밝음을 이어 사방을 비춘다.(明兩作離 大人以繼明照于四方)"라는 구절에서 나왔다.

無畏撰祝元子疏曰, 蓮經爲我佛之所師, 敬奉宜先於我佛. 銅禁乃吾君之遺體, 仰瞻何異於吾君. 故弘闡之有加, 其薦祝也唯[1]謹. 弟子德微祐世, 道乏訓人. 顧殘年慶幸之因緣, 値盛代元良之儲副. 爲保三韓之王業, 遠赴龍庭, 篤承萬乘之皇恩, 言還鵠嶺【元世祖至元九年, 高麗太子諶朝元.】[2] 昨聞斯語而特張梵采, 更竭深誠而用丐慈庥. 擧如來久成之遠本, 則壽量無邊, 談方便廣開之妙理, 則世相常住. 微塵施作, 明鑒照詳. 伏願云云. 光炳重离, 波澄小海, 壽骨便同於龜鶴, 永固宗支, 仁風行服於蠻夷, 丕承祖烈.

1) 옙 唯는 惟(동문선) 2) 옙 협주는 『동문선』에 없는 『만덕사지』 편자가 기록한 것이다.

무외無畏가 지은 「대인천모소代人薦母疏」[114] :

하나의 실상實相은 단비처럼 사심 없으니 초목과 숲을 고르게 적셔 주고, 오온五蘊의 몸은 덧없이 살다가 죽게 되니 바다며 산이며 허공이며 저자로도 피할 길 없습니다. 마땅히 원종圓宗[115]에 기대어 명복을 빕니다.

제자는 아버지를 일찍 여의고 어머니 자애로 자랐는데, 다만 여러 자식 중 길러 주신 은혜는 저에게 가장 깊었습니다. 백 년 동안 맛진 음식으로 봉양하며 정성을 다하고자 하였는데 어찌 부추의 이슬(薤露)이 쉬 마르고, 아, 나뭇가지에 바람이 그치지 아니하는고. 긴 밤 어두운데 가서는 돌아오지 아니하니, 큰 집이 처량하여 나는 장차 누구를 의지한단 말입니까. 방편을 열어 진리를 드러내는 웅전雄詮이 있어, 망령됨을 없애고 진리에 귀의하는 지름길이 된다는 것을 들었습니다. 떠올리기 어려운 생각을 일으키고 희유한 마음을 일으키니, 양양洋洋한 법의 우레(法雷)는 귀에 가득하고, 맑은 부처의 달(佛月)은 머리 위에 떠오릅니다. 엎드려 바라옵건대 멀리는 사가라 용녀娑竭羅龍女가 남자 몸으로 변한 것과 같이 찰나에 문득 정각을 이루기를 기원합니다. 또 위제희韋提希[116] 부인이 부처님 수기受記를 받은 것처럼 극락세계에서 유유자적 소요하기를 기원합니다. 나머지 은택 적시는 곳에 미혹한 중생 고루 목욕하게 하소서.

114 「대인천모소代人薦母疏」: 『동문선』 권111, 『소疏』 편에 「代人薦母疏」라는 제목으로 수록되어 있다.

115 원종圓宗 : 대승의 진실 원만한 교의를 종지로 하는 종파. 화엄종·천태종에서 스스로 원교의 종이라 말하며 후에는 천태종을 가리키는 말로 쓰였다.

116 위제희韋提希 : 범어 Vaidehī. 마가다국 빔비사라 왕(頻婆娑羅王)의 왕비이며, 아자타샤트루 왕의 어머니이다. 베데히 성 출신이다. 빔비사라 왕과 함께 일찍이 불교에 귀의하여 독실한 신자가 되었다.

無畏撰代人薦母疏曰, 一實相甘澍無私, 卉木叢林之等潤, 五蘊身浮生有死, 海山空市之難逃. 宜仗圓宗, 用資冥祐. 弟子嚴顏早喪, 慈乳是依, 顧衆兒鞠育之恩, 寔深於我. 供百年甘旨之養, 欲盡其誠. 何薤露之易晞, 嗟樹風之不止. 長夜幽冥兮, 往而不返, 高堂慘淡兮, 予將疇依. 聞有開權顯實之雄詮, 是爲達妄歸眞之徑路, 起難遭想, 生希有心. 法雷洋乎盈耳, 佛月朗然臨頭. 伏願云云. 遠同婆竭羅龍女之變男身, 刹那便成正覺. 亦若韋提希夫人之受佛記, 逍遙自適樂邦. 餘澤所霑, 迷倫等沐.

무외無畏가 지은 「대인천모시왕전소代人薦母十王前疏」[117]:
대성大聖께서는 가없는 몸을 나투시어 수많은 국토에 두루 응하시고, 열왕列王(시왕)은 각자 닦은 업보를 살피시어 물과 거울에 비친 형태로 평등하게 분별하시니, 어찌 수승한 인연 맺어 제자를 잘 인도하는 방편으로 삼지 않겠는가. 하늘(皇天)이 도와주지 아니하여 모친이 갑자기 돌아가시니, 길이 그리는 마음 서러웁고 두 갈래 흐르는 눈물 흐릅니다. 생전에 봉양함에 예를 다하지 못하여 무척 후회스럽고, 돌아가신 뒤 때맞춰 추선공양 하지 못함이 무척이나 한스럽습니다. 이 어찌 효성이 이르지 못한 까닭 아닌지요. 성심聖心이 다 아는 바입니다. 그러므로 백 일을 맞이하여 팔재八齋의 공양을 진설하오니, 일이야 사시공양四時供養에 비해 부족하나 생각이야 어찌 일념감통一念感通함보다 늦겠습니까.
엎드려 기원합니다. 일성一聖 시왕十王의 자비에 힘입어 천 생千生 만 겁萬劫의 죄장을 없애 주시길 바랍니다. 사바娑婆세계의 불난 집에서 여러 아이가 불타는 것 피하게 하시고, 안양의 황금연대에서 여러 성인의 접인接引을 친히 받게 하소서. 삼악도(幽途)의 길에서 고통 받는 밉부들이 모두 밝은 햇빛을 받게 하소서.

無畏撰代人薦母十王前疏曰, 大聖現無邊之身, 遍應塵沙之刹, 列王察所修之業, 平分水鏡之形. 盍締勝緣, 以爲良導弟子. 皇天不祐, 慈母忽亡, 盡然永慕之懷, 沱若交垂之淚. 生前奉事之未盡禮, 足爲悔焉, 沒後追修之不及時, 偏所恨也. 此豈孝誠之不至, 有如聖心之悉知. 故延百日之期, 今設八齋之供, 事雖闕於四時[1)]供

---

117 「대인천모시왕전소代人薦母十王前疏」: 『동문선』 권111, 「소疏」 편에 「同前十王前疏」라는 제목으로 수록되어 있다.

養, 念奚遲於一念感通. 伏願云云. 蒙一聖十王之慈悲, 滅千生萬劫之罪障. 娑婆火宅, 迴謝群兒之被燒, 安養金臺, 親承諸聖之接引. 凡受幽途之苦, 皆蒙朗日之光.

1) ㉮ 時는 事(동문선)

무외無畏가 지은 「조계산용화회소曹溪山龍華會疏」[118] :
석가모니의 영축산 설법 자리에서 숙세에 선근 쌓은 이들 모두 해탈을 얻었고, 아일다阿逸多[119]의 용화회상龍華會上에서 현재의 인因을 심은즉 모두 현세 왕생하였도다. 하물며 한 사람의 수명을 추천하려 하면 【감히】 대성大聖께 진심을 다하지 않을 수 있으리오.

제자는 학식이 대통으로 하늘을 보는 것 같아 부끄러운데다 어리석음은 수주대토守株待兎 하는 것보다 심하며, 조정에선 작은 풀(寸草)만 한 공도 없고 고향(鄕井)에선 한 터럭의 명예도 없는데, 미관微官에서부터 극위極位에 이르기까지 건곤乾坤이 내려주신 큰 은혜의 사사로움을 허비하였으니, 작은 선행으로 저 큰 은혜를 보답하기는 불법의 그윽한 가피에 의지해서만 가능할 것입니다. 이에 지난 호랑이해에 저는 이 모임을 관족사灌足寺[120]에서 진설하여 적병을 방어하고자 하였고, 나라에선 여기 진설한 법연法筵을 보현도량普賢道場이라 이름하였습니다. 그 후 조야朝野가 피난 가고 바다와 땅이 소요하여 준비한 여러 가지의 공양구가 모두 여기저기 흩어지고 분실하여 남은 것이 없었습니다. 다만 한 조각의 정성을 굳게 하여 다시 크게 모았으니 거리낄 게 없습니다. 먼 땅으로 운송하기가 불능하여 도리어 제 마음에 염려되는 바입니다. 비록 범인의 마음에는 왕래往來가 있지만 성인의 경지에는 본래 피차彼此가 없는 법입니다. 하물며 또한 진신眞身은 없는 곳이 없는 고로 어찌 포천布川에만 국한될 것이며, 묘응妙應은 감응을 따라 통하나니, 또 어찌 송사松社(송광사)에 막히겠습니까. 이에 조계산에 나아가 다시 개설하니 엄연히 도솔천이 갑자기 옮겨온 것 같습니다. 여러 가지 맛있

118 「조계산용화회소曹溪山龍華會疏」: 『동문선』 권111, 「소疏」편에 「龍華會疏」라는 제목으로 수록되어 있다.
119 아일다阿逸多 : 범어 Ajita의 음사. 미륵보살의 별명.
120 관족사灌足寺 : 현재 충남 논산 은진의 관촉사. 당시 목은 이색牧隱李穡의 문집 『목은시고』에 관족사 미륵 석상의 용화회와 관련된 시가 있다.(〈임술년에 있을 관족사 미륵 석상의 용화회를 주선해 온 한 스님이 나에게 연화문을 지어 달라고 요구하여 ……〉)

는 음식은 곧 제자의 재산을 기울여 준비하였고, 법의法衣 한 벌은 곧 우리 임금님께서 해마다 입으시던 것으로 햇수가 오래되었습니다. 존귀한 이름 칭양하나니 티끌같이 많은 모든 누각을 장엄하고, 거룩한 위의(聖儀) 우러러보나니 생각마다 물과 달이 감응합니다. 이와 같은 7일의 베풂으로 시방에 비추심 다함없기를 바랍니다.

엎드려 바라옵니다. 큰 자비를 받들고 새 공덕에 기대어, 상수上壽(백세)를 넉넉하게 누리되 삼황三皇과 오제五帝를 뛰어넘으시고, 광명으로 중흥을 이끄시되 온갖 오랑캐를 채찍질하고 사해를 어루만지소서. 왕후는 화목한 아름다움으로 나아가시고, 세자는 우렁찬 소리 드날리소서. 만물이 병들지 않고 해마다 풍년이 들고, 백성은 스스로 만족하여 나날이 쓰게 하소서. 이후에는 널리 육도중생과 더불어 삼차 용화삼회(三會)[121]의 법음을 듣게 하셔서, 유루有漏의 형상을 영원히 벗어나게 하시고, 몰록 무생無生의 진리 깨치게 하소서.【조계산은 곧 송광사이다.】

無畏撰曹溪山龍華會疏曰, 釋迦文鷲嶺座中, 有宿善者咸蒙度脫, 阿逸[1)]多龍華會上, 種現因則皆得出生. 況欲薦壽於一人,【缺[2)]】不盡心於大聖. 弟子學慚測管, 愚甚守株, 朝廷乏寸草之功, 鄉井無一毫之響, 自微官至于極位, 費乾坤洪造之私, 以小善酬彼大恩, 仗佛法冥加則可. 玆故越在寅年, 而我欲陳此會於灌足寺, 因禦賊兵, 而國斯設法筵曰普賢場.【句[3)]】厥後朝野播遷, 海陸騷擾, 所備多般之供具, 皆失散而無餘. 尚堅一片之精誠, 更大集而勿憚. 但不能運輸於遠地, 而覆自念慮於私心. 雖凡情謂有去來, 於聖境本無彼此, 矧又眞身無處不在, 何曾局於布川, 妙應隨感而通, 亦豈防於松社. 肆就曹溪山而重設, 儼若兜率天之忽移. 衆味珍羞, 則罄弟子家儲而所營, 一襲法衣, 則唯[4)]我皇歲行而爲數. 稱揚尊號, 塵塵盡樓閣莊嚴, 瞻仰聖儀, 念念是水月感應. 如斯七日之施作, 無盡十方之照詳. 伏願云云. 承大慈悲, 仗新功德, 茂膺上壽, 軼五帝而跨三皇, 光啓中興, 鞭百蠻而撫四海, 后披進關關之美, 儲闡揚虩虩之聲, 物不疵而年豐, 民自足而日用, 然後普与六凡之苦類, 同聞三會之法音, 永抛有漏之形, 頓證無生之理.【曹溪山即松廣寺】

1) ㉑ 逸은 邊(동문선). 전자가 맞다. 2) ㉑ 결자는 敢(동문선) 3) 이 협주는 『동문선』에 비추어보면 불필요한 듯하다. 4) ㉑ 唯는 惟(동문선)

---

121 용화삼회(三會) : 미륵이 도솔천에서 이 세상에 내려와 화림원華林園의 용화수 아래서 성불한 후 3회에 걸쳐 설법하는 모임을 말한다.

인근의 사찰을 두루 조사해 보니, 오직 무위사無爲寺의 형미 국사逈微國師가 선덕先德인데, 절은 지금 무너졌으니 이름과 자취가 곧 사라질 듯하다.

고려국 고故 무위갑사無爲岬寺 「선각先覺 대사 편광영탑비명遍光霙塔碑銘」[122]【대상검교大相檢校 상서尚書 대복야大僕射 상주국上柱國 신臣 최언위崔彦撝가 교지를 받들어 지음 ○정조正朝 평시랑評侍郎 주국柱國 사단금어대賜丹金魚袋 유훈율柳勳律 씀】:

듣자하니 부처님께서 세상에 출현하셔서 영취산에서 중생을 이롭게 하는 문을 여시었고, 가섭迦葉이 이어받을 때 계족산雞足山에서 완전한 세계로 돌아가는 길(歸全之路)을 닫으셨다.[123]【중략】

대사의 법휘는 형미逈微, 속성은 최씨인데, 그 선조는 박릉博陵의 귀족이요 큰 도읍(雄府)의 동량으로, 계림雞林(신라)에 사신으로 왔다가 현토군玄菟郡에 은혜를 끼쳤다.[124] 그리하여 운수雲水에 마음을 맡기고 바닷가에 자취를 남겨 이제는 무주武州 사람이 되었다. 부친은 낙권樂權【중략】이며 모친은 김씨金氏【중략】인데, 함통咸通 5년(864) 4월 10일 대사를 낳았다. 태어나면서 빼어난 용모를 가지고 있었으며 어려서도 아무나 사귀지 않았다. 15세(志學)가 되어 집을 떠나려는 생각을 가만히 간직하였는데, 이때 홀연 두 눈에 눈물을 흘리며 양친에게 애절히 고하였다.【중략】보림사寶林寺에 곧장 나아가 체징體澄 선사를 참알하였다. 중화中和 2년(882)에 화엄사 관례官禮 대사에게 구족계를 받았다. 대순大順 2년 초봄에 우연히 중국에 가는 사신(入朝使)의 수레를 만나 서쪽 가는 편에 몸을 의탁하여 중국 해안에 도달하였다.【중략】경복景福 3년(894)에 주 절도사(節帥) 마 공馬公, 절도부사節度副使 김 공金公이 명성을 듣고 우러러 흠모하였다.【중략】천우天祐 2년(905)에 무주武州의 회진會津에 물러나 머무는데, 이때 지주소판知州蘇判 왕지

---

[122] 선각先覺 대사 편광영탑비명遍光霙塔碑銘 : 이지관 편, 『(교감역주)역대고승비문』 1권(pp.310~319)에 「康津無爲寺先覺大師遍光塔碑文」의 제목으로 수록되어 있다. 이 책은 『조선금석총람』을 저본으로 『韓國金石全文』, 『海東金石苑』을 대교한 것이다. 저본 자체부터 결락된 부분이 많아 해독하기 어려운 경우가 다수 있다. 아울러 본 번역은 결락이 심하여 일부 구문은 비문 전체의 문맥과 다른 해석의 가능성도 있음을 밝힌다.

[123] 완전한 …… 닫으셨다(闢歸全之路) : 원문 '歸全'은 '善終'과 같다. 재난을 당하지 않고 천수를 누리는 것. 완전한 세계로 돌아가는 길을 닫았다는 것은 일생 설법하여 중생제도를 마치고 열반에 들었다는 뜻이다.(이지관, p.321 참고)

[124] 현토군玄菟郡 …… 끼쳤다 : 한사군漢四郡의 하나로 우리나라를 의미한다. 은혜를 끼쳤다는 말은 나라의 관직을 제수 받고 정착했다는 의미로 해석된다.

본왕池本이 대사를 가만히 받들고자 (배를 타고 왔는데) 배에서 내리자마자 (대사는) 이미 평진平津에 당도하였다.【중략】나산那山 무위갑사無爲岬寺에서 주지할 것을 청하였다. 대사는 명을 받고 영경靈境으로 거처를 옮겼다.【중략】그 터를 중수하고 8년이 지났는데, 찾아오는 이는 구름 같았고 받아들인 이는 바다 같았다. □□□【3자 결락】해에 유비와 조조가 싸우던 시절의 난리가 나서 위로는 성주가 없어 고슴도치 무리가 모인 것 같았고, 아래로는 용렬한 무리만 있어 경아鯨鯢의 난리[125]를 막아내지 못하여,【중략】사해가 들끓어 오르고 삼한이 시끄럽게 소요하였다. 9년 8월에 전주前主(궁예)가 영평永平(현 포천) 북쪽【수십 자 결락】(왕건이) 빠르게 축로舳艫[126]를 발하여 친히 행차하였다. 이때 나주羅州가 귀순하니, 포구와 섬 주변에 군대를 주둔시켰고, 무부武府(광주)는 반역하여 사람들을 교외의 터에 모이도록 하였다. 이때 대왕(신라 효공왕)은 대사가 근자에 오월吳越(중국)에서 진한秦韓으로 막 도착한 것을 들었는데, 마니주를 바닷가에 숨기고 아름다운 옥을 하늘 밖에 감춘 듯하였다. 그리하여 먼저 조서(丹詔)를 보내니 급히 도간道竿(육환장)을 굽혀 (예를 표시하였다.) 대사는 왕명을 받들어(奉制) 분주히 거센 파도를 무릅쓰고 가서 위세 있는 모습(虎翼)을 직접 보았다. 남모르게 거두다…… 오吳나라 왕……. 그 후 회군(班師)할 때 특별히 함께 돌아가자 청하였다. …… 대사에게 올린 공양물은 궁중의 내고內庫에서 지출하였다.【이하 이끼가 끼어 해독 불가함】

○개운開運 3년 병오년(946) 5월 경인월 29일 무오일에 세우다.

○응언應彦 안: 가경嘉慶 병자년(1816) 봄, 내가 무위사無爲寺에 가서 이 비석을 읽었을 때 갈라지고 이끼 낀 것이 심히 많아 제대로 판독할 수 없었다. 이에 파손되고 읽을 수 없는 부분은 모두 줄이고 삭제하였다. 나만 온전한 곳만 가려서 기록하였기에 소략하기가 이와 같다.【당唐 의종懿宗 함통咸通 5년 갑신(864)은 곧 신라 경문왕景文王 4년이다. 곧 형미가 태어난 것은 원래 신라 때인 것이다. 대순大順이나 천우天佑는 모두 당唐 소종昭宗의 연호이므로 이 역시 신라 효공왕孝恭王 때이다. 고려 태조 18(935), 19(936)년에 견훤甄萱 부자가 남방에서 난을 일으켰는데, 형미는 이때 세운 공이 있었다. 그러므로 결국에는 고려의 승려로 삼는다.】

---

125 경아鯨鯢의 난리 : 경아鯨鯢는 고래 암컷과 수컷인데 흉악한 적의 침략을 말한다.

126 축로舳艫 : 축은 배의 고물, 로는 배의 이물. 『한서漢書』의 '축로천리舳艫千里'라는 말에서 나온 것으로 전선戰船의 편성을 의미한다.

旁搜鄰刹, 唯無爲寺之逈微國師, 寔爲先德, 而寺今荒圮, 名跡將泯.

高麗國故無爲岬寺先覺大師遍光霛塔碑銘【大相檢校尚書大僕射上柱國臣崔彥撝奉敎撰 ○正朝評侍郎柱國賜丹金魚袋柳勳律書】曰, 盖聞佛陁出世, 鷲頭開利物之門, 迦葉承時, 雞足闔歸全之路.[1] 【節】大師法諱逈[2]微, 俗姓崔氏. 其先博陵冠盖, 雄府棟梁, 奉使雞林, 流恩兔郡. 所以棲心雲水, 寓跡海壖, 今爲武州人. 父樂權【節】母金氏【節】以咸通五年四月十日, 誕生大師. 生有殊相, 幼無雜交. 洎于志學之年, 潛蘊辭家之念. 此時忽生兩[3]淚, 哀[4]告二親.【節】立[5]詣寶林, 謁體澄[6]禪師.[7] 至中和二年, 受具戒於華嚴寺官禮[8]大師. 洎于大順二年春首, 忽遇入朝使車, 託足而西, 達于彼岸.【節】景福三年, 潭州節帥馬公, 節度副使金公, 聞風欽仰.【節】天祐二年, 退定武州之會津. 此時知州蘇判王公池本, 竊承大師, 纔諧捨筏, 已抵平津.【節】以那山無爲岬寺, 請以住持, 大師唯命是聽, 徙居靈境.【節】重修基址, 八換星霜, 來者如雲, 納之似海.【三字缺】之年, 亂[9]劉曹之代, 上無聖主, 猶鋪蝟[10]聚之徒, 下有庸流, 莫防鯨鯢之難.【節】四海沸騰, 三韓騷擾. 至九年八月中, 前主永平北.【以下數十字缺】倏發神爐,[11] 親駐[12]車駕. 此時羅州歸命, 上[13]軍於浦嶼之傍,[14] 武府逆鱗, 動衆於郊畿之場. 此時大王聞大師, 近從吳越, 新到秦韓. 匿摩尼於海隅, 藏美玉於天表. 所以先飛天[15]詔, 遽屈道竿. 大師奉[16]制奔波, 趨[17]風猛浪, 親窺虎翼. 暗縮[18]吳王.[19] 其後班師之際, 特請行塗. 供給之資, 出於內庫.【以下苔封不可讀】

○開運三年 丙午五月 庚寅朔二十九日 戊午立.

○應彥案: 嘉慶丙子春, 余往無爲寺讀此碑石, 泐苔深多, 不可辨. 於是其破碎不可讀者, 皆節而刪之. 唯取其可詮者錄之. 故其疎略如此【唐懿宗咸通五年甲申, 卽新羅景文王四年, 則逈[20]微之生, 原在新羅之世. 而大順天祐, 皆是唐昭宗之年號, 則此亦新羅孝恭之時也. 至高麗太祖十八九年, 甄萱父子作亂于南方, 逈微以此時有功. 故遂爲高麗之僧也】

1) ㉠ 路는 室로 비정함(역대) 2) ㉠ 逈은 迥과 같은 글자 3) ㉠ 兩은 雙(역대) 4) ㉠ 哀는 虔(역대) 5) ㉠ 立은 直(역대) 6) ㉠ 澄은 燈(역대) 7) ㉠【節】표시가 없는 부분에도 생략된 부분이 있다. 이 부분도 마찬가지인데 소개는 생략한다. 8) ㉠ 禮는 壇(역대) 9) ㉠ 亂 이하에 甚於 두 글자가 있다.(역대) 10) ㉠ 蝟는 猬(역대). 같은 글자. 11) ㉠ 神爐는 舳艫(역대) 12) ㉠ 駐는 駈(역대) 13) ㉠ 上은 屯(역대) 14) ㉠ 傍은 旁(역대) 15) ㉠ 天은 丹(역대) 16) ㉠ 奉은 捧(역대). 같은 글자. 17) ㉠ 趨는 趍(역대). 같은 글자. 18) ㉠ 이하에 "龍頭~□□"가 있다(역대). 19) ㉠ 이하에 "轉明之下□□無以加也"가 있다(역대). 이하 결락이 심하여 교감이 불가하다. 20) ㉠ 逈은 迥과 같은 글자.

진각 혜심眞覺慧諶의 비가 아직도 월남사月南寺의 유허遺墟에 있는데 돌은 깨지고 밭은 황폐해 행적이 장차 소실될 것 같다.

월출산 남쪽에 월남사月南寺의 옛 터가 있고 비가 있으니 다음과 같다.
고려국 조계산 수선사修禪社 제2세世 「진각국사비명병서眞覺國師碑銘幷序」[127]【금자광록대부金紫光祿大夫 수태보守太保 문하시랑평장사門下侍郎平章事 수문전태학사修文殿太學士 감수국사監修國史 판예부사判禮部事 한림원사翰林院事 태자태보太子太保로 치사致仕한 신臣 이규보李奎報가 칙명을 받들어 짓다. ○장사랑將仕郎 중서사인中書舍人 지제고知制誥 태자사의랑太子司議郎 사賜 자금어대紫金魚袋 신臣 김효인金孝印이 칙명을 받들어 쓰다.】:

국사의 휘는 혜심慧諶이요 자는 영을永乙이며 자호는 무의자無衣子이다. 속성은 최씨崔氏, 이름은 식寔으로 나주 화순현和順縣 사람이다. 부친의 휘는 완琬【결락】으로 향공진사鄕貢進士이며, 모친은 배씨裵氏인데 태기가 있은 지 12개월 만에 대사를 낳았다. 부친이 일찍 돌아가시자 대사는 모친에게 출가할 것을 빌었으나 허락지 않고 유학儒學에 힘쓰도록 하였다. 승안承安 6년 신유년(1201)에 사마시司馬試에 응시하여 합격하였고, 그해 가을 태학太學에 입학하였다. 모친의 병 소식을 듣고 고향으로 돌아갔는데, 이듬해 모친이 즉세卽世하셨다. 이때 보조 국사가 조계산에서 수선사를 새로 열어 도화道化가 바야흐로 흥성하였다. 대사는 곧바로 나아가 참례하고 모친 천도를 위해 재를 올려줄 것을 청하고, 그로 인하여 머리를 깎고 출가하기를 빌자 국사가 허락하였다.【중략】

대사가 일찍이 오산蜈山[128]에 머물 때 너럭바위에 앉아 밤낮으로 늘 선정을 익혔는데, 매양 오경이 되면 매우 높은 소리로 게송을 부르니 소리가 십 리 밖까지 들렸다. 조금도 때를 어기지 아니하니 듣는 사람들이 이 소리를 듣고 아침을 짐작하였다. 또 지리산 금대암金臺菴에 머물 때 일찍이 대 위에 편안히 앉아 (수행하는데) 혹 눈이 쌓여 무릎을 덮더라도 오히려 마른 나무 등걸처럼 올곧게 앉아 움직이지 아니하였다. 대중들이 죽었나 의심하여 흔들어 보아도 움직이지 아니하였으니 각고면려함이 이와 같았다.

---

[127] 「진각국사비명병서眞覺國師碑銘幷序」: 『동문선』 권118, 「비명비명」 편에 〈曹溪山第二世故斷俗寺住持修禪社主贈諡眞覺國師碑銘 幷序口奉宣述〉이라는 제목으로 수록되어 있다. 『만덕사지』에는 비문의 서두는 생략하고 생애 부분부터 수록하였다. 『東國李相國全集』 권35, 「비명비명」 편에 수록되어 있다. 이규보는 문집에서 "비석에 새길 때 비면이 좁기 때문에 산삭하기를 청하였고, 여기에는 예전 것대로 하였기에 두 본이 같지 않다.(刻石次以地窄請刪 於此仍故 二本不同)"라고 하였다.

[128] 오산蜈山: 경기도 개성에 오공산蜈蚣山이 있는데 이를 가리킬 가능성이 있으나 확실하지는 않다.

을축년(1205) 가을 국사는 억보산億寶山 백운암白雲菴에 주석하였다.【자굉 안 : 월출산은 일명 보월산寶月山이라 한다. 또 억보산億寶山이라는 명칭이 있었는지 모르겠다.】대사와 참선인 몇 명이 바야흐로 찾아가서 뵙고자 하며 산 밑에서 쉬고 있는데, 암자와의 거리가 천여 보 떨어져 있는데도, 멀리서 국사가 시자를 부르는 소리를 들었다. 이에 게송을 지었다.

아이야 하는 소리 안개 낀 송라에 울려 퍼지고	呼兒響落松蘿霧
달이는 차 향기 바람결 돌길에 풍겨 오누나	煮茗香傳石徑風
백운산 감도는 길 막 들어서려는데	纔入白雲山下路
아니 벌써 암자 계신 노스님을 뵈옵는 듯	已參菴內老師翁

참례할 때 이 게송을 보여 드리니 국사는 조용히 고개를 끄덕이며 쥐고 있던 부채를 전해 주었다. 대사는 곧 게송을 읊어 드리기를,

과거엔 스님의 손에 있더니	昔在師翁手裏
지금은 제자의 손에 있구나	今來弟子掌中
들끓는 번뇌가 미쳐 달리면	若遇熱忙狂走
맑은 바람 일으켜도 좋지 않으리	不妨打起淸風

하자 국사께서 큰 그릇으로 여겼다. 또 하루는 국사를 모시고 가는데 국사가 다 떨어진 신을 가리키며 물었다.
"신은 여기 있는데 사람은 어디 있는고?"
대사가 답하였다.
"그때 서로 보지 않으셨습니까?"
그러자 국사가 크게 기뻐하였다. 또 국사가 조주의 '개에게는 불성이 없다(狗子無佛性)'는 화두를 들고, 이어 대혜 종고大慧宗杲의 열 가지 병(十種病)을 들어 물었다. 대중이 대답하지 못하자 대사가 대답하였다.
"세 가지 병을 가진 사람(三種病人)129이라야 바야흐로 그 뜻을 알 수 있을 것입

---

129 세 가지 병을 가진 사람(三種病人) : 당唐의 현사玄沙가 처음 주창한 가르침. ①환맹자患盲者(맹盲을 앓는

니다."

국사가 말하기를

"세 가지 병을 가진 사람은 어느 곳을 향하여 숨을 쉬느냐?"

라고 하자, 대사가 주먹으로 창을 한 번 내려치니, 국사는 껄껄 하며 크게 웃었다. 방장으로 돌아가 조용히 불러 밀을 나누고는 기뻐 말하였다.

"나는 너를 얻었으니 죽어도 여한이 없구나."

태화泰和 무진년(1208)에 국사가 대사에게 명하여 자리를 물려주고 즉시 규봉圭峰(무등산)의 난야蘭若에 물러나 쉬고자 하였다. 대사는 굳게 사양하고 드디어 지리산으로 들어가 자취와 그림자를 감춘 지 몇 년이었다. 대안大安 경오년(1210)에 국사가 입적하자 문도들이 임금께 보고하여 칙명을 받들어 주지 자리를 잇도록 청하니 대사는 부득이 원院에 들어가 개당開堂하였다. 이때 사방의 학자 및 승속 간에 고명한 사람과 은일하던 노인들이 구름이나 그림자처럼 분주히 달려와 참여하지 않는 이가 없었다. 이에 강당이 매우 좁아 걱정거리가 되었다. 강종康宗(康廟)께서 이를 듣고 유사有司(관리)에게 명하여 증축하도록 하고 자주 중사中使(환관)를 보내 감독하도록 하여 마침내 크고 넓게 만들었다. 또 사신을 보내 만수가사滿繡袈裟와 마납磨衲 각 한 벌 및 차, 향, 보병寶瓶을 가지고 나아가 불법의 요체(法要)를 구하였다. 대사는 이에 『심요心要』를 지어 올렸는데 지금도 세상에 행해지고 있다. 이로부터 공경公卿, 귀척貴戚과 사방(四岳)의 방백方伯들이 소문을 듣고 찾아와 도를 닦았다.(慕道) 지금 중서령中書令 진양공晉陽公 최이崔怡도 대사의 풍운風韻을 듣고 목마르게 그리워하였다.

숭경崇慶 계유년(1213) 가을 지금 주상께서 즉위하여 선사禪師를 제수하시고 또 대선사大禪師를 더하셨다. 선서選席을 거치지 않고 곧바로 치질緇秩에 오른 것은 대사로부터 시작되었다. 참정參政 최홍윤崔洪胤이 아직 재상이 되기 전에 일찍이 사마시司馬試를 관장했는데 대사가 그 문하에서 나왔다. 오래지 않아 공이 재상이 되었을 때 대사는 조계산에 주석하고 있었는데, 상국이 스스로 제자라고 칭하였다.【중략】정우貞祐 기묘년(1219)에 단속사斷俗寺 주지로 가라는 조서가 내렸는데, 대사가 여러 번 사양했으나 임금이 윤허하지 않아, 이듬해 원院에 부임하

자, 다른 사가師家의 기발한 언동을 표면적으로 흉내 낼 뿐으로, 그 취의趣意를 모르는 자), ②환롱자患聾者(롱聾을 앓는 자, 다른 사가師家들의 기발한 말을 단지 흉내 내고 있는 자), ③환아자患啞者(아啞를 앓는 자, 불법佛法을 적절하게 말할 수 없는 자).

였다. 진주 군수가 관리들을 이끌고 절에 나아가 개당하기를 청하였다. 이에 법회를 크게 여니, 납자가 천여 명에 이르렀고, 대사는 본사(단속사)를 평안히 지낼 곳으로 여겼다.

계사년(1233) 중동仲冬(11월)에 본사에 계시다 병이 드니 진양공이 소식을 듣고 크게 놀라, 이 사실을 임금에게 알리니, 임금께서 어의御醫 유승석兪承錫을 보내 진찰하게 하였다. 봄에 거처를 월등사月燈寺로 옮겼을 때 마곡麻谷이 입실하였다. 대사가 말하기를

"이 늙은이가 오늘 매우 아프구나."

라고 하였다. 마곡이

"무엇 때문에 그러신가요?"

라고 하자, 대사는

"온갖 고통이 침노하는구나."

라고 하였다. 마곡이 말하기를

"온갖 고통이 이르지 않은 곳이 있습니까?"

라고 하자 대사는 게송으로 답하였다.

온갖 고통 이르지 않는 곳에	衆苦不到處
별도로 하나의 건곤이 있다네	別有一乾坤
그곳은 또 어디인가	且問是何處
대적 열반문이라	大寂涅槃門

대사는 주먹을 곧바로 세우며 말하였다.

"이 주먹으로도 또한 선을 해설할 수 있는데 너희들은 믿느냐?"

그리고 손바닥을 펴며

"펴면 곧 다섯 손가락이 들쭉날쭉이로다."

라고 하였고, 주먹을 쥐며

"쥐면 곧 혼연히 한 덩이가 되느니라. 열고 닫음이 자재로우니 하나(一)와 여럿(多)이 걸림이 없도다. 비록 그러하나, 이렇기도 하고 저렇기도 한 것이 주먹의 본분설화本分說話이니, 어떤 것이 본분설화인가?"

라고 하였다. 그리고 곧 주먹으로 창을 한 번 치며 껄껄 하고 크게 웃었다.

갑오년(1234) 6월 26일 문하의 제자들을 불러 일을 맡기고 마곡을 돌아보며 말하였다.

"이 늙은이가 오늘 매우 바쁘구나."

답하기를

"무슨 말씀이신지 모르겠습니다."

이에 말하기를

"늙은이가 오늘 매우 바쁘구나."

하였는데, 마곡이 멍 하니 있자 대사는 엷은 미소를 띠며 가부좌한 채 입적하였다. 이튿날 월등사 북쪽 봉우리에서 다비하고 영골을 수습하여 본사로 돌아왔다. 임금이 이를 듣고 크게 슬퍼하며 진각 국사眞覺國師의 시호를 추증하였다. 을미년(1235) 한여름에 광원사廣原寺 북쪽에 장사하고 드디어 부도를 세우니 임금께서 호를 내리기를 '원소지탑圓炤之塔'이라고 하였다. 향년 57세, 법랍은 32년이다. 법을 이어받은 대선사大禪師, 법휘 몽로夢老 역시 법왕法王이다. 일암逸菴 거사, 즉 전 조청대부朝請大夫 예빈경禮賓卿 □□각閣 직학사直學士 지제고知制誥 정안이 행록을 갖추어 초기草記한 후 진양공에게 비를 세울 것을 청하였다. 공은 "화상께서 세상에 계실 때 중생을 여러 모로 이롭게 하셨으니 비석(樂石)을 세우지 않을 수 없다." 하고 드디어 임금(宸居)에게 아뢰니, 임금이 소신에게 명銘을 짓도록 하였다.

비명은 다음과 같다.

염화미소 그 이후로	微笑已後
이심전심 그 누군가	傳心者誰
우리 삼한 땅에서는	於我三韓
국사께서 얻으셨네	國師得之
탯줄로 가사 입었으니	生荷袈裟
그 조짐 이미 기특한데	其兆已奇
과연 정안 얻으셔서	果得正眼
당시를 초월해 보셨어라	超視當時
스스로 견성하여	自見是性
아낌없이 남 전했네	傳人勿辭

법을 전함 없더라면	不有傳法
미혹한 이 어찌 도우리	迷者何資
당에 올라 화두 들 때	上堂擧話
부지런히 말씀하니	亹亹其說
혀는 부처 마음	舌是佛心
마음은 부처 혀라	心是佛舌
침묵 본디 자연스러우나	默固自然
설법 또한 기쁘도다	說亦可悅
깊은 바위에 몸 숨기나	身遁深巖
명성 어디서 새었을까	名從何洩
학자들 모여드니	學者趁追
방장에 열기 등등	雲蒸丈下
좌우에서 질문하니	左右扣之
응대함에 쉴 틈 없네	應接未暇
일찍이 스스로 방임하여	曾不放我
잠시도 한가히 앉지 않았고	片時閑坐
오교 와서 참례하면	五敎來參
반야로 훈도했네	熏染般若
고관들은 찾아와서	列嶽躬趨
입사하기 간청하고	痛求入社
왕공은 멀리서 예 갖추고	王公遙挹
직접 훈도 받은 듯 말하네	謂若親炙
서른두 해 스님 생활	三十二臘
그 은택 미친 곳마다	膏液所及
수많은 사람들을	有許多人
두루두루 배불렸네	飽飫周洽
법의 동량 꺾이니	法棟云摧
눈 눈마다 샘물 솟고	萬眼同泉
임금 크게 슬퍼하여	上甚哀悼
옥안 빛이 참연하네	玉色慘然

추증하심 화려하니	贈終孔縟
왕의 은전 빈틈없네	寵典靡愆
나의 거친 글로	取臣鄙辭
비석을 새겼으니	豐碑是鐫
이 산 무너질지라도	此山寧騫
이 돌 꿈쩍 않으리라	此石不遷

眞覺慧諶之碑, 猶在於月南遺墟, 而石破田荒, 行將泯滅.

月出山之南, 有月南寺故墟, 有碑曰, 高麗國曹溪山修禪社第二世眞覺國師碑銘 幷序【金紫光祿大夫 守大保 門下侍郎平章事 修文殿――[1)]大[2)]學士 監修國史 判禮部[3)] 翰林 院事 太子大[4)]保 致仕 臣 李奎報 奉宣 撰 ○將仕郎中書舍人知制誥太子司議郎賜紫金魚袋 臣金孝印奉宣書】國師諱慧[5)]諶, 字永乙, 自號無衣子. 俗姓崔氏, 名寔, 羅州和順 後[6)]人也. 考諱琬【缺[7)]】, 鄕貢進士, 母裵氏,[8)] 有娠, 凡十有二月乃誕焉.【節[9)]】父早 薨, 從母乞出家, 母不許, 勉令儒業.[10)] 承安六年辛酉, 擧司馬試中之. 是年秋,[11)] 入太學. 聞母病[12)] 還鄕,[13)] 明年母卽世.[14)] 時普照國師, 於[15)] 曹溪山, 新開修禪社, 道化方盛. 師徑造參禮, 請營齋薦母, 因乞剃度, 國師許之.【節[16)]】師嘗居蜿山, 坐 一盤石上, 夜晝[17)] 常習定. 每至五更, 唱偈甚厲, 聲聞十許里, 略不失時, 聞者以 此候旦. 又居智異山金臺菴, 嘗[18)] 晏坐臺上, 或[19)] 雪積沒膝,[20)] 猶兀坐如枯株不動. 衆疑其死, 撼之不應, 其刻苦如此. 乙丑秋, 國師在億寶山白雲菴.[21)]【慈宏案. 月出 山一名寶月山. 又恐有億寶山之稱】師與禪者數人, 方往謁, 憩山下, 距菴千餘步, 遙聞 國師呼侍者聲.[22)] 乃作偈云.[23)] 呼兒響落松蘿霧, 爇茗香傳石徑風, 纔入白雲山下 路, 已參菴內老師翁.[24)] 及謁,[25)] 擧似此偈,[26)] 國師黙[27)] 領之, 以手中扇授之. 師 卽[28)] 呈偈曰. 昔在師翁手裏, 今來弟子掌中, 若遇熱忙狂走, 不妨打起淸風. 國師 大[29)] 器之. 又一日侍[30)] 國師行, 國師指一破鞋云. 鞋在這[31)] 裏, 人在什麼處. 答曰. 何不其時相見, 國師大悅. 又國師[32)] 擧趙州狗子無佛性話, 因續擧大慧杲老十種 病問之. 衆無對. 師對曰. 三種病人, 方解斯旨. 國師曰. 三種病人, 向什麼處出氣. 師以拳打牕一下, 國師呵呵大笑. 及歸方丈, 密[33)] 召與語, 乃喜曰. 吾旣得汝, 死 無恨矣.[34)] 泰和戊辰, 國師[35)] 欲命師嗣席, 卽退安圭峰蘭若.[36)] 師固辭, 遂去智異 山, 絶跡滅影者數載. 大安庚午, 國師入寂. 門徒聞于上, 承勅請[37)] 繼住. 師不獲已入院開堂. 於是四方學者及諸道俗高人逸老, 雲奔影騖, 無不臻赴. 舍[38]頗隘, 以此病之.[39] 康廟聞之, 命有司增構, 屢遣中使督役, 遂闢而廣之. 又遣使就賜滿繡袈裟磨衲各一領, 并茶香寶甁, 因求法要. 師撰心要以進, 今行於[40]世. 自是公卿貴戚四嶽[41]方伯, 聞風慕道.[42] 今中書令[43]晉陽公崔諱怡,[44] 聆師風韻, 傾渴不已.[45] 崇慶癸酉秋,[46] 今上卽位, 制授禪師, 又加進[47]大禪師. 其不經選席, 直登緇秩, 自師始也. 參政崔公洪【缺[48]】, 於未相時, 嘗掌司馬試, 師出其門下. 未幾公入相, 師住曹溪, 相國稱弟子.【節[49]】貞祐己卯, 詔住斷俗寺, 累辭不允, 明年入院. 晉州守倅, 率僚佐詣寺請開堂. 於是大開法會, 衲子至千餘人, 師[50]以[51]本社爲常安[52]之所. 癸巳仲冬, 在本社示疾, 晉陽公聞之大驚, 遂聞于上, 勅[53]遣御醫兪承錫[54]診視. 春徙處月燈寺, 麻谷入室. 師曰. 老漢今日痛甚. 谷曰. 爲什甚[55]如此. 師云. 衆苦來侵. 谷曰. 還有衆苦不到處麼.[56] 師以偈答曰. 衆苦不到處, 別有一乾坤, 且問是何處, 大寂涅槃門. 師竪起拳頭云. 這[57]箇拳頭, 也解說禪, 汝等信不.[58] 遂展掌云. 開則五指參差. 握拳云. 合則混成一塊. 開合自在, 一多無碍. 雖然如是未是拳頭本分說話, 怎生是本分說話. 卽以拳打牕一下, 呵呵大笑. 甲午六月二十六日, 召門人囑事, 顧謂麻谷曰. 老漢今日痛忙. 答曰. 未審道[59]什麼. 答曰.[60] 老漢今日痛忙. 谷茫然. 師微笑跏趺而化. 明日茶毘於月燈寺之北峰, 拾靈骨還本山. 上聞之震悼, 贈諡眞覺國師. 乙未仲炎, 葬于廣原寺之北, 遂立浮圖, 上賜號[61]曰. 圓照[62]之塔. 享壽五十七, 臘三十有二.【節[63]】嗣法大禪師, 諱夢老,[64] 亦法王也. 使逸菴居士, 前朝請大夫禮賓卿【二字缺】閣直學士知制誥鄭晏,[65] 草具行錄, 以立碑請於晉陽公. 公曰. 和尙住世, 利生多矣, 樂石不可不立. 遂聞于宸居.[66] 上命小臣爲之銘. 其詞曰. 微笑已後. 傳心者誰. 於我三韓. 國師得之. 生荷袈裟. 其兆已奇. 果得正眼. 超視當時. 自見是性. 傳人勿[67]辭. 不有傳法. 迷者何資. 上堂擧話. 靁靁其【缺[68]】. 舌是佛心. 心是佛舌. 默固自然. 說[69]亦可悅. 身遁深巖. 名從何洩. 學者趂【缺[70]】. 雲蒸丈[71]下. 左右扣之. 應接未[72]暇. 曾不放我. 片時閑坐. 五敎來參. 熏染般若. 列嶽[73]躬趨.【缺[74]】求入社. 王公遙挹.[75] 謂若親炙. 三十二臘. 膏液所及. 有許多人. 飽飫周洽. 法棟云摧. 萬眼同泉. 上甚哀悼. 玉色慘然. 贈終公[76]縟. 寵典靡【缺[77]】. 取臣鄙辭.[78]【二字缺[79]】是鑱. 此山寧騫. 此石不遷.

---

1)『東國李相國集』에 수록된 이규보의 연보에 "修文殿太學士"로 나와 있다. 군이 여백이 필요 없을 듯하다. 2) ㉮ 大는 太(이규보 연보) 3) ㉮ 部 다음에 事가 있다.(이규보 연보) 4) ㉮ 大는 太(이규보 연보) 5) ㉮ 慧는 惠(동문선) 6) ㉮ 後는 縣(동문선) 7) ㉮『동문선』에는 누락된 글자가 없다. 8) ㉮ 이하에 "夢天門豁開 又

夢被震者三 因而"(有娠)가 있다.(동문선) 9) ㉲ 『동문선』에는 "其胞重纏 又如荷袈裟狀 及拆 兩目俱瞑 經七日乃開 每飲乳後 輒轉身背母而臥 父母惟之"가 생략되었다. 10) ㉳ 이하에 "然常念經持呪 久久得力 喜毁斥淫巫妖祠 或往往救人病有効"가 생략되어 있다. 11) ㉴ 秋가 없다.(동문선) 12) ㉵ 病 다음에 遂가 있다.(동문선) 13) ㉶ 다음에 "侍疾於族兄裵光漢家 斂念入觀佛三昧 母夢諸佛菩薩 遍現四方 覺而病愈 裵氏夫婦亦同此夢"이 생략되었다. 14) ㉷ 世는 出(동문선) 15) ㉸ 於는 在(동문선) 16) ㉹ 생략된 부분은 "是夜阿舅夢師之亡母升天 始師之謁國師也 國師見之以爲僧 更見則非也 先是國師夢雪寶顯禪師入院 心異之 明日師來參 由是益奇焉". 17) ㉺ 夜晝는 晝夜(동문선) 18) ㉻ 嘗이 없다.(동문선) 19) ㋐ 或이 없다.(동문선) 20) ㋑ 膝은 頂(농문선) 21) ㋒ 白雲菴이 없다.(동문선) 22) ㋓ '遙聞國師呼侍者聲'은 '遙聞國師在庵中喚侍者聲'(동문선) 23) ㋔ '乃作偈云'은 '作偈其略云'(동문선) 24) ㋕ 『동문선』에는 "纔入白雲山下路 已參菴內老師翁"이 없다. 25) ㋖ 謁은 參禮(동문선) 26) ㋗ 偈는 話(동문선) 27) ㋘ 黙이 없다.(동문선) 28) ㋙ 即이 없다.(동문선) 29) ㋚ 大는 益(동문선) 30) ㋛ 侍는 隨(동문선) 31) ㋜ 這는 遮(동문선) 32) ㋝ 國師가 없다.(동문선) 33) ㋞ 密 앞에 更이 있다.(동문선) 34) ㋟ 이하에 "汝當以佛法自任 不替本願也"가 있다.(동문선) 35) ㋠ 國師가 없다.(동문선) 36) ㋡ 蘭若가 없다.(동문선) 37) ㋢ 請이 없다.(동문선) 38) ㋣ 舍는 社(동문선) 39) ㋤ '以此病之'가 없다.(동문선) 40) ㋥ 於는 于(동문선) 41) ㋦ 嶽은 岳(동문선) 42) ㋧ 이하에 "或禮爲師 或親趨下風者 不可勝紀 凡禪講之負氣屈强 自謂莫己若者 及一見莫不愕然改容 猶師事之不暇也"가 있다.(동문선) 43) ㋨ '中書令'은 '門下侍中'(동문선) 44) ㋩ 諱怡가 없다.(동문선) 45) ㋪ 이하에 "屢欲邀致京輦 師竟不至焉 然千里相契 宛如對面 復遣二子參侍 凡師之常住資具 莫不盡力營辦 至於茶香藥餌珍羞名菓及道具法服 常以時餉遺 連旦不絶"이 있다.(동문선) 46) "崇慶癸酉秋"가 없다.(동문선) 47) ㋫ 進이 없다.(동문선) 48) ㋬ 생략된 글자는 胤(동문선) 49) ㋭ 생략된 부분은 "願登名社裏 以書致意 其略曰 佛光樂與白學士 親授大乘 嵩岳欣迎於賀秘書 密傳妙旨 師答之 其略曰 我昔居公門下 公今入我社中 互爲賓主 換作師資 聞者傳以爲勝事"(동문선) 50) ㋮ 『동문선』에는 "晉州守倅 率僚佐詣寺請開堂 於是大開法會 衲子至千餘人 師" 부분이 없다. 51) ㋯ 以 앞에 然이 있다.(동문선) 52) ㋰ 安은 栖(동문선) 53) ㋱ 粉이 없다.(동문선) 54) ㋲ 兪承錫은 某로 되어 있다.(동문선) 55) ㋳ 甚 다음에 麽이 있다.(동문선) 56) "師云 衆苦來侵 谷曰 還有衆苦不到處麽" 부분이 없다.(동문선) 57) ㋴ 這는 遮(동문선) 58) ㋵ 不은 否(동문선) 59) ㋶ 道는 噵(동문선) 60) ㋷ 答曰은 師云(동문선) 61) ㋸ 號는 額(동문선) 62) ㋹ 照는 炤(동문선). 번역은 후자에 따른다. 63) ㋺ 생략된 부분은 "自師之示疾 生緣處山石崩落 又群雀滿洞飛鳴者十餘日 嗚呼其異哉 其平生冥感神異 則有龜受戒 蟾聽法慈 烏合籌 特牛跪途等事 皆世所傳 門徒所記 又非儒者所說 故於此不詳云 師性冲和碩實 旣自儒之釋 凡內外經書 無不淹貫 故至於談揚佛乘 撰著偈頌 則恢恢乎游刃有餘地矣 不如是安能述不踐京都 而坐享一國所仰若是哉 噫 眞可謂禪門正眼肉身菩薩者歟"(동문선) 64) ㋻ 嗣法大禪師 諱夢老는 嗣法禪老夢如.(동문선) 65) ㋼ '使逸菴居士 前朝請大夫禮賓卿【二字缺】閣直學士知制誥鄭晏'은 '請逸庵居士鄭君奮'(동문선) 66) ㋽ 宸居는 上(동문선) 67) ㋾ 勿은 曰(동문선) 68) ㋿ 결자는 說(동문선) 69) ㌀ 說은 談(동문선) 70) ㌁ 결자는 追(동문선) 71) ㌂ 丈은 文(동문선) 72) ㌃ 未는 靡(동문선) 73) ㌄ 嶽은 岳(동문선) 74) ㌅ 결자는 病(동문선) 75) ㌆ 挹은 揖(동문선) 76) ㌇ 公은 孔(동문선). 『동문선』에 따라 번역한다. 77) 결자는 譽(동문선) 78) '取臣鄙辭'는 '仍命小臣'(동문선) 79) 두 글자는 豐碑(동문선)

고려 말에 왕자가 승려가 되어 또한 일찍이 이 절에 머물렀다.

『고려사高麗史』: 공민왕 즉위 해【지정至正 11년(1351)】 12월 신묘에 영릉永陵의 서자인 석기釋器의 머리를 깎아 만덕사에 두었다.
○응언應彦 안 : 충정왕은 공민왕에게 피살되었고, 우遇는 강화에서 독살당하였다. 그러므로 이러한 일이 있었다. 【5년(1356) 6월, 공민왕은 전前 호군護軍 임중보林仲甫가 영릉의 서자인 석기를 왕으로 모시려고 반란을 도모하였다는 말을 듣고, 순군巡軍을 잡아 가두고 석기를 먼 곳으로 추방하였다.】

高麗之末, 王子爲僧, 亦嘗留住於此寺.

高麗史云, 恭愍王卽位【至正十一年】十二月辛卯, 髡永陵孼子釋器, 置萬德寺.
○應彦案：忠定王爲恭愍所弑, 愚鳩子江華, 故有此事也.【五年六月, 王聞前護軍林仲甫欲奉永陵孼子釋器, 圖不軌, 繫巡軍, 放釋器于外.】

대정大正 4년(1915) 을묘년 봄에 화엄암華嚴庵에서 등서謄書하다【중간중간에 오자나 낙자가 있으니 보시는 분은 너그러이 보아 주시기를】

大正四年乙卯春謄書于華嚴庵【間有誤落, 看員寬之】

찾아보기

【ㄱ】

『강진현지康津縣志』 95, 139, 170, 178

『고려사高麗史』 84, 85, 227

고봉사高峰寺 94

곽여필郭汝弼 129

관고官誥 51, 53

근학謹學→백하 근학

기어 자굉騎魚慈宏 34, 47, 50, 53, 57, 61, 64, 66, 67, 70~72, 76, 79, 80, 82, 88, 90, 94~98, 136, 141, 159, 162, 173, 176, 197

김구金坵 119, 128

김녹연金祿延 129

김뉴金紐 191

긴서金愭 132

김수항金壽恒 193

김 승제金承制(김인경) 71

김진상金鎭商 152, 188

김창흡金昌翕 187, 193

【ㄴ】

남구만南九萬 176

남백련사 70

【ㄷ】

다산茶山→정약용

다산초부茶山樵夫→정약용

다산초자茶山樵者→정약용

『담계시집覃溪詩集』 164

「답운대아감민호서答芸臺亞監閔昊書」 72

대각 국사大覺國師 52

『대둔지大芚志』 163

「대이천모소代人薦母疏」 212

「내인천보시왕전소代人薦母十王前疏」 213

「돌아가신 스승 원묘 국사에게 제사 드리는 글(祭先師圓妙國師文)」 99

『동국여지승람東國輿地勝覽』 36, 90, 95, 176, 178, 180

『동문선東文選』 47, 85, 88, 109, 115, 198

동백련사 70

『동해전홍록東海傳弘錄』 67

【ㅁ】

「만덕사법화도량소萬德寺法華道場疏」 110

「만덕사 시주 나羅 재신宰臣을 천도하는 소(薦萬德寺施主羅宰臣疏)」 117

「만덕사에서 개설한 동안거 법회의 소(萬德社開設冬安居法會疏)」 120

「만덕사에서 설선說禪을 청하는 글(萬德社請說禪文)」 121, 123

「만덕사연경법석소萬德寺蓮經法席疏」 113

「만덕산백련사원묘국사비명병서萬德山白蓮社圓妙國師碑銘並序」 38

「만덕산백련사정명국사시집서萬德山白蓮社靜明國師詩集序」 59

「만덕산백련사주요세사시원묘국사교서萬德山白蓮社主了世賜諡圓妙國師教書」 50

망해望海 선사 166

목암 무외牧菴無畏 89, 91

「무량수여래관세음보살대세지보살합안일탱점안소無量壽如來觀勢音菩薩大勢至菩薩合安一幀點眼疏」 203

무염 국사無染國師 92

「무염국사백월탑명無染國師白月塔銘」 92

무외無畏 (국사) 86, 91, 117, 198, 199, 201~203, 205, 207~214

무위(갑)사無爲(岬)寺 216, 217

무의자無衣子→진각 혜심

「미타상점안경찬소彌陀像點眼慶讚疏」 205

민인균閔仁鈞 50

【ㅂ】

박전지朴全之 82, 85, 88

「발진정호산록跋眞靜湖山錄」 78

「백련결사문白蓮結社文」 72

백련사白蓮社 35, 70

「백련사기白蓮寺記」 90, 137

「백련사비白蓮寺碑」 138

「백련사중건기白蓮寺重建記」 170

백하 근학白下謹學 94, 140, 166, 168, 180, 182

「법운 탁연法雲卓然에게 화답한 시의 서문」 69

법화法華 78

「법화경경찬소法華經慶讚疏」 198

「법화경열반경금광명경무량수경전독소法華經涅槃經金光明經無量壽經轉讀疏」 202

별악 승찬鼈岳勝粲 69, 86, 167, 168

보감 국사寶鑑國師→혼구

보조 국사普照國師 39, 93

보현도량普賢道場 38, 57, 63

『복초재시집復初齋詩集』 163

불갑사佛岬寺 94

『불조원류佛祖源流』 64, 69, 80, 82, 89, 94

【ㅅ】

「사성금자법화경소寫成金字法華經疏」 201

「사성법화경경찬소寫成法華經慶讚疏」 199

『삼대부절요三大部節要』 43
「서사법화경소書寫法華經疏」 201
『석판금강경石板金剛經』 164
「선각先覺 대사 편광영탑비명遍光霙塔碑銘」 216
『선문강요집禪門綱要集』 68
『선문보장록禪門寶藏錄』 68
설봉 대사雪峰大師 152
「설봉대사비雪峰大師碑」 152
설옥設玉 171, 181
성임成任 186
성주사聖住寺 92, 93
「세심암중수기洗心菴重修記」 173
『소요당집逍遙堂集』 146
소요 대사逍遙大師 141
「소요대사비逍遙大師碑」 141
송파 대사松坡大師 155
「송파대사비松坡大師碑」 155
「수도암중수기修道菴重修記」 172
수룡 색성袖龍頤性 162
승찬勝粲→별악 승찬
『실부록室薄錄』 67
심묘사深妙寺 92, 93

【ㅇ】

아암兒菴→아암 혜장
『아암한화兒菴閑話』 154
아암 혜장兒菴惠藏 36, 160, 190

「암거일월기菴居日月記」 86, 88
「연경법석소蓮經法席疏」 115
연담 유일蓮潭有一 77, 189
『연사제명록蓮社題名錄』 159, 163
연파 대사蓮坡大師 160
「연파대사탑명蓮坡大師塔銘」 160
옹방강翁方綱 163
용계龍溪 선사→용계 조기
용계 조기龍溪照機 166, 173
「용암기龍巖記」→용암사기
「용암사기龍巖寺記」 85, 88
「용암사중창기龍巖寺重創記」 82
우면于勉 132
원담圓潭 170
원묘元妙 (국사)→원묘 요세
「원묘 국사를 위해 부도를 세우고 유골을 안치하며 올린 제문(立浮圖安骨祭文)」 102
「원묘 국사 비를 세운 후 기일 아침에 드리는 제문(立碑後諱朝祭文)」 104
원묘 요세元妙了世 36~38, 57, 59, 63, 67, 137, 157
원조 국사圓照國師 78
원혜圓慧 (국사)→원혜 진감
원혜 진감圓慧眞鑒 63, 64, 80
원환 국사圓睆國師 60, 63
원효 44
월남사月南寺 218, 219
월인月印 선사 166
유경柳璥 127, 130
「유상주사불산기游尙州四佛山記」 70

「유룡혈기游龍穴記」 174
『육서고六書故』 64
윤지승尹持昇 191
윤철允哲 170
윤회尹淮 90, 137
윤효관尹孝寬 191
응언應彦→철경 응언
의선 국사義旋國師 64
이경석李景奭 141
이몽유李夢游 69
이사명李師命 187
이영李穎 96
이의경李毅敬 155, 170
이장용李藏用 125, 126
이청李晴→학림 이청
「일월기日月記」→암거일월기
임계일林桂一 59, 67, 126
임계지林桂之 124
임억령林億齡 186
「임진년보현도량기시소壬辰年普賢道場起始疏」 54
「입원축상소入院祝上疏」 69

정암 즉원品巖即圓 157, 172, 189
정약용丁若鏞 34, 66, 77, 83, 85, 91, 93, 98, 136, 160, 168, 174, 184, 192, 196, 197
정오丁午 78, 80~82, 85, 89, 115, 174
정인지鄭麟趾 84
정재원丁載遠 188
정흥鄭興 131, 133
「제원혜국통문祭圓慧國統文」 80
「제천책시권題天頙詩卷」 77
제하濟河 선사 166
「조계산용화회소曹溪山龍華會疏」 214
조문발趙文拔 121, 123
「조사예참축상소祖師禮懺祝上疏」 210
조종저趙宗著 47, 91, 138
지일智日 176
「진각국사비명병서眞覺國師碑銘并序」 219
진각 혜심眞覺慧諶 218, 219
진감眞鑑 (국사)→정오
진감 무외眞鑑無畏→정오
진정眞靜 (국사)→천책
「진정선사비眞靜禪師碑」 69
〈징성가澄性歌〉 44

【ㅈ】

자굉慈宏→기어 자굉
정명靜明 (국사)→천인
정암品巖 (대사)→정암 즉원
「정암대사비品巖大師碑」 157

【ㅊ】

「처음 원院에 들어가 올린 영공의 장수를 축원하는 재의 소문(初入院祝令壽齋疏文)」 107
「처음 원院에 들어가 올린 임금의 수명을 축

원하는 재의 소문(初入院祝聖壽齋疏文)」 106

「천법형원혜국통소薦法兄圓慧國統疏」 81

천인天因 43, 59, 63, 67, 99, 102, 106, 107, 174

천책天頙 54, 63, 67~70, 72, 77, 78, 96, 110, 113, 124, 174

천태天台 38, 59

철경 응언掣鯨應彦 47, 64, 83, 136, 162, 172, 178, 182, 197, 217, 227

청담 석홍淸潭碩泓 166, 192

청담淸潭 선사→청담 석홍 166

최자崔滋 38, 57, 63, 93

최치원崔致遠 92

「축상소祝上疏」 207~209

「축원자소祝元子疏」 211

취여醉如 (대사)→취여 삼우

「취여대사비醉如大師碑」 147

취여 삼우醉如三愚 140, 147, 166

침교 법훈枕蛟法訓 162

98, 137, 182

한영翰英 171, 181

한치응韓致應 147, 149

『해동법화전홍록東法華傳弘錄』 72

해운 대사海運大師 144

「해운대사비海運大師碑」 144

해월海月 선사 166

행호行乎 36, 137, 169

현오玄悟 169

『현응록現應錄』 72

혜심慧諶→진각 혜심

혜일慧日 선사 95, 185, 190, 194

『호산록湖山錄』 63, 67, 71, 79, 83, 113, 114, 198

혼구混丘 85

홍기섭洪起燮 144, 157

화악 대사華岳大師 149

「화악대사비華岳大師碑」 149

회운 덕활會雲德濶 173

8국사國師 35, 37, 64, 95, 141

8대사 141, 166

【ㅌ】

태삼泰森 166, 170, 172, 180, 183

【ㅎ】

학림 이청鶴林李䶵 34~37, 47, 66, 88, 91,

만덕사지 하

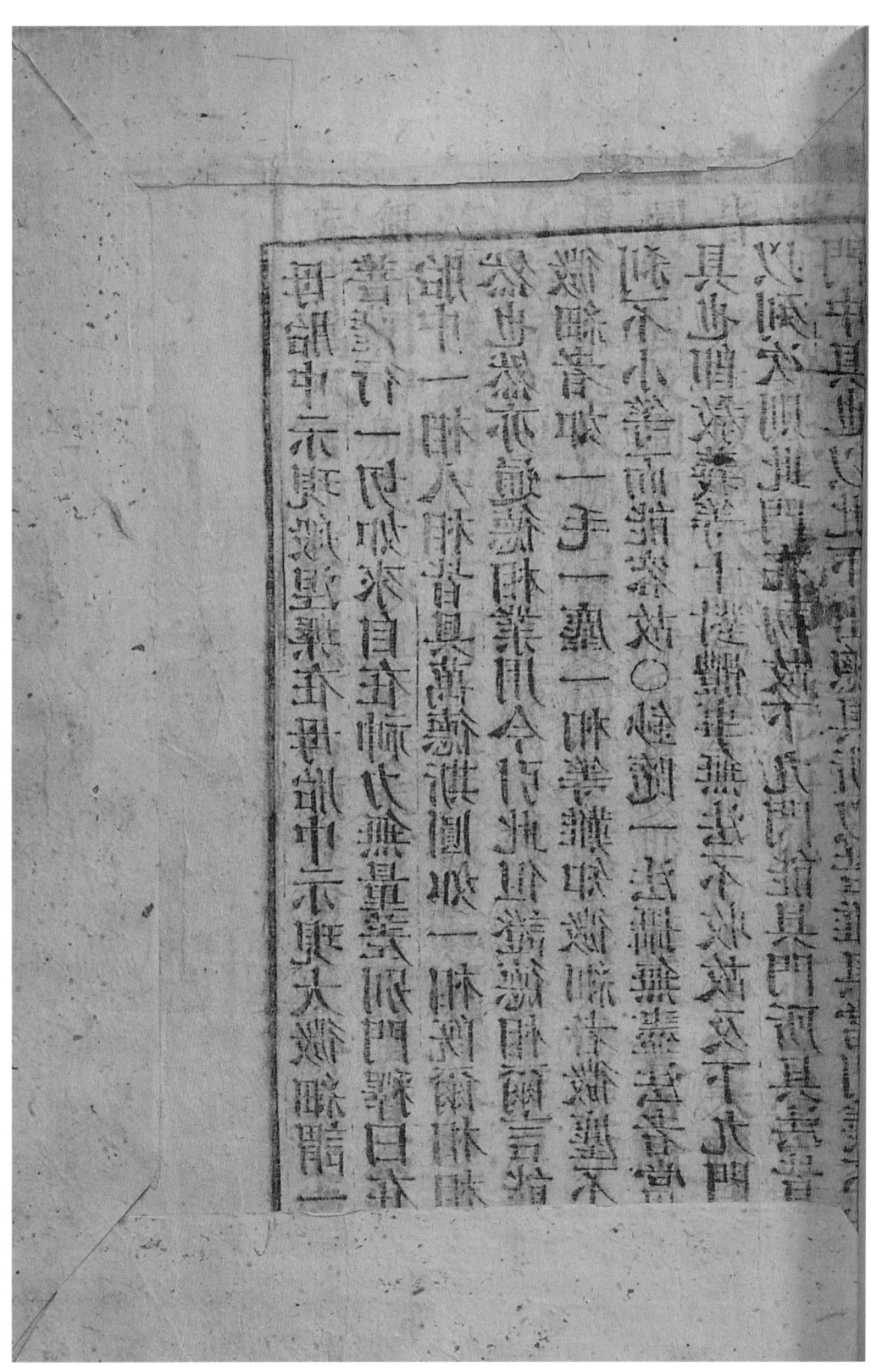

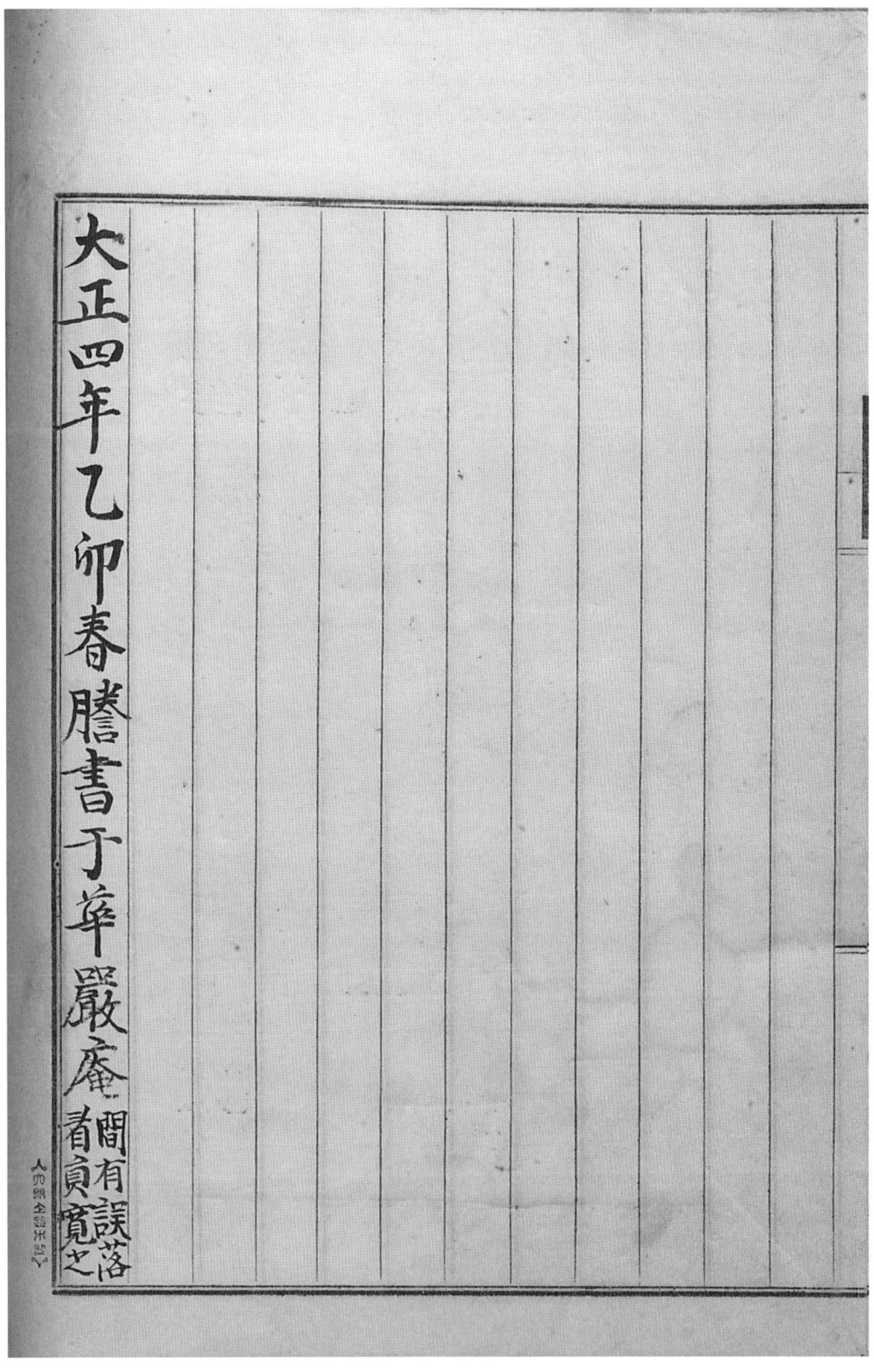

大正四年乙卯春膳書于莘嚴庵 間有誤落者負寬之
人力照金體木記

八社王公遙把謂若親灸三十二臟膏液所及有
許多人飽飫周洽法棟云攉萬眼同泉上甚衆悼
王色慘然贈終公得龍典靡 缺 取臣鄙辭 缺
是鑴此山寧騫此石不遷
高麗之末王子爲僧亦嘗留住於此寺
高麗史云恭愍王即位一年至正十二月辛卯髡永
陵孼子釋器置萬德寺○應彦棻忠定王爲
恭愍王所弑愚鵠于江華故有此事也五年六月王聞前護
軍林仲南欲奉永陵孼子釋器
圖不軌繫巡軍攷釋器于外

師乙未仲炎葬于廣原寺之北遂立浮圖上賜號曰
圓照之塔享壽五十七臘三十有二 節嗣法大神師
諱夢老亦法王也使逸菴居士前朝請大夫禮賓
卿缺二字閣直學士知制誥鄭晏草具行錄以立碑
請於晉陽公公曰和尚任世利生多矣樂石不可不
立遂聞于宸居上命小臣為之銘其詞曰 微笑已返
傳心者誰 於我三韓國師得之 生荷袈裟其兆已奇
果得正眼超視當時 自見是性傳人勿辭不有傳
法迷者何資上堂舉話豐豐其缺吾是佛心心是
佛吾黙固自然 說亦可悅身遁溪巖名從何洩擧
者趨缺雲蒸丈下左右扣之應接未暇曾不致我
於時開坐五教未參熏染服若列嶽躬趨 缺求

巳仲冬在本社示疾晉陽公聞之大驚遂聞于上勅遣
御醫俞承錫診視春徙處月燈寺麻谷入室師云老
漢今日痛甚谷曰為什麼如此師云未侵谷曰還有衆
苦不到處麼師以偈答曰衆苦不到處別有一乾坤且
問是何處大寂涅槃門師豎起拳頭云這箇拳頭也
解說禪汝等信不遂展掌云開則五指參差握拳
云合則混戌一塊開合自在一多無礙雖然如是未
是拳頭本分說話怎生是本分說話即以拳打㮣一
下呵〻大笑甲午六月二十六日召門人囑事顧謂麻
谷曰老漢今日痛忙谷曰未審道什麼答曰老漢今
日痛忙谷莞然師微笑踟跌而化明日茶毗於月燈寺
之北峯拾霧骨還本山上聞之震悼贈諡眞覺國

道俗高人逸老雲奔影聳無不臻赴舍頒臨以此
病之康廟聞之命有司增搆屢遣中使督役遂闢
而廣之又遣使就賜蒲繡袈裟磨衲各一領并茶
香寶甁因求法要師撰心要以進令行於世自是
公卿貴戚四嶽方伯聞風慕道今中書令晉陽公
崔譁怡聆師風韻傾渴不已崇慶癸酉秋今上
即位制授禪師其不經選席直
登緇秩自師始也冬政崔公洪鈞於未相時嘗掌
司馬試師出其門下未幾公八相師住曹溪相國
稷弟子節貞祐己卯詔住斷俗寺累辭不允明
年入院晉州守倅率僚佐詣寺請開堂於是大
開法會衲子至千餘人師以本社為常安之所癸

偈國師點領之以手中扇授之師即呈偈曰昔在師
翁手裏今來弟子掌中若遇熱忙狂走不妨打起
清風國師大器之又一日侍國師行國師指一破鞋云
鞋在這裏人在什麽慶答曰何不其時相見國師
大悅又國師舉趙州狗子無佛性話因續舉大慧
杲老十種病問之眾無對師對曰三種病人方解
斯自國師曰三種病人向什麽慶出氣師以奉打
總一下國師呵之大笑及歸方丈密召與語乃喜曰
吾既得汝死無恨矣泰和戊辰國師欲命師嗣席
即退安主峰蘭若師固辭遂去智異山絕跡滅
影者數載大安庚午國師入寂門徒聞于上承勅
請徙住師不獲已入院開堂於是四方學者及諸

馬試中之是年秋入太學聞母之病還鄉明年母
即世時普照國師於曹溪山新開修禪社道化
方盛師徑造參禮請營齋為母因乞剃度
國師許之節師嘗居蜡山坐一盤石上晝夜常習
定每至五更唱偈甚厲聲聞十許里畧不失時
開者以此候旦又居智異山金臺菴嘗晏坐臺上
或雪積沒膝猶兀坐如枯株不動衆疑其死撼之
不應其剋苦如此乙丑秋國師在億寶山白雲菴
慈宏寮月出山一名寶月
山又恐有億寶山之疑 師與禪者數人方徃謁
憩山下距菴千餘步遙聞國師呼侍者聲巧
作偈云呼兒響落松蘿霧煮茗香傳石徑風
儞八白雲山下路已參菴內老師翁及謁峯似此

而大順天佑皆是唐昭宗之年號則此亦新羅孝恭之時也至高麗太祖十八九年甄萱父子依亂于南方逈微以此時有功故遂為高麗之僧也

天子之言曰制
汲汲伋伋汲汲汲守也
捲也
張制之頍也
征施舍譜
夫夫成牝曰制
書召曰書

真覺慧謐之碑猶在於月南遺墟而石破田荒行將泯滅

月出山之南有月南寺故墟有碑曰高麗國曹溪山修禪社第二世真覺國師碑銘幷序

先祿大夫守大保門下侍郞平章事修文殿大學士監修國史判禮部翰林院事太子大保致仕臣李奎報奉宣撰○將仕郞中書舍人知制誥太子司議郞賜紫金魚袋臣金孝印奉宣制書

國師諱慧謐字永乙自號無衣子俗姓崔氏名寔羅州和順縣人也考諱琬鄕貢進士母裵氏有娠凡十有二月乃誕焉節父早薨從母乞出家母不許勉令儒業承安六年辛酉擧司

鋪蝟聚之徒下有庸流莫防鯨鯢之難節四海沸
騰三韓騷擾至九年八月中前主永平北十字鈌俊(以下鈌)
發神爐親駐車馬此時羅州歸命上軍於浦嶼
之傍武府逆鱗動衆於郊畿之場此時大王聞大師
近從吳越新到奉韓匿摩尼於海隅藏美玉於天
表昕以先飛天詔邐迆道竿大師奉制奔波趁風
猛浪親窺虎翼暗縮吳王其後班師之際特請行
塗供給之資出於內庫(以下皆封)開運三年丙午
五月庚寅朔二十九日戊午立(○)應彥安崇嘉慶丙
子春余往無爲寺讀此碑石泐苔澁多不可辨於
是其破碎不可讀者皆節而剛之唯取其可詮者
錄之故其疎畧如此 唐憲宗其通五年甲申即新羅景文
王四年則廻微之生原在新羅之世

使鷄林流恩兔郡所以棲心雲水寓跡海壖今爲
武州人父樂權節母金氏節以咸通五年四月十日
誕生大師生有殊相幼無雜交泊于志學之年潛
蘊辭家之念此時忽生兩淚哀告二親節立詣
寶林謁體澄禪師至中和二年受具戒於華嚴
寺之官禮大師泊于大順二年春首忽遇入朝使車
託足西西達于彼岸節景福三年潭州即帥馬公節
度副使金公聞風欽仰節天祐三年退定武州之會
津此時知州蘇判王公池本竊承大師縱諧梡筏
已抵平津前以那山無爲岬寺請以住持大師唯命
足聽徙居靈境前重修基址八換星霜未者如
雲納之似海 三字缺 之年亂劉曹之代上無聖主猶

日之施作無盡十方之照詳伏願云々承大慈悲
伏新切德茂膺上壽軼五帝而跨三皇光啓中興
鞭百蠻而撫四海旨按進闕之美儲闈揚虩々聲
物不疵而年農民自而日用然浚普与六凡之苦類
同聞三會之法音永抛有漏之形頓證無生之理曹溪
山即松
廣寺
苟搜鄰剎唯無爲岬寺之迴微國師寔爲先德而寺
今荒圮名跡將泯
高麗國故無爲岬先覺大師遍光霧塔碑銘 大相檢校尚書
大僕射上柱國臣崔彦撝奉敎撰 ○正
朝評侍郎柱國賜丹金魚袋柳勳律書
開利物之門迦葉承時鷄足闔歸全之路節大師
法諱迴微俗姓崔氏其先博陵冠盖雄府棟樑奉

無一毫之譽自微官至于極位費乾坤洪造之私
以小善酬彼大恩仗佛法冥加則可玆故越在寅年
而我欲陳此會於灌足寺因禦凶賊兵而國斯設法
筵曰普賢場句歇後朝野播遷海陸騷擾所備
多般之供具皆失散而無餘尚堅一片之精誠更
大集而勿憚但不能運輸於遠地而覆自念憲
於私心雖凡情謂有去未於聖境本無彼此別又
真身無處不在何曾局於布川妙應隨感而通亦
豈防於松社肆就曹溪山而重設儼若兜率天
之急移衆味珎羞則罄弟子家儲而所營一襲
法衣則唯我皇歲行而爲穀稱揚尊號塵之盡
樓閣莊嚴瞻仰聖儀念之是水月感應如斯七

勝緣以爲良遵弟子皇天不祐慈母勿忽亡盡然永慕
之懷沱若交垂之淚生前奉事之未盡禮足爲悔焉
沒後追悛之不及時備所恨也此豈孝誠之不至有如聖
心之悉知故延百日之期今設八齋之供事雖關於四
時供養奚遲於一念感通伏願云云蒙一聖十王之
慈悲滅千生萬劫之罪障娑婆火宅迴謝群兒之
被燒安養金臺親承諸聖之接引凡受幽途之苦
皆蒙朗日之光
無畏撰曹溪山龍華會疏曰釋迦文鷲嶺座中
有宿善者咸蒙度脫阿逸多龍華會上種現因
則皆得出生況欲薦壽於一人缺不盡心於大聖弟
子學慚測管愚甚守株朝廷乏寸草之卯鄕井

無畏撰代人薦母疏曰一實相甘澍無私卉木叢林之
等潤五蘊身浮生有死海山空市之難逃宜仗圓宗用
資冥祐弟子嚴顏早喪慈乳是依顧眾兒鞠育
之恩寔深於我供百年甘旨之養欲盡其誠何薤露
之易晞嗟樹風之不止長夜逖冥兮徃而不返高堂慘
淡兮予將疇依聞有開權顯實之雄詮是爲達妄
歸真之徑路起難遭相生希有心法雷洋乎盈耳
佛月朗然臨頭伏願云云遠洞娑竭羅龍女之變男
身刹那便成正覺亦若韋提希夫人之受佛記逍遙
自適樂邦餘澤昕霑沾迷倫等沐
無畏撰代人薦母十王前疏曰大聖現無邊之身遍
應塵沙之刹列王案所修之業平分水鏡之形盡諦

護勳囙不吉災禍殄於未然永孚于休壽祺至於無
極
無畏撰祝元子疏曰蓮経為我佛之所師敬奉空
先於我佛銅禁乃吾君之遺體仰瞻何異於吾君
故夘聞之有加其薦祝也唯謹弟子德微祐世道之
訓人顧殘年慶幸之肉縁值盛代元良之儲副為
保三韓之王業遠赴龍庭篤承萬乘之皇恩言
還鵠山頌 元世祖至元九年高麗太子諶朝元 昕聞斯語而特張梵采更竭
渼誠而用丐茲麻峯如来久成之遠本則壽量無遺
談方便廣開之妙理則世相常住微塵施作明鑒
照評伏願云云光炳重離波澄小海壽骨便同於龜
鶴永固宗支仁風行脈於臺臭丕承祖烈

天譴今者乘興久留於中國時節方當於大寒別
開一日之熏勤庶格十方之照了伏願主上殿下乾
坤之祥荐至年月之厄都消佛力法力聖賢之力同
扶一身無惱皇恩后恩儲副恩之獨厚于千載不衰
嘉与椒闈而速還坐看桑域之復興
無畏撰祖師禮懺祝上疏曰人傳一人甘露灑霑
於中國世止九世餘波流及東韓遺風猶有存焉
懺席宽無廢也伏念幸聖際叨受懿封內勸觀
照之刃外現威儀之相誠爲斷佛種者濫作傳祖燈
人兹值良辰畧陳熏範一禮一懺葉障報障煩惱
障之滅除三止三觀性空相空畢竟空之清淨如斯
施作無寻照評 缺二字 優承諸祖之加亦被多天之

濫為傳教之拙匠喜愚崇真之聖君今則為安鰈海之波瀾併峯宮闕而朝覲凡任鴛廬之鑪拂盡策徒侶以熏勤兄承倫徐之綢繆敢弛綱維而懶慢故自秉興之勳也益勤香火以祈焉今丁歲序之唯新復申尋常之所禱肆加於誦懺用輸誠於照詳伏願獨專萬乘之恩榮穩還松麓坐享千年之康樂永鎮桑壚坤闈增壽考之祺震邸擁元良之慶

無畏撰祝上疏曰慈悲無碍癸遲拔興之私歲序云徂更劤邃長之祝弟子木無三力固昧一心幸依宿緣而濫作師賓居常內省而廻慚佛祖蝗螽桂玉者足三載何止人譏馬牛襟裾而感一時恐遭

聖同入圓門

無畏撰祝上疏 老道夫曰眾生皆是佛子唯妙法乃暢
出世之本懷率土莫非王臣雖老婆豈無祝君之微懇
宜憑現一之圓乘用薦合三之洪祺伏念不虞生產之有
亡唯務善修之息遽今者適蓮臺結九旬之夏制
為薰陛陳一日之齋科歲儉時艱雖四事檀緣之
闕也江澄月朗想十方鑒照之洞然伏願云々垂承裳
而百度惟貞享年有永舞干羽而五兵不試與國咸
休 萬德山白蓮社

慈宏棄蓮堂謂

無畏撰祝上疏曰諸佛威神之莫測珍咎減禍也
何難大乘功力之匡恩降福錫齡也 缺 易宜竭歸
依之懇仔資提獎之慈伏念以下方機叅之上妙乘

爲風雨之所打黃金盡壞黑漆猶存嗟乎委沒
於塵埃久矣廢修香火弟子早求西邁欲悟東迷
昔曾游至於此山始得傷瞻花遺像痛發政爲之
誓苟求助辦之徒至誠不誣果得同修之檀越能
事已畢復滿將虧之望舒更集檀緣虔陳慶筵
點開五眼慧光普照於十方圓具三身德澤遐流
於萬世持茲芥功以迴向冀彼菱鑒之照詳先願
主上殿下保王曆之遐長等金輪之統御佛日當中西
不側祖風無外而不宣次願隨喜檀那等現歲無年
厄月厄之或侵各增壽考逡世陟金臺銀臺而高
驚其證有常然後願六親九族四恩三有法界羣七
等游泳大願海中無一人不生淨土經行七重樹下與諸

潛消行宮穩逐於桑壚正寢恒安松麓海上三山之
歲月閱過于千寰中四域之車書混同為一然沒与
同願檀那之輩反異生輪轉之流壞諸趣因永捨泥
沙之苦域成自心果共游金寶之樂邦
無畏撰彌陀像點眼慶讚疏曰真所非真像非像
佛體本絶於言思色知色空知空凡情要憑於形相
若不因真而設像何能即像而達真所以三世如來
十方菩薩無無身現身而示現一切色相非像作像
教作十種形儀若修故若造新以締緣或超凡或證
聖而獲報亦使一瞻一禮漸進五痛五燒唯茲寶月
山之白雲菴中有木造阿彌陀像髣髴彼金天男之
青蓮臺上流日耀閣浮檀光乃因殿堂之不完恒

虞鑾輿穩還於松麓寢興有吉丕膺邁耀於
桑丘晉與羣迷同登正覺
無畏攝無量壽如來觀世音菩薩大勢至菩薩
合安一噴點眼疏曰報化非真佛體況圖畫之足云
乎慈悲遍衆生其感應則難思矣然不借其假
相何能感彼身真弟子德与才而兩廡老將病而
俱至濫居主席恐訐僧叢兹者圖報九重之恩畫
成三聖之像一彌陀中央而立毫五峰眼四海忽移
於斯二菩薩左右而隨眉初月髻千花宛同枝彼
於是罄倒一心之誠懇點開五眼之光明紫金輝
百億刹中有緣皆度甘露灑三千界外無物不
不滋應既如斯願何不逐伏願云々吉祥荐集悔咎

帖泰

無畏撰法華經涅槃經金光明經無量壽經轉讀
疏曰佛興於世法被于人由利根鈍根之異焉有頓
教漸教之殊也源從一脉派出千支蓮花之與大涅
槃俱談實相金光之與無量壽別開要門然而
佛非色見也報化非真法不自兜也傳持不易弟
子昧自心佛封他教文何增效塊而逐人祇是守
株而待兔以流通有真切也故印出續慧命焉今
畢莊嚴實澳欣幸捨達親而粗陳薄茉向菩
提以累設慶筵欽之此心明之他驗金伏願之之被覺
王徑王之陰隲蒙天帝皇帝之優容跋涉無

得

檀䠁轉真詮而字字流金廻覺照而波波孕月如斯
施作不是尋常伏願邊蒙一乘之冥資亦賴三身
之密佑雨露恒承於九閽寵命唯新乘興速返
於三韓昌期有永真風耶被枯物還蘇
無畏撰書寫法華經疏日鑿貝葉無非實語饒益
雖同唯蓮經獨寫妙名功德寂勝宜勤孔護用助
流通弟子禀未愚暗之資生幸仁明之代濫居師
位愧被人譏庶憑通法之勝切小報非常之重惠
先倫黃金而寫次研黑墨而書茲設落成之梵
筵敬轉開卷之雄典七朵蓮花之芬馥寢妖氛
而作瑞雲一爐檀炷之氤氳化妙供而遍塵刹此
心懇欵他鑒圓明伏願天錫遐齡日新盛葉速

如四一咸妙今者粧飾旣周落成斯設澉清淨六和
之士轉其受七卷之文蕾葍之香遍熏醍醐之味可飽
施作雖歎於一毫微蟻子感通矣隔於十力大龍
王願三殿益擁天休見四方咸軌壞奠次願先亡
考妣若隨三途之熱惱速躋雲榜如游上界之清
凉更登蓮品消子與其細君現增五福之祺遐
生西剎普及羣盲之類同乘大車
無畏撰寫成金字法華經疏曰佛慈無碍逗機
設化而不差法力難思轉福為壽也斯速披丹
懇仰丐玄扶弟子本無定慧之修濫受師賓之
禮欲報上息之偏厚每殫下愚以虔祈兹者以缺
所賜之銀罌貿為金薄寫此寡尊之蓮典仍設

著粗備落成之式水流趍海一毫善咸至菩提月現
慶空三身應可期俄頃先願大梵帝釋護世四王龍
神八部諸善霧祇等長威光而護邦國轉業報而
證真常次願主上陛下云々
無畏撰寫成法華經慶讚疏（代供侍中）曰妙法為究竟
之訛餘二則非真凡夫得須史之聞無一不成佛自
西竺東流已後有中華四依者刱或誦一偈而地獄
空或書半字而天堂化感應既其如彼奉行何莫
由斯弟子幸憑種福之漦獲聽開權之唱欲手寫
真詮而供養早誓于心奈身隨妄境以趨蹌未成其
願然在流通之益本無自他之殊故請林樓之道人代
以全書於佛乘字二無非法界三千並常塵三晝是真

萬德寺志卷之六

茶山鑒定

騎魚慈宏 編
掣鯨應彦 校

壽其傳

無畏遺文尚多選載既無全藁如湖山錄宜附卷尾俾

無畏撰法華經慶讚疏曰甘蔗氏之眞身常住無
去無來妙蓮經之實相甚深難思難議稱一口而妙
因斯滿書半偈而極果頓圓伏念弟子葉識茫茫
神根闇〻幸因緣之厚聞佛法之名歸吾佛而不
餘虔歸誦此經而不餘文誦然能生於三慧自憫
虛受於四恩庶仗流通大法之功夫以爲度濟衆生
之方便是用今者印成十部寫出兩重爰陳至薄之

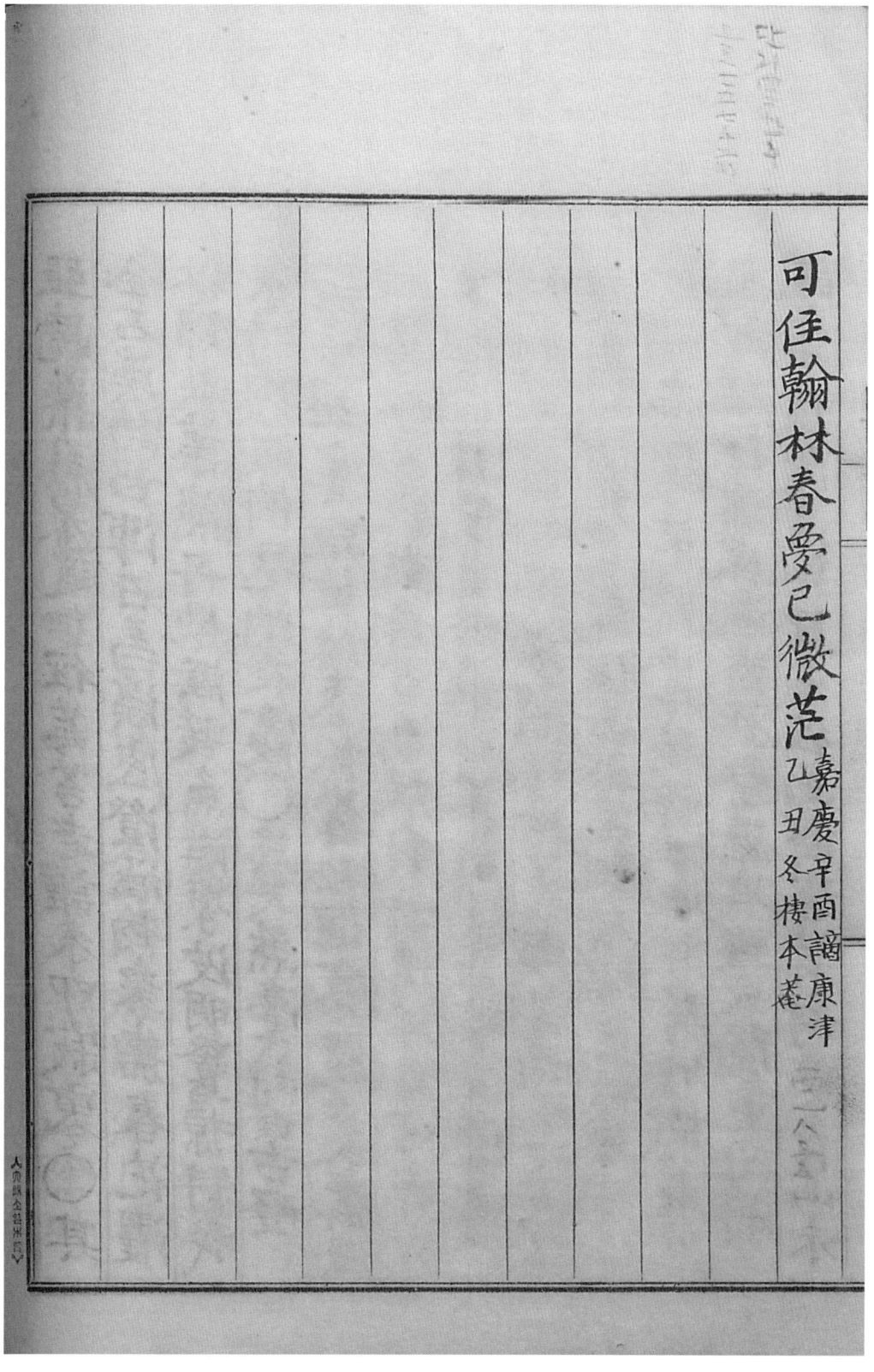

可住翰林春愛已微茫 嘉慶辛酉謫康津 乙丑冬搜本菴

亞洸藥引泉遙細徑莓苔老誰來叩寂寞〇其
全石溪詩曰渾石爲溪底澄泓物象嘉春花濯
紅錦秋葉蘸丹砂涯暖魚游聚波明鷺掠斜我
來時與漱俯見袖衣霞〇其天然臺詩曰古磴
蘚花斑蹉蹤絶徑迷撼髥松傴寒饒舌水浮渡
形勢分三級巡奇有萬般自然清耳目可寄百
年間〇其衆王峰詩曰蒼翠繁群木雲霞
閱幾年月升佛毫朗塔轉象頭旋澗水宣眞
偈巖花散梵筵佳名自圓妙勿謂浪相傳
丁鑪高聲菴詩曰牛頭峰下小禪房竹樹蕭然
出短牆禪海風潮連斷壑縣城煙火隔重岡圍
團萊檻隨僧粥草草徑函醉客裝何處青山未

半空浮懸崖置屋何年剏絶頂飛泉太古流巖磴僅容孤鳥度洞雲長伴老僧留湘潭恐尺成乾繫付与閒人爛漫游

三淵金昌翕含掌菴詩曰石門前夜雨初收高慶唯看雲氣浮削出萬峰皆雪色鑿開雙峽有溪流青天鳥道通人過玉井霧泉引客留為問謝公廬岳亦能攜得惠師浮

高麗慧日禪師覚島詩曰一山四面鎖雲烟溪閉松門向暮年只有寒風鳴角屋更無游客到菴前早眠晏起閒居樂渴飲飢餐本分禪已得疎慵人不顧修行粗半因緣○又曰清晨閒憑几耳目自蕭條乙乙空中雨丁丁雲外樵邀山除竹

兵曹佐郎尹持昇修道菴詩曰對面那能識
聞名始自奇躋攀臨海暫談笑下樓屢筆力
龍騰慶梵音虎伏時飛節猶八十邂逅有前
期
茶山樵夫題萬景樓詩曰熒硉坡頭卧柳橋茶
山東不百弓遙山舍雨力舒春橫海侵雲根納晚潮
癃欲品茶追陸羽清誰畫藕配參寥年之花事禪樓
上舍金鞍憶早朝次金三淵韻
清潭碩涑洗心菴詩曰雨後蓮峰色清明解洗心
微雲歸斷壑遠海見疎林可惜三春晚聊舒半日吟聞
黎有禮數小酌慰孤襟
文谷金壽恒合掌菴詩曰月出犀巒散不收芙蓉一朶

閒蹤要學葛洪仙
高麗慧日禪師萬景樓詩曰白蓮名社勝萬德
一山淸門靜鎖松影客未聞磬聲帆從海上去鳥
向花間鳴坐久忘歸路殊無塵世情
大提學金紐明遠樓詩曰明遠樓高眼界新遙
看滄海鏡無塵倚牆脩竹風前響近檻幽花雪
裏春客子詩篇堪遣興山僧茶果醉留人登臨
半日還歸去從此雲嵐入夢頻
司憲府掌令尹孝寬脩道菴詩曰西山孤鴨派源
泂瀟洒眉毛不世情鵞嶺風光三戒淨虎溪刀棻
六塵淸水流玉洞心肝洗月印金波道眼明苦海
客未登樂岸談玄夜々爽神精

古寺靜蕭〻帆依樹影西晴島山抱樓光汎晩潮石老
空庭常翠滴地高危磴欲風搖千年六字金生筆猶
作銀鉤挽碧霄
蓮潭和尚有一詩曰仙境前緣重吾行已再三春潮芳
樹裏風檻古城南聽鳥聲〻慣逢僧面面諳茶斤亭
客禮頭白只心慚
晶巖大師即圓詩曰講輟清風榻眠閒白月秋夢驚
欸乃鄉音殷卧碧江舟〇又曰雨歇青林靜霞收碧
海長月明三五夜聊復爇名香
見菴和尚惠藏詩曰白蓮金字耀門前忽憶千秋
許飲禪竹裏孤帆遥見海石間層覓细分泉慧心
公島無歸日圓妙修樓不記年高卧碧雲忘世事

恰似重峰三月暮臨江遙對兩京山
觀察使李師命詩曰高山壓後大江前駐節仍
冬石盧實禪洞府陰森欺白日石峰奇秀落飛
泉榻懸絶代金生筆階創新羅赫世年為報
樓邊冬柏樹開花留待桂堂仙
金三淵詩曰松湖迥出石門橋驅馬悠悠
傍海遙暮雨上尋霧鷲寺高樓南受合肥
潮恖連梧竹浮蒼翠平鐘合波濤撼間寥今夜
正應高處宿細看雲物漾晨朝
副提學金鎭商詩曰冬青春萬樹山白雪千秋
榻揭金生筆樓迎徐子舟
和順縣監丁載遠詩曰义于松間一衲邀金陵

手書也

古今騷人墨客之登臨題詠者不可勝紀姑擧百一

慧日禪師白蓮社詩曰白日靜敲枕破簟一藜牀竹風
吹不斷洒然毛骨凉起坐望南浦夕陽山影長須臾
暮鍾動古殿聞佛香〇又曰去往但隨緣騰之又一年
小庭紅葉兩靜室白檀烟榻冷慵晨課怱明得千眠
豈期垂老眼復對社中蓮

大提學成任白蓮寺詩曰花發嚴風朔雪中蔘紅萬
樹寺門東四時獨占三春色造物於今却未么

觀察使林億齡詩曰滯兩金山寺微凉八月秋樓頭朝暮
鼓際樹古今舟

重峰趙憲詩曰岡巒如畫水如彎湖海蒼茫一望間

無偃仰紆餘之態古稱倭冠放火知其為金
生筆還以水滅之○丁鏞詩云門帖金生筆
樓懸道甫書世遙疑有贗名重覺無虞○
茶山云今案崔滋碑此寺本名萬德寺至圓
妙國師設普賢道場然後乃名曰白蓮社然
則金哀宗天興元年以前本無白蓮社之名新
羅金生唐代人也安得於三百年前預書白蓮
社匾額以待圓妙之来乎且金生筆法妍麗可
悅而今此六字乃是鋟版所夾刀雖刻畫之見戲
惜乎無辨之者也贗物之易於欺人一徃如此
員嶠筆者李匡師道甫之書也大雄寶殿真如
門萬景樓冥府殿香炉殿洗心菴修道菴皆其

榧滿谷皆榧 健陵朝華城之役伐其者大由海路運之年未栞者漸多僧不能堪茶亦以裹厚朴方賣藥者多採 椵木然其油能治惡瘡癩毒業 ○奉森案茶与榧子徵求四集宗寺僧病之

油茶 冬華者少春華者謂之冬柏 茶其佳品其在本草不知爲何

此其所以裏耗而不能茂盛者也

其古蹟奇玩毀于兵燹存者無幾

佛法印者印文五字曰佛法僧三寶此乃 孝寧大君末駐時所鑄 大君晚年設水陸道場以本寺水

泉不足移設於綾州雙峰寺其八道行關之時皆用此印事畢欲還本寺而雙峰僧執不還訟之不克其印在雙峰

金生筆者新羅名筆金生之書也寺門之額曰萬德山白蓮社六字其畫頭皆作三稜狀如鐵條

以至臺池巖窟亦多奇勝

行子土城 寺右肩之左 七星臺 在修道菴之西以祭七星臺樓之萬景

古基 東池 今廢在寺南 白蓮池 殿在藥師後 卄採窟 在山北即虎次也昔嘗採鐵故

土人謂之裹判窟 金水窟 在山北即承

丁石 旨丁鑛謫居處 ○晴安窟 萬

德山北阻截巘左右回抱山勢阡絕其水口可防之地

不過數十丈此亦民堡之地但水泉不足匆荄難繼不

可爲久圖山之左右肩尚有土城遺址居僧謂行乎

禪師時 孝寧大君爲築土城前出一門以通出入

應彥案白蓮池或稱無染國師盱鑿此野人無稽

之言也 謹學案金水窟即穀家避亂之處也尚有

土坑遺痕但水潦之時泉溜滿窟是其病也

洞府雖小嘉樹奇木亦多可稱

其名此或是觀音窟地藏菴之舊名歟未可詳也
碑塔之留鎭山門者亦有成毀
崔滋碑 見趙宗著碑 在今碑殿前
之藏也 高麗王 中真塔 圓妙國師舍利
賜名曰中真塔 普照塔 在寺外殿前東麓 虎齧塔 即四塔之一無名
塔三 與虎齧塔共四浮屠 在內東麓水 少年塔 在寺南雄谷之上 鎮地塔 在寺南蓮花之
下月印塔 信之浮圖也 泰森素古記皆云寧堵坡
八唯月印塔爲近日所建 ○設王安宗鎮地塔者故三
寶房之遺址也古稱 孝寧大君住東殿時官長
賓客到此通刺不敢直八寺門尙有石礎在州中
○翰英宗虎齧塔者四浮屠之一也二十年前有
猛虎中丸不死走至塔前見白立如人仰而齧其
雷簷 即石 石缺者尺餘因名之曰虎齧塔

康津縣志云莞寺漢寺在尼钵山山有大窟可避
兵○應彦崇尼钵山亦稱花芳山 俗稱尼摩山莞 亦云雑钵山
漢寺即今之花芳菴也菴北今有大窟
至於越海諸山其精修諸菴皆以本寺仰為宗院歲
時修聘以相附屬
莞島有觀音窟 地藏菴毀浮屠菴○青山
島有白蓮菴 鳳臺菴毀○謹學案觀音
窟直臨清海平瞰耽羅蜃樓海市多瓊奇絶
觀真仙境也
輿地勝覽云法華菴在莞島中寺之東有全石
溪天然臺象王峰○又云松岡菴浮圖菴翠映
臺俱在莞島○謹學按法華菴松岡菴今未聞

棠以其治近也玆地雖濱海荒喬也若使新其繚
構改其面目高盜其奇深盜其勝馳名寰區者跡
與圖則彌陀伽洛豈獨稱於南溟也弐時戊申臘月
二十日宜春子在錦城訓鍊廳東燭拜書奉呈朗州
金陵棠岳三明府詩曰曾聞樓碎鶴無依今見菴
頹僧未歸寄語神明三太守可能雕鶺更芳菲
○康津縣志云高聲寺在縣城西北二里古有址
僧天輝重建○應彥崇天輝者我 顯宗時僧
增修古今島開王廟者也○又案興地勝覽無
德山又有雲際寺此亦本寺之屬菴然無遺址無
可考今萬德山北石角之中有古寺遺址或是雲
際之墟也

石門之上有巖幾千丈中坼如優婆合掌秋小菴寄其
間二石峰削立於前以防遙空風雨之衝玉泉冷之
湾出于巖盧窓溪處湛然一泓酌而飲之爽人肺
腑冬柏二樹布根于菴之前後石上以覆盖之前臨
龍湫平看滄海送目青衣諸島以及浩漾無窮焉
盖天下奇處也且菴繞毈極無餘地菫可容二三
僧棲息上巖之路緣石罅穿崖腹盤旋往復足不
得並趾駭膽而慄魄至菴前路絕從獨木橋略約以
過俯視溪庭懍然髮竪真所謂勝地在險第地震
且迴不便化食僧散菴空守庭荒廢無以稱其奇僕茲
以詩奉請三明府募僧重理免役西守之使游觀之
人縱臨覽而飲賞耳以請三明府者朗與金以其地文

〈負頭金鐘玉記〉

松 絶壁有金文谷 恒壽 金三淵 名昌 南藥泉 九

萬諸公之詩其南有龍淵可釣可濯真奇境也

○智日菴今所存唯高聲菴花芳兩菴而已

輿地勝覽云合掌菴在小石門之上有石窟兩岩

中圻如合掌形有古僧菴中頹 顯宗戊申

冬南九萬適末錦城聞其勝往見唯有古址惜其

荒廢以詩文囑康津靈巖海南三邑俾重新

之其後又廢戊寅歲觀察使俞㬎得一令本邑修建

○南九萬寄三邑文曰者僕從觀海上諸山朗

州金陵之交偏海而有山玉峯麗之數十里兩

川出其中分其山為三號其竅為大小石門其

小臺者亦丁午之所築名之曰招隱亭也臺成於元
貞乙未亭成於大德丁酉距今不過五百餘年而
其蕪沒如此悲夫甲戌春三超正浩騎魚慈宏適
至茶山與游龍穴次韻丁午之詩遂書此以予
之

鄰近諸山之修院為本寺屬菴者舊盛今裹存
者無幾

石門菴 在寺西十里 合掌菴 寺西四十餘里 應真菴 寺西 四
有羅漢石龜相桃 竹林菴 寺西二十里 望月菴 寺西二十里
藉于岩石之間

千佛菴 寺南五十里在佐谷尚 高聲菴 寺北二十里在朱雀山
之北 花芳菴 寺東三十里 〇慈宏紫石門菴舊基
有浮屠今為宋氏墓地
花芳山

宜築民堡可為開防惜乎其不講也 合掌菴懸

由龍穴而南踰一嶺沿山西西行數百武有谷曰上
寺洞沿溪躐磴而上有小石竇竇在西崖之側由竇而
入得一區夷坦之地曰此古菴之址其南峰之上有臺
平廣其石天成而補之以人功可坐可眺東崖之側
亦小臺有悉皆無名每至爲之怊悵者良久癸酉
春李晴游京師得天因丁午實跡而還乃知天因
示寂於龍穴而天頙繼居之也當時公卿學士守令
皆稱俗茅子獻詩于龍穴大尊宿二僧方且偃
息不輕動想見洞門之外弛蓋解鞍人馬簇立拱
于以竢命者密如蜂也何其盛也丁午始居龍穴其
後居掛塔菴掛塔菴者今之所謂上寺也其南峰
有臺者丁午之所築名之曰凌虛臺也其東崖有

甲戌五月五日洗心醉如兩祖師真影奉安于祖堂
○會雲德闊洗心菴重修記曰此菴廢興今至四
五初建者洗心祖師其餘無徵焉乾隆四十四年已
亥之春又重修之至初夏而覆簀時住持者察演
請余記者萬應
至若龍穴精藍即天因天頤丁午三國師精修之院
今唯荒臺破礎鞠爲茂草
茶山樵夫游龍穴記曰嘉慶戊辰始寓茶山每山
花盛開一游龍穴歲以爲常但見餘址該譎如螺螄
之殼者爲龍穴琮琤激瀉沿於絕壁而下者爲龍
泉龍泉之東有一區夷坦之地者爲龍穴菴舊址
洞門之側棠臺如削者爲昔時樓閣之所建而已

菴在寺西令稱濔泉
菴上日菴　白石菴在寺西岩上有上窟　曹溪
菴一在西麓之西北邱寺　松廣菴在東麓之東北邱寺○泰森
菜令所存者唯修道洗心兩菴而己
晶巖大師即圖修道菴重修記曰白蓮社有修道
菴往在乙丑之年坦澄比丘初建之庚午之春廣祐
首座重葺之今也月印大師又重修之松京人王熙
喆金麗白芋寔爲檀越乃乾隆五十年乙巳之
歲起功於首春竣事於季夏○慈宏紫乙丑庚午
不標年号今不可評也是役也山之僧養軒寔爲
別座云
龍溪大師照機洗心菴重修記曰乾隆十七年壬申
二月起功五月五日訖役斯盖第四建也越三年

今所存者比舊蕭條 只有四殿四房而已
大雄殿 極樂殿 羅漢殿亦名應 十王殿
真如門 已上皆辛巳所建 碑殿續古之明板殿藏古之八藥師
殿 觀音殿經火災 ○翰英案真如門亦有鼓樓故
萬景樓之扁額縣於此門非古之萬景樓也○又案
辛巳未建者乃僧堂禪堂與萬景樓而已然則其餘殿
寮已於庚辰火災之前久已頹毀也○應彥案自
行乎重建之年丙辰也正統元年至庚辰之災其間為三百
二十五年也
其山菴精修之室亦舊盛今衰信者以采
青蓮菴在東麓亦 赤蓮菴在寺修道菴在北麓洗
心菴之下 寂照菴在寺之西南 靈鷲臺轉鍾之慶西

王殿香爐殿僧堂禪堂正門鍾閣萬景樓盡成焦
土重光大荒落卽辛月值澤天俊已經始而季秋
之月二十五日庚申共擧脩梁○泰森案上梁錐
在辛巳之九月竣事在壬午之春夏也辛巳之役其
主事者圓潭允哲為別前任持日寀監為都其有
切者嘉善智正住持惠哲鵬寬 以犯松事被多不
盡錄其時官長則康津縣監許彙兵馬節度
洪若水水軍節度使申思儼申光益其在京宣力
者知文館校理申思運諸公也○設玉案朋寬壯士
也被棍水警曳之水中血流水赤其苦可知鵬寬每
過法堂必遮面而過之日佛若有霧札福得禍如
是乎盖戲言也

八相殿名法堂 青雲堂 白雲堂 望月殿
明遠樓〇己上即西院之遺名也西院之毀為荒原年紀已久其房寮名號老僧亦無能盡知者
寺樓中毀至我 孝宗之時 寺僧玄悟重修
康津縣志云明遠樓今廢萬景樓火於丁酉倭乱 孝宗朝僧玄悟重修 睛案丁酉倭寇未嘗至此縣志未允
至乾隆二十五年 我英宗庚辰二月初一僧堂失火佛殿僧寮數百餘間悉為灰燼厥明年辛巳圓潭元皓等鳩財募工實是重建
李副率毅敦白蓮寺重建記曰上章執徐 即庚辰
大壯之月白蓮寺災佛像甫得扶護而大雄殿十

萬德寺志卷之五

茶山鑒定　白下謹學　編
　　　　　鰲岳勝梁　校

寺有東西二院其東院殿宇房寮恰滿二十其西
院半之皆行乎之所重建也

大雄寶殿　十王殿　羅漢殿亦名應真堂極樂殿
千佛殿殿在今碑東殿之房今爲烏竹田　藥師殿
觀音殿事房明績殿殿今碑　八歲殿殿今判　會禪
堂僧堂　東上室　西上室　望海堂　迎
月寮　送月寮　新房　真如門　萬景樓
○已上即東院之舊觀也毀百未稍之額毀存
者今無多矣

禪師
望海禪師名賀鎰冊巖之親徒也於本寺落
髮有影幀在洗心菴蓮潭大師稱其解事
兒菴和尚詩其談論○謹學案望海者不俊之
法師也有改金之切
海月禪師名宬定受法於玲峰溪宇溪宇受
恩於月湖演明本大芑之僧常住本寺
勝絫案海月者不俊之法師也月湖禪師受法
於華岳

石板金剛經出來為尊溪祝釐輩幷藏上院
八師之外住錫玆山者無非醉如之門人
龍溪禪師法諱照機碧霞大愚信之嗣華岳文信之孫也當
於洗心菴豎佛談經著洗心菴重修記時維乾隆十七年甲也
濟河禪師法諱斗楫雪峰之嗣月印之師也當於洗心菴領
衆談經會者亦多
月印禪師法諱聽信亦乾隆間人也本美蕭之僧當住本寺
有善書之名旣沒其徒建塔 〇 泰森案月印者濟河之
嗣雪峰之孫也泰森也受戒於月印故未敢三世僧家有四師
曰恩法名禪戒師卽名師也
淸潭禪師名碩泂晶巖之親徒也亦以美黃之僧
常住本寺面有豌豆之痕故茶山戱之曰怪石

年我使入燕琉璃閣學士瑗及翁公之子樹崑以覃溪
翁公復初齋詩集二部授其子上庠曰貴國有
高僧乎曰有兒菴惠藏者淹通內外名擅東方
伊曰貴國有大刹乎曰有大芚寺爲東方宗院伊
曰藏公住何寺曰在大芚伊曰得其人又得其地斯
可以授之矣覃溪詩集一部藏於杭州之靈隱
寺令又以一部相恩幸藏大芚以壽其傳歸而
聞之藏公已逝矣欲付他山聞襄龍頤性騎魚
慈宏猶在芚寺遂以覃溪詩集六卅歸之芚寺
時維癸酉之冬也先是花源監牧官李黃庭台
升与兒菴爲物外詩酒之交及歸京城延譽薦
紳間遂至於名達中國也其後又有覃溪所書

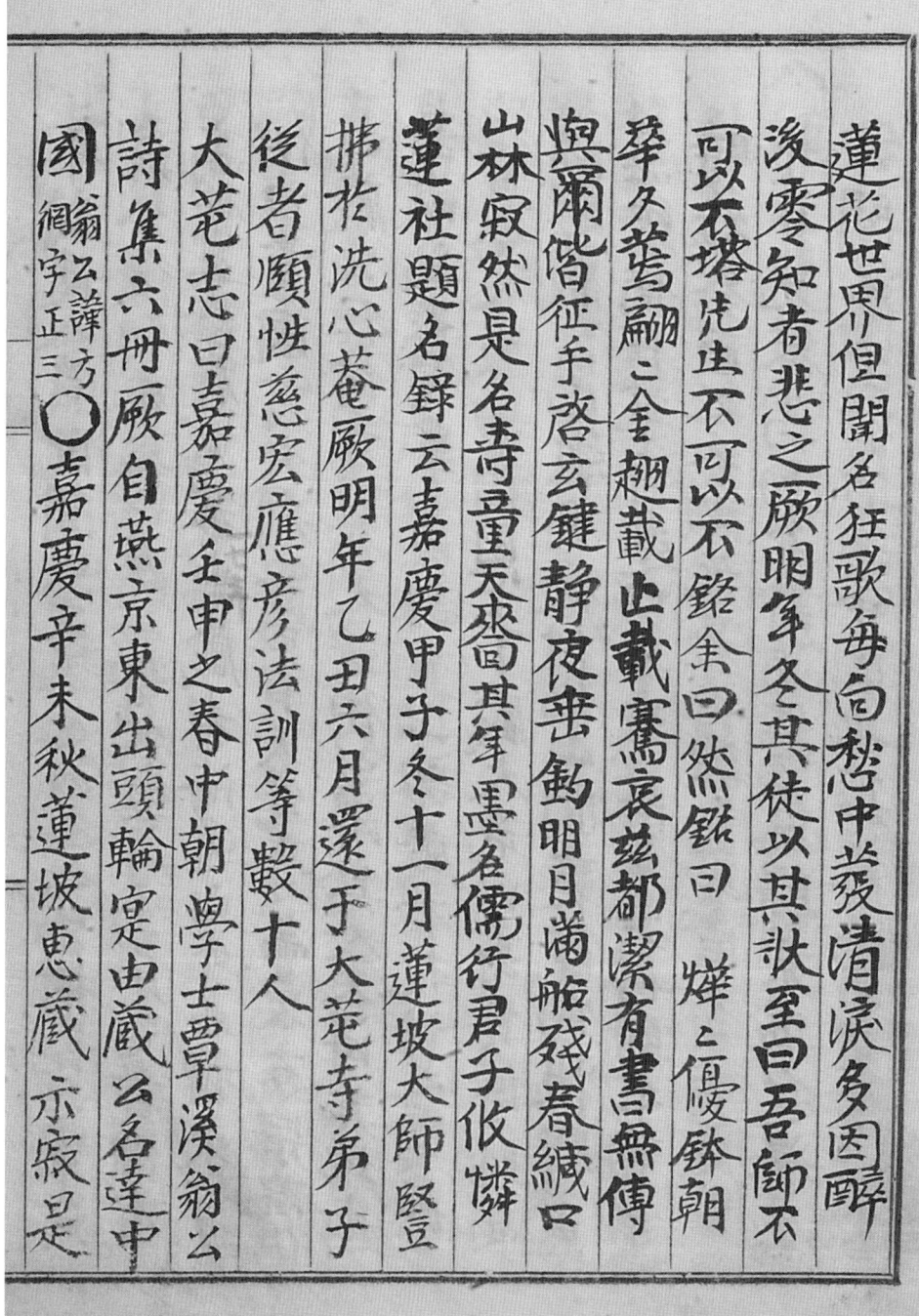

蓮花世界但聞名狂歌每自愁中發清淚多因醉
後零知者悲之厥明年冬其徒以其狀至曰吾師不
可以不塔先生不可以不銘余曰然銘曰 燁燁優鉢朝
榮久鶩翮二金翅載止載寫哀兹郁潔有書無傳
與蘭偕征手啓玄鍵靜夜垂鉤明月滿船殘春繡口
山林寂然是名寺童天衰其年墨名儒行君子收憐
蓮社題名錄云嘉慶甲子冬十一月蓮坡大師暨
拂衣洗心菴厥明年乙丑六月還于大芚寺弟子
從者頤性慈宏應彦法訓等毀十人
大芚志曰嘉慶壬申之春中朝學士覃溪翁公
詩集六冊一厥自燕京東出頭輪定由蔵公名達申
國網翁公諱方正三○嘉慶辛未秋蓮坡惠蔵亦寂是

山房穀相過談易越四年春余結廬于茶山与
大芚近而遠於城邑其來彌穀微言妙義得
孔孟焉兒菴於外典酷好論語究索志趣期無
遺蘊若其閒之穀律呂之度及世理諸書皆
精梳研磨非俗儒可及性不喜詩一聊依絕少又
不能副急有贈必追和之乃驚人九工駢儷律
格精嚴於佛書唯好首楞嚴起信論而寬經則
呪未或被唇影兒病之弟子得法者四曰神龍頤
性騎魚慈宏制彦鯨雁彦枕蛟法訓說授衣鉢兒菴
万老時年三十五飮詩縱酒逍遙偃仰者四五年辛未秋
得疾以九月旣望示寂於北菴其臘僅四十其年春兒
菴以長春洞雜詩二十篇示余其三聯曰柏樹工夫證得力

南徽生地微家且貧幼而出家落髮扵大芚
寺受月松再觀恩從春溪天黙學天黙能淹
貫外典而兒菴警慧出羣學之穀年名噪
緇林顧短小樸欼不類閭棃鄕中薦紳先生
皆呼之曰八浔盖愛其才而狎之也既長廣受
佛書歷事蓮潭有一雲潭鼎馹年二十七拈
香扵晶巖卽圓卽逍遥之宗華岳文信之嫡
傳也兒菴從諸師受經雖低首聽說及出戶
覺口中有聲曰吚吚也者吚也惟蓮潭手
劉口授則不吚也年南三十主盟扵頭輪大會會
者百有餘人嘉慶辛酉冬余謫康津越五年
乙丑春兒菴耒棲于白蓮社是年冬余棲寶恩

行圓禪師寒自暖他飢救飢瓚者未攀鄴
夫慈嘆于曲徑不于達是悼是惜鏡于碑

蓮社題名錄云乾隆丙午春日鬪巖大師曁
拂柁修道菴弟子從者釋泓示演等五十
餘人○慈宏安晶巖一生屢居萬德不雖
是也

第八蓮坡大師夙慧直紹於囙公華聞遠布於
中國

茶山獎夫丁鏞撰蓮坡大師塔銘曰兒菴和
尚本金氏小字八浔惠藏其法名字曰無盡
本號蓮坡塞琴縣之花山坊人塞琴古百濟

缾無儲粟於是乞人繫十會于私池之市約曰
有徃求絲穀於晶嵒禪師之室者衆共棄不
齒其以舍施名如此曆日暮獨歸有於苊隨
之攀拳衣為戲一似畜狗之迎其主者晶嵒以杖
撓止之反門徊徨搖尾而去其慈悲之感於物如
此佛法貴割根故以世尊為乾屎橛既得法
浩然相忘例也乃一游晶嵒之門者皆終身
愛慕語及之必戒色舍淨說其慈不已有深根
焉晶嵒又善尺牘隻字半句有足以感動人
心筆體紆回奇怪非俗流可及弟子知名者十
三人銘曰 六㨛不屬主人馳五濁昏汩貪嗔
癡貆可伏猶自私潮聲八萬行則陂疇其力

難而名二十游而學四集四教松坡覽睡之誨也
大教玄談蓮有潭一之授也未而立受法於松
坡既不感參禪於井蓮弟子從學者如雲霧
其受囑者如稻麻以乾隆甲寅五月十三日示
寂于弓福島之中菴後五年見菴惠藏設
象而拈香是其媚傳也曰晶嚴錐領衆誦經
乃其心專以慈悲務舍施爲業破帽壞衣挺
衿見時望之若寒乞然親戚弟子或贈以袍
禍欣然受之夫幾出游以故衣還問於從者施
於寒矣一日有丐者至性多蟲象其出之於戶外
晶嚴引入丈室与之溫處同衾而宿焉凡以人
爲名者一開無不獲其所求以故笥無在衣

懇乃返錫于明寂一日忽嗄侍者謂曰界有成住壞空身有生死病老有始者必有終此無常之體也因作偈曰幻身夢宅敎水月空花也請君試但看何處有去放筆端坐泂然而逝時八月初七日也

第七晶巖大師虎豹伏慈悲之敎龍象聚圓妙之樓

承政院右承旨洪起燮撰晶巖大師碑曰晶巖禪師法諱即圓字離隅東方茅七祖清虛休靜之宗又七傳而爲晶巖也姓金氏本弁辰王之遺裔世居盧巖松池坊以乾隆戊午生三歲而喪其母九歲而穀於寺美黃毋心之恩也十六

萬德是先師之道場不敢不敬

第六松坡大師渾真源衣雪華重孀續於日蓮世子翊衛司副率桐岡李毅敬撰松坡大師碑曰大師法名覺暄堂號松坡俗姓金氏世居靈巖母朴氏平生奉菩薩行以丙寅二月初五日生髫齔與羣兒游戲或聚石爲塔式搏土作刹宇自能游於佛事中及慈母棄背投芙黃寺雪峰大師大師即西山五世孫禪家嫡孫也雪峰見師骨相超凡深以得人傳法爲喜師時年十三二十五剃染才識通敏三藏經教之外亦能旁通子史遂入室領衆游徧諸山者四十餘年晚未捨衆深入海島結跏習定四五載本寺請歸至

四月自迦智山感疾輿歸于達摩之普賢
菴以六月八日示寂其前夕頻鹽而坐令緇徒
誦經夜分氣奄二欲盡侍者滂泣請教師
顧而徐曰人之生死猶夜朝常理何悲仍吟一偈
曰浮雲未無處去也亦蹤細看雲未去只是
一虛空至朝趺坐而化越三日闍維得舍利一
粒雲靈珠一枚就美黃寺達摩堵坡銘曰昔余之
訪師不遇而去也望中峰之雲而寄想方師之
趺坐愴然而化也指虛空之雲而自況師即是雲
雲即是師二耶雲耶吾不能知
兒菴開語云雲峰少嘗自寶林寺移錫于美
黃寺以肩輿過休牛嶺下輿鞠躬而過之曰

中號雪峰懷淨 其法名也 俗姓曹氏朗州人 其母金氏
肅廟四年上元日誕師 九歲投達摩之照明長老十
六落髮 就華岳文信大師受法 又參互諸徑證悟
無礙 辨析精微 南方諸此立號爲禪林宗主者一覩師
言莫不敬服 素性博愛 同人憂樂 而平居塞兌寂默
自持 人不能窺其涯岸 又不屑於飾外 巾衲縕褸
而不補綴 髭髮有時不剪擧 如也 入歲讖其越戒則
軼朗吟生平 疎逸無拘檢 酒肆茶坊信意遊漢地石
牧秦不管 又騎子過楊州之詩 而不少愛 此可見其
肓懷之落々也 此少長於詩詞 曉了廢業 唯以講說
禪教爲事 四方請學弟日至門 有幽憂之疾入海島
僧州菴 而居扁曰野隱 歲戊午師周甲也 卽乾隆三年

學者數百人時北方月渚禪師南游至老師與論禪
上曰知其可宗乃以其所領大衆讓于月渚幽子者
大駭師喻之曰徹爾等所知也契以予之自掃一室
杜門面壁俾終其會月清歸曰吾至南方見四身吾
蘆雲師生於崇禎二年己巳以康熙丁亥即四六月二十
六日示寂壽七十九乃示寂頭輪雪鳴乞茶飲得舍利
二粒發曰 有鶯買鉛鳴彼中林有蟪者蟬飲蛻飲啖黃
梅衣法者者受之火林有聲遂撤身此是謂能讓
匪伊有諡卑不可喻號為庄佛惟淨惟膳惟圓惟藏
燈之相繼五世其昌百世之後 並剎貞珉繫茲伽陀以詔後人
第五雪峰大師馨 香遠布花柟檀蔘敬此伸枝桑梓
弘文館副提學金鎮商撰雪峰大師碑曰師字元

第四華岳大師衣鉢既受於三愚瓶錫屢至於萬德
龜趺乞銘者誰孫騎魚
成均館大司成韓致應撰華岳大師碑曰師姓金
氏法名文信海南花山人也幼年出家於大芚寺落髮
顧椎鹵不識字為貿田器行且辦以取飽一日偶甚至上
院樓下含擔而休寫時醉如三愚禪師集大眾講華
嚴宗旨師在樓版下竊聽之立地頓悟克以所貿
田器付其伴外而忻然欽欽請受課程三愚大奇之許如
其請願是日四座洒然師每夜拾松子為燎讀書
達五更既三年同列皆殿雲游四方參叩印證與予既成
遂於醉如室中招香於是沙彌輜輟芚寺講會之日

法名三愚俗姓鄭氏康津縣寶巖坊九亭里人也
幼年出家落髮於萬德山之白蓮社歷叅諸師
淹通內典拈香於海運敬悅之室敬悅逍遙太能之親徒
也師額如渥丹故海運錫號曰醉如子蓋戲之也顧善
談論曉者心醉嘗於大芚之上院樓演說華嚴宗乞白
講者數百人有一僧負田器歌樓版下竊聽一二句立地頓
悟捨擔升堂滿面如雨陳其罪悔請受妙詮師撫而
誨之卒傳衣鉢是爲華岳文信師生於天啟二年壬戌
卒於康熙二十三年甲子壽僅六十三示寂在六月五日有
影幀二本一在白蓮社一在大芚寺銘曰 世人皆醉師
亦如如而不醉愚龍穴清風猶有餘流藻之席稱鵝
湖蕎而受鉢行者盧醉之訛醒邈 雲車璘霧者石岑

際猶如見矣其小事雖逸矣傷寫逍遙門徒數百
餘人惟敬悅獨得其宗故號之曰海運海運者鵬徙
也鵬徙者逍遙曰逍遙之傳非即海運乎故其傳心
傳法之偈曰飛匡爆竹機鋒咳裂石崩崖氣像高
又曰金鎚影裏列虛空驚得泥牛過海東又曰
禪偈教骨誰能敵華月夷風靮敢酬又曰威音那
畔更那畔滿月煙光入手皆其全篇皆載逍遙集中
斯可以徵海運也銘曰 大翼與南徙水擊三千運
渴游是受是傳匡飛竹爆光燭長天六燃其燈
遂至晶運苟求真諦視彼稗鵲
第三醉如大師中興圓妙之場永樹逍遙之業藝文
館立提學蕙岡韓致應撰醉如大師碑曰師

少爲歲偶然有偶非壽而壽於前而壽於後壽孰加焉其存者久

第二海運大師受鉢逍遙之門傳燈醉如之室 承政院右承旨洪起燮撰海運大師碑曰海運師之沒今已百六十九年矣其姓氏鄕里皆無可考唯蓮坡惠藏甞見師門古記曰青蓮圓徹大師大花大會之年逍遙太能亦至芭寺海運敬悅以是年受衣鉢於太能時年二十八至六十七而寂今考青蓮天會之年乃萬歷三十六年丁未之冬也然則敬悅以萬歷八年庚辰生以崇禎甲申之越三年丙戌寂也逍遙之示寂之年四十六其歸寂也逍遙八十五逍遙之十八兩終則敬悅其先逝矣其師弟二人相與之

舊觀於勝境 宴坐聽猴猴之山 應立致龍象之川
奔爛 其盈門盛矣入室辨棼鳳志被殊錫而同居
辦事宏才戒鈕功而弗廢溪 尊見浮源寶筏於迷津
茂闡真詮泛慈航於苦海 論涅槃於臨寂卓錫
秋於垂辭宛然其常倏誦而化定惟己丑十一月二
十一日也行年九旬小二禪臘七臺加三房權 覆而
香氣濃瞻宇晃而禪光擁衲衣全集十百其
人法兩普法三十之男神珠龐心祝躍闍毗而成
雙仙骨騰空指高標而得一珍臺淨土宜鴈塔
之分藏寶黃金山即難圓而各建其芽子等
三霜奄及千里委末抱餘悲而愈咳求拙語之誠
切如聞大笑昌禰長言銘曰無本無 無有何有 有滅不

本朝不崇佛教故無賜號賜諡之榮此其所遜也

第一逍遙大師承清虛之嬌傳啟醉萃之令緒
弘文解大提學李景奭撰逍遙大師碑曰
粵昔西歸於心領留雙履之靈蹤東該藥山傳一
聲之妙蹟究當舍利之修奉可關浮屠之是崇師
俗姓曰吳法諱太能湖南潭陽人也生於嘉靖之四
十一年時乃士戌之高秋九月阿孃夢而大稟小字
厥相秀而異徵同符依真師於白羊十三祝髮
服玄膏於黃蘗億兆知名號因任世而逍遙跡混
隨緣西放曠歷參南國登大藏於浮休一再西山皆本
源之清淨棲金剛者數載孤峰絕攀演玉偈於一庄
明鏡揭照神興祇樹刱新制於福區燕谷叢林修

猊之座重開龍象之席

醉如大師有影幀至今在洗心菴 乙謹學業洗心菴者

洗心祖師之鄒齋樓也其名字無傳刱建洗心菴居之因

以為號於洗心菴中舍利安塔 翰墨之余 刱盜竊之 仍有影幀在洗

心菴

以為號於洗心菴中舍利安塔

嗣玆以降衣鉢相傳世二主盟蓮社一區遂為醉如之道場玆列宗統

以昭燈光

慈宏案本朝僧系自萬曆以來分為二宗一清虛宗也一浮

休宗也清虛之宗播為數十而其大幹有二一逍遙太能宗

也一鞭羊彥機宗也我醉如先師即逍遙之嫡孫而蓮社之

盟主也上自逍遙下至兒菴遍為八葉在高麗則有八國師在

本朝則有八大師其數相符特以

王聞之丁酉歲賜號禪師屢降襃吉歲時賜齎甚多由
是本寺為東方第一道場傳十一師至無畏大師繼居
是寺而傳其衣鉢闡揚道法欲地與人俱顯于世之重
此寺非他山寺之比也入我 世宗朝燼于倭亂鞠為
茂草天台師行乎與其徒信諶並效顧重建庚戌摩
役丙辰斷手殿宇廊寮極其宏敞殆軼古而過之節
寺中舊有圓妙碑其時學士崔滋奉敎所撰耆今有寧
埠波八狀一即圓妙舍利之藏而麗王冊名為中眞塔
者也寺僧坦晤恐本寺實蹟久而已泯欲刊之石請文
于余
顯祿大夫朗美君俁書
康津縣志云在碑失而迎有
年壬酉五月立
坦機伐他石改瑩趙文佾用舊跌
肅宗七
年壬戌年僧
自玆以降宗風久寂 大明天啓之末有醉如三愚大師後據撥

後者云○晴案倭寇之侵我坤維實在高麗之末 鞠地鞘珍島之戰

至我 國初倭患或在於花仁藍浦等地而康津海南之

被其鋒鏑不見 國乘則白蓮寺之毀于兵燹殺在

高麗之末也○又按圓妙創建在金大安三年下距行乎大師

重修記功之年世宗十八年丙辰大 明英宗正統元年 為二百二十五年也

弘文館修撰趙宗著撰自蓮寺碑曰萬康津萬德山有白

蓮社始創於新羅中籖荒蕪不知年耶麗朝圓妙國

師自頭流來見寺遺址喜其處

勢奇勝使其徒元瑩之湛法安等幹其重修之役經

始於金大安三年辛未訖工於貞祐四年其間凡立屋凡

八十餘椽仍與門人天因等說法談經遠近緇徒坌集爭

就北面公卿牧守慕其風聲結社從游者殆三百餘人麗

萬德寺志卷之四

茶山　䑓定　騎魚慈宖　輯
制宇鯨應彥　校

至我
國初倭寇海堧寺以歘燬至　世宗十二年庚戌（明宣宗宣德五年）
有行乎大師重建道場制度宏敞悉復其舊
弘文館大提學尹淮撰白蓮寺記曰（隨其盛衰以上見前）
唯我朝鮮
聖神繼作海岳清寧風塵不驚乃有天台領袖
乎公游涉是寺見其荒圮駐錫長吁奮發誓願噏其徒弟
信誤等誘掖請善檀越經始於庚戌之秋訖功於丙辰之春佛殿
僧寮幾復昇平之舊作法祝釐則追將軾古而過之師俗姓崔氏
文獻公之裔閥孫竹士族也　蓋歲出家戒行高絕頓悟法妙
緇袖景仰性純孝事老母生養一死葬務盡其心非他釋
子比頭流山之金䑓安國天冠山之水淨皆其歷居而白蓮其最

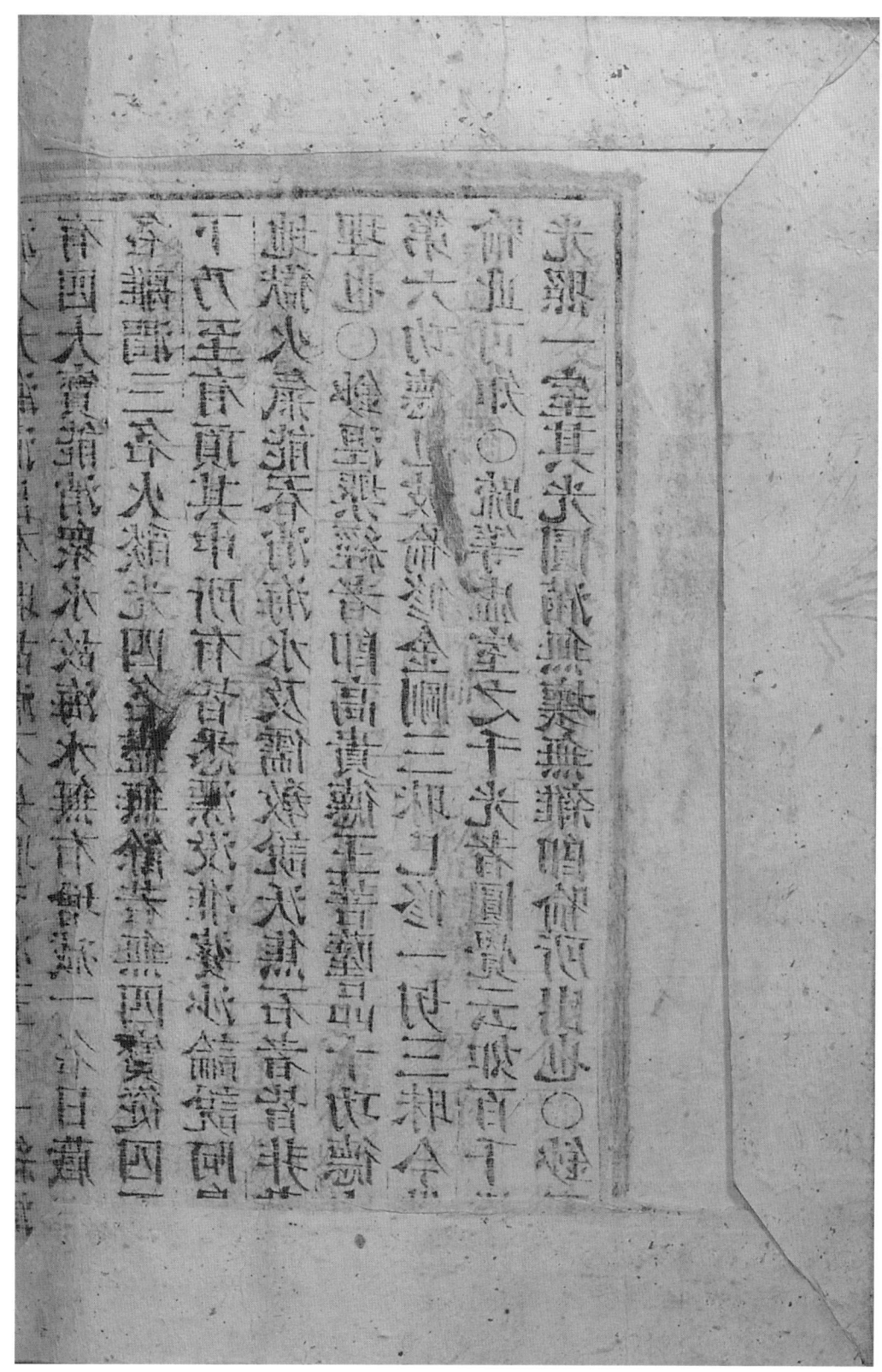

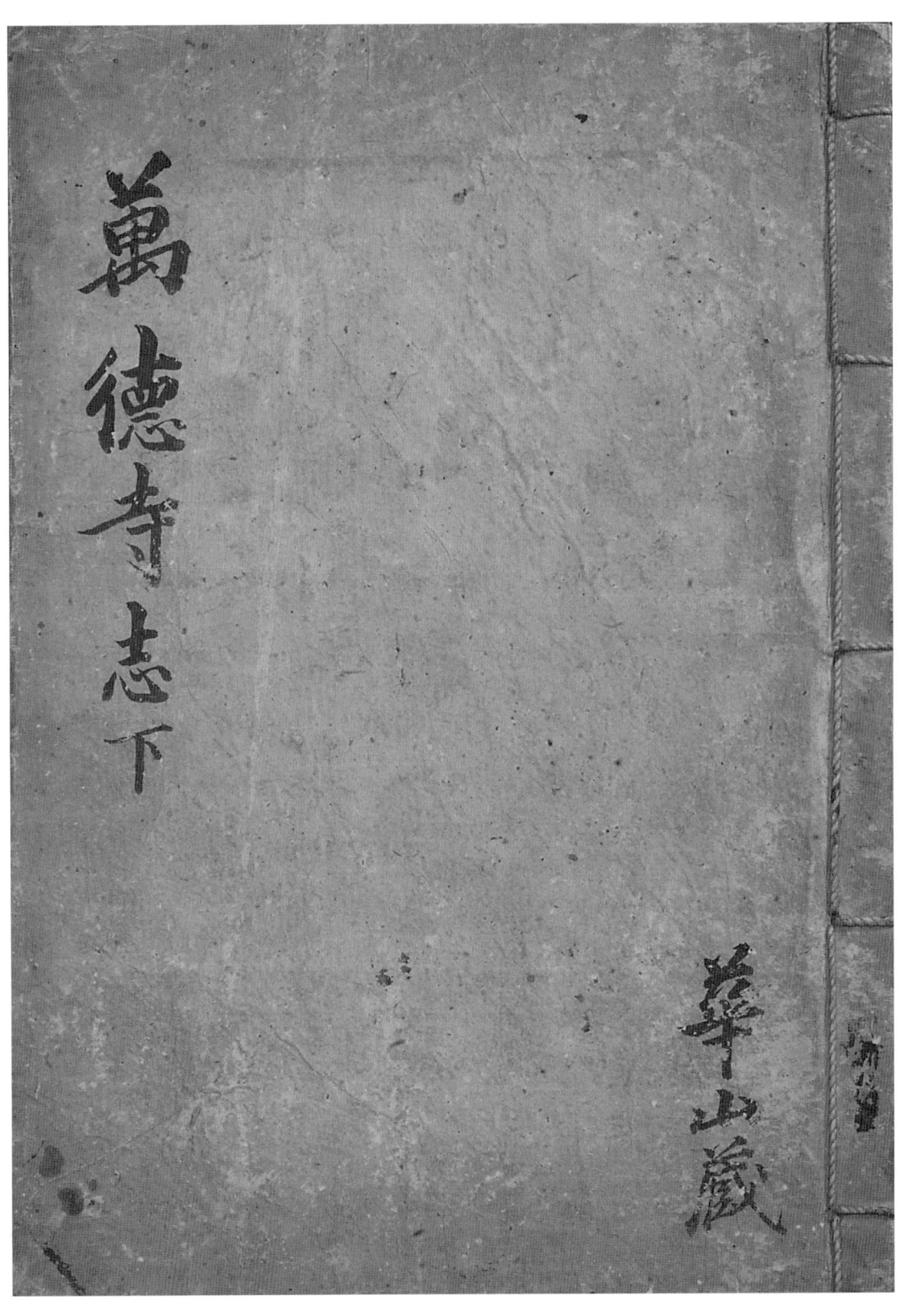

만덕사지 상

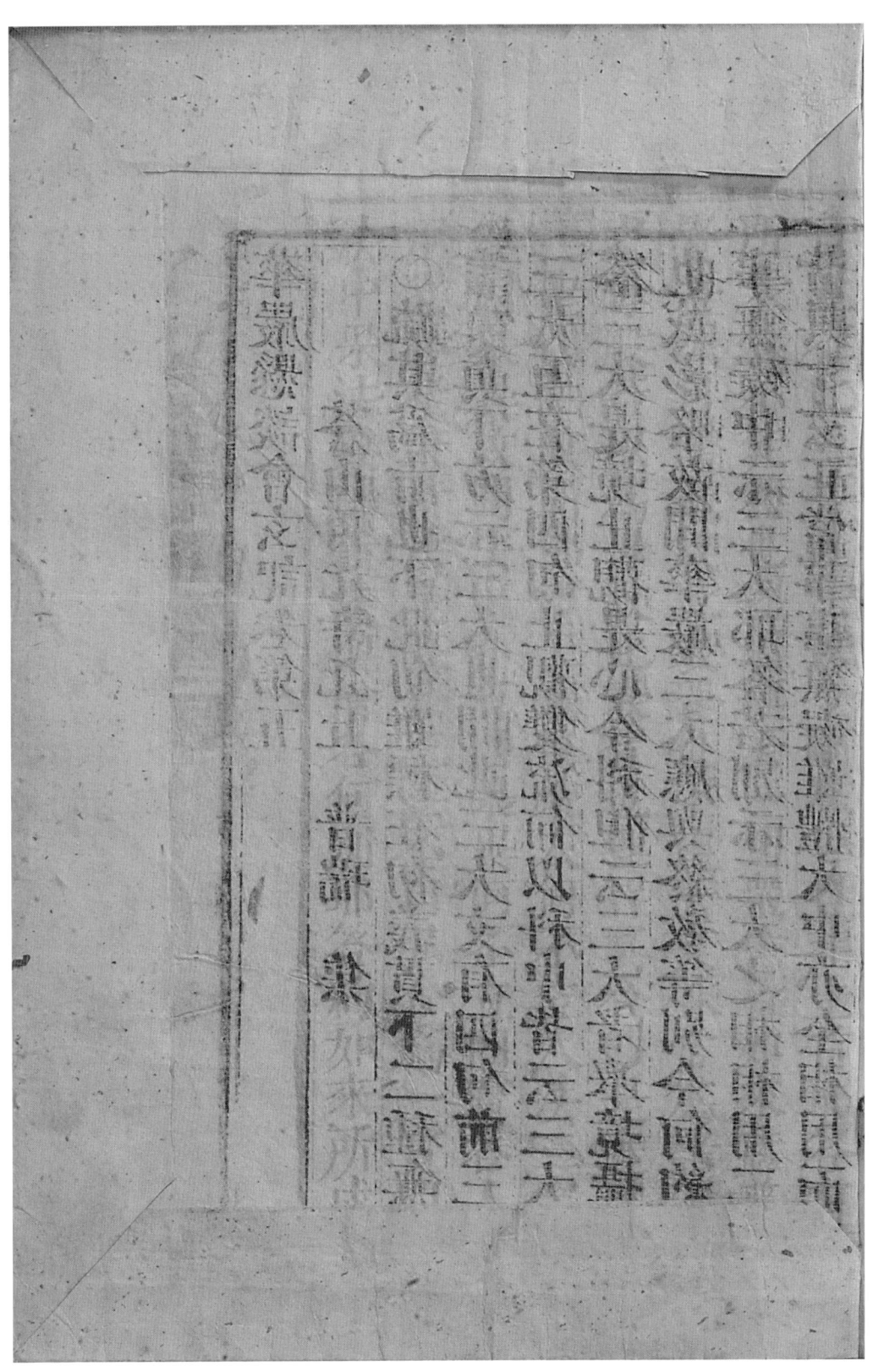

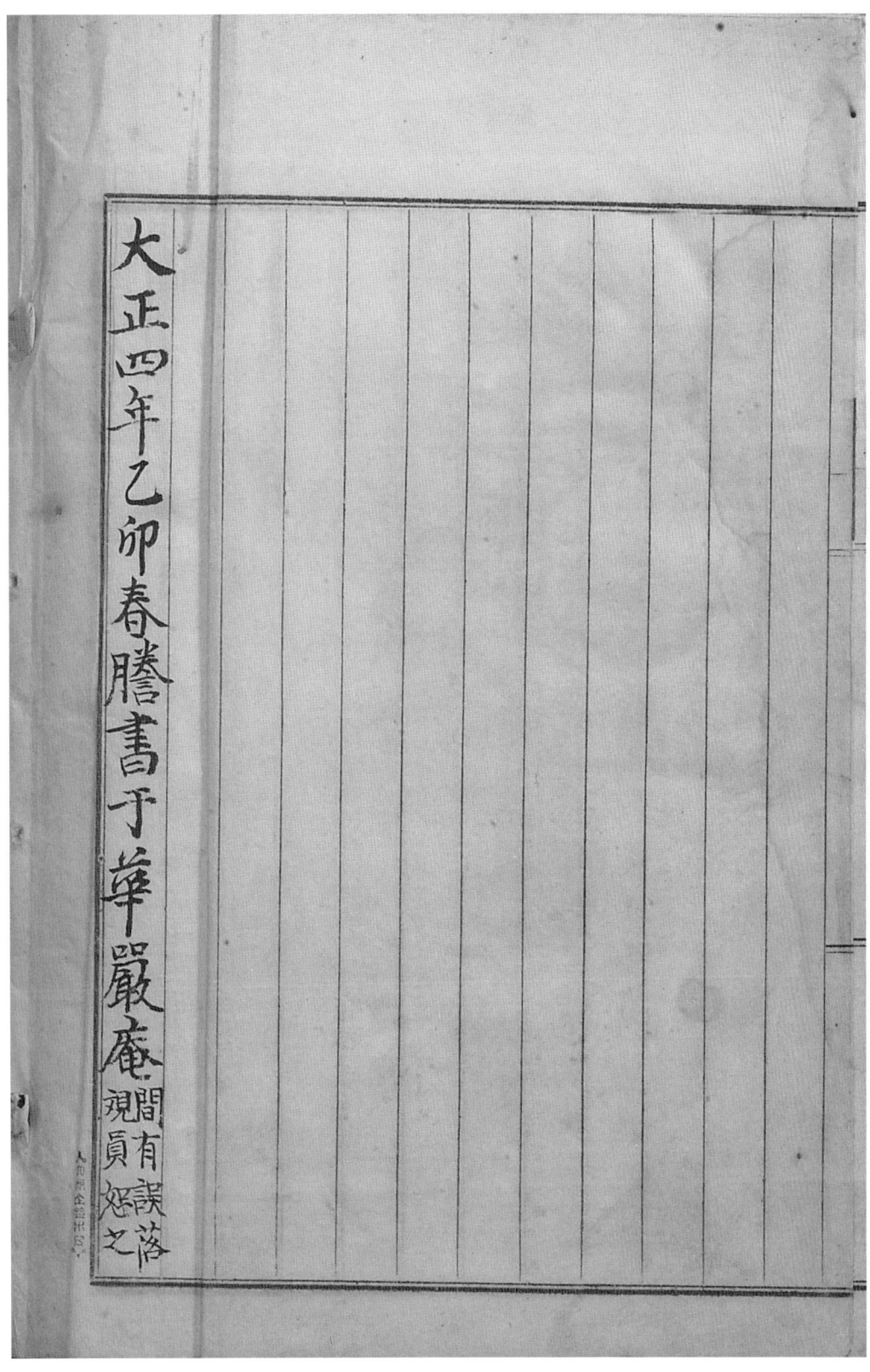

大正四年乙卯春謄書于華嚴庵間有誤落觀員恕之

月新道富生涯餘杖屨社高投契遍簪紳朗州幸
有通家好茶席猶堪備惡賓

俗弟子朗州守　　　金愭　上

鄭興又獻詩曰端居演法許多春密化遙知澤萬
民林下摘蔬甘美食溪邊藉草修文茵未從南岳
相傳鉢常遇西風謾避塵卜隱何年結茅草倚筇長
嘯岸綸巾

弟子同文院錄事　　鄭興　上

鄭興獻詩曰平生出處若為量半壁青燈夜意凉
萬戶風塵何擾々一林煙月奈茫々洞猨不避安禪
石江鷺時來擬疏堂雲臥他年拂衣去好拈瓶錫
付閒忙

俗弟子同文院錄事　　鄭興　上

于勉呈龍穴大尊宿丈室詩曰此處功夫不自然
屢噫膏寸釀豊年餘波遝及民褊草異涯逵漸相
府蓮豈獨禪林先借潤弁看教海更成圓早從鵷
泮曾傳脉注意如今獻惡篇

玲島縣令　　于勉　上

金㬎寄呈龍穴大尊宿丈室詩曰膝下嘗聞桂苑春
老禪同是腐中人臥龍一穴法雷殷鳴鶴半天詩

裏強將荒句續嘉篇

俗弟子中舍人知制誥金祿延上
郭汝弼奉呈大和尚丈室詩曰老來心地漸昏然結
社修真在壯年妙法聞名如遇木花時同寶故稱
蓮鬼嬉屋裏麼而駿車列門前大且圓但願宗師
呼出路韻風聊継拾遺篇

俗弟子起居即知制誥郭汝弼上
欽始寧獻詩曰一葉秋來起浩然年經年復幾年
年那知巷陌搖々柳元是淤泥濯々蓮白菊雛邊
筐韻碎紫苔庭畔樹陰圓長沙隻眼錐云在一點
靈犀露短篇

俗弟子集賢殿大學士兼上將軍 始寧 上

幾論情白蓮魂夢無處久黃閣四名誤半生定
罷側身松月白齋餘洗足石泉清莫教紅葉
封菩徑授刺他時倘可行

俗弟子　　柳璥　上

金坵遙寄萬德寺大尊宿丈下詩曰白藕花開
道價殊東林蓮社又西湖三韓海上誰移種萬
德山中始盛敷結社幾人期到彼授機一句願容
吾平生不是攢眉客莫作劉雷契外呼

俗弟子判秘書省事學士知制誥　金坵　上

金禪延獻詩曰塵勞眼底事紛然泪浥虛消身
順年吟藥不須膓吐錦念徑唯冀石生蓮羨君
白業花曺秀愧我玄門果未圓只爲掛名香社

弟子樂軒老人　李藏用　上

林桂一又獻詩曰二萬蓮經三十春菴諸子化循乙
郵亭半世爲行客香社多年戀主人已與劉雷同入
道休憑沮溺欲知津想看天際遙招手雲卷台岸
翠色新

俗弟子左拾遺　林桂一　上

李藏用又獻詩曰菊園松徑兩茫然烏帽黃塵渡幾
年長笑俗緣紛似絮獨憐禪格淨如蓮興末欲
學雲徐返老去還驚月屢圓香社追ㄑ空役夢
不禁幽息滿詩篇

弟子樂軒老人　李藏用　上

平章事柳璲獻詩曰天德當年鬢兩青肩隨處ㄑ

打著是山水是僧俗擧揚本分之真常有社稷有
民人付與太平之消息
真靜當時大臣學士之結社獻詩者又溢於篇簡
林桂一寄呈大尊宿丈下詩曰披垣秋思坐蕭然正
是前賢結社年直節初期難省竹妙香終愛鶖
峰蓮九街車馬黃塵暗千溪山皓月圓他日相從
林下樂先聲海角一荒篇
　弟子左正言知制誥　　　林桂一
侍中李蔵用寄呈大尊宿丈下詩曰伴食黃扉已八　上
春無功可立謾因循若爲去作社中客應道何曾
林下人四軸初成傳異迹百篇時出指迷津遙知一
榻香煙畔恒見靈山面目新

幾回覿面相呈未肯點頭自許白蓮堂下但憑十乘
妙門古柏庭前尚昧一條活路倘借作家手段打開
本地光明處々逢渠色々仍舊不雖當席遍參百
十城之道場祇破微塵自由大千界之經卷一生快活
萬劫難遭
趙文拔又作萬德社請說禪文曰敲空則響尋火不
燒然則心空不可以言口尋何聽有累恭惟和尚丈
下傳迦葉之法印入普賢之行門明月轉山弄清輝
於松社開雲出岫露甘露於花都然隔岡未詣於
拑鎚欲何日親承其碧眼幸令靈鷲嶺稻麻會上
已闌夏制之安居見子峰松菊園中可掬秋光而供
觀茲迎象步敢請龍吟伏望丈下信手拈來當頭

俱現寔抽其緼敢扣慈扄昔者一花西笑扵靈鷲峰隻
履東流扵熊耳清風凜爾歷六代以傳衣甘露洒然至
五家而裂派靡不真燈續焰寶印當空但以心不以文
故絶思而絶議以趣向則千仞壁立欲擧揚兮一丈草溪
餘是海兄再參而三日耳聾座叔一盜而十年口遂直
下全提此事箇中難得其人恭惟和尚丈下清白傳
家英靈絶世喫茶喫飯現成活計平常盖天盖地從
此曾襟流出所以文彩發露緇素奔波諸祖心肝既
竪拚挓挻而直指老婆說話亦挓泥帶水而何妨況
斗人是應生境惟緣起雪千峰兮一色風萬竅以齊
號即此見聞是何境界雖知言語道斷寂爾忘緣苟
悟文字性離熾然可說弟子久傾敬挹粗荷提撕

信於一朝別伊遭邪崇之欺所以劇平生之慟使予
銷髓所恨者無奈惡因緣由爾蒙心翻悪之却是
善知識但倒此千般之受用將竭乎一路之導歇凡
所聞輩善與勝功悉皆瀝至誠而隨喜欲認依
歸之處然後小休堪嗟淺劣之機尚稽顯應緬
惟萬德之精舍恒峙普日賢之道場適開玄律之
安居爰辦清流之眼龍衣遙瞻海會擬嚴諸佛
之身更想化城不隔重岡之眼九旬精進萬聖證
明云云刷滌塵根消磨障垢脂粉菩提之面目似
舊粧臺線針調御之衣冠添新補處
學士趙文拔撰萬德社請說禪文曰竊以正眼
藏裏佛見法見也皆塵明鏡臺前胡來漢來而

無復恃怙朝廷嘆息似失股肱而不能保持此呀傷
萬人誰不為墮雙淚唯靈之於昔也既善有如彼焉
想不為現惡之牽即生善慶然尚餘宿狹之積或滯幽
途故開三七日之精勤更礪二六時之誦懺一句之功莫
敵三途之業可消伏願云之蒙覺帝之私被經王之護
与四魔戰必勝受頂上之明珠悟多生之醉不知得衣中之
大寶佟乘七寶大車直歸三德秘藏
當時學士之名噪文苑者入社撰詞亦多彪炳
秘書學士金垞撰萬德社開設冬安居法會疏曰三
世諸佛現化之本意唯開一事因緣九道四生歸眞之
妙門亦假兩權方便是法寓為之奇特而予痛切於
奉崇言念好述奄從幻化未既有期於多劫去何無

地於是叢林舉喜洞壑生光在予感佩之誠豈可言論而盡茲故別峙熏場於三日用輪微懇於十方儻此真功格于覺智伏願禍胎殄滅福蔓益茂於蓁楛壽骨靈長顏花不衰於黃閣
無畏薦萬德寺施主羅宰臣疏曰偉蓮經暢諸佛之本懷信誇俱脫大檀家捨半生之盛色哀傷巨勝盡憑獨妙之宗用薦清升之福伏念戒德元缺喪病相仍越戊寅春興帝昺祥元年而復寄跡於蓮堂無畏
復居白蓮社及已未朔而始識面於羅相因緣敢孚恩獎實多是時願三萬僧齋每歲納五十石粲復重創於佛殿輪斯新欲永護於法門金湯亦固何享齡之不久忽脫袴而長歸院宇悽凉如傷考妣而

日將舜日以共明祖風與高風而廣扇無邊願海何
揀擇於此門見在爰河共躋登於彼岸 己上出湖山錄
真鑑遺文家多中獎當時事實賴有慈傳
無畏祝萬德寺施主都指揮使崔有濟寧臣疏曰
身調御無不在乎念〻開感應道交一事因緣莫之
能窮句〻下思修路絶然能種樹於空裏可得開蓮
於火中肆鴉丹悰迂資玄獎弟子老將病而偕至德
與行而兩虧唯我淸河相公賣此白蓮施主彼先祖
誦蓮經而發護法之願又厭考用蘖臼而撰創社
之碑 即有濟之父崔滋 以祖考之因緣享於此法故子孫之
信嚮倍却他人況令相國之行適此艱時而出奄作
一方之雷雨恩威代天別為小社之金湯依憑有

天頙撰萬德寺蓮經法席疏曰妙法謂一念妄心嗔法門是殺法門是句大道泯三觀明體理道場爲事道場爲句法門既仍攷唯殺唯嗔道場可云乎即事即理然則錐根葉載翻之教浩至萬千唯蓮花寂實之宗撚開四一是諸佛降靈之體亦衆生得道之源四十年始顯真妙極於此三七日立修懺流至于今幸萬德之啓行舉三韓而生信彼熊羆尚勇之士徃々受持况鸞鷺奮忠之賢勤勤流布甚矣烏梨之遭遇快哉龜木之因緣言念庸愚極生歡喜特辦純陁之供具恭張遍吉之懺筵書三夜三口一心一境照觀々照境不可思議禪時誦誦時禪固無妨閴真功已就慧鑒金悉周伏願佛

宏規嗟我青丘之耳孫盍承丕緒遂成萬德精舍
始普賢道場已瑧多會而林之豈是肇基而草之
誰聞實相理不發菩提心言念庸資早熏妙石
白底是低黑底是墨粗策蒙心而誦文赤出扵茜
青出扵藍庶逢明眼而研理幸叅懺席切鼓願
輪金字書妙法之莊嚴已周七軸銀色界大聖之
感應庶格一毫因鳩達親扵四方用辦安居扵九夏
說黙皆得定慧芛持入我室坐我座著我衣
儀範皆遵乎佛誡吹法螺雨法鼓鳴幽明
普結扵梵音伏願壽一王福萬姓率土安兵塵靜
雍熈同樂扵豊年慧日熾祖風揚教觀長興扵
浩劫普及蠢動咸悟真常

界同承記莂此一代未所宣楊沙竭羅女八歲而
證法身提婆達士五逆而成佛果堪嗟昔日偏圓
大小之不同但讚今朝開示悟入之無異乃至塵之
刹々自然露々堂々此所以蓮經之冠冕於四時八教
也將世諦以論自乙丑八年而西記當像法之始及
戊辰千載而東漸圓音無間斷之期蓋有豊
庚之轂初未白馬寺流通肇自於摩騰常靈
鷲山證見獨推於智者因暢一乘之旨勸修三昧
之儀旣清風盛扇於陳隋唐甘露未霑於辰馬
弁幸今老宿當此衰時得免忌歸窮妙乘於
一念借蝦爲眼憫凡夫之雙旨早拋塵土之機
卜八煙霞之窟而立誓曰唯吾赤縣之臭祖卓立

懺孚覺鑒伏願晉陽公邸下居則宴晏身其康
強金楨柱天鎮三韓而不朽玉葉盖世耀百代以彌
芳法雨旿霑佛種不斷 已上延出東文選
粵若真靜中興法席雄詞麗藻壽傳剞劂
天頙撰萬德寺法華道場疏曰無上兩足尊久默
斯要唯此一事實乃暢本懷盖自寂場般若未兔
魚但帶對及法華開顯已無渡半滿差殊此非詺
耀而言之盖述誠諦之語耳句句字字會之味之常
作一佛乘種熟脫因磊磊之落落岫岫之嶸嶸玄具十法
界性相體莘聲聞尚易菩薩何難咸會彼
鹿麓境麓麓均霑于本妙迹妙日輪當午何高山
幽谷之暗明春種逢秋皆此前彼田之收穫況九

無浚乎遺風猶有存者弟子賦性也魯慕道唯淡
幸參知識於湖南而獲聞熏於輪下十年請益
祇圖發軔而自行一句興人豈敢效顰於先覺但
由師翁至老講席久虛而明公不以我為無能迺
鈞緘聞于上曰可代流通事大欲不讓乎當仁荷
擔力微恐難堪於嗣法故三思而日省垂數載以雲
游然無利者斯謂之大人苟獨善則徒抱於小節惟
義所在啟途而還入古院以開堂集諸僧而結夏
晝而演教夜而安禪如斯香火之主盟皆是王臣之
推轂況當此朝啓六時半坐半行盡為我乙薦五福
曰康曰壽定傾微懇敢勵精修吾上醍醐純是靈
山之極味林中蒥蒚惟餘丈室之清香祈締勝緣

入院仍結夏以開堂吹大法螺擊大法鼓演大
法音洋乎盈耳入如來室著如來衣坐如來座
寂爾凝心幺麽熏勤剎那感應伏願主上陛下
優承內護坐致中興天錫我九齡更增胡考日聞
國百里益固提封玉燭調而百穀咸登金鼓卧而五
兵不識真冷听洎庶類咸蘇
天因初入院祝令壽齋疏文曰右伏以第一義天雖
莫階而升也不二妙境亦其門而入焉自如來化息
於鶴林有智者祖承乎龍樹得樂說辯發旋摠
持始也約五時八教以釋諸經終焉明三觀十乘而融
萬行故九世傳燈而續焰其文煥乎及四師裂派以
流芳吾道東矣致使衣珠自得家藏頓開法語能

味

天因初八院祝聖壽齋疏文曰右伏以九五福之壽
考欲奉至尊一大事之因緣莫先妙法蓋此經是
諸佛秘要之藏開衆生方便之門乳味酪味酥
味之異時融為一味羊車鹿車牛車之殊軌同八
大車耶以法〻圓成相〻常住八世龍女一念成道
驗文殊化變之切六牙象王七日現身見普賢威
神之力妙哉末曾有也行之何莫由斯弟子以下為
機衆上妙乘依憑有在幸承祖訓之緒餘荷擔
無能徒負法恩之山重豈圖帝意篤信法門念
吾始創之師翁年其老矣謂是親承之法子命
以代之旣蒙鈞造之私敢効天長之祝故率衆而

重而道遠兮汨中路而屛營雖欲荷擔而力不能兮
宜乎汲水而採薪何圖志願之未就兮遽息化以
返真歲月忽其不淹兮適四廻貞于相痛院守
之家寒兮家日以荒凉頃予督夫工役兮
工告予曰訖工樹豐碑以旌表兮壽景耀于無
窮時予嬰疾而彌留兮未遑展桌以明告諒
厄運之所鍾兮雖藥餌其猶未效豈不欲問於
醫祝兮恐肦響而多怪嗟霜雪之貿貿兮裹
菌桂而先悴聊黙々以僵臥兮固吾命也如之何已
矣哉苟吾師之不吾憐兮吾將何地而借冥加焉
譁曰之適届兮宛音容其如在既薦之以蘭叢
兮又燎之以蕙茝願吾誠之至兮鑒乎鑒而不

自力既薄外緣又闕權厝舊菴以至暮月臨事
蒼黃菲薄斯呈奠垂慈憫享于克誠此浮圖
塔 即中真

天因爲圓妙國師立碑渡諱朝祭文曰唯大敎之
獨妙兮自龍樹而命宗縣九世以流芳兮餘波
及于海之東逮五季之下衰兮忽中濁而邊清
派六山而汪洋兮僅吾道之大行何嘉運之忽否
芳命蠡之其如絲念諸祖其已遠兮誰勉力而
扶衰唯吾師之洵美兮稟間氣而挺生世渾濁而
莫子知芳予獨立而惇惇羌自守以篤信兮
曾不撓乎衆托及夫宿緣而化行兮翕然擧世而
靳嚮曰予惛之其不敏兮幸受業于門庭固任

潄恩荷法王之重寄慶幸之心有加無已但予天
性本疎闊藥獨善寂寞未得晨夕侍巾錫奉事無
數中年幹善根數出游獵於冬夏講次又未遑
服膺請業意謂我師翁雖老寔猶健更四五年
未足潄憂曾知其如此豈肯一日去左右而浪游乎
非不知世出世間法住法位一去一住死此生彼皆全
性而起本來自爾以予奉侍日淺大期已逼幸負
法恩悔將何及今於本院之西小峰左穴得一頂地
可安霧骨是用擇吉日督工役具礦鍱之器鍊他
山之石礱土爲窆累石爲塔有墖礎而無層級
内圓外方取天地之象銳首豊足類人物之相増
損延衰一依古制封而識之敬而祭之禮也所恨

庶廻象駕亨此克禋

天因為圓妙國師立浮圖安骨祭文曰嗚呼有解者未必有行為已者未必為他善始者未必善終唯宗師備三者然後足以命世而起家焉師毀之而不加損譽之而不加益可謂自知明而信道篤之自行也解為目行為足德與之容道與之飾毀之自行也師之化物也清風振而甘露潤邪者返正達者亦順一國尊為師四衆咸歸信其末也知機而化度大行其去也知時而解脫從容昭之乎日月不足以踰其明巍之乎山嶽不足以類其功可謂行相資自他兼利而善始令終者也弟子自念曩昔何等因緣值我大宗師獲聞一大事承法乳之

芥相授慶幸無已念我牆面言提其耳法乳生成實踰怙恃欲酬萬一計無所出但與百年為供養日甘旨適時刀圭不失縱性逍遙坐忘一室永以娛老志願斯畢豈慮一朝居然示疾預知時至秋以為期特辦歸裝整頓身儀臨絶從容決釋餘疑何方之游金天西陸華池寶樹以娛以嬉自師觀之寂滅無為去住自爾何慮何思以予觀之生滅相違悲慟突極意不自持日復一日慨然長欷鳴呼哀哉樹風不止薤露易晞天不憖遺予將疇依風烟愴怳物色他離龍移鳳騫澤涸林裒生耶死耶漫不可知夢耶覺耶亦不可追所抱精誠無慶可伸潔爾蘋藻菲薄斯陳明信苟篤靈感必臻

垂範千古九世以還微言罕聞復晁鑽仰進取無
門義天雲矒法鏡塵昏合鑠正派幾一線存法
度警訊傷如之何嗚呼哀哉道不終否天生作家
堂堂我師碩大且邁齠年落髮優中選科壯而
慕道高峯煙霞雲游名山卜居陁那學者斳
嚮四遠奔波山棲湫隘萃如稻麻乃卜金園于海
之濱率籥玄侶善誘循循半生半坐舊制是遵
十乘軌行三觀陶神浹入三昧精修日親一衲青
山垂五十春卓爾听立前無與倫嗚呼哀哉時
不我合云云孔羣雖涅雖緇不磷堅乎白乎
金精玉真澆俗欽風釅而復醇醍醐一味施及無
垠顧予小子鳳嚮高誼辭親北堂訪道南紀釬

萬德寺志卷之三

茶山鑒定

鶴林李晴 輯
騎魚慈宏 編

靜明文詞超出等夷尚多遺芳傳于藝苑
天因祭先師圓妙國師文曰竊以古先覺皇奄荒
忍土妙契環中一視無外俯提弱喪超度三界稱
本妙性入如實際由機利鈍敎分半滿句羊鹿殊
軌寶昕猶遠各權昕據莫能一貫比及靈山始
滿本願蓮花妙旨廣爲開示九界三乘唯一無二
大事因緣妙極於此如優曇花時一現甬自佛
滅後有聖龍樹肇闡觀門先鳴印度洎乎智
者挺生像季痾植昕資天縱妙悟縱辯懸河

為供吟嘯兩地曾襟要鴈篇俗弟子朝請大夫
太子司議郎守卿知制誥
郎李頴上〇慈宏棄李頴稱弟子於真靜則其叔
父慧日當与真靜為同輩人特不封國師耳今擬
慧日序次在真靜之下

萬德寺故康津縣志載慧日禪師萬德寺詩
曰前峰如石廩後峰如芙蓉又有白蓮社詩二
首載於縣志篇見下 慧日之為萬德先師無疑也
真靜國師次韻寄李居士穎詩二十四首其首
篇曰居士年來逸興多狎鷗波上學無何蓮花
八社成三昧梖葉隨僧讀五馱皎皎能令心月現
昏昏不受客塵呵知君雅合香山叟身未出家
心出家 趙注云李公以○慈宏案此慧日在莞島
時所寄詩也
李尚書穎獻真靜國師詩曰莞島攀援尚宛
然回頭二十二當年久知眼境花金屑未暇心田種石
蓮萬里白雲無點跡一家明月自長圓作詩非

碑云普照國師以金廢主大安二年示寂于圭
峰山無等此信文也圓妙之營萬德寺在大安三
年則萬德開山之前普照之茶毗已久普照安
得為萬德之先祖乎東岡有普照塔者本寺之
丁午國師亦號曰佛日普照下文見是乃丁午之藏
珠也○慈宏案普照國師名知訥號牧牛子非萬德之攸祖也○謹
流名跡現扵曹溪順天之廣寺非萬德之攸祖也
學案佛祖源流以牧牛子爲元順帝時人亦誤矣
唯是慧日禪師文詞幾八三昧名聞可齊八師
興地勝覽云法華菴在莞島中高麗正言李
頴論莞島其叔父僧慧日隨而訪之仍入島創
寺以居○慈宏案慧日雖建寺莞島亦嘗居

興廢記之唯謹若使無染之跡或有髣髴則畧
而不言有是理乎萬德之爲唐代所建本無明文
况可曰無染居是乎無染者聖住澁妙之先德
非萬德之攸祖也
又或以普照國師指之爲先德亦是錯認
茶山云木寺東岡有普照塔故古未相傳此是
牧牛子舍利之藏遂以牧牛子爲萬德之先祖
又按崔滋碑稱金章宗承安三年高麗神宗元年圓
妙在高峰寺設會牧牛子在公山佛岬寺設
會寄月顯燈光之詩圓妙往從之後數年兩
人皆移社南方上文見則圓妙普照定爲法友徃
來證會容或無恠但李奎報撰月南寺眞覺

末流鹵莽乃以無染國師戴之為祖其譌易辨
新羅崔致遠撰無染國師白月師法
諱無染俗姓金氏武烈大王八代孫前唐德宗
貞元十六年大師生穆宗長慶四落髮時年十
五航海入唐問道如滿空門 弟 天 武宗會昌五年
末歸節 宣宗大中初就熊川聖住寺 州 今 金 즉 即 慶 尋 移尚州 深 妙 寺
宗咸通十二年始載下
僖宗乾符三年渡至王居憲康王諭吉翌日
渡還聖住中和末年又至京旋歸聖住寺僖宗
文德元年 三 年 定 康 王 暢月示寂壽八十九○茶山
云無染國師平生行止一動一靜詳載於白月塔
康津萬德其有影響晋乎況崔滋之碑凡萬德

也蓋當時法號或稱普照或稱靜慧或稱真鑒或稱無畏試觀僧譜此類甚多無畏有二不足疑也牧丁午皆稱普照叉了 今試論之圓妙國師以宋理宗淳祐五年乙巳示寂而丁午以宋帝昺祥興元年戊寅始居龍穴 文見其間三十四年三十四年之間傳燈至於十一有是理乎丁午之非圓妙十一世孫章章明矣然則名混其守珍立號牧菴而稱無畏者別有其人真是圓妙十一世之孫亦爲白蓮名德無可疑也況佛祖源流及尹淮之記趙宗著之碑皆非虞初諸皁荒唐之筆豈可以一丁午當二無畏哉○畔案丁午之後七十餘年高麗亡則牧菴國師蓋麗末之僧也 詳見表上

本朝大提學尹淮白蓮寺記曰全羅道康津縣南
有山崛起清秀峻屼際海岸而止曰萬德山之陽
有佛氏之宮顯敞宏豁俯瞰滄溟曰白蓮世傳創
始於新羅氏重修於高麗圓妙師傳至十一代無
畏師恒為法華道場號東方名刹暨島夷陸
梁負海奧區鞠為丘墟寺亦隨其盛衰乎大師係
○慈宏案此記見輿地勝覽尹淮即國初文衡也
○又按趙宗著碑亦曰圓妙結社本寺為東方第
一道場傳十一師至無畏大師繼居是寺而傳其
衣鉢闡揚道法故地奧人俱顯于世詳見下
云萬德有兩無畏其一法名曰丁午其一法名曰混
其丁午者圓妙之三四傳也混其者圓妙之十一世

三十年矣殆水土之緣谿乎然未有長往而不行者故今卜得寶月山白雲菴出之別名而移焉追記年月因由留爲後觀○慈宏案朴全之龍巖記元成宗大德六年高麗忠烈王遣中使迎無畏于月出山白雲菴今案日月記無畏之移白雲菴定在大德六年則移居未久而中使來迎也○晴案東文選載無畏雜文甚多今其考驗有關者錄于此篇其餘別錄于下篇

第八牧菴無畏國師馳華聞於甲叔承法彌於丁師

佛祖源流云無畏國師諱混其字珍丘號牧菴姓趙氏肅公德裕伯父圓妙十一世孫也

松篁圍石疊田原海岳入茅簷悠然偃息忘身世此味何人共我甜又移得花叢糕後砌折來松杪補西簷于中又慣山居事舌下那知世味甜修等既畢即欲他適乃緣善事因循未去時又於凌虛招隱逢詞人禪客則聯文話道以樂性情或寫沈鬱則上凌而縱目瞻眺或治浮蕩則下招隱而冥心寂黙自適其適而都忘去留矣一日有一生來問魯論中山梁之意解說之因成二篇云時哉肯羨山梁雉老夫還依石穴龍渴飲玉泉飢粲廻憨佛祖尚優容又出慶隨緣無適莫何論騎虎與攀龍凌虛招隱酬淸樂却幸塵寰不我容且予平生居止未嘗終三年留也而棲此菴今

人不相及也
無畏國師自撰菴居日月記曰越戊寅春忠烈王
帝昌祥元年予始寓鰲龜山縣今康津之龍穴菴焉至庚
辰夏遷向尙州之界又於庚寅春復來掛塔菴
在龍穴之西乃吾從祖所剏建也西偏三間隨將隊地
於甲午秋改搆之乙未四月元成宗元於南峰誅
榛莽而等崇臺名之曰凌虛題詩二絶云新等
高臺得勝觀蓬山華岳陟何難前吞巨浸雲烟
洶浚揖巘叢王雪寒又凌虛臺上獨游觀詩
不能形畫亦難天見道人貪到骨命專山水慰
飢寒又丁酉春元成宗大前翦叢篠累石爲基立
小亭於東厓溪側名以招隱有詩二首云槐栗

在樓西乙主與王淑妃在樓東觀樂戊申上王飯僧點燈于延慶宮五日浮屠之齋布施之費比前有加十二月丙辰上王幸神孝寺丁巳王訪僧混丘于廣明寺○茶翌日又訪丁午于妙蓮寺 元仁宗延祐元年厥明年即忠肅元年
山云混丘者普鑑國師也 密陽烟原寺見佛祖源派 字丘乙號無極老人碑在
丁午者真鑑國師也丁午法諱有無畏二字遂以無畏行世故東文選有無畏而無丁午也高麗史所
載與朴全之龍巖寺記毫髮不差 皆云皇慶二年十一
為國統 丁午之為無畏審矣
朝冊師
高麗史地理志云淳昌縣忠肅王元年以僧國統
丁午鄉陞知郡事○勝覽案察亦淳昌人也
託胎於同郷棲身於同寺若不偶然所愧古今

命忠宣王即復冊師為國統加法號曰大天合宗師變

父王宣定慧光顯圓宗無畏國統焉師拔延祐甲寅元宗旼入內殿面辭瑩原寺遂命移于兹寺也 即晉州之龍岩寺 ○茶山云湖山錄跋文云大德十一年十月王師佛日普照靜慧妙圓真鑒大禪師丁午跋大德十一年即瀋王丁未也其年月日相符其法號相符無一字差錯則無畏之為丁午審矣無畏者賜號也丁午者法名也 ○應彥窣月出山白雲菴舊基今為李氏山莊猶稱白雲洞

鄭麟趾高麗史云忠肅王即位之年 忠宣王末年元仁宗皇慶二年 十一月戊子以王師丁午為國統國一大禪師混丘為王師庚子設八關會王御儀鳳樓上王與丁午混丘

高麗學士朴全之撰龍巖寺重創記曰無畏國統
下山所 鐵甞 龍巖寺乃在於晉陽屬縣班城東隅靈
鳳山之中也 節唯我國統妙齡試僧選捷上上科卽
脫身名綱徇山住菴有年爰上聞師所行以大德六
年壬寅夏六 元成宗 特遣中使祇候金光軾迎歸于月
出山白雲菴命主於瓶刹妙蓮社焉至十年丙午
冬上法號爲白月朗空寂照無碍大禪師明年丁未
夏瀋王 王忠宣 與父王 王忠烈 欲共行摳衣之禮封爲王
師進法號曰佛日普照靜慧圓妙眞鑒大禪師壬
大元年戊申 元武宗元 年 瀋王卽陳已酉冬上命住國清
寺庚戌上復命移住瑩原寺及皇慶二年癸丑
宗二夏六月今上嗣位 令上卽 忠肅 至冬十一月承父王之
年

真鑑金無畏國師薦法兄圓慧國師疏云真身
無碍徧入眾生心想中妙法難思超三乘教
行外感如形對應若象生宜為諸佛大事之因
緣用導先師故鄉之行李唯彼還源之國統吾
並世之門兄自童孩至于長成以慈愛勤于訓誨
法恩重如山岳無以報之齋供畧俻坱埃庶幾薦
也伏願現前三寶令我國統圓慧之靈六根清淨
三智圓明受用長者家珍自他無利游泳四方刹海
聖賢同流餘澤听霑羣萌芽潤○慈宏案無畏
二文皆稱國統然佛祖源流明以圓慧稱國師其必
贈無疑也但圓慧之姓名字號無文可考
第七真鑑金無畏國師演三車扵龍穴友萬乘扵鳳樓

真鑒無畏國師祭圓慧國統文云噫大道之豊
夷兮在扵人之有無唯我佛之雄偉兮乃間世
而降塵區妙齡穎悟兮博通三部擇法眼明
兮善別精麁龘初主白蓮兮重興祖道卒為國
統兮德與名俱及還源日兮從容醉脫寶所
謂善始令終之大丈夫扵斯時也乾坤寂兮三
光慘淡泉澤渴兮百卉焚枯鳴呼哀哉顧予
暗短而無似兮幸以宿緣而忝一門徒眠受鉗槌之
鍛鍊兮其恩賜也豈可量乎今當百日兮辦齋
奉福魚陳薄祭兮庶愍屋愚○慈宏案初主
白蓮重興祖道者謂佛法重興非謂圓妙之道
中衰而圓慧興之也

實可謂能幹盡而纘承也歟大德十一年十月日王師
佛日普照靜慧妙圓眞鑑金大禪師丁午跋○慈宏
案靜慧圓照其賜號也力其法諱也止一字而
安其表德也其爲國師雖無明文旣賜號至四字
則身後加贈國師必徙眞靜之嫡統亦無疑也湖
山錄特標萬德山白蓮社第四代則圓照之爲第
五亦無疑矣
第六圓慧國師受鳳毛於三藏執牛耳於萬德
佛祖源流云高麗三藏義旋禪師號順菴
嗣圓慧國師○慈宏案圓慧者丁午之法兄也
然則圓慧丁午皆三藏義旋之親徒捨以圓妙
爲祖主盟於白蓮也

談貫而其才敏於用事上之可以駢駕遺山下之可以
拍肩豪叟惜乎名已泯矣若使操衡藝苑者棟
三人於羅麗之世則崔致遠天頤李奎報其頡也天
頤本萬德山人移棲龍穴余自棲茶山以來歲一游龍
穴為嗅天頤遺芳也
第五圓照國師傳燈真靜之門豎拂法華之席
真鑒無畏國師跋真靜湖山錄其文云真靜國老
以儒林巨魁溯入祖道故發為詩文天然有雅頌之風
其所歸乃勸善誡惡欲驅人於無生之域而已非若世
之畫無鹽飾嫫母規取一時之譽者此夫醍醐飲而不
厭珠玉玩而不足矣門人釋教都撿攝靜慧圓照刀
禪師而安既錄之成集又出私錢售工鋟梓傳之不朽

潛藂啓行枳千里道途險艱備嘗計月餘旬日
始多昕謂萬德山地僻人稀寂無來往但見雲岑
烟島掩映蒼茫脩竹清溪可遯可賞唯厖眉老
衲四五輩出門笑迎遂居稻田傳相譯述水邊林下
長生聖胎象外壺中揩磨道眼始云普賢道場卯
揚顯開佛乘力行前代之不行使覺后人之不覺今
四十年矣○慈宏案此書曰可見眞靜平生大畧故今
節錄之
茶山樵者題天頙詩卷云此高麗名僧天頙賜號
眞靜國師者詩文遺集也本四卷二帙其半爲鄰寺
僧昕竊蓮潭有一嘗欲鈞取之竟不得余觀天
頙之詩濃麗蒼勁無蔬筍淡泊之病其學博洽

之利不息身後之狹雖馬面牛頭何以加此如是而
一開閭閻無立錐之地可闢邊求利區區
徇財但望饔飧之給卒皆欺詐於他彼貿此易
彼物与物更相輪廻故日日常如此者噫人不能轉
物物却能使人以物物之有無卜人人之閒忙其貪
生逐物柰萬古千今例皆一受安能鬱鬱久居
此乎幸我丹桂主人清河相國 即崔恩重鑄顏言
高興點仍使予書金字蓮經始見諸佛世尊唯
以一大事因緣故出現於世今我未知何生植何善
根獲聞如是真正大法豈非宿緣醞釀不泯歟
自是世出世首鼠之心一刀兩段切欲從浮圖氏誦
妙經修妙行念念未暇辨嚴幸得同志者二人

圖寇連境峯兵鯨鯢天步蠮蟻人命雖公卿朝士
皆欲全身遠害況闒茸無賴之人乎若夫衆富之兒
生年不讀一字書惟輕驕游俠是事徒以月杖星毬
金鞍玉勒三三五五翶翔乎十字街頭罔朝昏頒已
南來北去觀者如堵惜乎吾與彼俱幻生於幻世彼
焉知將幻身乘幻馬馳幻路工幻技幻人觀幻事更挾
幻上幻復幻也彼與彼但更相執實一旦芷然終彼闇
羅老子摧屈便縱有千種機籌怎免伊擔搋由是
出見紛譁增切怛月或經過市鄽見坐商行賈
只以半通泉貨貝哆哆譁譁間爭市利何異百千蚊
蚋在一甕中啾啾亂鳴或屠兒魁膾惟剸刃是恣酷
殺他身販養自口腥羶遍體黑葉崢嶸但顧目前

蹟迹八王堂儒術之外尚熙乎玄風后航海八宋盡
傳秘要逍遙乎紫府丹臺歆吸乎玄霜絳雪故令
中國道家者流皆歆伏斂衽及返國上挍置不死之福
庭撞洪鍾啓玄輪日臨金生霊之耳目故至今明天子
登鳳樓頒鳳詔則必稱冲若之子孫欲世世不忘也
幸汝承祖宗之烈弱冠登第英聲籍籍盡專儒
業而期仕官乎予具聞其說退而心言錐内外紫纓
甲乙紅戚(先人外出甲制紅牌吾及見之)已是鬼錄於我何有况世
間虛幻無堅牢久遠之足恃錐乾城之起滅蝸國之
戰爭石火水泡霜蕉風槿不足為喻若我以有限之
生塵出埃八随世推移則設使布衣享南面之樂安
肯從刹那之外樂忌常住之内樂也哉又今匈奴

文將欲刊行己卅三年矣○慈宏案真靜此書
乃宋度宗咸淳三年所寄也此時真靜其住萬
德寺矣
真靜國師答芸臺亞監閔昊書略云伯父曰昔三
邢嵒沸 太祖龍興有臣曰申厭達者佐
太祖定大亂圖畫於麒麟壁上自是子孫係係不
絶遠則羅王之外孫近則祖聖之後裔皆起跡山
東接虎朝端降及曾祖蓬山擺史柏署振綱其文
章清白忠孝子之大紫又曾父挺挺有祖風先祖
使奏襲一等先人況子之外出亦鷄林宗室至我太祖
封西原京主自侍中能熙至波外祖凡九代蟬聯圭
組世為顯著又外祖之祖起居注中若雖題名金

祝三年公以狀聞于上使山野主盟梵席至甲辰八月予始抵此◯慈宏案淳祐癸卯甲辰之際圓妙方主盟於南白蓮真靜亦主盟於東白蓮則其各位相等矣厥明年乙巳圓妙示寂而天因主盟越三年戊申天因示寂而圓眠主盟其後不知何年真靜主盟故萬德然要之圓眠主盟未久而真靜代之也其相代之法如守令交遞為前官後官而已非真承襲為弟子如今之所謂入室法也湖山錄稱真靜為第四代然真靜者圓妙之親徒也真靜國師寄金承制書曰老僧禪誦之暇撰海東法華傳弘錄或曰現將以勸發於世節越歲在丙申春月宋理宗端平三年先師命我撰白蓮結社

真靜八院祝上疏曰弟子早捨文章小技獲參圓妙老
師又曰普承人乏曾駐跡於四佛山今又我何俾主盟於萬
德社○真靜和法雲卓然詩序曰景早參萬德山
白蓮社頂謁圓妙國師始立普賢道場○慈宏案此
諸文真靜天頙亦親受學於圓妙特以其主盟道場
在於第四故為本寺之第四代也
真靜國師游尚州四佛山記曰尚州山陽縣北有山巍高
重峰疊巘東連竹嶺南扼華藏是名曰四佛或曰功
德山之坤維有古寺曰米麴一曰白蓮社蓋義湘法師
住跡之地高宗二十九年歲在壬寅少卿崔滋出守
尚州聞其奇異試尋訪焉節萬德山在湖南功
德山在江東故以東南白蓮呼以別之癸卯秋宋理宗淳

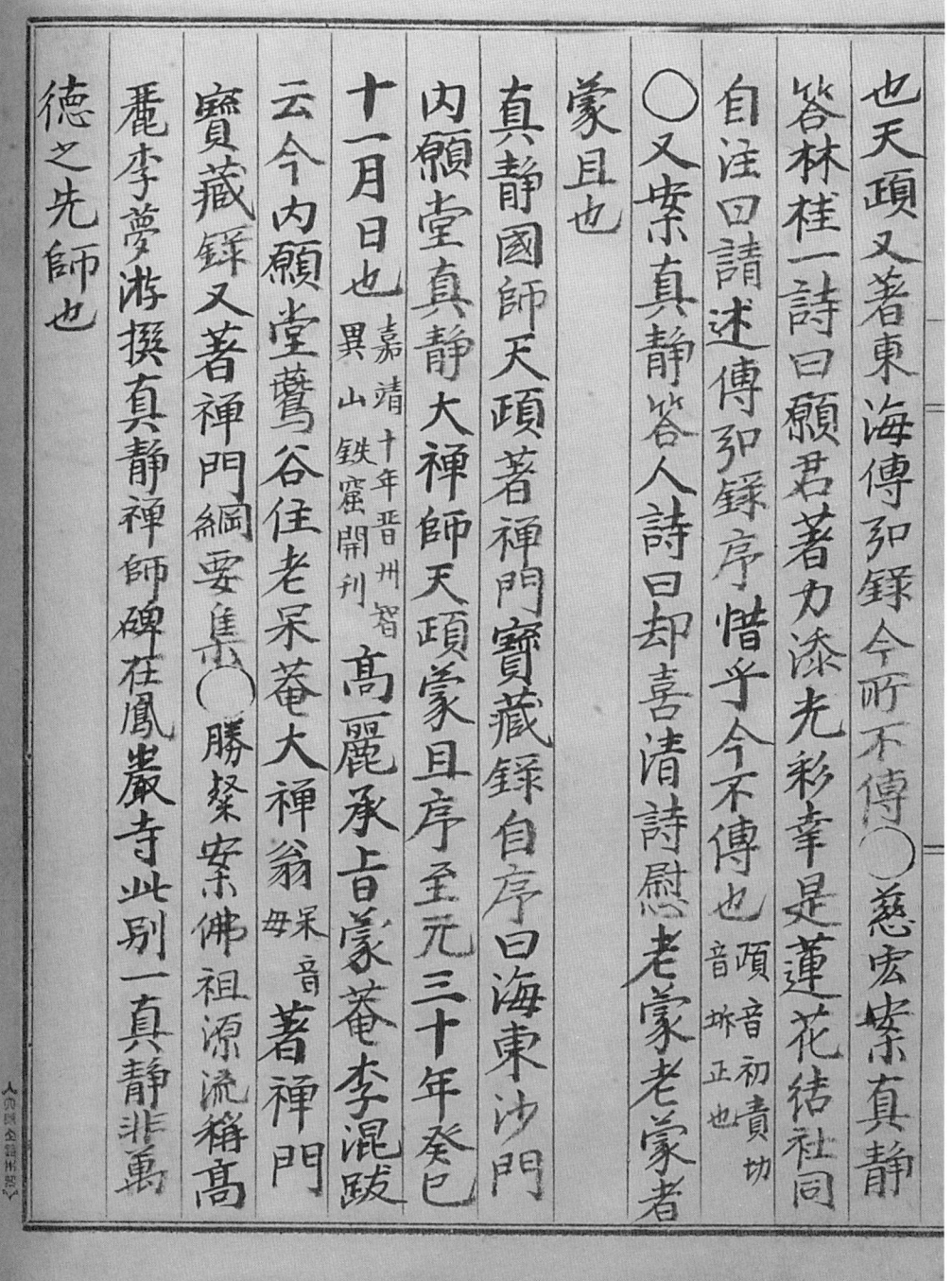

也天頙又著東海傳燈錄今聽不傳〇慈宏紫真靜
答林桂一詩曰願君著力漆光彩幸是蓮花結社同
自注曰請述傳燈錄序惜乎今不傳也 頙音初貴切音琳正也
〇又紫真靜答人詩曰却喜淸詩慰老蒙老蒙者
蒙且也
真靜國師天頙著禪門寶藏錄自序曰海東沙門
內願堂真靜大禪師天頙蒙且序至元三十年癸巳
十一月日也 嘉靖十年晉州智異山鐵窟開刊 高麗承旨蒙菴李混跋
云今內願堂鷲谷住老采菴大禪翁 采音母 著禪門
寶藏錄又著禪門綱要集 〇勝鬘案佛祖源流稱高
麗李夢游撰真靜禪師碑在鳳嵒寺此別一真靜非萬
德之先師也

萬德寺志卷之二

茶山鑒定

鶴林李晴 輯
騎魚慈宏 編

第四真靜國師亦親灸於圓妙遂聯芳於靜明
真靜諱天頙字蒙且高麗高宗時人圓妙國師
之親徒也本姓申氏開國功臣申崇達之後至其父祖
赫世簪纓弱冠登第文章震耀一世而一朝棄家
潛逃道逸艱險月餘至萬德山遂落髮入普賢道
場晚年徒居龍穴菴故其遺藁錄珍島縣令于
勉朗州守金愃獻詩國師皆稱龍穴大尊寺宿斯可
驗也其遺藁四卷名曰湖山錄分為上下二編其上編
於穀年前為淨水寺首座僧所竊今所存者惟下編
存

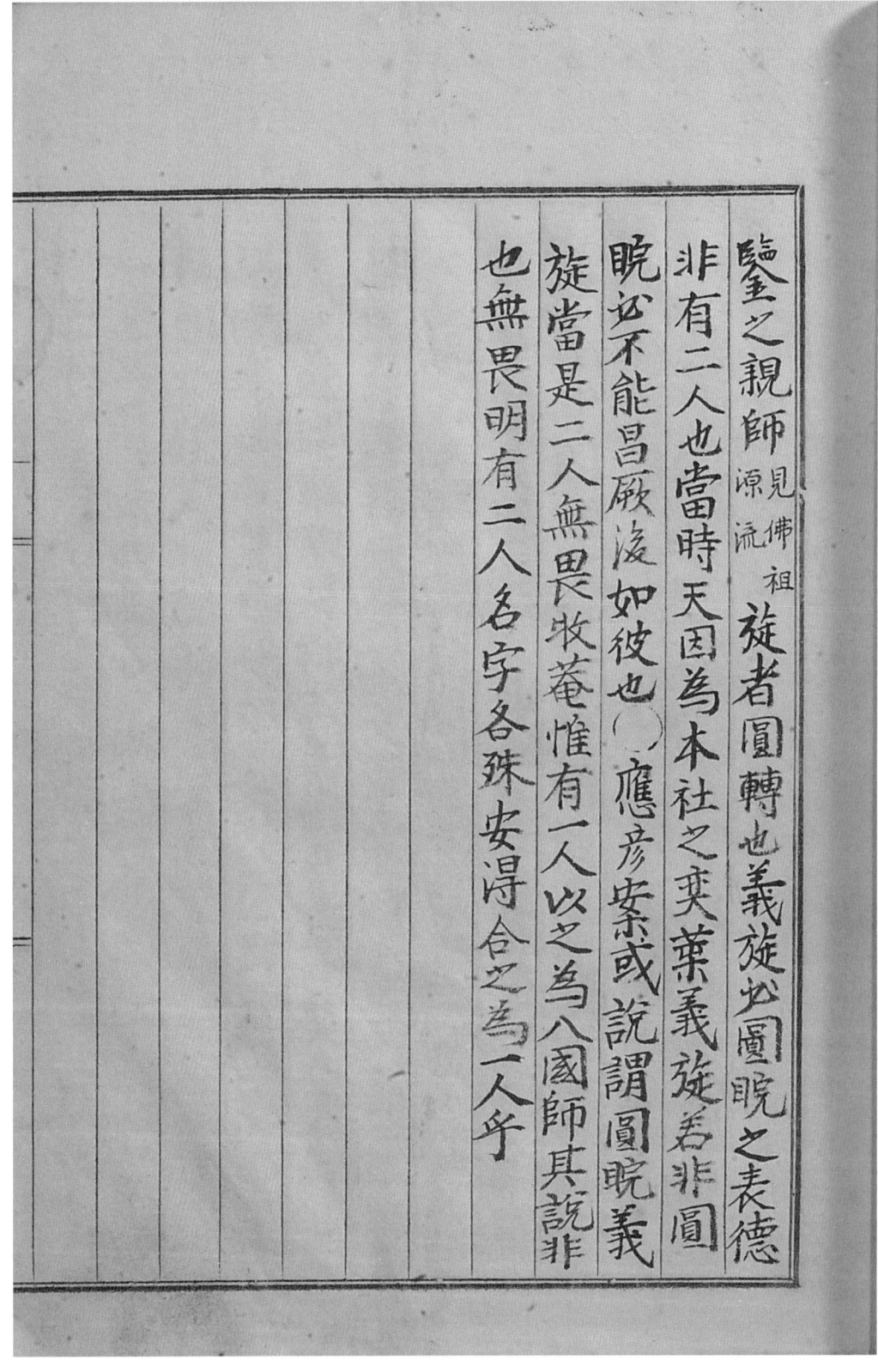

鑑之親師見佛祖源流 旋者圓轉也義旋必圓脫之表德非有二人也當時天因爲本社之奕葉義旋若非圓脫必不能昌厥後如彼也○應彦案或說謂圓脫義旋當是二人無畏牧菴惟有一人以之爲八國師其說非也無畏明有二人名字各殊安得合之爲一人乎

錄之下卷

第三圓睆國師受衣法於靜明指印文於圓慧心

案崔滋碑云宋宗理宗祐五年乙巳四月圓妙國師以法付弟子天因退居別院至七月示寂(見文)又林桂一撰靜明詩集序云淳祐八年戊申七月天因國師以法付門人圓睆是日退寓龍穴卷至八月示寂(見文)則圓睆之爲蓮社第三祖明矣當時本社設普賢道場也有主盟之人付法者令主盟於道場也凡主盟道場者以其序次謂之二代故真靜三代國師觀參圓妙而猶爲本社之第四代者(錄湖山)共主盟在第四世與今人之錫號入室嗣之如子雖者其法不同 〇慈宏案六書故睆者圓轉貌本社有三藏義旋國師爲圓慧若真

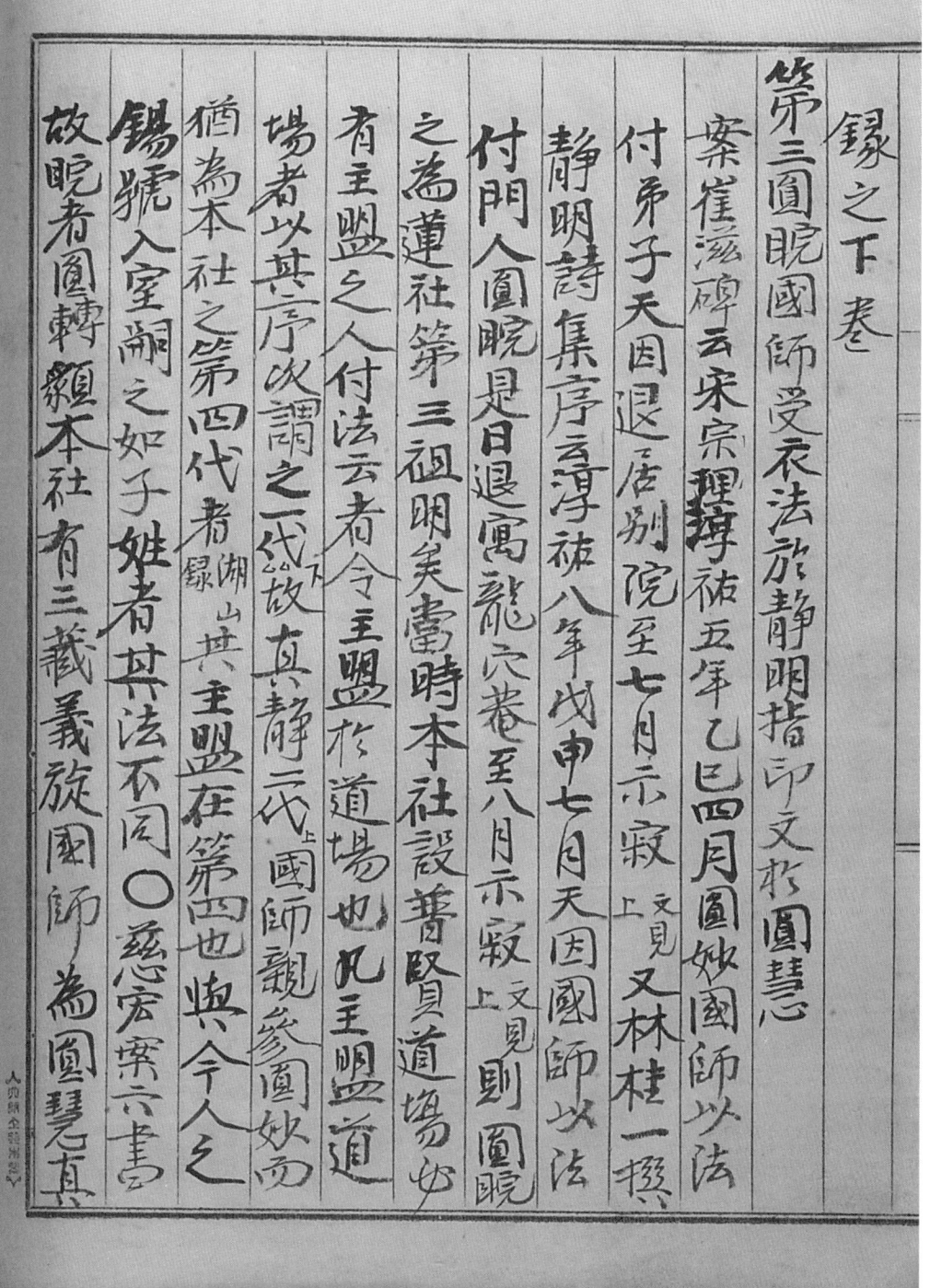

異多載行狀此畧之師自出家不喜著述因寰人
往還詩文頗多不許門人撮錄十失八九但攟拾
末年遺稿詩多篇雜為三卷予幸題各香社親
炙有素師既沒國家多故未遑立豐碑頌功德亦
師之雅志也猶恐其軼躅湮滅後人何述焉適有
道人袖行狀與詩集末示予不敢以鄙拙自辭畧
叙師之遺迹是特大山一毫耳○慈宏案天因詩集
今亦無傳惟東文選中天因所著多見採錄此畫䒴
亡則天因其不泯矣 余於山家偶得東文選一卷天因
祭圓妙國師文天因豆浮屠安骨祭文天因豆碑
後諱朝祭文天因初入院祝聖壽齋䟽文天因初入院
祝令壽𪗋䟽文皆載焉逐以是卷歸之本寺今又

藥餌明年孟秋初七法付門人圓眖仍囑曰吾沒
後無厚葬立塔無謁有位札碑銘但就地茶毘耳
是日退寓山南龍穴菴掩關絶事淡如也八月四日召
門弟子曰吾當行矣為書寄崔相國及鄭參政法
第天吉至五日浴靧更衣墜坐屬聲云大丈夫衛天氣
焰於何處用侍者問四淨土境現前未審游戲何土
荅惟一性境又告眾云病僧絶粒十餘日脚甚無力然
得法身冥資脚力稍健將此脚力天堂亦得佛刹亦
得五蘊廓清三界無迹說一偈曰半輪明月白雲秋
風送泉聲何處是十方無量光佛刹盡未來際作
佛事言訖而逝年四十四臘二十三弟子正觀夢游
何方似有大人譁云因和尚已得上品上生矣其他瑞

朴氏燕山郡人也弱齡穎悟博聞强記以能文稱擧
秀才入賢關以直赴第一生失意春官士林皆爲嘆
悟即謝世與同舍生許迪前進士申克貞拂衣長
徃抵萬德山參圓妙國師既雯染因造偶松廣山
諶和尚子無衣得曹溪要領而還舊山祇服師訓誦蓮
經始開普賢道場涉二稔歸隱智異山又移錫毗瑟山
屛跡修眞累歲迺還浪國師傳天台敎觀慧解果
菱機辯風生及國師旣耄欲令繼席師即脫身避之
上洛功德山會相今國崔公滋守洛創米麪社以邀之
師將老丐國師再遣人强迫且讓云何背絶之甚
卒不得已未主院門從衆望也丁未冬避胡寇入
象王山 今莞 島 法華社永微疾上遣中使以書遺

頓脫愛纏旋得自家之逍遙焉濟他鄉之事若更
願弟子打破漆桶適當今也其時受用衣珠方悟
昔之未曉然後若取若捨或順或違皆結法華之
因緣終被法華之撈摝 ○慈宏案金哀宗天禧元
年壬辰圓妙國師設普賢道場見於崔碑此其起
始之文也

第二靜明國師受圓妙之嫡統紹天台之正宗
高麗學士林桂一撰萬德山白蓮社靜明國師詩集
序曰文章之作固釋氏之餘事然自唐宋間高
僧四十餘人詩集行於世斯亦可尚已或有葦浮
屠末精者反託文章之流以自效至如儒釋無資
道行孤潔求之前古罕聞焉國師諱天因系出

本事寔辦真功於一月俾勤淨行於六時誦清
聲兮命命聲之自風定香蟄蟄兮羅羅香之
遍雨默鬼逬淚而欣集龍神側耳而樂聞八
部猶光輝依然會席之未散六根必清淨信
哉近果之非遙何輕此心不是小事凡聞一句者
尙受菩提之預記況俉三昧則焉知剎那之
頓成如遇木一眼龜妙法幸五百年後駕承蓮
六牙象大聖未三七日中早已臨頭不煩饒舌旣
感通之伊通盡祝願之自陳寶祿覈昌凶四海爲
一名山表瑞呼萬歲者三文虎勤彪亮之忠黎庶
致豊穰之慶天下安天下戴白不見干戈世間出
世間同梵恒爲主伴次願先亡考妣優承惠援

於大行頑不悛其小見以其但將螢火欲爭日月
之光明誤認驢年虛卜春秋之餘閏幸今有
萬德尊宿慕四明清規引退億則是精進之
幢填誓願則作慈悲之筏回狂瀾於既倒教
觀以之勃興洒甘露於無根清凉穆然頓在反令
不聞不知不覺之淺識皆有若持若讀若誦之
溪因演大法義擊大法鼓雨大法雨吹大法螺
一音無處不遍入如來室著如來衣坐如來坐
行如來事五濁於我何况洞三觀兮立普賢道
場導一切日期彌陁淨剎非但今日盖亦多生
眷言易億之資但竭難遭之想荷擔無今嗟
不啻蚖奴之至愚供養有緣切欲效嚴王之

於無數大千經中執為了義唯會三絃一教外
斷得妙名不思議其功德昔如來之出現也王
毫放光於萬八千土金口說法者四十九年以利根
鈍根之不同何多驍駿故滿字半字之各異未免
紛紜誰能染指於醍醐皆止甘心於酥酪比及蟹
山之極唱餘二卽非真咸使恒沙之衆生無一不
成佛方便門開也真正路坦然所以塵塵自然
露露然則牆壁瓦礫之穢惡無非佛性俱存蛣蜣
蜣蜣之盲聾不雜法位常住文字非外色香皆
中奇哉奇哉如是如是此一段消息西乎與龍樹
啓之由四依流通東矣鷄林聞也然佛出化行而
猶多冤孽況魔強法弱兮其能受持嗟未得

散檀施以濟貧窮居白蓮山剗得迸泉之旣住
華長林能降打案之魔珠祥異夢之或聞妙迹
奇功之可述非夫多生願力一向精微規奉法於國
家誓報恩於佛祖者疇克甫戡且至虗寓於有物
大化復於無形問荅未終去未自在霜炎已換而
樹林猶愴門院久寂而邑落同悲旣以諡而易名第
加諡而進袟可特授圓妙國師云云於戲師之生度門
宏闢而眞風邁古師之死法雷猶鄉音而遺澤在
人聊酒涅於幽高俾揚光於永世絲綸一下泉石
皆知云云
慈宏䇿此亦示寂後追贈之誥也
眞靜國師天頙撰壬辰年普賢道場起始疏曰

非唯鷲序鸞行題名結社雖至馬童牛豎引
領歸心顧惟些法之中多以台宗為本自唐而返
英祂講授扵羅朝至宋亦然大覺流傳扵祖
代有權實而不有無修悟而不無會三乘扵獨
妙之門融萬法扵純圓之表功施行暢蔭益卯
多及乎佛性堙微人根淺鈍有流扵講蕩而不佳有
滯扵文句而不移謂枯坐是禪苓三觀扵桎梏以
竅虩為慧齊八戒扵秕糠師扵是時力救此弊
茛蕪穢而開正路作堤坊以障橫流然後智者
之微言朗之極唱東陽之宗趣南岳之教觀揭
起于玆撞翻若是以全口不道鄉閭之事足不踏京
師之塵坐無褥茵居無燈火撰疏要以領徒衆

必有襃追惟釋院之宗師寶是東韓之老德宣
有加於母命而無間於存亡萬德山白蓮社主了世
辰象毓靈海山鍾粹聰明發於乳育姿表偉於
髫年割斷親緣劾執參師之禮擴揚聖教尋
登選佛之場歷扣禪關周流講肆窮三藏之
旨括百家之言與伴侶者縠人痛輪廻於長劫
即投身於靈洞冬安夏安嘗息影於公山畫
懺夜懺精廬於萬德古址立熏範於普賢
道場每趁禪餘無忌日課準提一千遍功不廢
於祈寒彌陀一萬聲念猶勤於酷熱或求生於
安養常了誦於法華普勸尊卑常令講習
升堂沐潤者風馳於浚入室聆芳者景附於前
〈丹岬金鎭汞聱〉

今為二道其潭陽以南謂之江南道也
高麗學士閔仁鈞撰萬德山白蓮社主了世賜
謚圓妙國師教書曰教云々有非常之人然後
有非常之贈國家自三百餘年已未追崇大和
尚為國師者惟大覺無碍智普照真覺等
大德而已後之有非常之德而無專美于前人
者吾師其人也師以豊資偉望應時挺生能豎
法幢擊法鼓其死法利人之效炳々與日月爭明
襃贈之命朕何惜焉今賜圓妙國師云々○
慈宏案此教書凡國師之號皆示寂後追贈也生
時所授不過王師國統等稱號而已
其官誥曰門下罕古之榮難於所授絶倫之識例

普賢道場祖開東韓勸誦蓮經誦者曰盛噫
師之心確乎剛正利名不誘魔外難凌孤立海內
光揚祖燈悟醉方明修懺愈功延生待時非
以詭譎清心在丑表事宜秋臣雖筆戰未工撰
修師之終始無愧勒石此山寧顧些不易
慈宏案古稱此碑毀於倭亂惟石趺不毀今所存
趙宗著所撰碑蓋挿新碑於舊趺者也
晴案崔滋碑銘載於東文選惜乎趙碑之新建
而不能崔碑之重刻也嘉慶癸酉冬余游京城
枊東文選中鈔取崔碑歸之本寺自玆以徃庶
乎其不泯也○應彥案新纂者今屬南平縣曹
溪者今之松廣寺江南者高麗時今之金羅道

即斂念默印如入禪定就視之已化矣享年八
十三臘七十顔色鮮白異常手足柔軟頭頂之
煖是日眈津守率延吏十餘人馳詣圓寂所命
畫于朴輔寫遺像又有近邑四衆五十餘人爭前
瞻禮無墮淚哀敬焉上聞之悼命有司冊爲國
師謐曰圓妙塔曰中眞特遣貴人賷教書即其
社追獎申命臣滋撰辭于碑臣職卑才下固不
足必當是任然上命嚴密未獲牢辭謹按行
錄旣序之且銘曰
鶴林示寂妙道漸空有互諍矛盾相持各權術
得而無正倍龍樹排邪發揮正印智者継起判
釋申明人知一路直進師其嫡孫達三種觀

以順彼佛身心故不護已生彼國每坐臥案唱念
不徹至六日澡浴更衣坐定彌日比暮呼天因使
前囑佛乘大義已仍曰啇行寄金吾去無患矣
天因問云未審氣息小異昔如何荅云吾欲囬向
久矣但盛暑非宜待立秋停留至今即口授今書
寶誌偈云雞鳴丑一顆圓珠明已矣至未了之人
聽一言只這如今誰動口帖在禪牀前露柱吟承自
若至七日丑時命侍者擊磬集衆索水與漱著法
服升坐趺跏面西而坐告衆云三十年山林朽物今日
行矣各自努力為法勉海天因問云缺二字在吏之心
即時淨土更欲何之師云不動缺二字念常現前慶義
不去而去彼不來而來感應道缺二字非心外言訖

千遍彌陀佛號一萬聲以爲日課嘗自謂一門教海
浩汗學者迷津乃撮綱要出三大部節要鏤板流行
後多進賴焉上聞而嘉之越丁酉夏賜號禪師厥
後屢降綸旨歲時錫賜公府亦然師於乙巳年夏
四月以院門佛事付上首弟子天因退居別院蕭
然坐忘專求西邁是年六月晦日齋時呼監院
告言老僧今日因暑口爽小有遠行信速爲我造
禪床未床成謂諸老宿曰此床寒措輕便試坐
須有快慶至七月三日就客室示微疾倚臥唱云
諸法實相清淨湛然言之者失理小之者乖宗
吾宗法華一大事隨分妙解唯此而已又唱元曉澄
性歌云法界身相難思議寂然無爲無不爲至

人自京師來衆師許以剃度授与蓮經勸令通利自
是遠近嚮風有信行者源々而來寢為盛集以壬辰
夏四月八日始結普賢道場修法華三昧求生淨土一
依天台三昧儀長年修法華懺前後勸發誦是經者
千餘指受四衆之請游化然緣僅三十妙手度弟子
三十有八人凡創伽藍幷蘭若五所王公大人牧伯縣
宰尊卑四衆題名入社者三百餘人至於展轉相教
聞一句一偈遠結妙因者不可勝數師自遁影山林五
十年未甞踏京華塵土未甞親導鄕黨親戚事
性少緣飾純孚正直目不邪視言不妄發夜不炳燈燭
寢無茵褥所為檀襯悉頒施貪多方丈中惟三衣一
鉢而已每禪觀誦授之餘誦法華一部念準提神呪一

十三佛十二遍雖祁寒酷暑未嘗懈倦禪流號為
徐懺悔耻津縣有信士崔彪崔艽李仁闌等未謁
師曰今法侶漸盛山居甚隘吾郡南海山側有故萬
德寺基地位清勝可創伽藍盍徃圖之師徃見而
肯之以大安三年辛未春矢厥謨命門人元瑩之
湛法安等幹事募工營搆凡立屋八十餘間至貞
祐四年秋告成設法會以落成九年春帶方守卜
章漢聞師道韻請以管內白蓮山為道場師率
其徒徃焉見其地阻且無水意欲徑還偶拔一石清
泉忽迸乃異之留數年十一年癸未崔彪等奉書
請云本社法莚久廢不可雲游誠請再三故幡然
取道而還大闢道場至戊子夏五月有業儒者數

師亦隨而南焉自智異山道過歸正寺其住持玄
恪夢有人告曰明日三生持法華師來宜淨掃迎
之主人如教掃門庭具穀饌以待師乘晚果至
玄恪具說所夢又師屢夢智者衆講妙宗或
在華長菴安禪不動竟服魔魅或山神指畫寺
基或龍巖社道人希亮夢金蓮座待師莘蔘
靈恠頗多然此非儒者所宜言也故不悉云泰和八年
戊辰春寓居月生山藥師蘭若見溪山清絶堂宇頹
圮迺事修葺堂宴坐一室陶神妙觀忽自念言若不
發天台妙解永明壽百二十病何由逃出因自警悟及
講妙宗至是心作佛是心是佛不覺破顏自慶樂說
妙宗辯慧無礙抑籲衆修懺懇至精猛日禮五

老成氣度十二出家依江陽天樂寺沙門均定爲沙
彌始天台教觀時學士林宗庇知江陽一見而器之以
爲佛法有賴矣二十三中僧選專志宗乘遍參講
肆不數年間洞曉指歸已爲一家島望承安三年
戊午春上都設法會于高峰寺名緇雲集異論
蜂起師登座一吼衆皆讋服莫敢枝梧以天性好
山水錐跡名教非其志也是年秋與同志十餘輩游
歷名山初止靈洞山長淵寺開堂演法丕勤誘進
請益成蹊時曹溪牧牛子在公山會佛岬聞風暗
契以偈寄師勸令偕禪云波亂月難顯室溪燈更
光勸君整心器勿傾甘露漿來師見而心愜徑徃從
之然爲法友助揚道化居數年牧牛子移於江南
社

解紐唯龍樹大士病之發明宗極破一切異論開三
觀妙門惠文惠思祖述相繼而智者大師天縱妙
悟再敷木鐸至於章安結集之二威傳授之左溪
述之毗陵記之憲章大備可舉而行本朝有玄光義
通諦觀德善智宗義天之徒航海問道得天台
三觀之旨流傳此土奉福我國家其來尚矣至如開
普賢道場廣勸禪誦蓋闕如也惟師當宗教寢
衰之日立大法幢駿未聞之俗生無根之信使祖中興
施及無限非承本願力應生季末為如來所使行如
來事者安能如是哉師諱了世字安貧俗姓徐氏
新繁縣人也父必中為戶長母徐氏同鄉人也以大定
癸未冬十月誕生之而穎悟容儀魁偉自齠年有

也百濟之止在唐高宗顯慶五年至高宗之末百濟郡縣漸為新羅所쫌則白蓮寺之創建要在新羅之末唐中宗以後寺屋中毀至金廢帝節永大安三年辛未圓妙國師因其舊基刱建大刹遂為八國師之祇林
晴案大安三年即宋寧宗嘉定四年高麗熙宗大王七年也

第一圓妙國師本以天台教法首開普賢道場
高麗學士崔滋撰萬德山白蓮社圓妙國師碑
銘幷序曰如來為一大事因緣出現於世廣演群經然猶大小權實莫能一貫逮于機興時會如癕欲潰然後極唱妙蓮攝九界三乘八一佛乘久黙之懷乃暢而無復餘蘊洎雙林寂度玄綱

輿地勝覽云白蓮社在萬德山新羅紗建高麗僧圓
妙重修我 世宗時僧行乎又重修有塔有碑有三
浮屠又有萬景樓明遠樓南臨大海滿洞皆松柏
篠篁冬柏樹交加蒼翠四時如一真絶境也乙晴
案冬柏者油茶之俗名
兒菴禪師惠藏去康津古百濟南徼也百濟之刱建佛
寺在枕流王元年晉孝武大元九年胡僧摩羅難陀自晉
至創寺漢山今廣州而佛法未甚流行至百濟法王元
年隋文帝開皇十九年始有禁殺之令越明年創王興寺至唐
貞觀八年百濟武王三十五年壬興寺告成王興寺在泗沘河之上
餘今扶兩為南土佛寺之鼻祖則凡我湖南諸寺皆貞觀
八年以後之所建其或補葺梁時所建者皆不稽之言

萬德寺志卷之一

茶山鑒定

鶴林李晴 輯

騎魚慈宏 編

萬德寺者高麗八國師之道場當時號曰白蓮社萬德山在康津縣南二十里寺以山名乙晴絭白頭之脈南馳爲雪嶺雪嶺在甲爲鐵嶺在安邊爲金剛山在淮陽爲五臺山在江陵爲太白山在順興爲竹嶺在聞慶爲俗離山在報恩爲赤裳山在茂朱爲馬耳山在鎭城爲蘆嶺在長城爲秋月山在潭陽爲無等山在光州爲月出山在靈岩自月出山西南馳四五十里山脈低平爲休牛嶺康津南突然起峯皆峯入天是名曰萬德山有左右二支回抱作局以臨海口白蓮寺在其中焉

原初開荒盖在新羅之末月未詳年

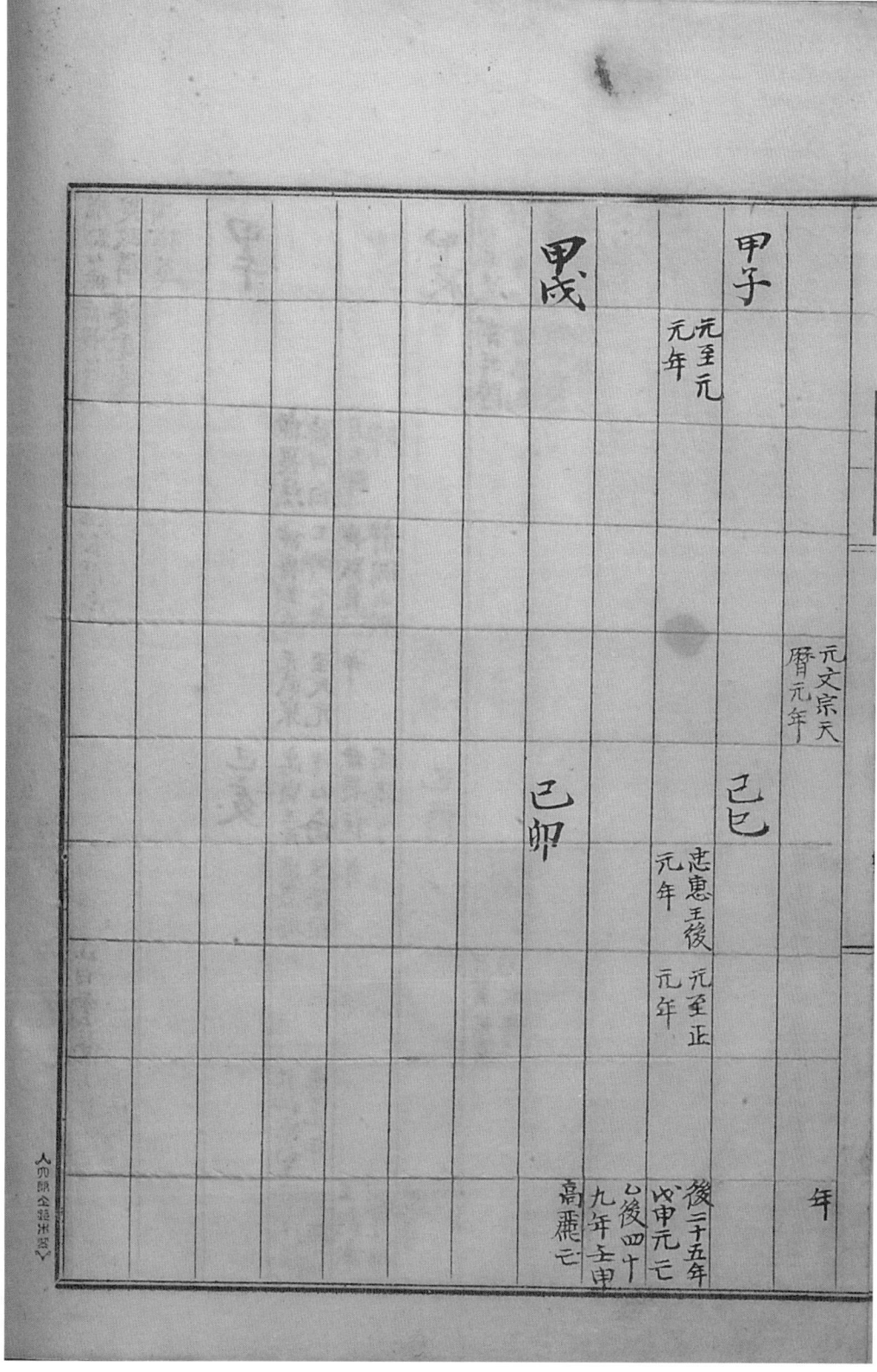

甲午			掛搭菴畏改搆凌虛堂蔵錄山無無畏等寺	立栢隱亭	山白雲菴月出山白
	無畏法無畏對爲元武宗				元仁宗皇無畏爲
	號曰白王師公無至大元	己亥			慶元年國綂山
	月大神畏敗眞八年無畏任	忠宣王元無畏移			王訪無蓮寺
甲辰	師靜湖山鑑國淸寺	年公命任瑩原			畏于妙
	前年陞	己酉			
	元仁宗延淳昌爲	元英宗至			
	祐元年公	治元年			
	忠肅王元鄕以無畏				
甲寅	年公無畏願也				
	移龍岩寺元王				
	泰定元				
	年				
	元王泰定	己未			
	元年	元文宗致			
		順元年			
		元文宗致忠惠王元忠肅王後元順帝元			
		年元年元續元			

甲寅			甲子		甲戌	甲申	
宋理宗景定五年△ 元世祖至元元年			宋度宗咸淳元年△ 天頙和林桂一詩	天頙寄金承制書論法華傳弘錄	宋帝㬎德祐元年△ 麗忠烈王炎元年	宋帝昺祥興元年△ 無畏始寓龍穴菴	李混跋 元成宗元 禪門寶貞元年△ 元大德元年△無畏
				示天頙			
	己未		己巳		己卯	己丑	
	祖中統元年△麗元宗元年		無畏還向尚州		無畏復至掛搭菴	無畏以明年移月出 迎無畏于	
		麗太子謁朝元年			天頙序禪門寶藏錄	王遣中使	

甲申	圓妙命 宋嘉熙元年乙圓妙天頤撰白蓮結社賜號禪文			圓妙	
	社州白蓮頤代祖國師答金景源書			己丑	宋淳祐元年乙崔滋守尚州乙天頤游尚州四佛山	天頤作通文盟于尚州白蓮社
甲午	天因遇寇入象王山法付圓曉乙八月天因示寂			己亥		宋寶祐元年
甲辰	秋天頤至尚州白蓮社			己酉	卓然以大宋開慶元年乙元世	天頤作法華受品讚

甲辰	己酉	甲寅	甲子	甲戌
宋寧宗慶元元年 金章宗承安元年 麗神宗元年○圓妙上京住高峰寺○牧牛子	牧牛子移宋嘉泰元年○牧牛子技 任江南 年○金藝和元修禪社	宋開禧元年○麗宗元年○圓妙大安元年○居月出山 山牧牛子	麗高宗元年 山 萬德寺告金興定成元年	金哀宗正大元年 宋理宗寶慶元年
	牛子正公 已未 山	已巳 居圭峰	無衣子任斷俗寺	宋紹定元年○ 夏儒者數人受剃 己卯
	宋嘉定元 金永濟 牧牛子示圓妙營萬德寺宗元年○麗康貞祐元年	圓妙往辯方 年	圓妙往辯 金元光元 圓妙因崔 虎峯書 還萬德寺	金天興元年○無衣子 圓妙住晉州 結菩賢道場山

宋高宗紹興十四年	甲子		麗毅宗元年	己巳	金主亮天德元年	金貞元元年
	甲戌	宋乾道元年 金正隆元年		己卯	麗明宗元年	金世宗大定元年 宋孝宗隆興元年 冬十月圓妙庄
	甲申	宋淳熙元年 圓妙出家		己丑		
	甲午	圓妙中僧選		己亥	宋光宗紹熙元年	

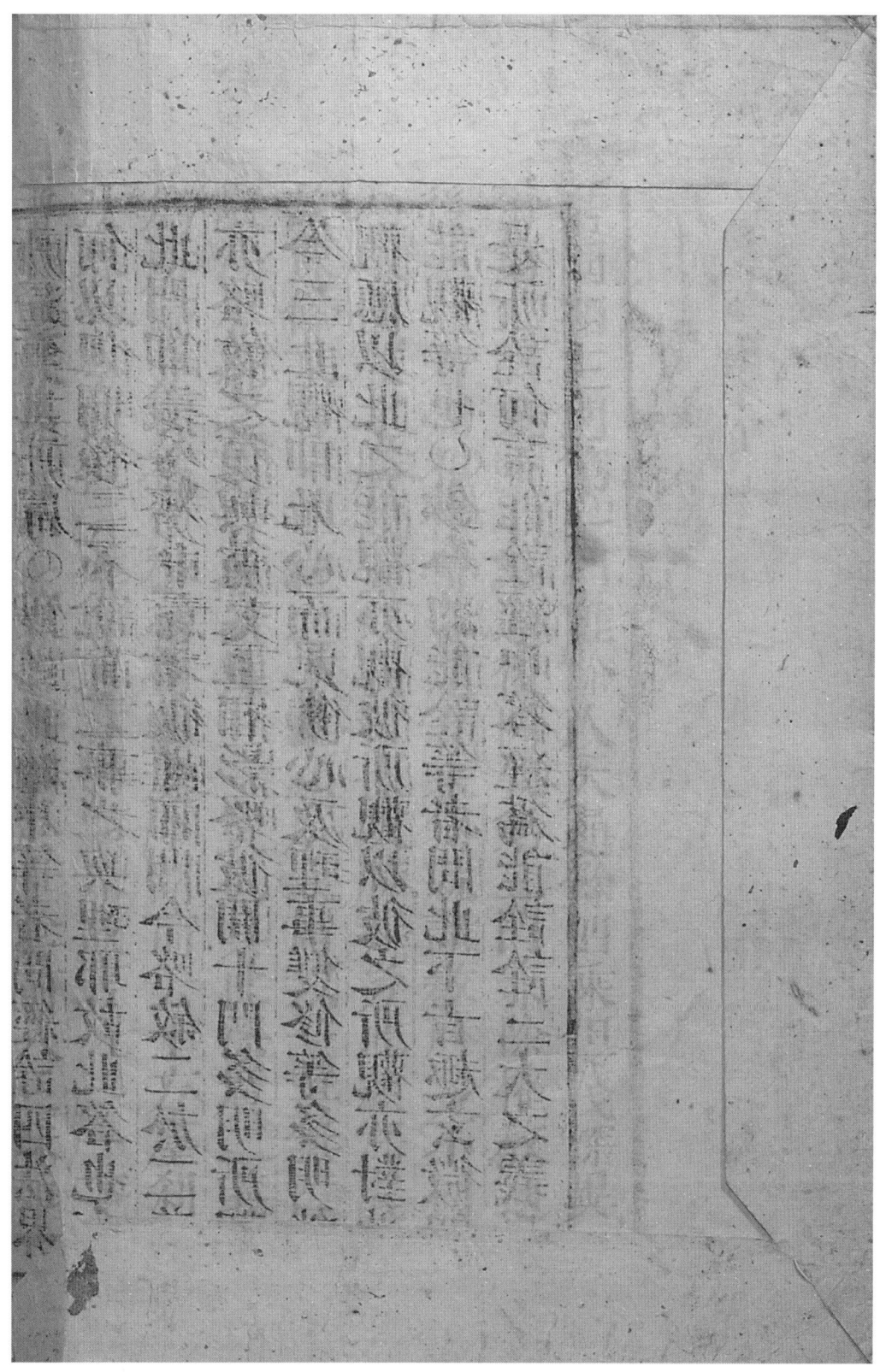

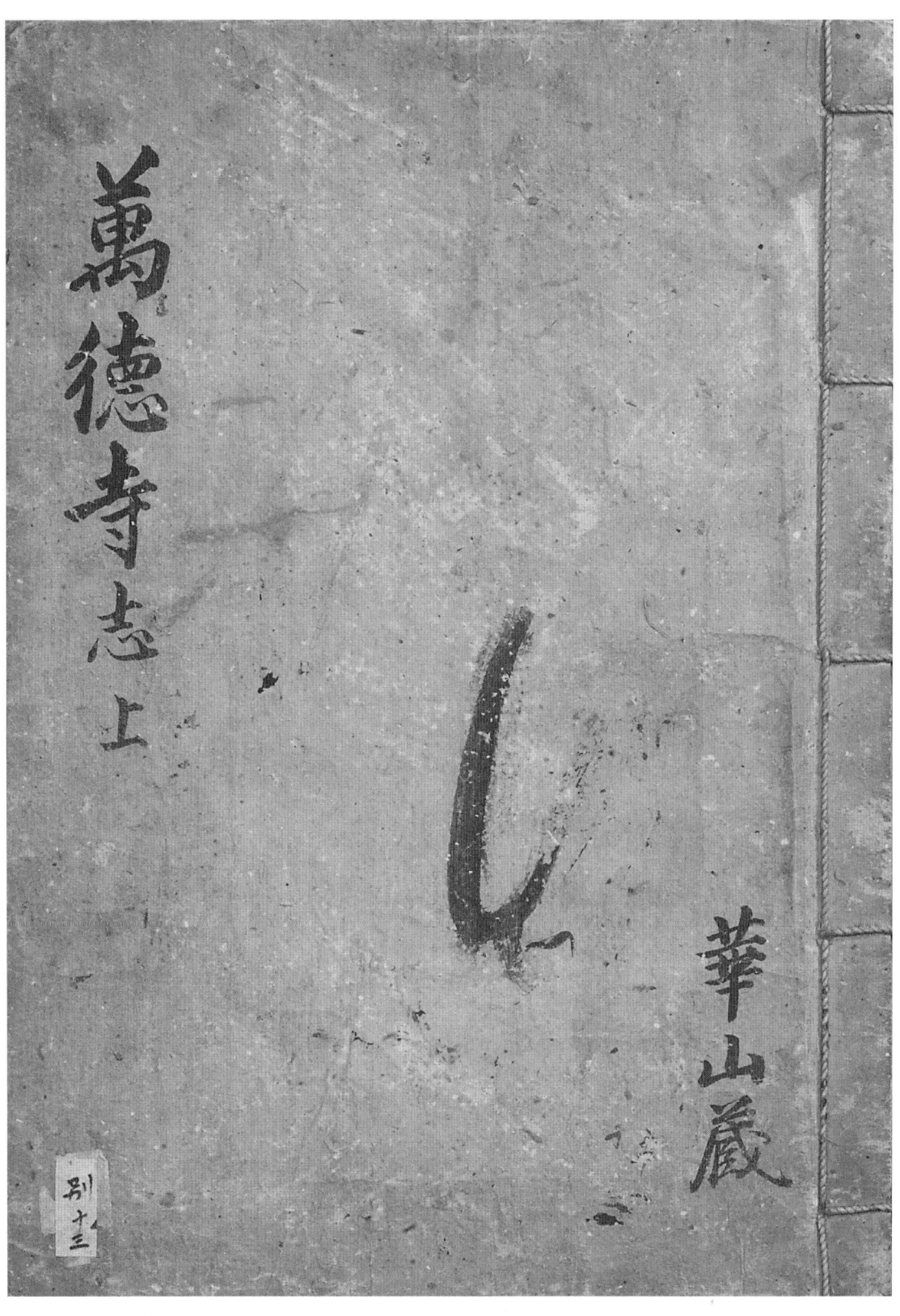

萬德寺志

⟨영인본⟩